Editorial

C'est pour moi un grand honneur de présenter cet ouvrage sur la dégustation du vin de Messieurs Pierre Charnay et Jules Tourmeau, avec qui, à des époques différentes de ma vie professionnelle, j'ai pu échanger toutes sortes d'idées qui m'ont conforté dans certaines de mes convictions. Je pense à la valeur des terroirs, donc à l'origine, comme aux caractères qui en sont issus et qui représentent ce que l'on appelle depuis 1935, l'Appellation d'origine contrôlée.

En effet, le terroir crée le caractère propre du vin, et l'origine, telle que nous l'avons toujours défendue, en fait un produit singulier qui ne trouve pas d'équivalent ailleurs.

Dans les AOC, l'homme signe un produit original mais il doit, pour être digne de son appellation, se remettre en jeu chaque année pour qu'en matière de typicité et d'originalité, il n'y ait pas de produit similaire. L'AOC est par conséquent le contraire d'un produit de mode, au point que l'Unesco a dit : "Dans la diversité culturelle, on doit inclure les terroirs".

Si le consommateur reconnaît à un vin une forte identité, il n'hésitera pas à payer la différence de prix qui le sépare des vins courants. Mais pour que cela existe dans le temps, il faut deux choses : d'une part, l'obligation pour le vigneron de s'imposer des contraintes, notamment, la limitation des rendements pour mieux faire ressortir l'expression du terroir ; d'autre part, maintenir la typicité en assurant la préservation du milieu naturel et a contrario en proscrivant ce qui porte atteinte à ce milieu.

La dégustation est un raffinement de l'acte de boire. La chose essentielle est donc de faire en sorte que le vin apporte bien au dégustateur un certain plaisir intellectuel. Un plaisir d'autant plus grand que l'est la richesse sensorielle, dont on sait qu'elle provient fréquemment de terroirs complexes et d'une création d'exception.

L'art de produire du vin est donc délicat et difficile. Mais je peux affirmer ici combien il est passionnant.

Vient ensuite l'estimation de la valeur, c'est là que les méthodes ont longtemps différé, allant du jugement grave des éléments composants à l'expression bruyante et enthousiaste. Un juste milieu devait être trouvé.

C'est à cela que Messieurs Charnay et Tourmeau se sont attachés. Ils ont repris les thèses dont ils étaient partiellement les auteurs et qui furent avancées il y a trente ans, et ils les ont complétées par ce que les sciences ont permis depuis de préciser. Ils en ont fait une proposition de méthode de dégustation à l'usage des professionnels et des amateurs de vins originaux.

C'est une œuvre aux aspects didactiques que j'ai plaisir à présenter au nom des relations que nous avons eues tous trois à l'Inao et au sein des terroirs AOC.

Paul AVRIL

Vigneron à Châteauneuf-du-Pape,
ancien président de l'Inao.

Sommaire

Déguster le vin 143

Remerciements

Il y a un peu plus de trente ans paraissait une étude intitulée *Essai sur la dégustation des vins*, écrite par Messieurs André Vedel, Gaston Charle, Pierre Charnay, Jules Tourmeau, préfacée par M. Pierre Perromat, Président de l'Inao, et éditée par la société SEIV.

Cet ouvrage fut récompensé en 1973 par une médaille de vermeil de l'Académie d'agriculture de France et un diplôme d'honneur de l'Office international du vin.

Ils se font un devoir de rappeler les noms de ceux qui les aidèrent à cette époque :

- M. Jules Chauvet, négociant en vins à La Chapelle de Guinchay (Saône et Loire), un des plus grands dégustateurs du XXe siècle, participa activement à leur perfectionnement dans la dégustation des vins et leur souci de la maîtrise du langage spécialisé.

- M. J.C. le Magnen, directeur de recherches au CNRS, Directeur de laboratoire de physiologie des sensibilités chimiques et régulations alimentaires à l'Ecole pratique des hautes études, qui les assista de ses conseils et dont les ouvrages et publications leur servirent de base pour la rédaction de certains chapitres ; et son collaborateur, le Docteur Mac Leod, qui voulut bien être parfois leur aimable censeur, dans leur approche de la rigueur scientifique.

- M. F. Depledt, directeur du Laboratoire d'analyse sensorielle à l'Institut scientifique d'hygiène alimentaire, qui les initia aux principes de base de l'analyse sensorielle et leur apporta une orientation rationnelle dans la mise au point de la méthodologie recherchée.

Ils furent aussi redevables de conseils et avis recueillis auprès de représentants d'organismes divers : Inra, Onivins, Afnor, ITV, universités, et d'autres qui nous excuseront de n'être pas cités par omission.

Enfin, ils purent connaître avec précision les traditions régionales de dégustation, grâce aux ingénieurs et techniciens de l'Inao, placés sous l'autorité de leur inspecteur général, M. Louis Orizet.

Pierre Charnay et Jules Tourmeau ont voulu dans le présent ouvrage faire référence à l'*Essai sur la dégustation des vins*. Ils souhaitent ainsi rendre hommage à leurs amis, André Vedel et Gaston Charle, aujourd'hui disparus, et perpétuer les valeurs mises en œuvre lors de cette publication. Il est également tenu compte des évolutions techniques apparues et des connaissances scientifiques acquises depuis 1970.

Pour le néophyte, la lecture d'un ouvrage traitant de la dégustation des vins est toujours difficile.

L'étude entreprise il y a trente ans, que nous reprenons comme base aujourd'hui, nous a donné un bel exemple des travaux antérieurs superficiels. Elle proposait également des définitions et la mise en place d'une méthodologie de la dégustation des vins, reposant sur une véritable analyse sensorielle. Sa présentation avait été pensée pour que l'enseignement de la dégustation devienne facile dans les établissements de formation de jeunes dégustateurs. Il en fut ainsi au lycée agricole et viticole de Beaune dès 1970.

L'étude offrait de surcroît un vocabulaire fort complet, issu de l'examen approfondi des termes en usage dans le monde du vin, reflet d'une longue tradition orale, existant dans les régions viticoles de France. Ces termes furent rapportés par des praticiens avertis et expérimentés. Ce vocabulaire qui s'est amélioré est resté pour l'essentiel aussi pertinent aujourd'hui que lors de sa constitution.

Mais s'il s'agit d'utiliser ces documents d'époque sans professeur, les difficultés se font jour, tant il existe de non-dit et de non-écrit. La lecture, sans un verre à la main, a un côté décourageant tant sont nombreux les problèmes posés au dégustateur. De plus, le lecteur n'a pas forcément les connaissances nécessaires en matière de culture de la vigne et d'élaboration des vins pour bien comprendre les arcanes de la dégustation. Il a donc paru convenable aux auteurs d'en donner quelques aperçus généraux.

Le présent ouvrage n'a pas pour ambition de refaire un traité de viticulture et d'œnologie. Il a en revanche celle d'apporter aux gens curieux certains éléments qui permettent une approche plus vivante du vin, tout en justifiant aux yeux du praticien les méthodes de dégustation proposées. Et pour conserver dans ce sens le caractère innovateur de ce qui fut écrit, il paraît indispensable aux auteurs de témoigner des progrès réalisés tant dans les domaines viticoles et œnologiques que d'analyse sensorielle, en intégrant ceux-ci dans leur expérience quasi cinquantenaire des "cultures" de la vigne et du vin.

Enfin, il convient de dire que tout doit être pensé en fonction des nouvelles exigences des consommateurs. Pour des raisons diverses, ceux-ci attachent de plus en plus d'importance à la conservation du milieu générateur des produits dont ils se nourrissent. D'où leur intérêt croissant ou leur engouement pour les modes récentes du bio, de l'agriculture durable, de l'agriculture ou de la viticulture raisonnée.

Il ne faut pas oublier que c'est également le souci des producteurs. On ne doit pas taire, au risque de les voir traités d'empoisonneurs ou d'inconscients, que, depuis un demi-siècle, et plus particulièrement lors de la dernière décennie, ils ont profondément changé leurs méthodes de culture de la vigne et de lutte contre ses parasites. Les traitements chimiques sont passés du stade de périodicités non réfléchies à celui de périodicités programmées par les stations d'avertissements agricoles, puis à celui des décisions de l'opérateur prises en fonction des besoins propres à chaque cas. De cela, il résulte que la quantité de produit actif diffusé, d'"'intrants", a diminué dans une proportion importante.

Dans le mouvement ainsi organisé, les expérimentateurs sont à la recherche de la solution "pesticide = o" en travaillant sur la protection de la plante avec des produits de moins en moins agressifs, voire de plus en plus naturels.

C'est là une chose très souhaitable. Car la santé de la vigne et du raisin, comme la pureté des opérations de vinification, conditionnent, à l'évidence, la bonne application des principes et méthodes de dégustation.

Tout ceci est particulièrement vrai lorsqu'il s'agit des vins de notre pays, qui tirent d'abord leur originalité de leurs terroirs.

Pierre Charnay
et Jules Tourmeau

Nous remercions toutes les exploitations qui par leur présence dans ces pages soutiennent notre action. Notre gratitude va plus particulièrement aux adhérents à Connaissance et Respect des Vins de France (CRVF), qu'ils soient producteurs, distributeurs ou consommateurs. Nous espérons enfin séduire les différentes « Ecoles de dégustation » auxquelles cet ouvrage apportera un précieux concours.

De la vign
au verre
exigez CRV

CRVF
CONNAISSANCE ET RESPECT DES VINS DE FRANCE

TRÈS GRAND VIN
ASSOCIATION DE CONSOMMATEURS

erem Communication. Dijon ✆ 03 80 28 50 50

La production
viticole

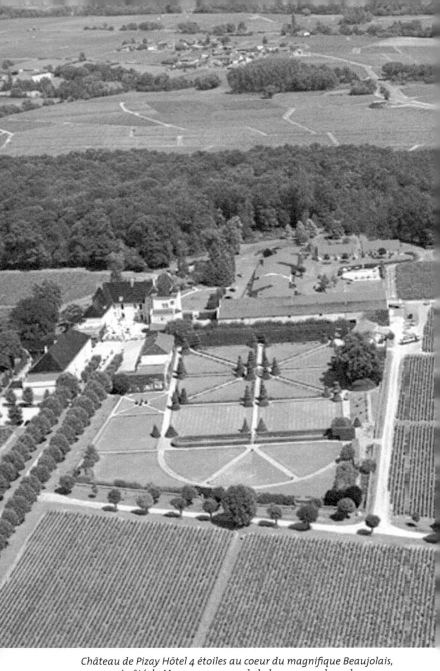

Château de Pizay Hôtel 4 étoiles au coeur du magnifique Beaujolais,
à côté de Morgon au coeur de la bourgogne du sud,
superbe château du XIVe et XVIIe siècle entouré de vignes.
69220 MORGON - Saint-Jean-d'Ardières
Tel. +33 (0) 4 74 66 51 41 - Fax +33 (0) 4 74 69 65 63 - info@chateau-pizay.com

La production viticole mondiale

Le vignoble mondial produit davantage de vin que nous en consommons, ce qui nous donne la possibilité de choisir les meilleurs.

Lorsque l'on parle de production viticole ou de vignoble, on pense "*vin*". Or, la vigne produit des raisins qui servent la plupart du temps à faire du vin, c'est ce que l'on nomme : *production de raisins de cuve*. Mais une grosse partie de la production de raisins est aussi consommée directement, c'est ce que l'on nomme : *production de raisins de table*. Enfin, une production est séchée, c'est ce que l'on nomme : *production de raisins secs*. Pour chacune de ces productions et selon la destination du produit, des variétés particulières ou cépages sont cultivés. Selon les besoins et selon les cultures ou les religions, les pays se sont spécialisés dans un ou plusieurs types de productions.

Dans la première partie du XXe siècle, la viticulture mondiale est peu développée, c'est surtout autour de la Méditerranée, en Europe, que la vigne, est historiquement implantée et se développe.

L'Office international de la vigne et du vin (O.I.V.) est créé à PARIS en 1924, il regroupe à l'origine 8 pays. Il est remplacé en 2001 par l'**Organisation internationale de la vigne et du vin (O.I.V.)** qui regroupe maintenant 39 pays membres auxquels s'ajoutent 18 observateurs : 9 pays, une province et 8 organisations nationales et internationales.

La superficie mondiale actuelle est d'environ 7,7 millions d'ha (8,5 millions en 1950 ; 10,3 millions en 1975 ; 7,9 millions en 2000). Elle a en fait peu varié depuis 50 ans. Elle est destinée pour 75 % environ à la production de vins, le quart restant se répartissant entre les raisins de table : 23 % , et les raisins secs : 2 %.

La vigne est cultivée sur les cinq continents, se répartit et évolue différemment

L'**Afrique** possède environ 400 000 hectares de vignes qui produisent environ 35 millions de quintaux de raisins. 15 millions de quintaux sont commercialisés en raisins de table. L'Afrique du Sud est le principal pays producteur de vin. Sa production varie de 8 à 9 millions d'hectolitres et est en faible expansion annuelle. L'Algérie, la Tunisie, le Maroc et l'Egypte sont principalement producteurs de raisins de table.

L'**Amérique** possède près d'un million d'hectares de vignes consacrées surtout à la production de vins en Argentine et aux Etats-Unis. Au Chili, où les plantations sont fortement en expansion, un tiers des superficies sont consacrées aux raisins de table. Le Brésil produit à peu près à équivalence vins et raisins de table. De petites superficies viticoles existent également au Mexique, au Pérou, en Uruguay, au Canada et en Bolivie.

L'**Asie** possède près d'1 600 000 hectares et c'est la Chine qui avec près de 500 000 hectares a eu au cours des dernières années la plus forte croissance pour la production de vin. C'est aussi la région dans laquelle d'importantes superficies sont consacrées à la production de raisins de table, notamment en Turquie, Iran, Syrie, Afghanistan, Corée, Inde, Irak, Israël, Japon, Liban, Yemen.

L'**Europe** reste avec près de 5 millions d'hectares le plus grand vignoble. Il convient cependant de souligner qu'elle a perdu en 20 ans, y compris l'ex-URSS, environ 1 500 000 hectares. La France et l'Italie à équivalence sont les principaux producteurs mondiaux de vins, avec régulièrement un peu plus de 50 millions d'hectolitres. L'Espagne possède le plus grand vignoble et occupe la place de troisième pays producteur de vins. Les autres principaux pays viticoles sont : l'Allemagne, l'Autriche, la Grèce, le Portugal, la Suisse, la Hongrie, la Roumanie, la Bulgarie et, dans l'ex-URSS : la Moldavie, la Russie, l'Ukraine, l'Ouzbekistan, la Géorgie.

CANADA

ETATS-UNIS

MEXIQUE

ROYAUME UNI

ALLEMAGNE

BELGIQUE
LUXEMBOURG REP. T
AUTRIC HO
FRANCE SUISSE CROATE

Château AUZIAS
«Domaine de Paretlongue»
11610 PENNAUTIER
Languedoc (France)

ESPAGNE ITALIE
PORTUGAL GR
TUNISIE MALTE

MAROC

ALGERIE

PEROU BRESIL

PARAGUAY

CHILI URUGUAY

ARGENTINE

AFR
DU

Zone de production viticole

FEDERATION DE RUSSIE

LARUS

UE
UKRAINE

ANIE   KAZAKHSTAN

GARIE   GEORGIE   OUZBEKISTAN

ARMENIE   AZERBAIDJAN

TURQUIE   TURKMENISTAN TAJIKISTAN

SYRIE   JAPON

CHYPRE
LIBAN   CHINE

ISRAEL   IRAN   Château Reifeng AUZIAS
                                           Shandong (Chine)

EGYPTE

                                                        Equateur

MADAGASCAR

                          AUSTRALIE

E
D
                                                    NOUVELLE
                                                    ZELANDE

Le vin dans le monde

L'Océanie, avec près de 200 000 hectares, constitue le plus petit vignoble mondial, sa superficie a presque doublé dans les dix dernières années. L'Australie possède le plus important vignoble et produit près de 14 millions d'hectolitres de vin. La Nouvelle-Zélande développe ses plantations pour constituer un vignoble de qualité.

C'est à partir de 1950 que la vigne prend essor, en **France** comme ailleurs. Entre 1950 et 1960, une organisation viticole va se mettre en place dans presque tous les pays où la vigne peut pousser.

L'organisation française sert bien entendu de modèle, à commencer par la C.E.E., devenue aujourd'hui U.E., qui adopte en 1970, un règlement commun relatif à l'organisation économique et qualitative, calqué sur le système français, c'est le règlement sur les VQPRD créés en 1962.

Entre 1950 et 1970, les vignobles des Etats-Unis et de l'Argentine sont à la mode et se développent. Mais aux Etats-Unis, quelques erreurs fatales, comme la plantation sans greffage vont montrer un siècle après la destruction du vignoble français que le phylloxera est toujours présent et, juste retour des choses, va obliger les Etats-Unis à reconstituer une grande partie de leur vignoble. En Argentine, au productivisme et aux cépages ordinaires, va succéder après un vieillissement rapide, une reconstitution en vignes de qualité.

A partir de 1990, les vignobles d'Afrique du Sud, d'Australie et de Nouvelle-Zélande vont émerger, se développer fortement et attirer l'attention de nouveaux consommateurs à la recherche de vins "modernes". Ne nous y trompons pas, en viticulture, le modernisme est synonyme de banalisation et surtout d'industrialisation. La Nouvelle-Zélande est à traiter à part, car même si les vignerons sont modernistes, ils essaieront de rechercher la notion de terroir acquise dans les "vieux" vignobles européens. Pour les autres, gageons que le phénomène ne sera que fugace.

Enfin, à partir du XXIe siècle, c'est en Chine que les plantations se développent ; parfois en partenariat avec des vignerons occidentaux (par exemple, le château Beijing Auzias dans le Guangdong, en association avec le château Auzias en Languedoc Cabardès).

A côté de la production de raisins frais destinés à la vinification, les raisins de table se développent dans les pays faiblement consommateurs de vin. Les raisins secs restent la production majoritaire de quelques pays : la Turquie, les Etats-Unis (la Californie), l'Iran, la Grèce, et les pays du Maghreb, le Chili, et l'Afrique du Sud.

Les vins du Nouveau Monde

Ce terme est facilement utilisé pour qualifier tous les nouveaux vins présents sur les étalages de nos rayons commerciaux de France et des "vieux" pays producteurs. C'est également le terme que l'on pourrait utiliser pour qualifier tous les vins dits "modernes", quelle que soit leur provenance, qui mettent en œuvre une technologie industrielle.

Les nouveaux pays producteurs à commencer par les Etats-Unis en 1960, puis plus récemment l'Australie et demain les pays d'Europe centrale ont importé de France, Italie et Espagne, les meilleurs cépages, les œnologues, techniciens et techniques de production, ont développé des vignobles et produisent des vins selon les techniques les plus industrialisées. Le vin produit de culture par excellence dans les pays latins est devenu produit banal de consommation, élaboré et "marketé" comme tout autre produit industriel, soit-il alimentaire. Toute technique d'élaboration et d'adjonction devient permise pour obtenir un produit gustativement correct, aux caractéristiques suivies, acceptable et accepté par le consommateur non initié. C'est l'avènement du boisé et aux cessions de caractères "toastés" migrés du fut neuf d'élevage, on substitue l'ajout de copeaux de chêne ou de solutions "boisées". On obtient ainsi des caractéristiques organoleptiques voisines. Parallèlement, à renfort de communication, on indique au consommateur que c'est cela le vin, on sélectionne pour lui et on vend le "meilleur" produit. On fabrique des vins concentrés, tanniques, alcooleux, sucrés, qui vous inhibent les papilles dès leur mise en bouche. Les arômes de cépage sont privilégiés et les moyens physiques à leur expression maximale sont mis en œuvre ; au besoin on pourra rapidement, comme dans l'industrie agroalimentaire envisager l'ajout d'arômes naturels pour amplifier le phénomène.

Doit-on craindre ce phénomène ?

Nous ne devons pas le craindre ; en tout cas, il ne nous intéresse que modérément dans ce présent ouvrage, puisque notre objectif est au contraire d'apporter au lecteur des moyens d'apprécier et de reconnaître des produits issus de méthodes naturelles de production respectueuses du milieu, de la santé de l'homme et lui procurant des plaisirs gustatifs et culturels. Les "vins du Nouveau Monde" tels qu'ils sont décrits plus haut, peuvent permettre au consommateur d'approcher ce que peut être une boisson alcoolisée appelée vin ; ce doit être pour l'amateur une étape passagère l'amenant à découvrir ce qu'est le vin tel qu'il résulte de sa noble définition comme étant "le produit issu de la production naturelle de raisins et de la fermentation alcoolique naturellement maîtrisée de leur jus".

Selon leur propre culture, les consommateurs peuvent avoir des préférences. De nombreux chercheurs le démontrent. La production peut s'adapter à ces préférences, mais cette adaptation ne peut se faire que par l'utilisation de moyens naturels sans apports extérieurs risquant de modifier les caractéristiques issues du milieu physique mises en œuvre selon des méthodes naturelles. C'est en quelque sorte ce qui se définit par le terme "terroir" que nous souhaitons promouvoir. Cela signifie par ailleurs que la notion de terroir peut être valorisée dans n'importe quel vignoble. C'est ce qu'essaie de promouvoir la Nouvelle-Zélande. Dans ces conditions, les vins produits dans des lieux différents ne se ressemblent pas. Les caractéristiques du cépage s'estompent derrière le "terroir", la finesse prime sur les caractères grossiers de l'ajout, même si la solide structure née de la maîtrise de la production reste nécessaire. Toute l'histoire du produit paraît en filigrane et ses capacités d'évolution au cours du vieillissement, nées de sa structure, permettent au dégustateur de capter une multitude d'odeurs et d'arômes nés des nombreux phénomènes chimiques naturels qui se produisent dans le flacon. ∎

AFRIQUE DU SUD

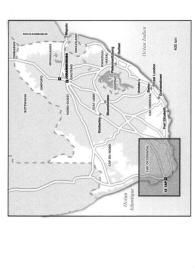

OCÉAN ATLANTIQUE

St Helena Bay

Lambert's Bay
Klawer
Vredendal
Lutzville
LUTZVILLE VALLEY
OLIFANTS RIVER VALLEY
Clanwilliam
Citrusdal
GROENEKLOOF
Velddrif
PIKETBERG
Piketberg
Porterville
Langebaan
Mooresburg
Darling
Riebeek-West
Malmesbury
Tulbagh
TULBAGH
Ceres
Touws River
De Doorns
Bellville
TYGERBERG
Durbanville
Wellington
Paarl
COASTAL REGION
Stellenbosch
Worcester
WORCESTER
Montagu
Robertson
ROBERTSON
Ashton
Franschhoek
CAPE VALLEY
Somerset West
Villiersdorp
Genadendal
BREEDE-RIVIERVALLEI
Le **Cap**
Strand
False Bay
Elgin
Bot River
Caledon
Beaumont
Newton Johnson
Bouchard Finlayson *Hamilton Russel*
SWELLENDAM
Swellendam
Bonnievale
Barrydale
OVERBERG
Heidelberg
Napier
Bredasdorp
Simon's Town
Table Bay
Simon's Town
Hermanus
Walker Bay
Stanford
Gansbaai
Elim
Ladismith
KLEIN KAROO
Riversdale
Barrydale
Calitzdorp
CALITZDORP
Oudtshoorn
RUITERBOSCH
George
Mosselbai

OCÉAN INDIEN

MOZAMBIQUE

ZIMBABWE
BOTSWANA
LIMPOPO
NORD-OUEST
GAUTENG
MPUMALANGA
SWAZILAND
Johannesburg
Pretoria
Maputo
KWAZULU-NATAL
LESOTHO
Pietermaritzburg
Durban
Kimberley
ÉTAT LIBRE
CAP DU NORD
Bloemfontein
CAP ORIENTAL
East London
Umtata
Grahamstown
Port Elizabeth
Océan Indien
CAP OCCIDENTAL
LE CAP
Océan Atlantique
400 km

AFRIQUE DU SUD

Depuis que Jan van Riebeeck, le premier gouverneur du Cap, a fait planter des pieds de vigne en 1655, la production viticole d'Afrique du Sud a connu des hauts et des bas. Jusqu'en 1918, la prospère KWV est restée la principale coopérative. Aujourd'hui, l'émergence de nouveaux marchés et l'ouverture au négoce international ont permis au pays de trouver sa place sur la scène viticole mondiale. Une nouvelle génération de vignerons passionnés qui n'ont pas hésité à aller parfaire leurs connaissances à l'étranger est prête à faire de l'Afrique du Sud l'un des tout premiers pays producteurs de vin.

Seul l'extrême sud du pays bénéficie d'un climat favorable à la culture de la vigne. Les températures y sont élevées, tempérées par les influences océaniques, chaudes de l'océan Indien, rafraîchies par les courants venus de l'Antarctique et les vents de l'Atlantique.

L'Afrique du Sud produit une grande variété de cépages mais élabore plus de vin blanc que de vin rouge. Parmi les cépages les plus cultivés, on retrouve le chenin blanc, originaire de la région de la Loire, à la base de vins fruités et secs, élevés en fûts et parfaits pour accompagner les desserts. Le chenin blanc représente près de 50 % de la production sud-africaine.

Le pinot noir et le cinsault permettent la production de vins rouges, d'un "beaujolais nouveau style".

La ville de Stellenbosch est l'épicentre de la production de vins rouges, de cabernets et d'assemblages inspirés des bordeaux.

Vigne sud-africaine

ARGENTINE

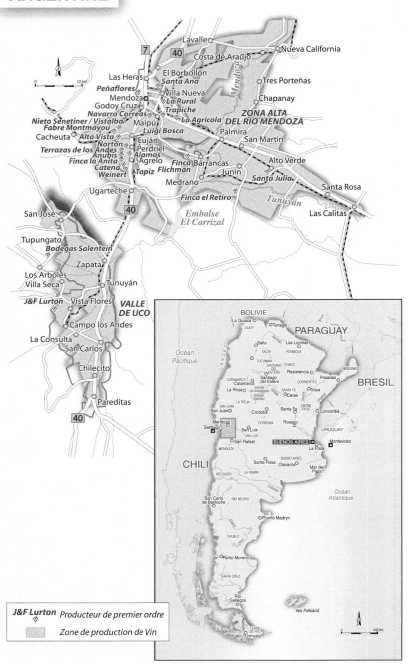

Lavalle
Costa de Araújo
Nueva California
7
40
El Borbollón
Santa Ana
Tres Porteñas
Las Heras
Peñaflores
Villa Nueva
Chapanay
Mendoza
La Rural
Godoy Cruz
Trapiche
Navarro Correas
La Agricola
ZONA ALTA
DEL RÍO MENDOZA
Nieto Senetiner / Vistalba
Fabre Montmayou
Maipú
Palmira
Alta Vista
Cacheuta
Norton
Eujàn
San Martin
Terrazas de los Andes
Perdriel
Anubis
Alamos
Finca la Anita
Agrelo
Finca
Alto Verde
Catena
Flichman
Weinert
Tapiz
Barrancas
Junín
Medrano
Santa Julia
Santa Rosa
Ugarteche
Finca el Retiro
Tunuyán
Embalse
El Carrizal
Las Calitas
San José
Tupungato
Bodegas Salentein
Zapata
Los Arboles
Villa Seca
J&F Lurton
Vista Flores
VALLE
DE UCO
Campo los Andes
La Consulta
San Carlos
Chilecito
Pareditas
40

BOLIVIE
La Quiaca
Tartagal
PARAGUAY
JUJUY
Salta
Las Lomitas
SALTA
FORMOSA
Océan
Pacifique
TUCUMAN
SANTIAGO
DEL
CHACO
CATAMARCA
Santiago
del Estero
Resistencia
Posadas
MISIONES
Catamarca
CORRIENTES
BRESIL
La Rioja
SANTA FE
Goya
LA RIOJA
Ceres
Concordia
SAN JUAN
Córdoba
Santa Fe
ENTRE
RIOS
San Juan
CORDOBA
Rosario
URUGUAY
Mendoza
Santiago
San Luis
BUENOS AIRES
SAN LUIS
La Plata
Montevideo
San Rafael
CHILI
MENDOZA
BUENOS AIRES
Santa Rosa
Olavarria
Mar del
Plata
NEUQUEN
LA PAMPA
Océan
Atlantique
San Carlo
de Bariloche
RIO NEGRO
Puerto Madryn
CHUBUT
Perito Moreno
SANTA CRUZ
Río
Gallegos
Iles Falkland
TERRE
DE FEU
Ushuaia

ARGENTINE

La république d'Argentine, située à l'ouest de l'hémisphère Sud et sur le continent américain, a une superficie de 3,5 millions de km2. Elle s'étend du nord au sud , du tropique du Capricorne à l'Arctique (dont une partie appartient à l'Argentine.), et de l'est à l'ouest, de l'océan Atlantique aux montagnes de la cordillère des Andes.

En 1556, le premier vin chilien a été introduit par un moine qui avait apporté un peu de vigne de son "jardinet". En 1561-1562, la province de Mendoza a été découverte et Cuyo a commencé à être plantée, il s'agit de la plus importante région viticole d'Argentine. Les pieds de vigne ont été apportés de la ville de Santiago de Estero et plantés d'une manière très traditionnelle. L'histoire des vins argentins repose sur plus de 300 ans de relativement petites productions et d'obscurité.

Abrités des vents du Pacifique grâce au massifs des Andes, nos vignobles ont trouvé l'environnement idéal. Avec plus de 300 jours ensoleillés par an, les vignes reçoivent les nutriments dont elles ont besoin par la neige qui fondent à une altitude moyenne de 1 000 mètres. Les conditions agro écologiques exceptionnelles ont grandement favorisé la production de vin, d'autant plus qu'elle a bénéficié de la technologie la plus avancée.

En tant que n°5 mondial des producteurs de vin, l'Argentine se destine au premier rang de la scène internationale. Bien que le pays n'exporte que depuis les années 90 (et pour ainsi dire pas vraiment bien jusqu'au succès du '96 Vintage), le pays a fait un saut sur le marché. La zone viticole de l'Argentine couvre la chaude région de Westernmost. Les principales régions sont : les Andes du Nord-Ouest (dont La Rioja et Salta), Cuyo (largement aussi connue que Mendoza) et le sud du pays.

La région nord-ouest des Andes est à priori une mauvaise zone pour faire pousser de la vigne. Les 3 provinces les plus au nord sont Jujuy, Salta et Catamarca. Toutes les trois ont une frontière occidentale commune avec le Chili ; Jujuy partage sa frontière au nord avec la Bolivie. La Rioja sépare la région de Cuyo des régions nordiques argentines.

Le Cuyo est la région la plus développée en ce qui concerne le vin. La région viticole la plus remarquable est Mendoza, où pratiquement tous les vignobles sont regroupés. Avec son climat continental qui favorise la croissance des vignes et du raisin, Mendoza représente plus de 80 % de la production totale du vin argentin.

Le Sud est une région à développer. En effet, la région du Rio Negro n'est pas seulement au sud du pays, elle est également au sud de la liste des producteurs de vin nationaux : bonne dernière au rang des producteurs. Elle deviendra néanmoins sûrement une future productrice majeure de vin, non seulement grâce à son climat frais, mais également grâce à ses mousseux de très haute qualité.

Vignes des vallées calchaquies en Argentine

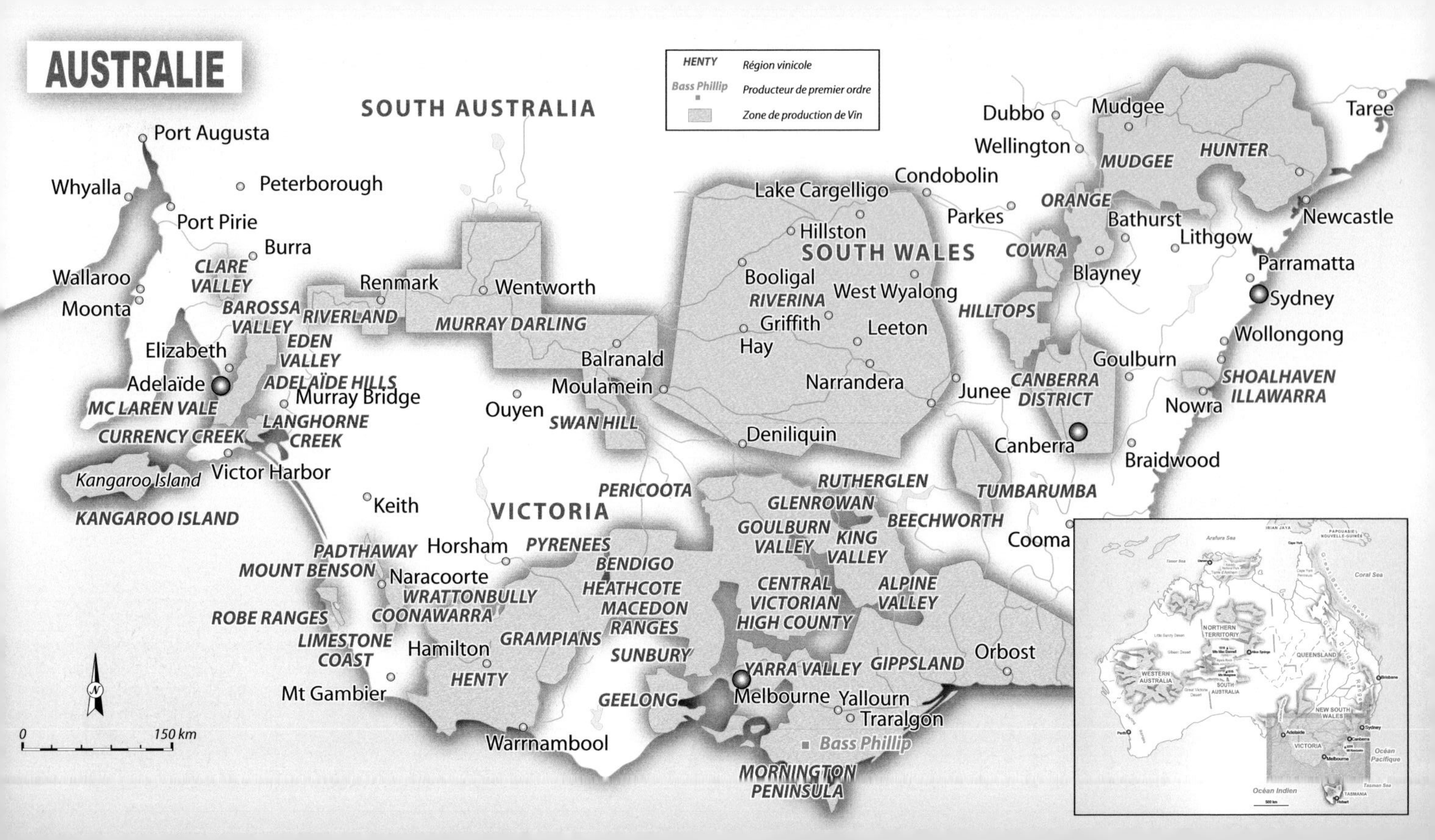

AUSTRALIE
HENTY
Région vinicole
Bass Phillip
Producteur de premier ordre
Zone de production de Vin
SOUTH AUSTRALIA
SOUTH WALES
VICTORIA
Port Augusta
Whyalla
Peterborough
Port Pirie
Burra
Wallaroo
Moonta
CLARE VALLEY
BAROSSA VALLEY
RIVERLAND
Renmark
Wentworth
MURRAY DARLING
EDEN VALLEY
Elizabeth
Adelaïde
ADELAÏDE HILLS
Murray Bridge
MC LAREN VALE
LANGHORNE CREEK
CURRENCY CREEK
Victor Harbor
Kangaroo Island
KANGAROO ISLAND
Keith
Balranald
Moulamein
Ouyen
SWAN HILL
Lake Cargelligo
Hillston
Booligal
RIVERINA
West Wyalong
Griffith
Leeton
Hay
Narrandera
Deniliquin
Junee
Condobolin
Parkes
Dubbo
Wellington
Mudgee
MUDGEE
HUNTER
ORANGE
Bathurst
Lithgow
COWRA
Blayney
HILLTOPS
CANBERRA DISTRICT
Canberra
Goulburn
Braidwood
Taree
Newcastle
Parramatta
Sydney
Wollongong
SHOALHAVEN
ILLAWARRA
Nowra
TUMBARUMBA
Cooma
PERICOOTA
RUTHERGLEN
GLENROWAN
BEECHWORTH
GOULBURN VALLEY
KING VALLEY
ALPINE VALLEY
CENTRAL VICTORIAN HIGH COUNTY
PADTHAWAY
Horsham
PYRENEES
BENDIGO
HEATHCOTE
MACEDON RANGES
MOUNT BENSON
Naracoorte
WRATTONBULLY
COONAWARRA
ROBE RANGES
GRAMPIANS
LIMESTONE COAST
Hamilton
SUNBURY
HENTY
Mt Gambier
YARRA VALLEY
GIPPSLAND
Orbost
Melbourne
GEELONG
Yallourn
Traralgon
Bass Phillip
Warrnambool
MORNINGTON PENINSULA
0
150 km
N
Arafura Sea
Timor Sea
IRIAN JAYA
PAPOUASIE-NOUVELLE-GUINÉE
Coral Sea
Great Barrier Reef
Great Dividing Range
NORTHERN TERRITORY
QUEENSLAND
WESTERN AUSTRALIA
SOUTH AUSTRALIA
NEW SOUTH WALES
VICTORIA
TASMANIA
Brisbane
Sydney
Canberra
Melbourne
Adelaide
Perth
Hobart
Alice Springs
Great Victoria Desert
Gibson Desert
Little Sandy Desert
Océan Pacifique
Océan Indien
Tasman Sea
500 km

AUSTRALIE

L'Australie est un pays gigantesque, presque de la même taille que les Etats-Unis. De ce fait, il n'est pas surprenant de constater qu'il possède une diversité unique de natures de sol et de climats qui produisent une incroyable diversité de vins et de variétés, proposés aux consommateurs du monde entier.

Le premier pied de vigne s'est installé en Australie avec la première flotte européenne en 1788 puis, vers 1825, les vignobles se sont épanouis dans les alentours de Sidney.

Au cours du XXe siècle, et plus particulièrement après la Seconde Guerre mondiale, la culture européenne viticole a été fortement affirmée avec la migration croissante d'Allemands, d'Italiens, d'Espagnols et de Français. Le développement du vin australien a alors énormément bénéficié du savoir-faire de plusieurs cultures, et d'une orientation de la production vers des vins de qualité et de mousseux.

L'industrie viticole australienne, avec son savoir-faire et sa capacité d'innovation, est à son apogée depuis les 20 dernières années. Le secteur du vin est concentré et caractérisé par une importance internationale grandissante, grâce à ses produits réputés.

L'Australie a indiscutablement les conditions climatiques les plus variées parmi tous les principaux pays producteurs de vin. L'avantage est que pour chaque grande variété de raisin, il existe le climat idéal adapté parmi les 65 régions viticoles australiennes.

Les sols anciens, ajoutés aux diversités climatiques et à l'abondance du soleil, confirment que l'Australie est bien un paradis pour la production de grands vins.

L'Australie est beaucoup plus qu'un simple pays qui "fait" du vin, c'est un continent entier producteur de vin.

Avec plus de 100 variétés différentes dans plus de 60 régions viticoles (dans les 6 états australiens), le vin australien est parfaitement adapté à chaque occasion et à tous les goûts.

Tous les Etats et les territoires produisent du vin en Australie, sans pour autant atteindre l'impressionnante diversité de vin que nous apprécions.

CHILI

Le Chili a développé une économie très diversifiée basée essentiellement sur l'exploitation et la sylviculture, les fruits de mer et l'agriculture, le vin et le tourisme. Etroitement serré entre les flancs des Andes et l'océan Pacifique, le Chili a 4 337 km de diversité géographique, directement héritée des anciennes cultures chiliennes : le désert de l'Atacama (le plus sec au monde), une vallée fertile (le pain, les fruits, légumes et le vin du Chili), une zone de lacs de la longueur de la Suède, les étendues sauvages de Patagonie et les contrées inexplorées de l'Antarctique. Le Chili au façonnement unique occupe parfaitement et d'une manière très ordonnée ce petit espace entre le puissant océan Pacifique et la majestueuse cordillère des Andes, qui est l'un des rares derniers endroits inexplorés du monde.

Niché au beau milieu du Chili, le climat méditerranéen favorise le développement de vallées extrêmement fertiles. Dans ces vallées, les vignes s'épanouissent grâce à une chaîne de collines et au Humboldt Current qui apporte de l'air frais du Pacifique et des Andes.

Les vins chiliens incarnent la couleur, l'arôme et le goût de l'air pur, l'eau et la terre de leurs sources, l'endroit de leur naissance. Les vins chiliens ne sont pas seulement des produits de la terre : ils sont la terre. En 1995, ils n'y avait que 12 vignobles au Chili, 10 ans après, le pays en comptait 100. De plus, la surface de vignes exploitées a doublé, avec plus de 56 % d'exportations, ce qui représente le taux national le plus élevé d'exportations de vin au monde.

En 2004, la production a été de 844 000 litres de vin.

Ce pays comprend une multitude de climats, du désert aride au nord à la Vallée centrale, bénie par une température influencée par les vents des Andes et le froid du Humboldt Current, le long de la côte.

Dans cette vallée fertile, la viticulture a trouvé sa place dans un paradis où toutes sortes de vignes croisent fructueusement des variétés à maturation lente à d'autres mieux adaptées à des climats plus froids, comme le sauvignon blanc ou le pinot noir.

Le nord du pays, de l'Arizona jusqu'à l'Aconcagua, a un climat aride.

Le centre, lui, de Casablanca à Maule, a un climat tempéré (dont méditerranéen, pluvieux et maritime).

Le sud, de Concepcion à Punta Arenas, a un climat froid.

Les cépages principaux sont : cabernet sauvignon (39 261 hectares, 47 %), merlot (12 768 hectares, 15 %), carménère (5 805 hectares, 7 %) ; pour les blancs : chardonnay (7 561 hectares, 30 %), sauvignon blanc (7 041 hectares, 28 %), semillon (1 843 hectares, 7 %).

Surface de vignes plantées : rouges 84 048 ha, blancs 26 049 ha, total 110 097 ha.

Entre 1997 et 2003, la surface de vigne plantée est passée de 63 543 à 110 097 hectares.

Les principales variétés plantées : cabernet sauvignon, carménère, merlot, sauvignon blanc et chardonnay.

Nouvelles variétés : pinot noir et syrah.

Pour plus d'information, vous pouvez visiter **www.winesofchile.org**

Chai du Château Altaïr (Dassault-San Pedro)

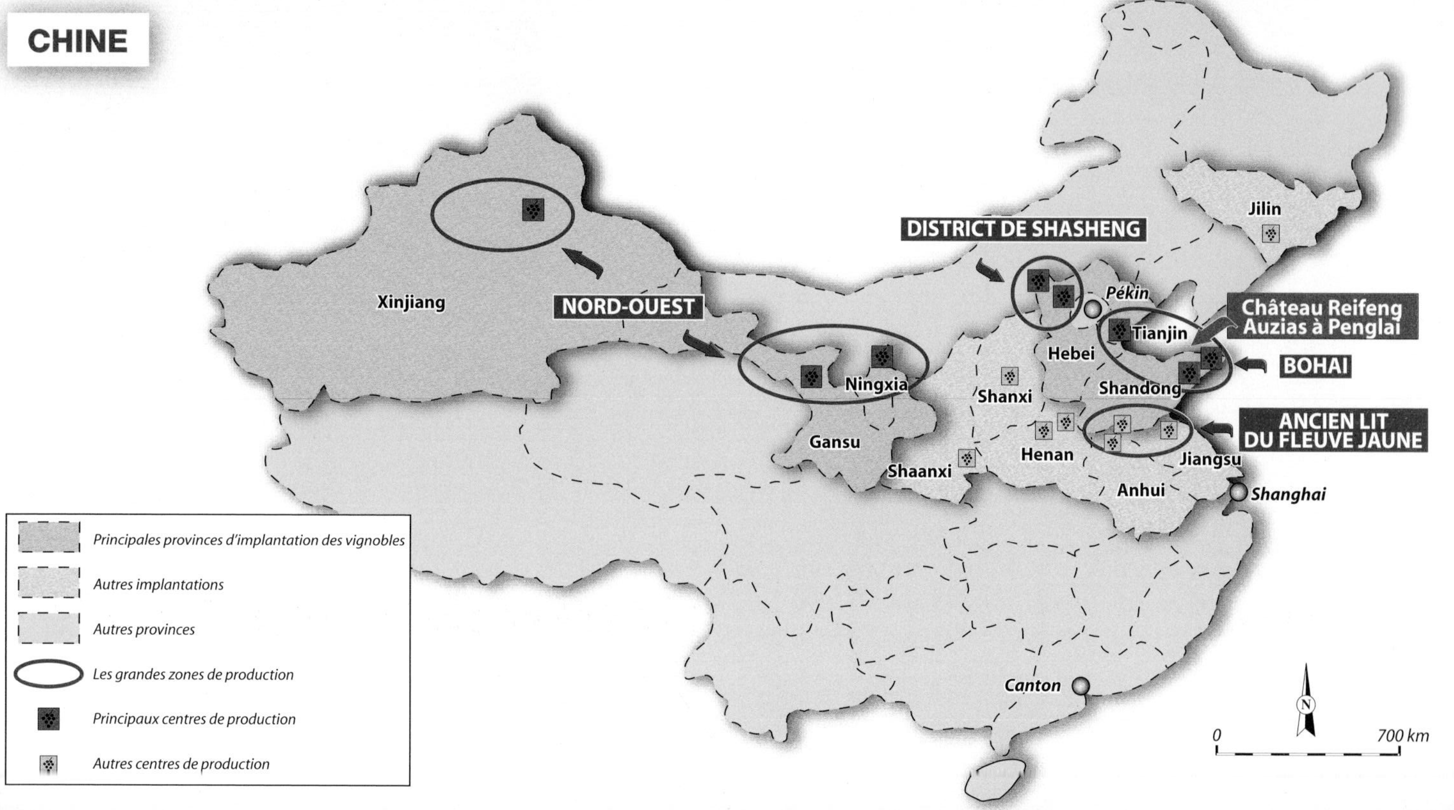

CHINE

Château Reifeng
Auzias à Penglai

BOHAI

ANCIEN LIT
DU FLEUVE JAUNE

DISTRICT DE SHASHENG

NORD-OUEST

Jilin

Shanghai

Jiangsu

Anhui

Pékin

Tianjin

Shandong

Hebei

Henan

Canton

Shanxi

Shaanxi

Ningxia

Gansu

Xinjiang

700 km

0

Principales provinces d'implantation des vignobles

Autres implantations

Autres provinces

Les grandes zones de production

Principaux centres de production

Autres centres de production

CHINE

La Chine est un des plus grands pays asiatiques et possède sa propre variété de raisin (indigène), bien que la tradition du vin soit relativement pauvre. La plus vieille production d'alcool vient de deux boissons alcoolisées : *jiu* et *li* fabriqués à partir de riz ou du blé fermenté, qui donnent des produits tels que la bière et non du vin (qui est obtenu à partir de fruits fermentés).

Le général Chang Chen a importé des graines de raisin d'Ouzbékistan sous la dynastie Han et les a plantés dans deux régions : le Xinjianh et le Shanxi. Au début de la dynastie Tang, la Chine importait encore une grande quantité de pieds de vigne d'Uzbekistan. Vers 640, des vignes *vinifera* ont été importées et cultivées en Chine. A partir de ce moment, la viticulture a été un succès en Chine centrale (Gansue et Shanxi) et le vin fut produit à partir d'une variété chinoise appelée Vitis Thunbergii dans la province du Shandong. En 1892, un officier du gouvernement Qinj établit le premier vignoble à Yantai, utilisant du raisin Vinifera européen. Pendant les cinquantes années suivantes, plusieurs vignobles ont été implantés à Shandong et les vins produits étaient exclusivement consommés par les expatriés vivant en Chine. A partir de 1949, les vignobles ont été aidés par l'Etat qui a augmenté le mélange de jus de raisin et d'eau.

C'est pourquoi le mot vin fut interprété en Chine. Cependant à partir des années 1980 les sociétés étrangères ont été séduites et ont décidé d'investir dans la production de vin en Chine. Depuis ce moment-là, quelques grands vignobles ont été créés. Aujourd'hui, les plantations de vignes sont éparpillées sur tout le territoire : de l'ouest   (Xinjiang qui représente environ 32 % des terres cultivées) à l'est (Shandong 15 %, Hebeï 14 %, Shanxi 3 %), du nord (Jilin 3 %, Tiangin 5 %, Liaonning 12 %) au sud (Yunnan 11 %). Le climat de la côte Est (Shandong, Hebeï, Tiangin) est relativement bon pour la viticulture grâce à des vents légers et fréquents et des températures moyennes. Les étés et automnes peuvent être humides, se qui permet de protéger la vigne de certaines maladies et autres problèmes. Le risque est que les vins peuvent être de mauvaise qualité. Cependant la région du Shandong a fait ses preuves grâce à la viticulture moderne. Les pentes bénéficient d'un ensoleillement et de vents idéaux : les vignes sont plantées à une altitude d'environ 200 mètres.

Aujourd'hui il existe une multitude de sortes de vignes plantées en Chine : des variétés indigènes (Beichun, Long yan, Ju Feng), etc., et des variétés importées, italiennes et russes. Récemment, des vignes ont été importées de France (cabernet sauvignon, cabernet franc, merlot, chardonnay) afin de produire des vins de qualité. Avec une telle diversité, la Chine possède des vins adaptés à chacun de ses plats !

Les rouges (cabernet sauvignon) accompagnent l'abalonne ou le bœuf grillé alors que les blancs se marient parfaitement avec du Kou dai bing ou des salades de fruits. Les blancs légers du nord de la Chine sont idéaux pour les noodles ou le poisson grillé. Les vins rouges de Shandong et Shanxi peuvent être agréables accompagnés de pizzas, de pâtes ou de canards de Beijing. L'élite chinoise eut longtemps une tradition : boire du vin pour

les cérémonies et les fêtes, et des écrits ont prouvé que boire du vin était courant et apprécié pendant la dynastie Han. Il semblerait que la Chine renoue avec ses anciennes traditions grâce à des vins d'élite. Ajoutons à cela que la Chine montre de plus en plus d'intérêt à essayer de marier vin et nourriture. Et, de plus, le vin y est également parfois consommé dans les plus grandes villes, en signe d'ouverture internationale et de mondialisation.

Travail de la vigne au Château Reifeng Auzias

Reifeng Auzias

Shanghai REF International Trading Co., Ltd., FORTUNE-TIMES
Room 1916, No.1438 North Shanxi Rd - Shanghai, China
Tel : 021-6227 7037 Fax : 021-62275063
Web : www.ref-wine.com - Email : reifeng_yuan@yahoo.com.cn

瑞枫奥塞斯〈烟台〉

葡萄酒庄园有限公司鸟瞰图

Jeanne LACOMBE. 1ère Wine Maker française au
Château Reifeng Auzias à Pengaï dans le Shandong

Cuvier sans pompe : les déplacements des solides et
des liquides se font par l'intermédiaire de cuvons

ETATS-UNIS

Etant l'un des principaux producteurs de vin du continent américain, les Etats-Unis possèdent une grande diversité géographique et produisent ainsi une grande variété de vin de qualité supérieure. 25% des adultes américains, et quasiment la moitié d'entre eux le font au moins une fois par semaine. Le marché américain est énorme, la consommation réunie de vins importés et de vins nationaux atteint, en 2004, 23 milliards de $. La production de vin aux Etats-Unis a débuté il y a plus de 4 siècles, même si elle n'a connu un réel essor que lors des 50 dernières années. Le président Thomas Jefferson faisait déjà pousser des vignes d'origine italienne il y a plus de 200 ans. Les Etats-Unis se retrouvent aujourd'hui à produire une grande diversité de vins à des prix très variés. On peut ainsi trouver du cabernet sauvignon, du merlot, du pinot noir, du chardonnay, du riesling, du chenin blanc, du zinfandel, du grenache, du carignan ou encore du barbera.

Les plus importants consommateurs de vin américain sont : le Royaume-Uni, le Japon, les Pays-Bas et enfin l'Allemagne, avec des exportations chiffrées à 4,5 millions d'hectolitres en 2004 (800 millions de $) vers 5 pays. L'Asie de l'Est a importé pour à peu près 100 millions de $ de vins américains l'année dernière (Japon 56 millions de $). La Chine est également en train de devenir un consommateur significatif de vin américain.

Le vin est produit partout aux Etats-Unis, même si 90 % provient de Californie. Les autres principaux Etats producteurs sont New-York, Washington, l'Oregon, l'Idaho et le Texas. Chaque type de vin possède son propre caractère unique. Les vins américains sont généralement formés de raisins *vitis vinifera, vitis labrusca* (surtout à l'est), *vitis rotundifolia* (souvent au sud-est) et de raisins hybrides franco-américains. C'est pourquoi les producteurs américains tentent de plus en plus de se distinguer géographiquement. L'appellation d'origine American Viticultural Area (AVA), régulée par le département américain de Trésor, est ainsi de plus en plus réputée.

Les vins californiens sont très appréciés pour leur qualité supérieure, leur constance et leur fiabilité. Ils sont le résultat d'une tradition européenne et d'un fil conducteur : innovation et perpétuelle amélioration. Avec plus de 225 000 hectares de vigne et une production de 2 milliards de litres par an, la Californie est le 4e producteur au monde, après l'Italie, la France et l'Espagne. La Californie est caractérisée par ses longues périodes fertiles favorisées par un temps ensoleillé, doux et sec, accompagné de nuits fraîches, une combinaison idéale pour que les raisins mûrissent parfaitement. Les AVAs les plus connues en Californie sont : la vallée de Napa, la vallée Somona et la côte Nord.

Après la Californie, New-York est le second Etat producteur de vin du nord des Etats-Unis. Il ne peut cependant pas prétendre être le plus ancien établissement vinicole des Etats-Unis, qui recense son premier cru en 1839. Il y a plus de 12 100 hectares de vigne à New-York AVA, divisés en 4 principales régions : Finger Lakes, Hudson River Region, Lake Erie District et Long Island.

Le climat varié et le sol riche (volcanique) de Washington offrent un environnement idéal au développement de la vigne : 17,4 heures de soleil par jour et des nuits fraîches donnent des vins riches, fruités et parfaitement équilibrés.

L'Oregon couvre plus de 4 900 hectares de collines, où sont plantées des vignes *vitis vinifera*. Le pinot noir reste la spécialité de cette région, il représente 36% de la production totale de vin de cette région et environ 50% des vignes plantées. Les vignobles de l'Oregon sont caractérisés par leur petite taille et leur dimension familiale.

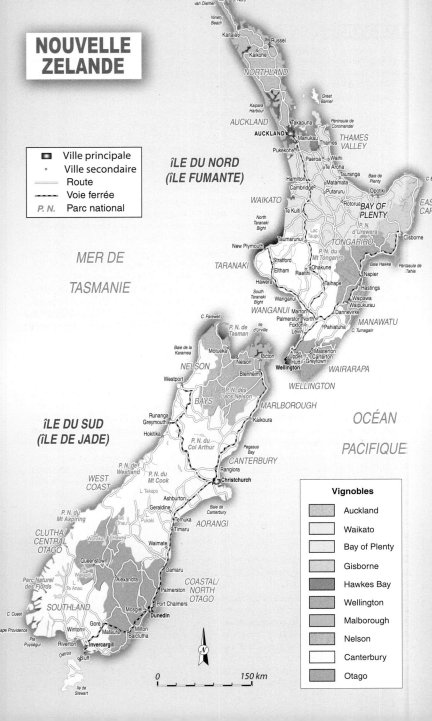

NOUVELLE ZELANDE

Ville principale
∘ Ville secondaire
Route
Voie ferrée
P. N. Parc national

MER DE

TASMANIE

ÎLE DU NORD
(ÎLE FUMANTE)

ÎLE DU SUD
(ÎLE DE JADE)

OCÉAN

PACIFIQUE

C. Maria van Diemen
C. Nord
Ninety Beach
Kaitaia
Russel
Kaikohe
NORTHLAND
Great Barrier
Kaipara Harbour
Péninsule de Coromandel
AUCKLAND
Takapuna
AUCKLAND
Manukau
Thames
THAMES VALLEY
Pukekohe
Paeroa
Waihi
Te Aroha
Tauranga
Baie de Plenty
C. E
Hamilton
Matamata
Opotiki
Cambridge
Putaruru
Rotorua
BAY OF PLENTY
EAS
CAF
WAIKATO
Te Kuiti
North Taranaki Bight
Lac Taupo
P. N. d'Urewera
TONGARIRO
Cisborne
Taumarunui
P. N. du Mt Tongariro
New Plymouth
Stratford
Ohakune
Napier
Péninsule de Nahia
Eltham
Raetihi
Baie Hawke
TARANAKI
Hawera
Taihape
Hastings
South Taranaki Bight
Wanganui
Waipawa
Waipukurau
WANGANUI
Marton
Danneviirke
Palmerston North
Foxton
MANAWATU
Levin
Pahiatuha
C. Turnagain
P. N. de Tasman
Île d'Urville
Baie de la Karamea
Motueka
Masterton
NELSON
Nelson
Upper Hutt
Carterton
Picton
Greytown
Westport
Blenheim
Wellington
WAIRARAPA
P.N. des Lacs Nelson
WELLINGTON
BAYS
MARLBOROUGH
Runanga
Greymouth
Kaikoura
Hokitika
P. N. du Col Arthur
Pegasus Bay
P. N. de Westland
CANTERBURY
P. N. du Mt Cook
Rangiora
WEST COAST
Christchurch
L. Tekapo
P. N. du Mt Aspiring
Ashburton
Lac Ohau
Geraldine
Baie de Canterbury
CLUTHA/ CENTRAL OTAGO
Pukaki
Temuka
Timaru
Wanaka
Hawea
AORANGI
Waimate
Parc Naturel des Fjords
Queenstown
Wakatipu
Oamaru
Alexandra
COASTAL/ NORTH OTAGO
Te Anau
Palmerston
Port Chalmers
C. Ouest
SOUTHLAND
Mosgiel
Cape Providence
Gore
Dunedin
Pte Puységur
Winton
Mataura
Milton
Balclutha
Riverton
Invercargill
Détroit
Bluff
Île de Stewart

Vignobles
Auckland
Waikato
Bay of Plenty
Gisborne
Hawkes Bay
Wellington
Malborough
Nelson
Canterbury
Otago

0   150 km

N

NOUVELLE-ZELANDE

Avec sa géographie, son climat et sa compétence humaine, la Nouvelle-Zélande a tout pour produire des vins de qualité et de caractère. La région viticole de cette île-nation couvre les latitudes de 36 et 45 degrés et s'étend sur 1 600 km (1 000 miles), ce qui équivaut à la distance entre Bordeaux et le sud de l'Espagne.

Les vignes ont été plantées et cultivées en Nouvelle-Zélande juste après l'arrivée du premier missionnaire européen il y a 180 ans. Cependant, le pays n'a réellement commencé à se faire une place en tant que producteur de vin reconnu à l'échelle internationale qu'en 1980. Cette prospère industrie viticole, avec ses aliments d'extrêmement bonne qualité ainsi que des échanges importants à travers le monde, a aussi été un facteur crucial dans l'augmentation de la consommation du vin en Nouvelle-Zélande.

Alors que les sauvignons blancs étaient les premiers vins à capter l'attention du monde entier, beaucoup d'autres vins de qualité lançaient la réputation de la Nouvelle-Zélande : celle d'un producteur de vins de prestige international. Il existe 10 régions viticoles principales, chacune disposant d'une grande diversité de natures de sols et de climats différents. Le cabernet sauvignon, le merlot et le chardonnay sont les trois variétés les plus plantées dans la région du Northland et du Auckland. Le chardonnay est de loin la variété dominante dans les régions de Waikato, Bay of Plenty et de Gisborne. C'est aussi le cas dans Hawke's Bay, mais l'ensoleillement particulièrement important attire également un large pourcentage de rouges à maturation lente, comme le cabernet sauvignon, le merlot, le cabernet franc et le syrah, aussi bien que des rouges à maturation plus rapide comme le pinot noir. Le succès du Martinborough pinot noir a significativement guidé le développement rapide du Wairarapa, une région productrice dynamique, focalisée sur la recherche de qualité.

Le Malborough est la région viticole la plus connue et la plus étendue de la Nouvelle-Zélande avec le sauvignon blanc comme variété la plus plantée. Les viticulteurs du Nelson sont spécialisés et excellent dans les variétés qui nécessitent un climat plus frais, principalement le chardonnay, le sauvignon blanc, le riesling et le pinot noir. Le chardonnay et le pinot noir sont les variétés les plus plantées dans le Canterbury. Central Otago est la région viticole la plus importante de la Nouvelle-Zélande et également la région viticole la plus au sud du monde. C'est une nouvelle région viticole en très rapide expansion grâce au pinot noir comme principale variété.

Riches et naturels, ces vins se propulsent au devant de la scène comme favoris aux yeux des chefs et des consommateurs de discernement. La cuisine en Nouvelle-Zélande s'inspire de la cuisine traditionnelle française et Italienne, aussi bien que des plats exotiques asiatiques. Les vins ont donc évolué afin de s'adapter à ce menu sans fin. Il y a les vins lumineux comme le sauvignon blanc et le riesling pour les plats frais et subtilement épicés, alors que le complexe et velouté chardonnay, le mélange cabernet sauvignon et merlot ou encore le pinot noir offrent un mariage intemporel avec des plats typiques européens.

Les exportations de vin néo-zélandais en 2004 ont atteint un record de 302,6 millions de $. Cela représente une augmentation fulgurante lorsque l'on pense qu'il y a 10 ans, l'industrie viticole néo-zélandaise exportait seulement 41,5 millions de $. Comme la demande mondiale continue d'augmenter pour des vins Premium néo-zélandais, les producteurs et les viticulteurs sont déterminés à maintenir la qualité des vins qui a fait de l'industrie néo-zélandaise un idéal, très souvent envié. Ils tiennent également à soutenir une image de respect de l'environnement quant à leur manière de produire le vin. En effet, il faut rester en adéquation avec l'image "verte" de la Nouvelle-Zélande.

Pour plus d'informations sur l'industrie viticole néo-zélandaise, visitez le site : **www.mar-ketnewzealand.com** ou **www.nzwine.com**

La production viticole européenne

Avec une production organisée dans 25 pays, l'Europe, première région viticole productrice et consommatrice, donnera à l'avenir le tempo de la production viticole monndiale.

La viticulture européenne se place au premier rang mondial de la production et de la consommation de vin. Elle représente plus de la moitié des superficies de vignes et plus des deux tiers de la production du vin.

Les trois premiers pays producteurs (France, Italie, Espagne) assurent à eux seuls plus de la moitié de la production mondiale.

Dans la plupart des Etats européens, le vin occupe une part importante de la valeur finale de la production agricole et dans certaines régions, la viticulture à un rôle décisif dans l'activité agricole et économique ; par exemple, plus de la moitié de cette valeur dans le Languedoc-Roussillon. La vigne est une composante essentielle des paysages. Elle contribue à leur conservation, empêche l'érosion des sols et assure la mise en valeur et le maintien d'une activité humaine et économique dans des milieux ruraux souvent sans autre vocation.

L'organisation de la viticulture européenne s'est faite à partir de 1963, avec la création de deux catégories de vins :

- la catégorie des **vins de table**, dans laquelle il peut y avoir des vins personnalisés par une indication géographique (vins de pays, indicazione geographica tipica, landwein, etc..) ;

- la catégorie des **Vins de Qualité produits dans une région déterminée (VQPRD)**, comprenant : les vins de liqueur de qualité produits dans des régions déterminées (VLQPRD) ; les vins mousseux de qualité produits dans des régions déterminées (VMQPRD), y compris les vmqprd du type aromatique ; les vins pétillants de qualité produits dans des régions déterminées (VPQPRD) et bien entendu les VQPRD autres que ceux visés ci-dessus concernant les vins tranquilles.

Le cadre de ces VQPRD a été défini dans un règlement établi en 1970 et il est régulièrement mis à jour. A partir de celui-ci, chaque Etat membre a défini une classification différente de sa production. C'est ainsi que l'Allemagne, le Luxembourg et, à un moindre niveau l'Autriche ont opté pour le classement dans cette catégorie de la plus grande part de leur production, cependant que les autres Etats membres, en particulier la France, ont eu une approche plus restrictive. La mesure de la qualité qui, rappelons-le, reste d'une approche subjective ne peut donc se faire par la simple lecture de l'étiquette.

Le cadre européen a été pour une grande part inspiré de la réglementation française, tout en restant plus général et en intégrant les particularités régionales liées au climat qui n'est bien entendu pas le même dans le nord de l'Allemagne que dans le sud de l'Italie, pour ne citer que deux extrêmes du premier groupe à l'origine de l'Europe agricole. Mais le règlement communautaire a surtout comme objectif par la mise en place d'une Organisation Commune des Marchés (OCM) de rapprocher le niveau de la production de celui des quantités commercialisées et consommées. L'organisation de la production à partir de la classification ci-dessus est un élément important de cette OCM.

Dans L'Europe d'aujourd'hui composée, rappelons-le, de 25 Etats membres, seuls 15 pays sont producteurs.

Les productions nationales des principaux pays producteurs

La France peut bien entendu être considérée comme modèle au plan des VQPRD. Deux catégories de produits en font partie :

)) Les **AOC** modèle des vins de qualité, avec sa construction de 70 ans effectifs, 100 ans en réalité depuis la 1re mise en place de la notion de protection de l'origine des produits avec la loi du 1er août 1905.

)) Les **AOVDQS,** anciens Vins délimités de qualité supérieure, label accordé aux meilleurs vins de table à partir de 1949 devenus Appellation d'Origine en 1973.

Dans la catégorie des **vins de table**, se retouvent les vins de table tout court et les vins de pays auxquels peut être associée une indication de provenance géographique portant soit le nom du département de production, soit un nom géographique régional ou local.

Les productions françaises feront l'objet d'un survol dans les pages suivantes.

Afin de familiariser le lecteur avec la classification européenne, nous présenterons ci-après quelques exemples choisis dans des pays différents. La lecture de l'étiquette facilitera cette approche.

Le statut européen a eu pour objectif, dès sa création, d'adapter la production au marché et de protéger le consommateur. On peut se poser la question sur ce dernier objectif, à partir des quelques exemples traités s'il y parvient véritablement, sachant que le nombre de catégories est important et variable, selon les Etats membres, que la philosophie propre à chaque Etat est conservée et qu'ainsi la lecture de l'étiquette n'est pas simplificatrice. En ce qui nous concerne et pour le présent ouvrage, nous nous proposons de donner ces informations comme simple documentation et à titre d'exemple et de suivre le cheminement de l'évaluation sensorielle pour que chacun se forge sa propre opinion.

Château AUZIAS en Cabardès Languedoc.

Les pays qui ont opté pour un classement "large" de leur production au sein des VQPRD

ALLEMAGNE C'est le quatrième pays producteur européen, avec une production régulière d'un peu plus de dix millions d'hectolitres de vins. Bien que le vignoble allemand soit ancien et porte des vins de grande réputation, la classification a été établie davantage sur la notion de qualité de la vendange en prenant en référence tant la richesse en sucres des raisins que, comme en France, la notion de terroir. C'est ainsi que les délimitations qui selon le règlement communautaire doivent être réalisées "à la

1977er UNGSTEINER HERRENBERG
SCHEUREBE BEERENAUSLESE
QUALITÄTSWEIN MIT PRÄDIKAT   A. P. Nr. 5 141 045 6 78
ERZEUGERABFÜLLUNG   ℮ 0,35 ℓ

parcelle de vigne ou à la parcelle cadastrée" suivent souvent des limites matérialisées par des lignes encadrant des situations de nature topographique différente. Cependant les terroirs existent. Les coteaux abrupts de vallées très encaissées en attestent.

Le vignoble est divisé en 13 régions viticoles (*Anbaugebiete*), elles-mêmes subdivisées en sous-régions appelées "*Bereiche*". Les aires viticoles déterminant les noms figurant dans l'étiquetage regroupent souvent plusieurs communes "*Grosslagen*", auxquelles peut être ajouté le nom d'un seul lieu-dit "*Einzellage*".

Les VQPRD comprennent :

)) les QBA, Qualitätswein Bestimmter Anbaugebiete, correspondant à des productions régionales étiquetées comme nos vins de pays, mais produits comme nos AOVDQS. Ils portent obligatoirement un nom de région, accessoirement et facultatif, le nom du cépage et le nom de l'aire viticole ;

)) les QMP , Qualitätswein Mit Pradikat, qui se divisent en : *Kabinett* (parfaite maturité), *Spätlese* (vendange retardée de 7 jours au moins = équivalent de vendanges tardives), *Auslese* (sélection des meilleures grappes), *Beerenauslese* (raisins botrytisés sélectionnés), *Trocken-beerenauslese* (sélections de baies botrytisées de raisins surmuris=équivalent de sélection de grains nobles), *Eiswein* (raisins gelés à -7 °C minimum) ;

)) les QGU, Qualitätswein Garantierten Unsprungs créés en 1994, issus de la possibilité de fixer des règles particulières (par exemple, dans une région donnée, les vins de certains cépages peuvent être d'un type différent : sec, demi-sec...) correspondant à nos AOC.

AUTRICHE Avec une superficie d'environ 50 000 hectares de vignes, la production autrichienne est équivalente à une production régionale. La classification est calquée sur celle des vins allemands. Elle se définit ainsi :

)) pour les VQPRD : *Qualitätswein Kabinett, Prädikatswein, Spätlese, Auslese, Strohwein* (vin de paille), *Eiswein, Ausbruch* (vin de grains surmûris, pourriture noble, séchés naturellement), *Trockenbeerenauslese* ;

)) les vins de table (*Tafelwein*) ne peuvent être commercialisés en bouteilles de 75 centilitres afin d'éviter les confusions avec les VQPRD.

Spätlese   Spätlese

Steiner
Pfaffenberg
Riesling

WEINGUT KREMS A. D. DONAU
DER BÜRGERLICHEN
HEILIGGEIST-STIFTUNG, PASSAU
GRÜNDUNGSJAHR 1358

in Verwaltung
FRITZ SALOMON — UNDHOF
Krems-Stein/Donau
Niederösterreich
MARKENREGISTER NR. 88162 NUR ECHT MIT KORKBRAND

Les pays qui ont opté pour un classement restrictif de leur production au sein des VQPRD

ESPAGNE La France est le modèle ; la définition des appellations d'origine est basée sur la notion de terroir.

Elle possède le plus grand vignoble d'Europe et est le 3e pays producteur mondial. La classification de sa production se décline en deux catégories :

)) pour les vins de table : vins de table et vins de table ayant droit à la mention traditionnelle vins de pays + indication géographique. On dénombre une quarantaine de vins de pays.

)) pour les VQPRD :

- VQIG : vins de qualité avec indication géographique
- DO : denominación de origen (vins à appellation d'origine). On en dénombre soixante-et-une.

- DOC : denominación de origen calificado (vins à appellation d'origine qualifiée). Une seule est pour l'instant reconnue.

- une dernière catégorie au sein des VQPRD faisant référence à des noms de domaines a été mise en place en 2003.

La notion d'appellation d'origine est récente, elle a été construite sur le modèle français. Elle est basée sur la notion de terroir et les zones sont bien délimitées, les encépagements souvent locaux et les usages bien codifiés.

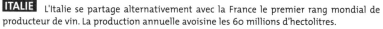

ITALIE L'Italie se partage alternativement avec la France le premier rang mondial de producteur de vin. La production annuelle avoisine les 60 millions d'hectolitres.

Les **Denominazione de Origine Controllata** sont nées peu après 1960 et leur reconnaissance s'est faite sur des notions de terroir à l'image de la France et sur la réputation de productions anciennes. A la suite de la définition du règlement communautaire, l'Italie a adopté la classification suivante :

)) dans la catégorie des vins de table, les Indicazione Geografica Tipica (IGT) ont été créées en 1992 au moment de la définition des Indications géographiques protégées (IGP), catégorie européenne mise en place pour la reconnaissance et la protection de produits agroalimentaires autres que le vin. On en compte à ce jour 118.

)) dans les VQPRD , deux catégories :

- les Denominazione de Origine Controllata (DOC). On en dénombre environ 300.

- Les Denominazione de Origine Controllata y Garantita (DOCG). 28 reconnues aujourd'hui.

ALLEMAGNE

Les vins allemands nouvelle génération ont déjà séduit le monde entier, avec leurs arômes veloutés et leurs emballages branchés, adaptés à chaque occasion et chaque besoin.

Ces vins reçoivent des compliments, aussi bien de la part de célébrités que des plus grands connaisseurs. Avec plus de 2 000 ans de tradition et d'expérience basée sur la recherche de qualité, et sur une technologie de brassage digne d'être qualifiée d'art, l'industrie vinicole allemande ne peut pas avoir de concurrence.

Le climat varie dans la majorité des pays du Nord cultivateur et producteur de vin. Afin de pouvoir récolter à chaque fois tous les raisins mûrs, la majorité des plantations de vigne ont été implantées le long de pentes ou de collines, à des endroits protégés du vent par la forêt. Cette situation proche des vallées, principalement le long du Rhin, est indispensable pour pouvoir profiter d'un climat modéré.

Les vignes plantées et la production de vin, favorisées par des températures, des précipitations et un ensoleillement idéal, bénéficient d'une longue période d'accroissement avant leur lente et complète maturité. De plus, grâce à l'acidité naturelle contenue dans les fruits ainsi que le sucre et les minéraux absorbés par le sol, le vin allemand est unique en terme de fraîcheur et d'arôme.

Les différents types de vin allemand

Equilibré et sec : sec, semi-sec, classiques ou sélects (tous ceux labellisés comme secs). De préférence au cours d'un repas (l'élégant et frais Premium).

Vin fruité, velouté et riche : traditionnel et grande maturité, aussi noble que les vins "sélects Premium", très fruité, parfum naturel et robuste.

Goût majestueux et genre exceptionnel (ex : le riesling) : variété principale en Allemagne. Subtile, élégant, fruité et bel âge. On peut associer ce vin avec n'importe quel plat dans le monde : des plats asiatiques épicés aux plats plus doux de l'Amérique latine.

Le rouge populaire : le plus remarquable vin rouge en Allemagne. Vibrant, suave et légèrement doux, aux arômes fruités, il est le plus adapté à la viande rouge. Le rosé pinot noir est idéal avec des plats plus légers.

La nouvelle production est un rouge riche, visant à être dégusté avec du bœuf, vieilli dans du bois de chêne, avec plus de tannin et de couleur, compatible avec du steak et du fromage.

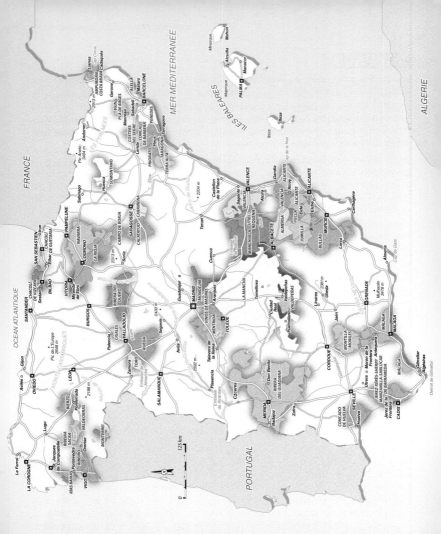

ESPAGNE

FRANCE

OCEAN ATLANTIQUE

MER MEDITERRANEE

ILES BALEARES

ALGERIE

PORTUGAL

OCEAN ATLANTIQUE

Routes secondaires
Routes principales
Capitale
Villes principales
Villes secondaires
Principaux sommets

0   125 km

Cap Creus
Cap de Creus
L'Estartit
Cadaqués
COSTA BRAVA
AMPURDAN
Gerone
Garonne
2913 m
Vic
PLA DE BAGES
ALELLA
Manresa
Sabadell
BARCELONE
Andorre
COSTERS DEL SEGRE
CONCA DE BARBERA
PENEDES
Lérida
Tarragone
Reus
TARRAGONE
PRIORATO
TERRA ALTA
Èbre

Cap de la Nao
Ibiza
Majorque
Minorque
Cap de Formentor
Alcudia
Mahón
PALMA
Menorca

Pic d'Aneto
3404 m
LES PYRÉNÉES
SOMONTANO
Huesca
Sabiñánigo
CAMPO DE BORJA
SARAGOSSE
CALATAYUD
CARIÑENA
2313 m
Soria
Èbre
2204 m
Teruel
Castellón de la Plana
Turia
Sagunto
VALENCE
VALENCIA
UTIEL-REQUENA
Alcira
Gandia
ALICANTE
Alcoy
Elche
Elda
ALICANTE
MURCIE
BULLAS
Lorca
YECLA
JUMILLA
ALMANSA
ALBACETE
MANCHUELA
Cuenca
Golfe de Valence

CHACOLI
Irun
SAN SEBASTIEN
Eibar
DE GUETARIA
CHACOLI
BILBAO
VITORIA
Miranda de Ebro
NAVARRA
PAMPELUNE
LOGROÑO
CA RIOJA
Golfe de Gascogne
OCEAN ATLANTIQUE
SANTANDER
Sestao
DE VIZCAYA

Aviles
Gijón
OVIEDO
Pic de l'Europe
2648 m
MONTAGNES CANTABRIQUES
BURGOS
RIBERA DEL DUERO
Palencia
CIGALES
VALLADOLID
RUEDA
TORO
Zamora
LEON
BIERZO
2188 m
Ponferrada
VALDEORRAS
MONTERREI
Orense
RIBERA SACRA
RIBEIRO
VIGO
Pontevedra
St-Jacques de Compostelle
RIAS BAIXAS
LA COROGNE
Le Ferrol
Lugo

Duero
2430 m
Segovia
Avila
2592 m
SALAMANQUE
Plasencia
Cáceres
Embalse de Alcántara
MADRID
VINOS DE MADRID
Guadalajara
MONDEJAR
Aranjuez
MENTRIDA
TOLEDE
Talavera de la Reina
LA MANCHA
Tomelloso
VALDEPEÑAS
Puertollano
Ciudad Real
MERIDA
Badajoz
Zafra
RIBERA DEL GUADIANA
Don Benito
Guadiana

2381 m
Ubeda
Linares
SIERRA NEVADA
Mulhacén
3478 m
GRENADE
Jaén
VALDEPEÑAS
CORDOUE
Guadalquivir
MONTILLA-MORILES
Antequera
Moron de la Frontera
Utrera
JEREZ-XÉRÈS-SHERRY
MANZANILLA-SANLUCAR
Jerez de la Frontera
DE BARRAMEDA
MALAGA
MALAGA
Gibraltar
Algésiras
Détroit de Gibraltar
CADIX
SEVILLE
Huelva
CONDADO DE HUELVA
Almería
Cap de Gata
CARTHAGENE

ESPAGNE

Située à l'ouest de l'Europe, l'Espagne est un pays où la tradition du vin remonte au temps des Romains. La vigne occupe la 3e place parmi les surfaces cultivées, après les céréales et les oliviers. Elle représente la plus grande surface de vigne cultivée au monde (plus de 33 % de la surface viticole de l'Union européenne). L'Espagne est alors le deuxième pays producteur de vin au monde. Actuellement, environ 33 % de la production de vin en Espagne est exporté dans le monde entier.

Il y a 3 000 ans, les premiers Phéniciens et plus tard les Romains produisaient déjà du vin sur la Péninsule. La transformation de l'image et l'amélioration de la qualité du vin espagnol vers la fin du XXe siècle a été remarquable. Profitant de cette période, un groupe de pionniers assidus ont commencé à introduire et appliquer de nouvelles techniques de production déjà utilisées dans d'autres pays. En particulier ces dernières années ont été témoin de l'apparition d'une nouvelle génération de producteurs qui ont appris à allier tradition et qualité à l'innovation, donnant naissance à des vins uniques de qualité sans précédent qui jouissent d'un succès inégalable dans le monde entier.

Les vignobles espagnols sont une mosaïque de différentes natures de sols et conditions climatiques. Ils sont caractérisés par des conditions climatiques extrêmes. Des vignes peuvent pousser dans le désert, au milieu de régions volcaniques ou dans des paysages recouverts par la neige. Elles peuvent croître facilement dans des endroits à faibles précipitations annuelles, dans les régions sèches du centre et du sud-ouest, ou à l'inverse, dans des endroits extrêmement humides tels que les régions du Nord-Ouest de l'Espagne (influencées par l'Atlantique). Les microclimats donnent à chaque région des conditions spéciales de croissance des vignes et, par conséquent, des vins au caractères régionaux marqués.

L'Espagne compte actuellement 63 Denominacion de Origen (DO) réparties dans toutes les régions de son territoire, chacune produisant des vins uniques. Certains vins sont déjà mondialement connus comme Rioja Ribera del Duero ou Navarra, pendant que d'autres commencent à se faire connaître, profitant de l'intérêt que les gens portent au vin espagnol.

Posséder une grande variété de vins permet à l'Espagne d'avoir un bon nombre de vins différents adaptés à différents types d'aliments. Cava brut ou extra brut (i.e. Freixenet, Codorniu - *Cava* : vin mousseux espagnol) : Entrées chaudes et froides, huîtres, viande rouge, foie-gras. Vins blancs : fruits de mer, poissons, fromage de chèvre et mouton ou bœuf au fromage, volailles et viandes blanches avec sauces, mollusques, foie gras, fromages comme le cabral ou le roquefort, salades. Rosés : riz, volailles et viandes blanches, bœuf au fromage, quelques plats asiatiques. Rouges: salades légères et plats légèrement épicés, saucisses légères, fromage fondu, viande blanche, légumes, poissons (thon, morue...), légumes avec viande et saucisse, viande blanche. Réserve et Grande réserve : viande rouge, rôti et ragoût, finos et manzanillas. Apéritifs : asperges et artichauds, fromage de chèvre, cuisine tex-mex, plats épicés, sauces vinaigrettes, truffes, jambon ibérique, poisson frit, et crevettes roses. Amontillados et olorosos : saucisse, fromages traités et fermentés. Pedro Ximénez et Moscateles : desserts sans chocolat.

Actuellement, la cuisine espagnole a de plus en plus de succès, des journaux comme le *NY Times*, *Le Figaro* ou encore *Le Monde* ont attribué à Ferran Adria le titre de "World's best chef", de plus de plus en plus de restaurants espagnols jouissent d'un prestige international confirmé par les plus grands critiques. Les vins espagnols jouissent également d'une plus en plus grande réputation à l'international pour leur qualité et leur diversité, qui permet au consommateur d'apprécier un vin différent pour chaque occasion ou repas. En ce moment, les vins espagnols sont exportés dans le monde entier, et chaque jour les amoureux du vin en apprennent un peu plus sur la richesse des produits espagnols.

Pour plus d'informations à propos des vins espagnols, vous pouvez visiter le site Internet : **www.winesfromspain.com**

ITALIE

Route secondaire
Route principale
Capitale
Ville principale
Ville secondaire
Vignobles

AUTRICHE

SUISSE

SLOVÉNIE

Trentin-
Haut-Adige

Ortler
3899 m
Alpes
Bergamesques

Frioul-
Vénétie-Julienne

Val d'Aoste

A5

Lac
Majeur

Lac de Côme

Lac d'Iseo

Trieste

Bergame

Vénétie

Novare

MILAN

Monza

Brescia

Vicence

CROATIE

Piémont

Lombardie

Vérone

Padoue

Venise

Alpes
Cottiennes

Turin

Asti

A21

Adige

Crémone

A22

Golfe de Venise

BOSNIE-HERZÉGOVINE

Pô

A1

Parme

A13

Pô

Apennins ligures

Modène

Ferrare

CROATIE

Émilie-Romagne

Reggio
d'Émilie

Bologne

Ligurie

Savone

Gênes

Ravenne

La Spezia

Romagne

Golfe de Gênes

Apennins Étrusques

Forlì

Rimini

A10

Viareggio

Lucques

Pistoie

Prato

Florence

SAINT-MARIN

Livourne

Pise

Arno

Ancône

FRANCE

Mer Ligurienne

Arezzo

A14

A12

Toscane

Pérouse

Marches

CORSE

Ombrie

Foligno

Ascoli Piceno

I. d'Elbe

A12

Terni

Gran Sasso
2912 m

Pescara

Latium

L'Aquila

Abruzzes

A14

ROME

Avezzano

Molise

Foggia

Tivoli

A1

Latina

Campobasso

Bari

Bénévent

A16

Ofanto

Pouilles

NAPLES

Le Vésuve
1281 m

Campanie

Avellino

Ischia

Salerne

Basilicate

Lecce

Golfe de Naples

Capri

A3

Tarente

Gallipoli

Otran

Golfe de Tarente

Porto Torres

Olbia

Sassari

Mer
Tyrrhénienne

Calabre

La Sila
1929 m

Monts du
Gennargentu
1834 m

Catanzaro

Cagliari

îles éoliennes

îles Égades

Trapani

Messine

Reggio
di Calabria

Palerme

A19

Sicile

Etna
3323 m

Mer Ionienne

A19

Catane

Syracuse

TUNISIE

0   120 km

ALGÉRIE

ITALIE

L'Italie a un vaste héritage viticole et une structure de production unique en son genre pour sa culture qui remonte à 4 000 ans, quand les hommes préhistoriques pressaient des grappes pour en faire du jus, qui, comme par magie, fermentait et donnait du vin.

Les Grecs anciens, migrant vers le sud de l'Italie, ont bâti la colonie oenotria, le pays du vin. Les Etruscans étaient des praticiens de l'art de la vinification en Italie centrale. Les Romains ont ensuite propagé le culte de Bacchus à tous les coins de l'empire, en développant fructueusement le commerce du vin dans toutes les terres de la Méditerranée et plus encore.

En Italie, la vigne est cultivée partout des Alpes à la Sicile. Le pays à la topographie unique fournit plusieurs centaines de cépages indigènes qui donnent des vins inimitables ailleurs. Afin de promouvoir une telle richesse des vins italiens, ICE a lancé en 2003 un projet à l'échelle mondiale : Origine.

En étudiant la géographie et les différents climats de l'Italie, on peut distinguer 4 zones de production principales : Le Nord, l'Italie centrale, le Sud et les îles.

Au nord de l'Italie, Piedmont, Vallée d'Aosta, Liguria, Lombardy, Veneto, Trentino, Friuli Venezia Giulia et Emilia-Romagna mettent en avant une large production de vins rouges fabriqués à Nebbiolo (Barolo, Barrbaresco), Barbera, Dolcetto, Amarone, Bardolino Superiore, et de vins blancs, particulièrement dans le Nord-Est. Les principaux cépages sont le Moscato, le Garganega (Soave), et le Prosecco, au même niveau que le chardonnay, sauvignon et pinot.

En Emilia-Romagna, le premier vin est le fizzy Lambrusco, avec le distingué blanc Albana.

L'Italie centrale, favorisée par un climat chaud et doux, comprend la Toscane, qui est la région la plus productrice de vins DOC et DOCG, après Piedmont, Marche, Umbria et Latium. Le raisin local principal est le Sangiovese, le raisin utilisé pour la fabrication du célèbre chianti, du Brunello di Montalcino, et du Vino nobile di Montepulciano (Toscana). Le Sangiovese est également utilisé mélangé avec d'autres vins rouges pour fabriquer, dans d'autres régions, du Montepulciano, du Cesanese et du Sagratino. La meilleure illustration du vin blanc en Italie centrale est incarnée par le Vernaccia di San Gimignano (Toscane), le premier vin DOC en Italie, et par le Verdicchio de mars.

En Italie du Sud, région caractérisée par un climat très chaud et tempérée par la mer et les montagnes à proximité, les variétés introduites en Italie par les Grecs sont aujourd'hui toujours cultivées, elles donnent du Greco, du Malvasia, Falanghina et Gaglioppo. Près des vignes les plus anciennes, le Nero d'Avola, le Moscato di Pantelleria et le Primitivo sont largement produits.

Les deux îles principales, la Sicile et la Sardaigne, ont également d'exellentes variétés et produisent aujourd'hui des vins de haute qualité. Les terrains volcaniques et la forte influence de la mer sur le climat permet la production de vins parfumés avec un fort taux d'alcool, comme l'illustrent ces rouges célèbres : le Nero d'Avola, le Cerasuolo di Vittoria, le Cannonau, ainsi que ces blancs : l'Inzolia, le Grillo (principal raisin pour Marsala en Sicile), le Vermentino et enfin le Vernaccia di Oristano.

Les experts placent de plus en plus les premiers vins italiens parmi les plus fins du monde. Les Italiens ont été les pionniers de la réglementation du vin : ce sont eux qui ont commencé à contrôler l'origine et à protéger le nom des vins. Cet héritage est toujours d'actualité avec le système de classification DOC/DOGG. La plupart des vins traditionnels italiens de haute qualité sont produits dans des parcelles DOC ou DOGC limitées, obéissant à une forte réglementation. De nos jours, l'Italie possède 33 DOGC et 311 DOC. L'assortiment idéal se fait avec des vins fruités avec une structure ferme, fabriqués dans des cuves en acier inoxydable et des plats légèrement grillés ou avec des poissons d'eau de mer. La cuisine chinoise , spécialement les aliments frits se marie très bien avec les vin légers et boisés. Les vins âgés et boisés, avec une bonne structure, épicés, se marient parfaitement avec de la viande, même le porc, ainsi qu'avec des sauces très goûtues et parfumées.

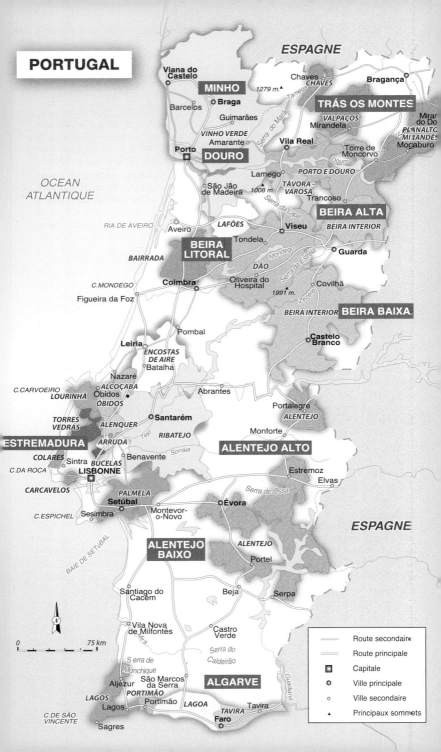

PORTUGAL

Le Portugal est aujourd'hui le 10e pays producteur mondial de vins. Jusqu'en 1986, date de son entrée dans la Communauté Européenne, seuls le Porto et le Madère bénéficiaient d'une réelle notoriété. Or depuis plus d'une décennie, la production de vins rouges a dépassé celle de l'emblématique Porto, ce dernier ne représentant plus que 47 % de la production dans la région où il est roi, le Douro. Cette concurrence n'est cependant pas frontale car le "bon vieux porto" possède encore de nombreux adeptes, en France notamment, et pourrait connaître une croissance importante en 2006 (voir notre article "2006, l'année du Porto ?" du 19/01/2006). Le Portugal jouit d'un climat océanique chaud dont les effets d'humidité sont atténués par les collines de la Serra do Marão. On dénombre 4 grandes régions viticoles sur cette côte atlantique de l'Europe méridionale. Le Minho, au nord, est la terre des "vins verts", une appellation regroupant majoritairement des blancs vifs, légers, fruités et parfois pétillants. Plus bas, la fameuse région du Douro, le prolongement du Duero espagnol. Ici, sur ces terrasses si escarpées que même les mules refusent de travailler, le vin rouge s'est imposé. La plupart sont élaborés à partir des cépages touriga nacional, touriga francesa (les cépages principaux du porto) et tinta roriz (le tempranillo espagnol). Pour découvrir le meilleur du Douro - et sans doute du Portugal -, nous vous conseillons les vins de Quinta do Crasto, Quinta do Vallado, Senhora do Convento, Domingos Alves de Sousa. Encore plus au sud, les régions de Dao et Bairada où Luis Pato, l'équivalent de Marcel Guigal au Portugal, élabore des vins à base de baga, un cépage rustique donnant des vins puissants. Enfin, l'immense Alentejo... Occupant le tiers de la superficie du pays et longtemps vierge de vignes, elle est considérée aujourd'hui comme un nouvel eldorado du vin européen. Les vins du Portugal, issus de cépages autochtones et portés par la tradition du porto, sont incontestablement des vins de caractère. L'avenir leur est ouvert. Mais c'est maintenant qu'il faut les découvrir

Vignoble dans la région de Regua, Portugal

La production viticole française

La vigne est connue en Narbonnaise, sur les coteaux proches de Narbonne, en -27 avant J.-C. mais elle était déjà exploitée plus au nord (Lugdunum - Lyon, Vienne, Ampuis, Condrieu etc.), pour atteindre la Bourgogne, la Côte-d'Or sur la via Agrippa (vers 312 avant J.-C.). À partir de la chute de l'Empire romain, les autres vignobles français vont se développer selon une même logique : en coteau, à proximité d'un cours d'eau navigable et d'une grande ville. C'est ainsi qu'au Moyen Age seront successivement réputés : les vins d'Auxerre, de Beaune, de Mâcon, de Sancerre, de Paris, de Coucy, d'Orléans, d'Ay, de Reims, de Langon, de Bordeaux, etc.

Au Moyen Age, les Cisterciens vont développer les vignobles bourguignons au XIIe siècle (Bernard de Clairvaux en 1112).

Les ducs de Bourgogne favorisent l'implantation de cépages qualitatifs que l'on connaît toujours aujourd'hui : le noirien (pineau, en 1360) est préféré à l'infâme *gamay* dont Philippe le Hardi en 1374 ordonne par édit l'arrachage. Celui-ci fait aujourd'hui les beaux jours du Beaujolais et de vignobles voisins, tels la côte roannaise, les coteaux du Forez, les coteaux du Lyonnais et d'autres plus ou moins connus.

Les dénominations que l'on connaît aujourd'hui naîtront plus tard : on parlera du "vin de Champagne" à partir de 1650, les dénominations de cru bourguignonnes seront usuelles un peu plus tard.

Le vignoble va régresser à la fin du XVIe siècle (méventes, prix de revient - on arrache les vignobles du Nord peu rentables, puis ceux situés aux abords des villes) et se développer à nouveau aux XVIIe et XVIIIe siècles ; vignobles à eaux-de-vie grâce aux Hollandais, cognac et armagnac deviennent notoires, vignobles du Bordelais (expansion coloniale, exportation dans le monde entier).

Enfin, les maladies (pyrale, oïdium, phylloxéra) vont mettre un terme à cette croissance et même anéantir le vignoble à la fin du XIXe siècle. Le vignoble atteint en France à ce moment une superficie de plus de 2 millions d'ha.

La viticulture française a été reconnue dès le Moyen Age comme un moyen de distinguer les hommes ; les têtes couronnées et l'aristocratie se sont servi du vin comme produit d'émancipation. Sous Henri IV, la vigne est devenue une culture populaire a tel point qu'à la fin du XVIe siècle, on fait arracher les vignes aux abords des villes car plus personne ne paie de droit, le vin est consommé avant son entrée dans la ville et n'acquitte plus de droit fiscal. On interdira l'entrée dans les villes de tout vin produit à moins de 20 lieues (environ 80 km). Il servira aussi d'aliment, puisque la consommation augmente très fortement pendant la guerre de 1870.

Première moitié du XXe siècle : organisation de la viticulture française

La première partie de ce siècle constitue une période, jusqu'à la seconde guerre mondiale, au cours de laquelle va se mettre en place tout un arsenal juridique qui va constituer l'ossature de l'organisation de la viticulture française d'aujourd'hui.

Les replantations de vignes ont débuté dès la fin du XIXe siècle. La destruction du vignoble par le phylloxéra a perturbé les traditions ; on est obligé de reconstituer celui-ci à partir de plants résistants, c'est l'avènement des plants américains résistants. Ceux-ci sont plantés directement et servent de porte-greffes. D'autres, issus de croisements avec *Vitis vinifera*, produisent directement du vin.

La phase des délimitations administratives

Si la France manque de vins en 1890, elle en a de trop en 1900, près de 70 millions d'hectolitres en métropole. Le vignoble d'Algérie a été multiplié par 10 entre 1890 et 1900 et produit 5 millions d'hectolitres. La fabrication de vins artificiels bat son plein, on en a fabriqué dix millions d'hectolitres en quelques années, les raisins secs sont utilisés pour faire du vin, on fabrique des piquettes, les vins naturels français sont en difficulté et c'est dans ce contexte que naît en 1905, le 1er août, une loi *"sur la répression des fraudes en général et les falsifications de toutes les denrées alimentaires"*. Cette loi jette les premières bases du respect de l'origine et de la qualité des vins.

Elle est complétée par la loi du 5 août 1908 qui décide qu'il sera procédé par des règlements d'administration publique à la délimitation de régions pouvant prétendre aux appellations de provenance de produit, et que ces délimitations doivent se faire sur la base des usages locaux, loyaux et constants.

Cette loi prévoit également que *"tous syndicats formés conformément à la loi du 21 mars 1884 (syndicats professionnels) pour la défense des intérêts généraux de l'agriculture ou de la viticulture ou du commerce et trafic de boissons, eaux-de-vie naturelles, alcools de fruits, denrées alimentaires, produits agricoles... pourront exercer... les droits reconnus à la partie civile...".*

Ces deux lois sont à l'origine de la délimitation de : la Champagne (D. 17 décembre 1908 et 7 juin 1911), du Cognac (D. 1er mai 1909), de l'Armagnac (D. 25 mai 1909), de Banyuls (D. 18 septembre 1909), de Clairette de Die (D. 21 avril 1910).

Les autres formes réglementaires de délimitation

La compétence de l'administration est mise en doute dans de nombreux endroits par les producteurs eux-mêmes qui ne retrouvent pas leurs intérêts dans les résultats de ces travaux. Le législateur prépare donc des aménagements, des modifications lorsque survient la déclaration de guerre de 1914. Le chantier est remis à plus tard et ce n'est qu'en 1919 que cette modification interviendra.

Dans cette période, la consommation des vins ordinaires est dopée par l'octroi d'un litre de vin par soldat. A la fin de la guerre, le marché des vins ordinaires est assaini, mais les marchés des vins fins sont ruinés, ce qui provoque une grave crise.

La loi du 6 mai 1919, sur la protection des appellations d'origine, consacre la fin des délimitations administratives, engage la phase des délimitations judiciaires, et le droit exclusif donné aux tribunaux civils de définir les appellations, dans la mesure où ils sont saisis par *"toute personne intéressée"*.

Elle consacre l'**appellation d'origine** comme un droit collectif de propriété puisqu'elle confie aux décisions rendues par le juge, une autorité qui n'est pas limitée aux seules parties en cause au procès, mais à toutes les personnes intéressées de la région, de la commune ou du cru, la première reconnaissance officielle des syndicats de défense de l'appellation, et l'impossibilité pour les Appellations d'Origine viticole de présenter un caractère générique et de tomber dans le domaine public.

Elle impose un certain nombre de règles toujours en vigueur, notamment l'obligation faite à tout récoltant qui entend donner à son produit une appellation d'origine de l'indiquer dans sa déclaration de récolte, à tout commerçant en gros de tenir un registre d'entrées et de sorties par nature de produit et par appellation.

Elle interdit l'appellation d'origine pour les vins d'hybrides producteurs directs et elle définit des règles d'étiquetage.

Une autre loi, celle du 22 juillet 1927, précise la notion d'appellation d'origine en l'adaptant à son cadre réel. A la délimitation, elle ajoute la notion de cépages *"consacrés par les usages locaux loyaux et constants"*, l'aire de production, dans son acception géologique, consacrée par ces mêmes usages doit comprendre tous les terrains aptes à produire le vin de l'appellation. Elle impose une liaison effective entre l'origine et la qualité, en précisant que cette dernière repose obligatoirement sur l'existence de terroirs et d'un encépagement bien précis, consacrés par un usage local, loyal et constant.

La phase des délimitations judiciaires trouve ses limites, des procès d'accord sont convenus. Dans les vins ordinaires, la France a retrouvé son niveau de production d'avant-guerre et suite au crash boursier américain et mondial, des mesures gouvernementales sont mises en place pour adapter l'offre à la demande. La création d'un Statut viticole avec limitation des rendements à 100 hectolitres par hectare, des plantations, mesures de blocage des vins, distillation, instauration d'un prix minimum, s'applique aux seuls vins ordinaires. C'est la **loi Barthe**.

Les appellations, avec plusieurs récoltes en cave, sont copiées, usurpées, engageant les producteurs de véritables vins de qualité à mieux s'organiser. Sous l'impulsion de vignerons parlementaires, Joseph Capus, sénateur, Edouard Barthe, député, naîtra, avec la participation des vignerons des régions viticoles réputées, la catégorie des **appellations contrôlées**

Le décret-loi du 30 juillet 1935 définira en même temps l'**Institut national des appellations d'origine (INAO)** et lui donne le pouvoir de déterminer les conditions de production auxquelles devra satisfaire le vin ou l'eau-de-vie de chacune de ces appellations d'origine contrôlée et définit par décret les conditions relatives à l'aire de production, aux cépages, au rendement à l'hectare, au degré alcoolique minimum du vin tel qu'il doit résulter de la vinification naturelle et sans enrichissement, aux procédés de culture et de vinification ou de distillation.

Les bases de la viticulture actuelle sont jetées.

Les coopératives vinicoles

Le phénomène associatif apparut dès que les hommes entreprirent la culture de la terre. Pendant plusieurs siècles, l'exploitation du sol et la vie des villages ne furent une réalité que grâce à l'entraide collective. Le sort de tous en dépendait étroitement.

A titre d'exemple, on peut citer les "communautés serviles roturières" qui, au VIe siècle, cultivaient en commun les terres d'un village sous la direction soit de congrégation, soit de familles agricoles désignées par l'ensemble. La terre n'appartenait à personne, tout était la propriété de tous. Chaque membre, qui était libre de toute attache matérielle, participait aux travaux de la communauté, et pouvait partir quant il le voulait. En récompense des services rendus, les hommes recevaient un pécule de cinq cents livres, les femmes non mariées un trousseau complet. La communauté de Pinon, près de Thiers, dura plus d'un siècle.

Ce système à caractère quelque peu paternaliste exista en de nombreux endroits jusqu'à ce que la propriété individuelle devienne un droit inscrit dans la législation française.

C'est au XIXe siècle que les choses vont profondément changer. Le développement de l'industrie et, comme corollaire, la découverte et l'application de l'exploitation systématique de l'ouvrier vont être à la base d'une nouvelle conception du travail et du rôle de l'homme.

De Rocquigny écrit alors : *"Le triomphe de l'individualisme est en général la marque de périodes de bien-être, de calme, de prospérité ; mais viennent les épreuves, les malaises économiques, l'inquiétude sourde de l'avenir, et l'utilité de l'association se fait immédiatement sentir, car seule elle donne aux individualités la puissance de lutte indispensable."*

Les idées de cet auteur sont reprises et argumentées avec plus de précision par deux économistes : l'Anglais Robert Owen et le Français Charles Fourrier. Tous deux, vers 1870, estiment que la propriété individuelle ne peut vendre ses produits que grâce à la concurrence et que celle-ci est d'autant plus dangereuse qu'elle n'a pas de limite. L'exploitation de l'individu qui en découle ruine les plus faibles, quels que soient leurs mérites, et conduit à des impasses et au malheur.

Le rôle de cette structure incite Charles Fourrier en particulier à créer des associations appelées **"phalanstères"**, dans lesquelles le travail, la direction et l'égalité des revenus sont accessibles à tous. Ce type d'organisation fut un échec ; mais il reste l'idée que l'association des hommes, mieux conduite, avait des avantages certains.

D'ailleurs, vers 1848, il existait déjà des coopératives ouvrières, sans assise légale, qui donnèrent l'idée aux gens de la terre de se réunir pour produire : le miel et le beurre des Charentes, les huileries méridionales, les choucrouteries de Lyon furent parmi les premières réalisations communautaires dues à la seule volonté des hommes. Et l'exemple donna naissance à des associations viticoles dans des lieux européens où la culture de la vigne et la vinification étaient rendues difficiles par les aléas climatiques ou par des anomalies structurelles. Ce fut le cas en Allemagne dans la vallée de l'Ahr, dans les terres de la Hesse, du Rheingau et de la Moselle, comme dans des zones pauvres du Portugal, de la Hongrie et de l'Italie.

En France, il faut attendre 1884 et la possibilité légale d'association pour que les premiers syndicalistes, dont l'esprit socialisant visait l'autogestion et l'avènement de la propriété collective, embryon du communisme, créent les premières coopératives d'achat et de consommation gérées par les ouvriers (Marcel Lachiver).

Naissance de la coopérative vinicole

En viticulture, deux innovations vont permettre de concrétiser l'esprit d'association, et la naissance des caves coopératives : la création en 1894 du Crédit mutuel agricole, après le mouvement Raiffeisen en Allemagne et en Alsace, et surtout la possibilité dès 1907 de consentir aux agriculteurs des prêts collectifs à long terme.

Dès lors, tout devient possible. Et c'est heureux, car la viticulture allait connaître une période noire avec l'invasion phylloxérique et ses multiples conséquences. L'insecte piqueur, apparu sur les vignes dans la seconde moitié du XIXe siècle, détruisit en quelques années plus de la moitié du vignoble français. La demande de vins restant bien entendu inchangée, le vigneron se tourna d'abord vers des variétés américaines certes résistantes, dont les vins étaient hélas quasi imbuvables. Vinrent alors sur le marché de consommation des vins artificiels, souvent dangereux pour la santé publique, dont la fabrication était malheureusement plus rentable que la production des vins naturels, produits à partir des vignes reconstituées.

Alors, les idées associationnistes de Rocquigny, Owen, Fourrier et de quelques autres doctrinaires furent considérées comme devant être reprises, parce qu'elles apparaissaient comme la sauvegarde de tout un peuple rural.

Le vignoble ne fut pas la seule branche agricole concernée. Dans d'autres secteurs de production, le dicton "nécessité fait loi" s'est appliqué. C'est ainsi que dans les montagnes du Jura à l'accès souvent difficile, tout particulièrement en hiver, le ramassage du lait de ferme à ferme posait des problèmes. Malgré son caractère indépendant, le paysan jurassien de l'époque accepta la création de coopératives de ramassage du lait, qui devinrent assez rapidement des fromageries coopératives, appelées fruitières, car elles utilisaient le "fruit" de la terre. Nul doute que cette forme d'association ait influencé les vignobles proches, puisque les caves coopératives d'Arbois et de Pupillin datent des années 1900-1910, celle de Poligny de 1922.

Pour en revenir aux vignobles, les viticulteurs du Var et du Languedoc furent les premiers et les plus durement touchés par le phylloxéra. Aussi s'engagèrent-ils dans la voie des coopérations vinicoles dès 1901 (cave de Maraussan, Hérault) et 1908 (Néoules, Var). Les petites caves coopératives de Côte-d'Or, de Nuits-Saint-Georges et de Morey-Saint-Denis n'ont pas duré longtemps, pour de probables raisons de structure du vignoble. Mais partout ailleurs, le mouvement coopératif n'a cessé de grandir... La vinification en cave collective s'est développée d'abord dans les grands vignobles du Languedoc et du Var, ensuite dans tous les vignobles du Bordelais, des Côtes du Rhône, du Val de Loire, du Mâconnais, du Beaujolais, de la Champagne et de l'Alsace. Le nombre de ces caves était de 79 à la veille de la guerre de 1914-1918 ; il est aujourd'hui d'environ 1 200.

Ne nous cachons pas que la plupart furent créées avec de grandes difficultés, car il y avait ceux qui n'en voulaient pas parce que c'était une atteinte à la propriété privée et ceux qui le désiraient parce qu'elles représentaient la seule issue de secours. Il y avait l'Etat qui suivait au début ce bouleversement d'assez loin, et puis il y avait le commerce qui freinait des quatre fers quand il le pouvait devant ce qu'il considérait comme une atteinte à sa fonction, parfois à ses privilèges. Les obstacles à ces créations se traduisirent par des dénominations qui rappelaient le socialisme utopique de Fourrier et les intérêts sociaux du peuple de la terre. On vit fleurir au fronton des caves des qualificatifs tels que : l'Avenir social de Murillon, l'Egalitaire de Cabazan, l'Indispensable de Néoules, et encore la Familiale, l'Emancipatrice, la Vaillante, la Courageuse, l'Avenir...

Mais une fois une cave créée, tout n'alla pas tout seul. Individualiste par nature, conscient de la valeur d'un produit, qui, à tort ou à raison, vaut mieux que celui du voisin, le vigneron fut souvent dans un premier temps un réfractaire aux idées associationnistes.

A côté de ceux qui s'engageaient totalement dans l'édification des nouvelles structures de production, il en fut qui n'adhérèrent que pour une partie de leurs récoltes. Pour voir, disaient-ils ! Par cette entourloupette, ils se réservaient la meilleure partie de leurs raisins, et ne fournissaient à la cave coopérative que la partie médiocre. Les coopérateurs partiels ont aujourd'hui disparu ; mais il n'empêche qu'il est toujours difficile de faire admettre des idées de travail collectif pour l'obtention d'un produit qui ne reflète plus les particularités des terroirs.

Les avantages des coopératives vinicoles

Elles ont joué un rôle technique majeur, car la vinification en un seul lieu d'une grande partie des récoltes d'une commune a eu pour conséquence l'augmentation de la qualité d'ensemble des vins. Et cette évolution fut d'autant plus nette que les possibilités financières avantageuses consenties aux vignerons coopérateurs ont permis un choix constant dans les matériels nouveaux d'élaboration Les coopératives sont devenues ainsi des éléments à la pointe du progrès. Certes les tentations en cette matière ont eu pour effet de provoquer parfois des suréquipements inutiles et des investissements excessifs. Mais on n'a rien sans rien !

Elles ont en définitive favorisé l'élévation du niveau social de chaque village, parce qu'elles constituaient mieux que des vignerons particuliers, un interlocuteur efficace du commerce.

Mais tout cela n'a été positif qu'à la condition que règne une discipline collective stricte dans la culture de la vigne et dans les apports de raisins, et que chaque coopérateur ait un sens profond de l'intérêt général.

Le cas des caves coopératives dans les AOC

Elles bénéficient à l'évidence des mêmes avantages légaux et financiers que la coopération en général. Mais certains de ces avantages ont eu une incidence particulière.

C'est ainsi que les coopérateurs AOC, désormais dispensés des charges d'investissements en matériel de cave, ont porté tous les efforts sur la culture de la vigne et sur une extension tout à fait légale des surfaces plantées. Malgré quelques aléas des marchés, les vignobles d'abord maintenus ont été étendus à toutes les terres idoines jusqu'alors en friche.

Offrir le meilleur des terroirs

Bourgogne de Vigne en Verre
propose 80 appellations
prestigieuses de 12 vignerons,
dont l'unique objectif
est la haute qualité de leurs vins.

BOURGOGNE DE VIGNE EN VERRE

BP 100 - Route Nationale 6 - 71700 Tournus
Tél. 03 85 51 00 83 - Fax 03 85 51 71 20
E-mail : contact@bourgogne-vigne-verre.com
Site : www.bourgogne-vigne-verre.com

Coopérative " L'AVENIR " - Goujon-Fontyon
La Cave
St Vallier (71)

Collection privée R. Cognard (A.C.D.)

Simultanément, l'attention portée aux vignobles a conduit l'exploitant à s'intéresser à toutes les formes de travail liées à la productivité que la science et la technique lui apportaient : sélection clonale, fumures concentrées assimilables. Cette évolution a eu deux conséquences : d'une part, la production à l'unité de surface a notablement augmenté, tout particulièrement depuis 30 ans. Et l'extension concomitante de l'étendue des vignobles a imposé une croissance répétée du volume construit de la plupart des caves coopératives. Il n'est pas rare que les unités initiales aient doublé, parfois quadruplé.

Un tel mouvement a favorisé le renouvellement quasi constant du matériel de vinification puisqu'il fallait coller sans cesse aux variations des exigences de la production. La coopérative a "grossi", s'est administrativement transformée, au point que les organes de décision se sont éloignés du vigneron de base. Celui-ci devint un simple fournisseur de matière première, ce qui n'est pas sans conséquence dans la compréhension de tous les problèmes posés.

Pendant un temps, cette formule de vinification-vente des caves coopératives fut considérée comme favorable, parce qu'elle évitait à l'acheteur de courir dans de nombreuses petites caves particulières pour trouver les nécessaires éléments d'assemblage de vins ; elle lui permettait par contre l'achat rapide de volumes importants, correspondant à ces types précis que recherchaient de grosses maisons comme les sociétés de grande distribution. Mais dans le domaine des AOC, les choses commencent à évoluer, parce que le consommateur ne se satisfait plus de ces masses qu'identifiaient seulement une multitude de marques. Contrairement à ce qui se passe pour d'autres produits pour lesquels l'esprit de mode conduit à la banalisation, il souhaite de plus en plus vivre l'histoire du vin et découvrir par le texte les raisons de sa personnalité.

C'est ce qu'ont compris certaines caves AOC qui ont pensé et agi de manière à sortir de l'anonymat de masse et retrouver les nuances de terroirs. Pour cela, elles ont fait entreprendre un relevé géo-pédologie de toutes les parcelles de vigne de leurs adhérents, afin de définir les différentes zones du vignoble. Elles ont pris en compte, à côté du sol, le cépage et l'époque de maturité des raisins de chacune d'entre elles. Elles ont ensuite convaincu leurs coopérateurs de l'intérêt de cette classification, puis fixé avec leur accord les zones de ramassage des raisins. Tout cela pour procéder à des vinifications par secteur de terroir, parfois en plus, par domaine.

Le coopérateur dans ces conditions n'est plus un fournisseur anonyme de raisins mais un participant à des reconstructions spécifiques des terroirs du village, peut-être à la réminiscence de renommées anciennes.

Cette nouvelle méthode de travail qui aboutit à la vente de volumes restreints identifiés par le nom d'un lieu, d'un domaine ou d'un coopérateur, apparaît contraire au principe coopératif. Elle doit plutôt être vue comme une société d'exploitation en commun, sans aucun doute éloignée des principes initiaux de la coopération vinicole. Elle a toutefois l'avantage de ne rien changer au principe de l'AOC ; elle la conforte au contraire puisqu'elle tend vers la définition des raisons profondes de l'originalité. Et, chose essentielle, elle apporte au consommateur une preuve constante de traçabilité.

Le vignoble français

Une petite histoire de la vigne

De nombreuses théories ont dans le temps été émises sur les origines de la vigne et des cépages. Elles paraissent d'autant plus fantaisistes que leurs auteurs – plus passionnés par le vin que par le végétal – ont souvent confondu l'histoire, la poésie et les techniques empiriques de reconnaissance variétale.

Si nous reprenons les faits, nous pouvons énoncer chronologiquement que la vigne existait un peu partout sur notre planète à l'époque tertiaire (65 millions d'années), durant laquelle elle baignait dans une atmosphère douce et humide. Les différentes périodes glaciaires de l'ère quaternaire qui ont suivi l'ont promenée, l'obligeant à vivre au sud des Apennins et des Pyrénées sous la poussée des glaces, et lui permettant de remonter loin dans le Nord lors des réchauffements, comme le prouvent des fossiles trouvés en Suède. La vigne sauvage vivait dans les forêts, profitant de sa nature de liane pour fructifier ses fleurs aux sommets des arbres.

C'est en Transcaucasie, vers le IVe millénaire avant l'ère chrétienne, que des tribus asiatiques découvrirent l'intérêt de la boisson fermentée issue des vignes sauvages fort nombreuses dans les forêts du sud de la Russie d'aujourd'hui. Les rudiments de la culture de la vigne furent appliqués par ces peuplades progressivement dans les différents pays où elle émigrèrent. D'abord implantée sur les bords de la mer Noire, la vigne fut adoptée par les populations du Proche-Orient, de la Grèce, de l'Italie, de la partie occidentale de l'Europe et de l'Asie centrale. La culture de la vigne a donc quelque 6 000 ans.

Dans la première moitié du XXe siècle, des botanistes ont tenté de décrire les cépages cultivés de France, en prenant comme base des critères morphologiques (port de la souche, forme des feuilles, couleur et grosseur des fruits, etc.). Le classement était souvent fait par ordre alphabétique. Deux ampélographes* : le Français Louis Levadoux et le Russe EG Negrul se trouvèrent d'accord à distance pour transformer cette énumération techniquement désordonnée en une classification beaucoup plus rationnelle.

● Qu'est-ce qu'un cépage ?

Le cépage : unité taxinomique propre à *Vitis vinifera L* est le produit d'un semis ou d'un individu unique au départ, multiplié par voie végétative. Au cours des cycles de multiplication, des variations peuvent se produire et être fixées.

Un cépage est donc composé d'un ensemble de clones suffisamment apparentés les uns aux autres pour être confondus sous un même nom et dont le nombre est variable (un ou plusieurs) et/ou indéterminé. Lorsque la variation touche un caractère évident et remarquable ou ayant des conséquences technologiques importantes, le clone concerné est alors considéré comme une forme différenciée du cépage initial et ajoutons donc comme un cépage différent.

JM Boursiquot, *Essai de définitions du cépage*, PAV 1999, 116 n° 17

Superficies des vignobles en France et volumes

Répartition des superficies de vigne en France en 2004

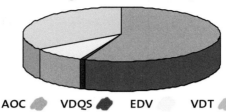

AOC  VDQS EDV VDT

évolution des superficies de vignes en France (1 000 ha)							
année	AOC	VDQS	Sous total	EDV	VDP	VDT	TOTAL
1964	275	146(*)	421	902			1 323
1984	335	42	377	87	565		1 029
2004	475	7	482	73	290		847

* Superficie des vins à appellation d'origine simple

Production des vins blancs en France en 2004

AOC VDQS EDV VDT VDP

Production des vins rouges et rosés en France en 2004

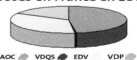

AOC VDQS EDV VDP

Production totale de vin en France en 2004

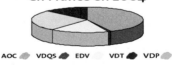

AOC VDQS EDV VDT VDP

évolution des volumes (1 000 hl)							
vins blancs	AOC	VDQS	Sous-total	EDV	VDP	VDT	TOTAL
1964	4 995	5 428*	10 423	6 248			16 671
1984	5 487	327	5 814	8 131	533	4 028	18 530
2004	8 484	186	8 670	10 072	3 309	1 415	23 457
vins rouges et rosés	AOC	VDQS	Sous-total	EDV	VDP	VDT	TOTAL
1964	4 393	4 815*	9 208		35 859		44 967
1984	8 453	1 655	10 108	0	6 919	28 095	45 178
2004	16 869	253	17 121	0	12 150	6 107	35 378
TOTAL	AOC	VDQS	Sous-total	EDV	VDP	VDT	TOTAL
1964	9 388	10 243*	19 631		42 107		61 738
1984	13 940	1 982	15 922	8 131	7 442	32 123	63 708
2004	25 353	439	25 791	10 072	15 459	7 522	58 845

* Vins à appellation d'origine simple

Pour un grand vin
l'élégance d'une bouteille...

L'abus d'alcool est dangereux pour la santé. A consommer avec modération.

CHATEAU ROUBINE
CÔTE DE PROVENCE
- Cru Classé -

RD 562 - 83510 LORGUES - FRANCE - Tél. 04 94 85 94 94 - Fax. 04 94 85 94 95
www.chateauroubine.com - riboud@chateauroubine.com

Ces deux esprits scientifiques proposèrent à la place de la théorie consistant en une notation des différences morphologiques, de rechercher au contraire les éléments de ressemblance communs à certains cépages*. Partant du principe que les variétés connues aujourd'hui ne sont pas tellement différentes des vignes sauvages à petits fruits, et que seule la main de l'homme a pu quelque peu modifier l'ordre naturel des choses, ils aboutirent à un classement de ce qu'ils ont appelé des proles* : la *proles orientalis* composée de cépages à gros grains obtenus après des millénaires de sélection pour la consommation en fruits ; la *proles pontica* comprenant beaucoup de variétés* de cuve* et de table*, nées entre la Géorgie et le sud de l'Espagne ; et la *proles occidentalis* qui regroupe tous les cépages à petits grains de grande valeur, nés entre la vallée portugaise du Douro, les terres de France et la vallée du Rhin. Cette nouvelle approche permit de mettre en évidence des groupes de cépages nés de la même vigne sauvage dans un environnement climatique assez bien déterminé. Ils identifièrent ainsi plusieurs groupes :

» le groupe des **carmenets du sud-ouest** de la France (*cabernet sauvignon, cabernet franc, merlot, petit verdot*) ;

» le groupe des **noiriens de la Bourgogne** (*pinot, chardonnay, gamay, melon*) ;

» le groupe des **dauphinois** (*syrah, mondeuse, roussanne, marsanne*).

Les travaux de ces deux grands spécialistes furent repris et complétés par J. Bisson.

Des réponses scientifiques plus précises sont aujourd'hui apportées par des chercheurs parmi lesquels figurent deux Français : JM Boursiquot de l'ENTAV (Etablissement national technique pour l'amélioration de la viticulture) et T. Lacombe de l'INRA (Institut national de la recherche agronomique) utilisant des méthodes modernes d'analyses moléculaires à l'aide de marqueurs microsatellites. Ils ont ainsi pu mettre en évidence l'importance qu'eut autrefois un cépage aujourd'hui quasiment disparu, appelé "**gouais**". Ce cépage produisant des raisins de qualité très discutable fut surtout un géniteur particulièrement important et efficace.

Il est à l'origine de diversifications variétales à la suite de croisements avec des cépages considérés aujourd'hui comme prestigieux (*pinot, chardonnay, jacquère,* etc.). Il existe donc une parenté génétique entre ce fameux gouais et quelque 78 cépages différents ; parenté qui doit sans doute autant aux fécondations spontanées de proximité qu'à la main de l'homme.

En conclusion, il est possible de dire que les cépages cultivés dans les vignobles de France sont l'aboutissement d'une longue évolution que la nature, puis l'homme, ont favorisée. S'ils ont encore quelques ressemblances avec la vigne sauvage des origines, plusieurs facteurs sont venus nuancer leurs caractères. La domestication de la vigne sauvage a surtout pour origine des croisements spontanés dans des espaces restreints ainsi que la multiplication sexuée par semis. Depuis la fin du XIXe siècle, c'est la multiplication végétative par greffage qui fixe chaque variété avec ses grandes qualités et ses petits défauts.

Mais la science, au vu de ses récentes découvertes, permet d'envisager que le croisement entre deux cépages cultivés très différents l'un de l'autre, génétiquement éloignés, aboutisse à des cépages très intéressants. Il faut cependant se souvenir que la vigne étant une plante fortement hétérozygote*, le croisement entre deux variétés performantes ne donne pas pour autant des descendants aux mêmes caractères. Il est même possible que ceux-ci n'aient aucun caractère commun. Le résultat est souvent le fruit du hasard et les chercheurs doivent réaliser de nombreuses manipulations pour obtenir de faibles réussites. Leur mérite en est d'autant plus grand.

Les récents travaux sur le génome laissent entrevoir de nouvelles possibilités, mais le monde viticole y est – certainement à juste titre – opposé, en raison des grands risques de déviance. Les variétés actuelles, bien maîtrisées, assurent aujourd'hui une pérennité des caractères recherchés par les consommateurs dans les produits et dans leur relation avec le terroir. Peut-être faut-il cependant s'attendre à de profondes évolutions dans le matériel végétal actuel.

La pyramide des vins français

Les vins de table

Les vins se hiérarchisent en France en une pyramide qui a pour base les vins de table. Bon marché, ceux-ci n'imposent pas grand-chose au producteur, qui peut les récolter presque partout dans des limites élevées de rendement avec un large choix de cépages et les mélanger entre eux, sans contrainte de millésime. Quand ils sont dits "de la communauté européenne", des raisins étrangers ou des vins, issus du vignoble européen, ont participé à leur fabrication ou à l'assemblage pour constituer la "cuvée" commercialisée.

Les vins de pays

Au-dessus, même s'ils appartiennent réglementairement à la même catégorie, se trouvent les "vins de pays". Définis en 1968, ils constituent aujourd'hui une part importante de la production viticole française. Ce terme est souvent associé à un nom de cépage (*"vin de pays d'Oc-Chardonnay"* figure alors sur l'étiquette). Le vin de pays impose quelques modestes contraintes aux producteurs, relatives au rendement et au secteur de production. En particulier, le rendement ne doit pas dépasser 85 hectolitres en vins rouges et rosés et 90 hectolitres en blancs de vin par hectare de vigne plantée pour un vin qualifié de vin de pays de département ("vin de pays de l'Aude"). Le rendement du vin de pays de région (*"vin de pays d'Oc"*) est limité à 75 hectolitres par hectare. Les vignes peuvent être plantées à peu près partout avec des cépages figurant dans une liste très extensive. Vins de table et de pays sont gérés par l'Office national interprofessionnel des vins (Oni.Vins), devenu en 2006 Viniflhor après fusion avec l'Office interprofessionnel des fruits, des légumes et de l'horticulture (Oniflhor).

Les vins de qualité produits dans une région déterminée (VQPRD) et les AOC

Le vrai saut qualitatif se fait avec la catégorie au-dessus des vins de qualité produits dans une région déterminée (VQPRD) qui comprennent en France, la catégorie des Vins délim - tés de qualité supérieure (AOVDQS), à l'origine sélection des meilleurs vins de table ayant acquis en 1949, la qualification de Vins délimités de qualité supérieure (V.D.Q.S.) et depuis 1973 le statut de vins d'appellation d'origine, et surtout la catégorie reine, des Appellations d'origine contrôlée (AOC).

Ces AOC nées en 1935 pour les vins, qui existent aussi bien depuis 1990 pour le fromage, la viande, le beurre que le vin, sont gérées par l'Institut national des appellations d'origine (INAO).

La catégorie des AOVDQS constitue en quelque sorte l'antichambre de l'AOC et le couron - nement de la notoriété s'effectue, efforts tant philosophiques que qualitatifs à l'appui, par la reconnaissance en AOC.

Les VQPRD français portent le nom géographique de leur origine. Ils ne peuvent être pro - duits que dans une aire de production délimitée à la parcelle et doivent répondre à des règles de production définies dans un arrêté pour les AOVDQS, un décret pour les AOC. Ces règles concernent l'encépagement, la densité des plantations, le mode de conduite* et les règles de taille, le rendement maximum à la parcelle, la qualité et le mode de récolte de la vendange, les principes de vinification. Ces règles sont de plus en plus vérifiées à tous les stades de la production. Les vins doivent enfin subir l'épreuve des examens analytique et organoleptique* justifiant leur appartenance à leur catégorie.

Les différents types d'appellation

L'AOC régionale

Le terme de "générique" est souvent utilisé à tort pour désigner les appellations d'origine contrôlée de type "régional" ; donc il convient d'utiliser le terme "régionale", car en effet le nom géographique utilisé dans une AO ne peut tomber dans le domaine public.

L'*appellation régionale* constitue l'échelon le plus bas dans la hiérarchie reconnue des AOC. Elle qualifie un produit issu d'une aire de production souvent assez vaste. Néanmoins celle-ci est toujours délimitée "par parcelle ou partie de parcelle" telles que le prévoient les textes nationaux. Cette délimitation répond également à la définition communautaire de "parcelle de vigne ou de parcelle cadastrale", tout en étant quelquefois plus restrictive. Par ailleurs, les règles de production : rendement, degrés, sont les plus laxistes.

Le nom reconnu est souvent celui d'une ancienne province ou d'une région administrative (Anjou, Alsace, Bourgogne...) ou d'une région géographique (Beaujolais). Il est également souvent composé d'un nom de rivière ou de région associé aux termes **côtes** ou **coteaux** (Côtes du Rhône, Coteaux du Languedoc, etc.), mais il porte aussi quelquefois le nom d'une commune ou d'une ville (Bordeaux, Saumur...), enfin, exceptionnellement, il peut porter le nom d'un cépage (muscadet).

L'AOC communale

L'*AOC communale* porte un nom de commune (Saint-Julien, Beaune...). Il constitue le deuxième niveau hiérarchique des appellations. L'aire de production est assez restreinte mais peut regrouper plusieurs communes, leurs règles de production plus restrictives sont variables. Le terme de "Villages" est quelquefois associé a un nom d'appellation régionale (Anjou-Villages, Beaujolais-Villages...) en devenir d'appellation communale ou équivalente à une appellation communale (Anjou-Villages-Brissac, Côtes-de-Nuits-Villages, Côtes-du-Rhône-Villages, etc.).

Le terme de "Village" est aussi utilisé en "parler" bourguignon pour qualifier le niveau d'appellation communale.

Voir *Hiérarchie des AOC de Bourgogne, principe général*, page suivante.

Hiérarchie des AOC de Bourgogne, principe général

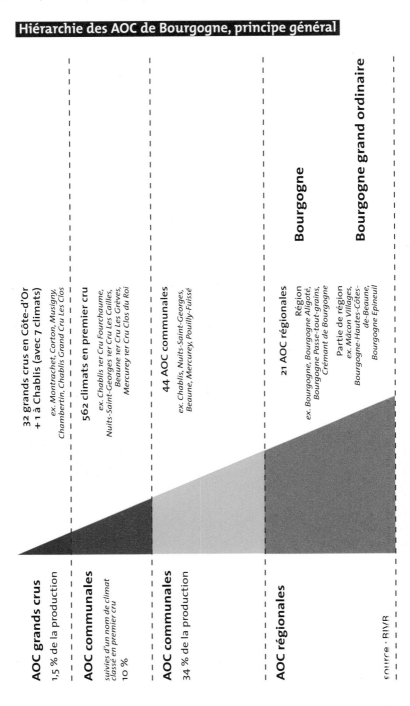

**32 grands crus en Côte-d'Or
+ 1 à Chablis (avec 7 climats)**
*ex. Montrachet, Corton, Musigny,
Chambertin, Chablis Grand Cru Les Clos*

562 climats en premier cru
*ex. Chablis 1er Cru Fourchaume,
Nuits-Saint-Georges 1er Cru Les Cailles,
Beaune 1er Cru Les Grèves,
Mercurey 1er Cru Clos du Roi*

44 AOC communales
*ex. Chablis, Nuits-Saint-Georges,
Beaune, Mercurey, Pouilly-Fuissé*

21 AOC régionales
Région
*ex. Bourgogne, Bourgogne Aligoté,
Bourgogne Passe-tout-grains,
Crémant de Bourgogne*

Partie de région
*ex. Mâcon Villages,
Bourgogne-Hautes-Côtes-
de-Beaune,
Bourgogne Épineuil*

Bourgogne

Bourgogne grand ordinaire

AOC grands crus
1,5 % de la production

AOC communales
suivies d'un nom de climat
classé en premier cru
10 %

AOC communales
34 % de la production

AOC régionales

source · BIVB

Schéma de la hiérarchie des appellations en Bourgogne

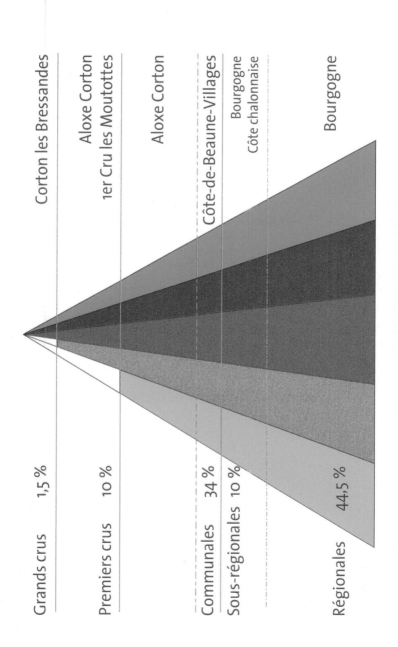

Grands crus — 1,5 %
- Corton les Bressandes

Premiers crus — 10 %
- Aloxe Corton 1er Cru les Moutottes

- Aloxe Corton

Communales — 34 %
- Côte-de-Beaune-Villages

Sous-régionales — 10 %
- Bourgogne Côte chalonnaise

Régionales — 44,5 %
- Bourgogne

Les crus

Le terme de "cru*" est employé dans plusieurs régions de France, avec des significations différentes. Il peut être employé seul, accompagné des seuls termes "Premier", ou "Grand" ou du terme "classé", et dans ce cas il est complémentaire de "Premier", "Grand", "Premier Grand", "Second", etc.

> Larousse définit le terme "cru" comme *"terroir spécialisé dans la production d'un vin"*. Dans la pratique, il a une connotation hiérarchisante et fortement valorisante tant dans l'esprit du consommateur que pour le producteur. Il identifie en général une appellation dont le territoire est restreint, soumise à des conditions de production particulièrement restrictives, désigné par une dénomination notoire. Mais il est aussi employé avec des significations différentes selon qu'il identifie une appellation, un lieu-dit, une propriété, une commune ou une sélection de cuvées. Il est plus généralement utilisé pour qualifier des appellations de niveau communal : Chiroubles (cru du Beaujolais).

Cru classé (Champagne et Provence)

En Champagne, cette mention correspond à un classement des prix établi en fonction des cours des vins de base. C'est ainsi que la classification qui s'appelle "échelle des crus", mise en place en 1922 puis en 1940, attribue à une commune dans laquelle on considère produire les meilleurs vins le coefficient de 100 %, et les cours des raisins fixés annuellement par le Comité interprofessionnel de vins de Champagne se réfèrent à ce classement.

Ce classement qui est régulièrement mis à jour en relation avec l'évolution qualitative varie de 80 à 100 %. Les communes dont le pourcentage de cru est de 100 % peuvent seules utiliser la mention "Grand cru" dans leur étiquetage. La mention Premier cru est réservée aux communes ayant un pourcentage compris entre 90 et 99 %.

Vignes provençales

Cas spécial des Côtes de Provence

En Provence, l'histoire des crus débute dès 1930 par la fondation de l'Association syndicale des propriétaires vignerons du Var et l'établissement d'une charte les obligeant à des règles de vieillissement et de ventes en bouteilles. Les hommes composant cette association seront à l'origine du syndicat des Côtes de Provence et s'y retrouveront dans une section dite " des crus classés des Côtes de Provence" dès 1933.

Sous leur impulsion, un travail de classement débute dès 1943 suite à la parution de l'arrêté de taxation des prix du vin qui considère comme " crus classés" les domaines qui vendent directement à la consommation avec mise en bouteilles à la propriété après au minimum dix-huit mois de conservation. 33 domaines sur 66 visités par une commission composée sur proposition de l'INAO sont retenus, selon des critères de situation géographique, de constitution du vignoble (variétés, mode de conduite), de types de vins (vinification, conservation), et de qualité organoleptique.

L'avis favorable de la commission puis de l'INAO reposait notamment sur sa volonté de reconnaître le savoir-faire et la qualité de travail de certains domaines considérés comme aptes à l'AOC, alors que globalement la plupart des vins de la région ne l'étaient pas.

Un premier classement concernant 21 propriétés sera homologué par arrêté du 7 août 1953. Cet arrêté sera ensuite abrogé et remplacé par un arrêté du 20 juillet 1955 qui reconnaît 23 propriétés.

Aujourd'hui, subsistent 18 crus classés dont 15 réunis au sein d'une structure s'imposant des règles de production et de traçabilité.

Premier cru (Bourgogne)

L'AOC premier cru signale que, dans le village en question, certains vins, raisins ou terroirs ont été distingués, et parce qu'ils sont considérés meilleurs que les autres, ils méritent l'appellation "premier cru", obligatoirement mentionnée en toutes lettres sur l'étiquette.

En Bourgogne, où il correspond à une classification réglementaire, il désigne une catégorie (supérieure) dans une appellation communale. Il qualifie généralement un lieu-dit ou un groupe de lieux-dits. Ce terme peut être employé dans l'étiquetage, seul après l'appellation communale ou associé au nom du premier cru qu'il qualifie (Nuits Les Vaucrains, Nuits Premier Cru, Nuits Premier Cru Les Vaucrains). Les premiers crus sont délimités sur le terrain et leurs règles de production sont définies dans le texte de l'AOC communale.

Grand cru (Alsace, Banyuls, Bourgogne et Bordelais)

Enfin, tout en haut de la pyramide se trouvent les grands crus. Ils ne concernent que des vignobles réputés de longue date, peu de régions en possèdent : la Bourgogne, le Bordelais, l'Alsace et Banyuls se les partagent, même si le Jura aimerait bien en briguer un pour son vin jaune de Château-Chalon.

En Bourgogne, ces derniers constituent le stade ultime de l'identification du produit au terroir. Les grands crus (et les premiers crus) sont produits sur des superficies de quelques hectares (0,85 ha pour la romanée) à 60 ha pour le corton. Le terme "grand cru" est désormais obligatoirement associé aux appellations particulières définies pour les meilleurs lieux-dits délimités dès 1860 en "tête de cuvée" par le Comité de viticulture de Beaune.

En Alsace, la hiérarchisation a été codifiée à partir de 1975. Elle existait dans les faits par l'utilisation ancienne de noms de lieux-dits, mais de façon anarchique. La catégorie des grands crus consacre désormais 51 lieux-dits, délimités de manière homogène pour la production de vins blancs issus des quatre cépages : gewürztraminer, *muscat*, *pinot* gris, riesling.

A Banyuls, le terme de grand cru peut-être utilisé sur l'ensemble du territoire de l'appellation Banyuls. Seules les conditions d'encépagement et d'élaboration sont plus restrictives.

Dans le Bordelais, le terme de grand cru est différemment utilisé selon la sous-région. Il est toujours attaché à un nom de château, c'est-à-dire de domaine (voir l'encadré).

A ce jour, la France est le seul pays au monde à utiliser cette mention de "grand cru" dans l'étiquetage des vins. Mais les pays nouveaux producteurs (comme le Chili) font remarquer que cette mention devrait pouvoir être utilisée par tout pays producteur respectant les mêmes sévères règles de production.

Le classement des crus de Bordeaux

En 1855, à l'occasion de l'Exposition universelle, l'empereur Napoléon III demanda à la chambre de commerce de Bordeaux de classer les crus entre eux afin de ne présenter que les meilleurs au public. Cette dernière publia un classement hiérarchisant les châteaux du Médoc et de Sauternes en 5 catégories. L'élite des premiers clus classés, révisée en 1973 comporte cinq noms en Médoc : Lafite, Margaux, Latour, Haut-Brion et Mouton-Rothschild. Et un en Sauternes : Yquem. En 1953, un autre classement fit le tri dans les Graves. Exclus de ces deux classements, les producteurs de Saint-Emilion en établirent un de leur côté par un décret de 1954 qui définit en fait 3 appellations en plus de celle de Saint-Emilion :

▶ Saint-Emilion grand cru qui se distinguait de Saint-Emilion par un titre alcoométrique plus élevé

▶ Saint-Emilion grand cru classé

▶ Saint-Emilion premier grand cru classé

Pour bénéficier des deux dernières appellations, les vins devaient provenir de domaines ayant fait l'objet d'un classement officiel homologué par l'INAO et révisé tous les dix ans.

Sont ainsi intervenus les classements de 1958 et 1969. Au moment de réviser le classement de 1979, on s'est aperçu que les deux dernières dénominations ne correspondaient pas selon le règlement communautaire à de véritables AOC, mais à des mentions complémentaires pouvant être utilisées à la suite de l'appellation "Saint-Emilion grand cru". Un nouveau décret fut donc publié en 1984 et un nouveau classement homologué en 1986.

Dans ce classement 74 domaines ont été classés dont 11 "premiers grands crus".

En 1996, 68 domaines ont été classés dont 13 en "premier grand cru" et ces derniers ont été classés en deux catégories : A pour 2 domaines (Ausone et Cheval Blanc) et B pour 1 domaines.

Enfin, un arrêté de 2003 définit le nouveau classement des crus bourgeois, révisant celui de 1932, qui concernait 419 propriétés.

Vignoble à Montagne-Saint-Emilion

Survol du vignoble français

Le vignoble des vins de pays est localisé dans deux grandes zones de production :

▶ La **zone méridionale**, comprenant essentiellement les régions du Languedoc-Roussillon de la vallée du Rhône et de Midi-Pyrénées ;

▶ La **zone septentrionale**, essentiellement localisée dans la moyenne vallée de la Loire.

Le vignoble d'appellation d'origine (AOC, AOVDQS)

Il est beaucoup plus dispersé sur le territoire national. Il comprend les grandes régions suivantes : Alsace, Champagne, Bourgogne, vallée du Rhône, Provence, Languedoc-Roussillon, Aquitaine, vallée de la Loire.

Il convient encore de différencier les vignobles générateurs d'eaux-de-vie à AOC.

Le vignoble des Charentes, destiné au cognac, s'étend sur près de 80 000 hectares.

Le vignoble d'Armagnac, constitué d'environ 25 000 hectares.

Nous donnons ci-après quelques indications sur les principaux vignobles d'appellation d'origine. Dans chacun de ces vignobles, l'encépagement a contribué à la notoriété des appellations. Nous avons choisi de mettre en valeur dans chaque secteur ce qui nous semble constituer un mariage particulièrement réussi. Nous espérons ainsi familiariser les amateurs de vins avec les principaux cépages cultivés en France. Ces cépages font l'objet par ailleurs d'une fiche descriptive succincte en fin d'ouvrage.

Pommard les Epenots

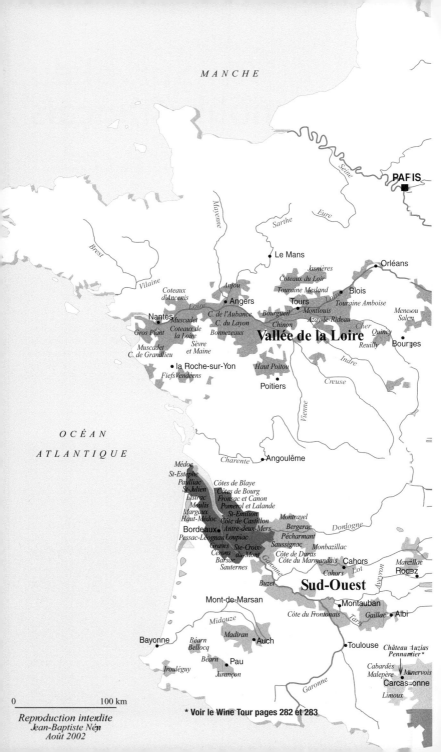

MANCHE

OCÉAN
ATLANTIQUE

PARIS

Le Mans

Orléans

Jasnières
Coteaux du Loir
Touraine Mesland
Blois
Angers
Tours
Touraine Amboise
Menetou-Salon
Nantes
Muscadet
C. de l'Aubance
Bourgueil
Montlouis
C. du Layon
Chinon
Azay-le-Rideau
Gros Plant
Coteaux de la Loire
Bonnezeaux
Vallée de la Loire
Quincy
Reuilly
Bourges
Muscadet
C. de Grandlieu
Sèvre et Maine

la Roche-sur-Yon
FiefsVendéens

Haut Poitou

Poitiers

Angoulême

Médoc
St-Estèphe
Pauillac
St-Julien
Côtes de Blaye
Listrac
Côtes de Bourg
Moulis
Fronsac et Canon
Margaux
Pomerol et Lalande
Haut-Médoc
St-Émilion
Montravel
Côte de Castillon
Bergerac
Bordeaux
Entre-deux-Mers
Pécharmant
Pessac-Léognan
Loupiac
Saussignac
Monbazillac
Graves
Ste-Croix-
Côte de Duras
Cérons
du-Mont
Cahors
Marcillac
Barsac
Côte du Marmandais
Rodez
Sauternes
Cahors

Buzet
Sud-Ouest

Mont-de-Marsan
Montauban

Côte du Frontonais
Gaillac
Albi

Midouze

Bayonne
Béarn
Bellocq
Madiran
Auch
Toulouse
Château Auzias
Pennautier *
Béarn
Pau
Cabardès
Malepère
Minervois
Irouléguy
Jurançon
Carcassonne
Limoux

0   100 km

Reproduction interdite
Jean-Baptiste Nény
Août 2002

* Voir le Wine Tour pages 282 et 283

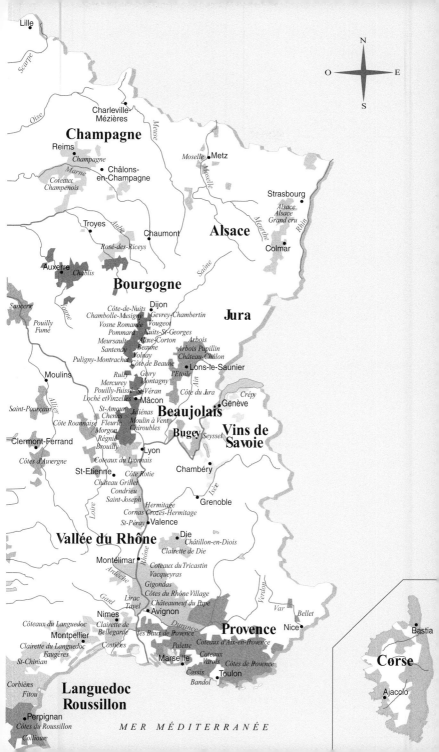

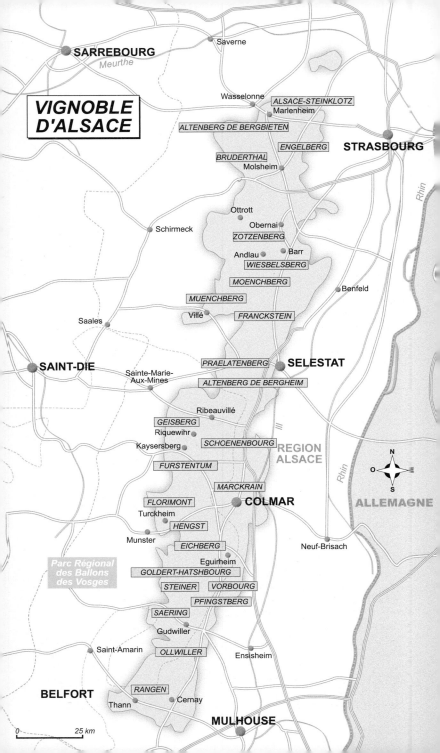

LE VIGNOBLE ALSACIEN

Les vignerons alsaciens proposent des vins de soif, des vins pour accompagner les tartes flambées, le presskopf ou le baeckeoffe, mais aussi des vins à boire debout, dans un caveau, sans accompagnement, juste pour le plaisir de la dégustation.

D'une superficie proche de 15 000 ha, le vignoble alsacien est riche d'une grande variété de produits. Ici, c'est plutôt le cépage qui donne son nom au vin, contrairement aux usages des autres régions. Essentiellement des vins blancs secs avec une différenciation des caractères liée à la richesse aromatique très spécifique des cépages cultivés.

Les vins d'Alsace sont issus de sept cépages : le riesling, le gewurztraminer, le tokay pinot gris, le sylvaner, le muscat, le pinot blanc et le pinot noir. Certains sont assez neutres tels les chasselas, sylvaner et pinots, d'autres aromatiques tels les riesling, gewurztraminer et muscats. Sec et racé, le riesling est sans doute le plus connu des vins alsaciens. Le gewurztraminer est charpenté avec un puissant bouquet.

Il jouit également d'une grande renommée. Le pinot gris, quant à lui, est à la fois capiteux et corsé. Vin blanc généralement très sec, le sylvaner possède un fruité délicat mais plus discret. Le muscat est l'expression même du raisin. Il est plus sec que ses homonymes méridionaux. Le pinot blanc est un vin simple mais fruité. Il convient aussi de ne pas oublier le crémant d'Alsace, vin mousseux qui en une vingtaine d'années a conquis une place importante dans ce vignoble, en France et dans le monde, et quelques particularités tels le klevener de Heiligenstein,   issu du particulier savagnin rose encore dénommé traminer, et l'edelzwiker, vin blanc simple issu de l'assemblage de plusieurs cépages.

Mais il existe aussi des vins moelleux, voire liquoreux, issus de : "vendanges tardives" ou "Sélection de grains nobles". Les vendanges tardives sont produites à partir de raisins récoltés tard dans la saison. Elles sont concentrées, puissantes et aromatiques. Les sélections de grains nobles sont obtenues par tries successives des grains de raisin atteints par la "pourriture noble". Ce sont des breuvages moelleux, charpentés et puissants. Des chefs-d'œuvre qui s'apparentent aux plus grands vins du monde.

A cette production spécifique liée aux différents cépages, vient se superposer une classification hiérarchique d'où émergent 50 grands crus déjà réputés et de nombreux noms de lieux-dits. Les quatre cépages "nobles" (riesling, gewurztraminer, pinot gris, muscat) peuvent en effet avoir droit à cette dénomination.

Pour cela, il faut que les raisins soient récoltés dans des terroirs strictement délimités. Tous ces lieux-dits vont du "Steinklotz" de Marlenheim, au nord, jusqu'au "Rangen" de Thann, au sud. Ils profitent d'une qualité de sol et d'une exposition exceptionnelles. Existent aussi des vins rouges, issus du pinot noir, caractérisés par leur finesse et leur légèreté. Cépage

bourguignon par excellence, le pinot noir est vinifié en rouge ou en rosé. S'il a en général moins de corps qu'un bourgogne, son fruité est tout à fait original. Toutefois du fait de la diminution des rendements agronomiques, ils évoluent vers des vins plus solides et plus corsés.

La mention "Vin d'Alsace" ou "Alsace Grand Cru" apparaît sur l'étiquette en même temps que le nom du cépage et celui du vigneron, du négociant ou de la cave coopérative. Les producteurs travaillent également à compléter la hiérarchie par la définition d'un niveau d'appellations de type communale.

LES GRANDS CRUS D'ALSACE

LIEUX-DITS	COMMUNES
Steinklotz	Marlenheim
Engelberg	Dahlenheim, Scharrachbergheim
Altenberg	Bergbieten
Altenberg	Wolxheim
Bruderthal	Molsheim
Kirchberg	Barr
Zotzenberg	Mittelbergheim
Kastelberg	Andlau
Wiebelsberg	Andlau
Moenchberg	Andlau, Eichhoffen
Muenchberg	Nothalten
Winzenberg	Blienschwiller
Frankstein	Dambach la Ville
Praelatenberg	Kintzheim
Gloeckelberg	Rodern, St Hippolyte
Altenberg	Bergheim
Kanzlerberg	Bergheim
Geisberg	Ribeauvillé
Kirchberg	Ribeauvillé
Osterberg	Ribeauvillé
Rosacker	Hunawihr
Froehn	Zellenberg
Schoenenbourg	Riquewihr, Zellenberg
Sporen	Riquewihr
Sonnenglanz	Beblenheim
Mandelberg	Mittelwihr, Beblenheim
Marckrain	Bennwihr, Sigolsheim
Mambourg	Sigolsheim
Furstentum	Kientzheim, Sigolsheim
Schlossberg	Kientzheim
Kaefferkopf	Ammerschwihr
Wineck-Schlossborg	Katzenthal, Ammerschwihr
Sonnenberg	Niedermorschwihr, Katzenthal
Florimont	Ingersheim, Katzenthal
Brand	Turckheim
Hengst	Wintzenheim
Steingrubler	Wettolsheim
Eichberg	Eguisheim
Pfersigberg	Eguisheim, Wettolsheim
Hatschbourg	Hattstatt, Voegtlinshoffen
Goldert	Gueberschwihr
Steinert	Pfaffenheim, Westhalten
Vorbourg	Rouffach, Westhalten
Zinnkoepflé	Soultzmatt, Westhalten
Pfingstberg	Orschwihr
Spiegel	Bergholtz, Guebwiller
Kessler	Guebwiller
Kitterlé	Guebwiller
Saering	Guebwiller
Ollwiller	Wuenheim
Rangen	Thann, Vieux-Thann

VIGNOBLE DE BORDEAUX

SAINTES

Royan

Cahors

ANGOULÊME

REGION POITOU-CHARENTES

Barbezieux-Saint-Hilaire

Mirambeau

N
O   E
S

MEDOC

Lesparre-Médoc

SAINT-ESTEPHE

Saint-Ciers-sur-Gironde

CÔTES DE BLAYE

MEDOC

PAUILLAC

Saint-Laurent-Médoc

SAINT-JULIEN

Blaye

LIBOURNAIS

MEDOC

MOULIS

CÔTES DE BOURG

BORDEAUX

Castelnau-de-Médoc

LISTRAC

Lacanau

MARGAUX

FRONSAC

CANON-FRONSAC

HAUT-MEDOC

GRAVES DE VAYRES

POMEROL

LALANDE DE POMEROL

Libourne

SAINT-EMILION

Saint-Médard-en-Jalles

1°CÔTES DE BORDEAUX

Saint-Emilion

CÔTES DE CASTILLON

CÔTES DE FRANCS

BORDEAUX

ENTRE-DEUX-MERS

STE-FOY-BORDEAUX

GRAVES

PESSAC-LEOGNAN

ENTRE DEUX MERS

Arcachon

GRAVES

LOUPIAC

Cadillac

STE-CROIX DU MONT

CERONS

BARSAC

SAINT-MACAIRE

Langon

Marmande

SAUTERNES

REGION AQUITAINE

BORDEAUX

Casteljaloux

Parc Naturel Régional des Landes

Labouheyre

0   20 km

LE VIGNOBLE BORDELAIS

Le vignoble du Bordelais est le plus important vignoble régional de France dans la production de vins fins. Plus de 100 000 ha, plus de 5 millions d'hectolitres. C'est le royaume du merlot et du cabernet-sauvignon en rouge, du sémillon et du sauvignon en blanc.

C'est également un véritable royaume de l'étiquette puisque la mention du château y est devenue traditionnelle et vient faire synergie à l'Appellation d'Origine Contrôlée.

Déjà présente en Gironde trois siècles avant J.-C., la culture vineuse s'est développée au Moyen Age, notamment grâce aux Anglais, alors maîtres de la région et grands amateurs de ses vins. Dès lors le vin de Bordeaux va devenir une valeur sûre du prestige français à l'étranger avec des vins que le monde entier nous envie.

Si le climat de cette partie de la côte atlantique lui est favorable, il doit aussi sa qualité à une double variété, celle des sols et celle des cépages. Les sols sont variés : calcaires, argiles ou graves favorisent l'épanouissement des cépages : cabernet sauvignon et merlot, les seigneurs de la production bordelaise ; cabernet franc et petit verdot, en moindre proportion, apportent une note particulière. Ce sont eux qui entrent, par des assemblages subtils, dans la composition de tous les grands crus.

Les vins blancs font appel aux cépages sauvignon, sémillon et muscadelle.

Cette diversité a engendré un grand nombre d'appellations, chacune avec des caractères marqués et des farouches inconditionnels.

Cabernet-sauvignon et vins du Médoc. Les vins du Médoc tiennent leur réputation de leur vinosité, et de leur équilibre entre tanins et alcool. Le cépage *cabernet-sauvignon* qui n'est pas spécialement alcoogène atteint ici sa pleine maturité sous un climat qui lui convient parfaitement. Il communique, en assemblage avec le *merlot*, le *cabernet franc* et à plus petite dose le *petit verdot*, aux vins du Médoc cette complexité et cette légèreté qui les rend élégants et digestes. Les producteurs sont obligés de se battre contre les phénomènes de mode qui tendent à modifier encépagement et principes de vinification pour communiquer aux vins un style différent les rendant plus épais afin de satisfaire les goûts de certains prescripteurs.

Merlot et saint-émilion. Contrairement au *cabernet-sauvignon*, le *merlot* offre des richesses en sucres supérieures. Il contribue à donner aux vins de Saint-Emilion, une force et une harmonie qui les rend souples dès leur jeunesse tout en leur permettant de vieillir. Ce cépage a trouvé avec cette appellation une véritable identité.

Sémillon, sauvignon et sauternes. Le *sémillon* est le grand cépage blanc du Bordelais. Cultivé entre-deux-mers, il génère des vins simples, vifs, agréables qui se marient parfaitement avec les fruits de l'océan proche. Mais sous le climat automnal d'Aquitaine, favorable, lors de la fin de maturation au développement du *Botrytis cinerea*, il permet de produire ces merveilleux vins liquoreux qui font de sauternes-barsac ou loupiac ou sainte-croix-du-mont des appellations d'origine contrôlées prestigieuses. Le *sauvignon* qui acquiert ses lettres de noblesse, ailleurs, un peu plus au nord, participe en assemblage pour une part à cette notoriété.

Château Yquem est le joyau des sauternes avec ses 113 hectares de vignes. C'est probablement le vin le plus cher du monde à produire avec un rendement de 7 à 8 hl par hectare, nécessitant parfois jusqu'à 11 passages dans les vignes (les tries*) pour récolter les raisins les plus concentrés. Malgré cette extrême minutie, la qualité du millésime doit être jugée suffisante pour que le vin soit commercialisé sous le nom d'Yquem ; cela n'est pas le cas tous les ans, comme par exemple en 1992.

D'abord en rouge, les appellations régionales, bordeaux et bordeaux supérieurs, qui représentent à eux deux la moitié de la production. Leurs équivalents en blanc se nomment bordeaux et entre-deux-mers dans lesquels ont peut découvrir de bonnes surprises.

Au nord-ouest du Bordelais, entre l'estuaire de la Gironde et l'océan Atlantique se trouvent les vins du Médoc, pour lesquels fut constitué un classement, du premier au cinquième cru, dès 1855. Parmi les vins du Médoc, des appellations régionales : médoc et haut-médoc et des appellations communales : saint-julien, pauillac, margaux, saint-estèphe, associées à de nombreux très grands noms, mais aussi moulis et listrac,

Au sud de Bordeaux et de la Garonne, les graves, qui ont aussi leur appellation communale : Pessac-Léognan, tirent leur nom du sol pauvre et sec sur lequel sont plantées les vignes. Les graves ont des rouges prestigieux mais doivent également être connus pour leurs blancs qui représentent la moitié de la production. Un peu plus au sud, en amont sur la Garonne, viennent les fameux liquoreux du Sauternais, avec les sauternes, barsac, loupiac, cadillac et sainte-croix-du-mont.

Les appellations regroupées autour de Libourne et de la vallée de la Dordogne, à l'est de Bordeaux, ont également leurs chauds partisans : saint-emilion et ses satellites : montagne, puisseguin, lussac, puis pomerol et lalande de pomerol, mais aussi fronsac et canon-fronsac.

D'amont en aval, de la Dordogne à la Gironde, on croise les vignobles de côtes : Côtes de castillon et côtes de francs près du Libournais, côtes de bourg et côtes de blaye au seuil de l'estuaire.

L'entre-deux-mers est une vaste zone entre la Dordogne et la Garonne, où l'on produit des vins blancs secs, relativement méconnus si on les compare au prestige dont jouissent les bordeaux rouges, mais aussi les bordeaux blancs liquoreux de la célèbre appellation voisine : sauternes.

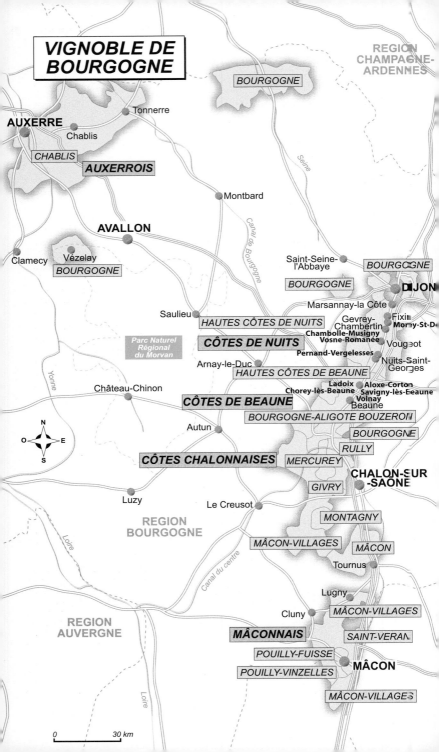

LE VIGNOBLE BOURGUIGNON

Les vins de Bourgogne cultivent depuis le Moyen Age une réputation de qualité qui ne s'est pas démentie et contribue encore largement à leur prestige. La variété des terroirs de Bourgogne, au niveau des sols, des climats ou des cépages, explique également la permanence de leur succès, mais aussi le grand nombre d'appellations. C'est à la fois le vignoble le plus simple et le plus compliqué de France. 50 000 hectares au total dont 25 000 pour le seul Beaujolais. C'est le vignoble le plus simple parce que ses vins sont élaborés pour la plupart à partir d'un seul cépage : le pinot noir pour les vins rouges en Bourgogne, dans l'Yonne, en Côte d'Or et en Saône et Loire ; le gamay noir dans le Beaujolais, le chardonnay pour les vins blancs. Mais le vignoble bourguignon est celui des particularités et on ne peut passer sous silence le cépage aligoté qui conduit aux appellations Bourgogne aligoté et Bouzeron et le sauvignon à l'appellation Saint-Bris. Particularité encore dans sa géographie, puisque le Beaujolais, vignoble à part entière avec son gamay noir sur des terrains décarbonatés et ses vins réputés pour leur aptitude à être consommés en primeur, fait partie intégrante de la Bourgogne viticole. C'est aussi le plus compliqué parce que la classification des appellations d'origine a été faite à partir d'une hiérarchie élaborée depuis plusieurs siècles. Elle comprend des appellations régionales, appellations communales, appellations de crus (premiers et grands crus). Ces derniers constituant le stade ultime de l'identification du produit au terroir. Les grands crus (et les premiers crus) sont produits sur des superficies de quelques hectares (de 0,85 ha pour la romanée à 60 ha pour le corton, qui lui-même se décline en plusieurs identifications). La production est constituée en quasi-totalité de vins rouges dans le Beaujolais, puis sur le reste de la Bourgogne d'environ 2/3 de vins blancs et 1/3 de vins rouges. Le vignoble de l'Yonne est réputé pour les vins d'appellation chablis. Plantés sur des coteaux calcaires, ces 4 000 hectares de cépage chardonnay donnent quatre qualités (grand cru, premier cru, chablis et petit-chablis) d'un vin blanc réputé. A côté, dans la vallée de l'Yonne, les vins d'Irancy ont, grâce à leur grande qualité, acquis en rouge l'appellation communale ; puis les vins d'appellation régionale Bourgogne-Epineuil ou Bourgogne-Coulanges la Vineuse, Bourgogne-Côtes d'Auxerre, Bourgogne-Chitry et récemment Bourgogne-Tonnerre présentent un excellent rapport qualité-prix.

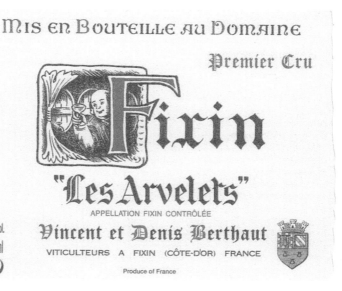

● Les hospices de Beaune

En 1443, Nicolas Rollin, chancelier du duc de Bourgogne, ému des misères nées de la guerre de Cent Ans, décide de fonder un hôtel-dieu à Beaune, qui restera en service jusqu'en 1983 ! Au fil des années, des bienfaiteurs ont légué des vignes aux hospices. La vente aux enchères de ces vins a démarré en 1859. Depuis, elle a lieu le troisième dimanche de novembre.

Sur environ 25 km au sud de Dijon, la Côte de Nuits regroupe la plupart des grands crus du vignoble bourguignon. Cette zone se caractérise par l'excellente exposition est sud-est des coteaux, qui convient, en bordure du bassin bressan, particulièrement à la vigne. Poursuivant le trajet vers le sud, le village de Buisson, à Ladoix-Serrigny, marque le passage de la côte de Nuits à la côte de Beaune. Les vins blancs retrouvent une part plus importante. Encore un peu plus au sud, à l'ouest de Chalon-sur-Saône, la côte chalonnaise propose des vins blancs ou rouges, riches en nuances : Bouzeron, Rully, Givry, Montagny.

Le chardonnay et les vins de Bourgogne. Qu'il soit implanté en Mâconnais, dans la Côte des blancs de Côte-d'Or, ou dans le Chablisien, le *chardonnay* s'exprime à merveille sous ce climat bourguignon, où il affectionne particulièrement les sols marno-calcaires. Il génère des vins équilibrés avec une dominante calorique dans un pouilly-fuissé, minérale dans un chablis, charnue dans un meursault et exhale des caractères floraux et coumariques dans un puligny ou un chassagne, fruités et de prune dans un rully, d'amande amère dans un pernand ou un corton-charlemagne et une persistance aromatique intense inégalable dans un montrachet.

Le pinot noir et les crus de Bourgogne. Le *pinot noir* est cultivé en Alsace où d'ailleurs il produisait des vins rosés, un peu foncés c'est vrai, de qualité tout à fait honorable. Aujourd'hui, on y trouve des vins rouges plus charnus. Dans le centre, à Sancerre, à Ménetou-Salon, on trouve des vins rouges remarquables. Mais c'est en Bourgogne, surtout dans la Côte de Nuits que le *pinot noir* nous donne des vins complets, charpenté comme le chambertin ou le clos de la roche ou encore le romanée-saint-vivant, élégant et subtil comme le chambolle musigny 1er cru les amoureuses ou le volnay ou, au sommet, le musigny, complet comme le corton clos du roy ou le bonnes-mares, le clos des lambrays ou la romanée conti.

Enfin, au sud de la Bourgogne, le Mâconnais, relativement étendu, offre des terrains calcaires variés et des vins remarquables. Il existe une continuité entre le Mâconnais et le Beaujolais permettant de dire que ce dernier appartient à la Bourgogne viticole.

● Les secrets des grands crus

La Bourgogne peut être perçue comme une région compliquée parce que la classification des appellations d'origine a été faite à partir d'une hiérarchie élaborée depuis plusieurs siècles. Les règles de production participent également au maintien de cette hiérarchie, car elles sont généralement les plus restrictives : Rendements modérés, associés à une situation géographique privilégiée alliant :

▶ une position en coteaux, entre 250 et 300 m d'altitude. Les grands crus de Corton sont ainsi sur une pente à 20 % à certains endroits ! Le bas de pente est au contraire réservé aux appellations de niveau hiérarchique inférieur ! Le bas de pente est au contraire réservé aux appellations de niveau hiérarchique inférieur ;

▶ des sols pierreux, bien drainés, les meilleurs comportent de 5 à 20 % de cailloux, comme l'indiquent souvent leurs noms (les Cras, les Caillerets), et présentent l'avantage de bien emmagasiner la chaleur ;

▶ ni trop d'argile, ni trop de calcaire. Les meilleurs sols ont entre 30 et 45 % d'argile, et entre 10 et 50 % de calcaire : ces sols-là sont suffisamment pauvres et secs pour permettre à la vigne de produire le meilleur d'elle-même.

Mais, aux reliefs secs des coteaux calcaires, succèdent les collines arrondies évoluées sur le socle granitique qui donnent des terrains acides convenant parfaitement au cépage gamay noir. Le Beaujolais est régi par des instances professionnelles indépendantes du reste de la Bourgogne.

Villages et terroirs donnent leurs noms aux dix crus du Beaujolais : Brouilly, Côte-de-Brouilly, Chénas, Morgon, Juliénas, Chiroubles, Saint-Amour, Fleurie, Moulin-à-Vent et Régnié. Ils s'ajoutent aux appellations régionales, Beaujolais et Beaujolais-Villages.

Le Beaujolais

Il existe une continuité entre le Mâconnais et le Beaujolais permettant de dire que ce dernier appartient à la Bourgogne viticole. Mais, aux reliefs secs des coteaux calcaires, succèdent les collines arrondies évoluées sur le socle granitique qui donnent des terrains acides convenant parfaitement au cépage *gamay noir*.

Le Beaujolais est régi par des instances professionnelles indépendantes du reste de la Bourgogne.

Villages et terroirs donnent leurs noms aux dix crus du Beaujolais : Brouilly, Côte-de-brouilly, Chénas, Morgon, Juliénas, Chiroubles, Saint-Amour, Fleurie, Moulin-à-Vent et Régnié. Ils s'ajoutent aux appellations régionales, Beaujolais et Beaujolais-Villages.

> **Le gamay noir et le Beaujolais.** Le *gamay* fut maudit par Philippe le Hardi, duc de Bourgogne qui, en 1374, ordonne sa suppression. Il n'est donc cultivé en Bourgogne que sur certains types de sols non carbonatés, où, associé à une vinification particulière en raisins entiers va donner des produits merveilleux, pleins de finesse. C'est dans la zone la plus méridionale de la Bourogne viticole, le Beaujolais, que l'on trouve ces produits à la richesse aromatique incomparable. En fait, c'est le mode de vinification, en raisins entiers, par macération semi-carbonique qui va permettre à ce cépage de donner ces vins élégants, fruités, agréables à consommer en primeur, c'est-à-dire quelques jours après la récolte des raisins. Sur les sols du Beaujolais, le *gamay* peut aussi donner des vins complets qui atteignent leur plénitude après quatre ou cinq années de maturation.

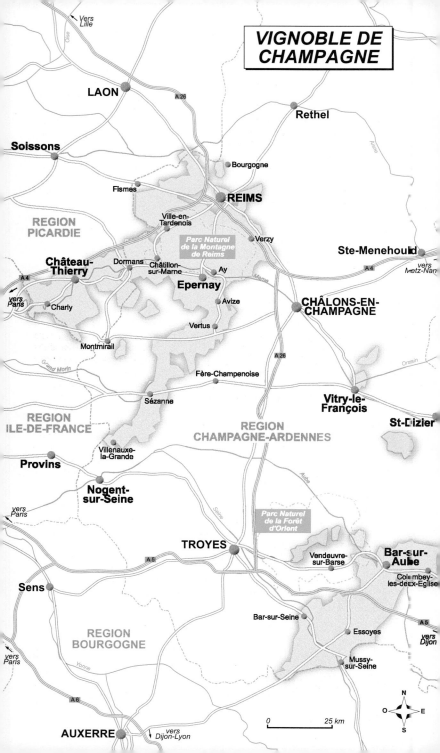

LE VIGNOBLE CHAMPENOIS

Le champagne est la plus ancienne des appellations d'origine viticoles françaises.

Le vin de "CHAMPAGNE" est aujourd'hui le vin mousseux le plus connu au monde. Il est symbole de fête et tout événement est bon pour le "sabler" ou le "sabrer".

Il n'existe pas un, mais des champagnes, et l'interprofession champenoise pour communiquer sur le produit n'hésite pas à définir quatre grandes familles : des champagnes de corps, des champagnes de cœur, des champagnes d'esprit et des champagnes d'âme. Ce vocabulaire imagé peut être identifié comme le fruit d'une imagination vagabonde, mais il peut aussi servir de base à la description d'un produit trop souvent qualifié de simple, mais qui en réalité est varié et complexe. Il naît d'éléments d'un milieu physique vaste et d'actes humains complexes dont l'histoire nous rapporte qu'ils remontent à une longue tradition. Cette classification nous permet de faire l'inventaire des différentes façons d'élaborer le champagne, à défaut des occasions de le boire.

Les champagnes de corps nous donnent tout de suite une impression de puissance, de solidité, d'opulence, de générosité ; ils qualifient des bruts issus d'assemblage de cépages où les noirs nous paraissent dominants et de bruts millésimés déjà d'un certain âge. Ils ont des teintes dorées, des arômes puissants. Les champagnes de cœur sont plus tendres, ils sont plutôt issus également d'assemblages de vins de raisins noirs où le pinot noir dominerait. Ils ont de la couleur, de l'or jaune au rosé. Ils sont harmonieux moelleux et délicats.

Les champagnes d'esprit évoquent la légèreté, la vivacité, le blanc de blanc, le brut ou l'extra-brut. Ils sont clairs, toniques, à bulle très fine, et nous invitent au voyage, au débat intellectuel, à la créativité.

Enfin les champagnes d'âme sont par définition mystérieux et complexes. Ce sont des vins issus de mono cépage, blanc ou noir, typés, des cuvées spéciales, des vins qui atteignent leur plénitude et offrent une grande complexité aromatique. Ils se dégustent. Ces qualités particulières sont le résultat de plusieurs éléments primordiaux ; d'abord un vin de base très original, ensuite une élaboration de type ancestral, servie par une haute technologie, enfin un conditionnement et une présentation attrayants.

On a l'habitude de présenter la Champagne à partir des grandes régions principales : la montagne de Reims, la Vallée de la Marne, la Côte des Blancs, le Vignoble Aubois ou la Côte des Bar. Mais en fait la Champagne est composée d'une succession de petites régions reliées entre elles par un ou plusieurs éléments du milieu physique qui en font finalement un ensemble cohérent et qui contribuent, par l'adaptation d'un encépagement convenable et de techniques appropriées, à créer cette diversité décrite plus haut. L'encépagement est constitué de trois variétés à part presque égale : le pinot noir (38 %), le meunier (35 %), le chardonnay (27 %).

La présentation est toujours soignée, l'étiquette et la jupe, toujours de bon goût, font l'objet d'une attention particulière afin d'embellir l'ensemble. La plaque de muselet s'identifie et devient également de plus en plus attrayante. Enfin le "boîtage" est soigné, ce qui fait de la bouteille de CHAMPAGNE, outre les qualités intrinsèques du vin qu'elle contient, un véritable produit de luxe, de culture et de plaisir. Notons simplement en plus que la Champagne produit en petite quantité certes (environ 1 000 hl/an) un produit très particulier, le "rosé des riceys". Enfin les "coteaux champenois", ancien "Vin Nature de la Champagne", constituent une production attirant la curiosité, de vins tranquilles bien valorisés.

Côte des Blancs, Le Mesnil

Les Fruits du Vin

Sauvine (confits de Vin)

Vinaigres de vin

Fruits cuits au vin

Huiles olive et pépins de raisin arômatisées

Vinaigre de vin arômatisés

Confits et Tartinades

Tapenades

Sels de mer épicés

Moutardes

Épices

Spécialiste de la MDD

Domaine du Soleil Couchant F- 11200 Saint André de Roque ongu
+33 (0) 4 68 45 50 55   www.fruitsduvin.com

La vinification champenoise

Les caractéristiques idéales pour une bonne "prise de mousse" se retrouvent avec une grande constance dans le vin destiné à être élaboré en Champagne grâce aux conditions naturelles du milieu. Le vin de base possède ainsi une réelle originalité.

Lorsque le raisin est à maturité, la richesse saccharimétrique est située entre 160 et 180 g/l et l'acidité doit être suffisante. Contrairement aux teneurs recherchées dans les vignobles où le vin tranquille extériorise directement les caractères liés au terroir, ici, c'est la légèreté, l'équilibre et la finesse aromatique qui sont recherchés.

La qualité du raisin est une condition nécessaire à la production d'un bon vin de base, mais elle n'est pas suffisante ; il faut en extraire le meilleur moût. La technique du pressurage permet d'établir un ratio sélectif : 160 kilos de vendange ne peuvent produire plus de 102 litres de moût. Les centres de pressurage sont identifiés et suivis.

La vinification du vin de base de l'année est tout simplement classique de nos jours, c'est-à-dire à fermentation contrôlée.

Avant de prendre la mousse, le vin de base est élevé et pour les "champagnes" non millésimés, assemblé avec les vins issus de différents secteurs de production, mais aussi avec les vins dits de "réserve", c'est-à-dire ceux des récoltes précédentes, stockés dans des conditions favorables. Là, le travail du chef de cave revêt une importance particulière pour l'identification de la cuvée qui sera commercialisée sous signature du producteur ou de l'élaborateur.

L'élaboration a déjà commencé avec le pressurage et la composition du vin de base, mais la prise de mousse va donner sa véritable identité au champagne. Celle-ci s'effectue dans la bouteille. Le tirage en constitue la première étape, qui doit s'effectuer de manière homogène et la composition de la liqueur introduite dans chaque bouteille doit être constante. Elle doit simplement permettre par sa teneur en sucre de générer une pression suffisante de gaz carbonique dans le vin. Outre le moût, la liqueur de tirage contient des levures, ferments naturels, qui vont transformer les sucres en alcool, avec dégagement de gaz carbonique. La durée du processus a une importance capitale sur la qualité finale du produit. La fermentation elle-même peut être accomplie très rapidement, mais d'une part, la température ambiante, d'autre part, la présence de lies dans le vin, sont autant de facteurs influents. Car, après le simple processus fermentaire, les levures mortes vont restituer au vin une grande partie des éléments de leur constitution. Ce relargage s'effectue au bout d'une assez longue période. C'est pour cette raison que le séjour sur "lattes" n'est jamais inférieur à 12 mois.

La préparation de l'évacuation des lies, lors du dégorgement, va se faire progressivement lors de cette période, c'est ainsi qu'interviennent les opérations de remuage et de pupitrage, permettant de faire descendre les matières solides au contact de la capsule de bouchage. Elles constituent le "bouchon" qui va être extrait au dégorgement.

Après cette opération, les bouteilles vont patiemment attendre le moment idéal pour être conditionnées et livrées au consommateur.

Un conditionnement et une présentation attrayants. Le tirage se fait obligatoirement en demibouteille, bouteille et magnum, mais il est possible de conditionner le champagne également en quart et en contenants plus importants que magnum par transvasage. Pendant la période de prise de mousse, le vin est conservé dans la bouteille au moyen d'une capsule et, dès le dégorgement, le bouchage se fait avec du liège en même temps que l'adjonction de la liqueur d'expédition. Le bouchon est toujours marqué "Champagne" sur la face inférieure.

La présentation est toujours soignée et l'étiquette et la collerette (jupe), toujours de bon goût, font l'objet d'une attention particulière afin d'embellir l'ensemble. La plaque de muselet devient également de plus en plus attrayante pour la plus grande joie des collectionneurs. ■

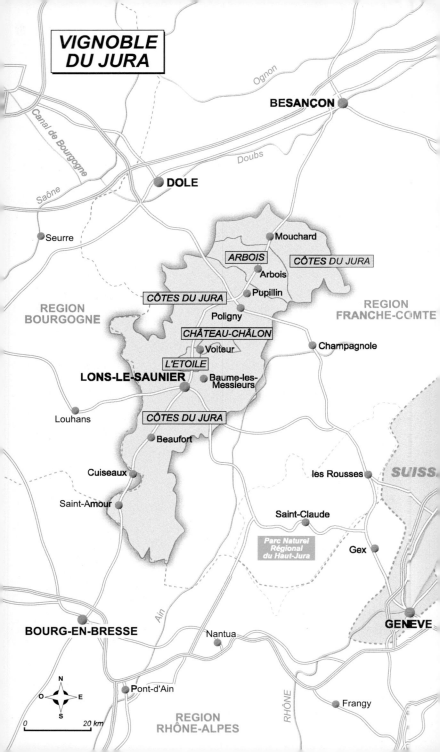

LES VIGNOBLES DE LA FRANCHE-COMTÉ, DE LA SAVOIE ET DU BUGEY

Nous avons rassemblé ces trois régions en raison de leur proximité géographique. Elles sont pourtant sensiblement différentes dans l'offre vinicole.

Les vignobles de la Franche-Comté

Lorsque l'on parle des vignobles de la Franche-Comté, on pense surtout au vignoble des côtes du Jura avec ses trois crus : arbois, l'etoile, côtes du Jura et à son grand cru : château-chalon.

Arbois et Côtes du jura recouvrent les quatre couleurs : blanc, jaune, rosé, rouge (rubis) alors que l'on ne trouve que blanc et jaune à l'Etoile et jaune seulement à Château-chalon. La palette d'odeurs et d'arômes est ici à son comble.

En ajoutant vin de paille, crémant et macvin, on trouve ici pratiquement la plus grande palette de saveurs régionales.

Cette variété provient entre autres de celles des sols et sous-sols : argile, marnes, calcaires et grès. Côté climat, si les gelées hivernales sont parfois meurtrières, l'ensoleillement estival et automnal facilite la maturation de vignes plantées sur des versants de coteaux abrités des influences les plus néfastes. Le terroir jurassien est une donnée très importante dans la réussite de sa production. C'est pourquoi les vins qui figurent dans ce chapitre ont une typicité étonnante, qui fait leur renommée, mais aussi un peu leur confidentialité.

Cette notoriété est aussi due à un cépage régional, le savagnin. Il est le cépage unique du fameux vin jaune, dont le château-chalon est le représentant le plus prestigieux.

Le vin jaune est élaboré à partir de raisins longuement mûris, dont la récolte intervient souvent en octobre. Mais le savagnin peut également donner d'excellents vins blancs dans lesquels on retrouve des arômes très particuliers. Il entre également en assemblage avec le chardonnay.

La région est également célèbre pour son vin de paille, mélange des quatre cépages soumis à deux mois de maturation artificielle hors du cep sur un lit de paille, d'où son nom ; il s'agit de "passerillage" hors souche, par ventilation naturelle.

Les cépages rouges principaux sont le pinot noir, cépage classique de tout le nord-est de la France, et deux cépages régionaux, le poulsard, qui donne des rouges légers, à la robe presque rosée, et le trousseau, plus charnu et au nez de fruit rouge plus marqué.

Quelques petits vignobles de vin de table méritent également le détour : Gy, Charcenne et Offlanges.

Le poulsard et les rosés du Jura. Les rosés du Jura sont des vins rouges au plan œnologique, puisqu'ils sont nés d'une macération plus ou moins longue, comme celle des vins rouges, mais le cépage *poulsard*, raisin à gros grains, possède une pellicule qui à maturité contient des anthocyanes en faible quantité qui en diffusant dans la solution alcoolique au cours de la fermentation, ne donnent qu'une couleur rosée. Il est généralement associé aux autres cépages jurassiens lors de la vinification : le *pinot noir*, le *trousseau* cépages rouges, mais aussi le *chardonnay* et le *savagnin*, cépages blancs.

Le *poulsard* est aussi cultivé dans le Bugey, à Cerdon.

Le savagnin et les vins jaunes. Les vins jaunes sont d'abord des vins blancs et ce n'est pas leur couleur qui justifie leur dénomination, même si après les six années nécessaires à leur vinification et à l'épanouissement de leur personnalité, ils ont en général une couleur dorée soutenue. Mais c'est surtout le *savagnin* et ses caractères aromatiques si particuliers qui, au cours de la vinification, génère des arômes puissants au goût de "jaune", dont le principe actif essentiel est le sotolon. En Alsace, une variété rose du *savagnin* est appelée *traminer*.

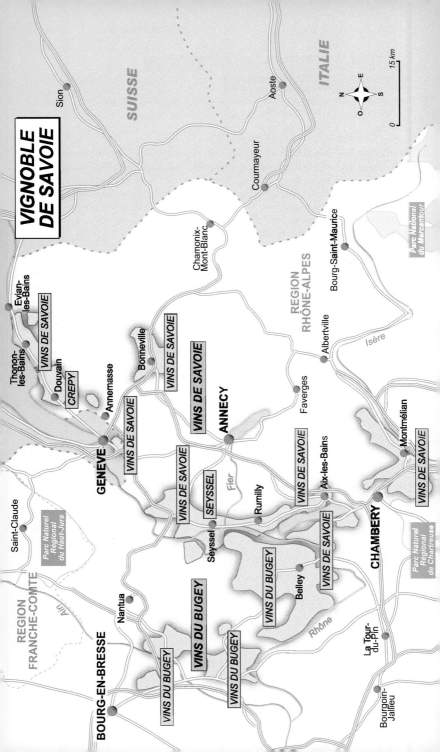

Les vignobles de Savoie et du Bugey

Les vignobles de Savoie et du Bugey se ressemblent, le premier a droit à l'AOC depuis une vingtaine d'années, le Bugey l'attend. Des vignobles isolés, de coteaux, curieux, spécifiques, où plusieurs cépages trouvent, selon le terroir, une harmonie avec le ciel et le sol : l'altesse en blanc, la mondeuse en rouge produisent les vins les plus recherchés, mais la jacquère en Savoie et le gamay en Bugey approvisionnent les volumes les plus importants. Des particularités aussi, comme le bergeron à chignin, le cerdon, vin mousseux obtenu par méthode ancestrale dans le Bugey et des crus tels que manicle complètent la panoplie.

En Savoie, les cépages ont des airs d'exclusivité pour mieux s'adapter au relief et au climat. La jacquère donne 80 % des vins blancs de Savoie, l'altesse pour la roussette, le bergeron pour le chignin, l'aligoté, le chasselas et, très rarement, le chardonnay complètent la gamme.

En rouge, la mondeuse, qui donne des vins racés et souvent plus profonds qu'il n'y paraît, se partage le vignoble avec le gamay, et un peu de pinot noir.

C'est autour de Chambéry que s'élaborent l'apremont et l'abymes, tandis que près de Montmélian se rencontrent le chignin et le chignin bergeron. Autour des communes d'Arbin et de Cruet, on trouve la mondeuse. Autour du lac Léman, on rencontre le cépage chasselas, dans les zones d'appellation Crépy, Marin et Ripaille. En Haute-Savoie, autour de Seyssel, on produit la roussette de Seyssel, avec le cépage altesse, accompagné ou non du cépage molette.

Près du lac du Bourget, c'est le gamay de chautagne qui tient la vedette, très ancienne variété que l'on cultivait déjà au XVIIIe siècle.

Au nord, mordant dans le département de l'Ain, le Bugey présente ses blancs et rouges, mais aussi son bugey mousseux dont le cerdon est le plus original représentant.

La Mondeuse et Arbin. On l'appelle la petite syrah. Elle est capable du meilleur comme du pire. Cultivée dans des terrains riches, de plaine, qui ne lui conviennent pas, elle produit en quantité un vin très ordinaire. Mais à Arbin, elle apporte des vins solides, merveilleux qui, au bout de deux ou trois ans et plus, accompagnent formidablement les croûtes savoyardes.

Le bergeron et Chignin. C'est le nom local de la roussanne que l'on retrouve dans la plupart des vignobles à vins blancs de la vallée du Rhône et du Languedoc, mais ici il développe une véritable typicité et fournit des vins complets, riches, gras, harmonieux et aux délicieux arômes d'amande.

L'altesse à Montagnieu. On ne trouve ce cépage qu'en Savoie et Bugey. Il produit ici des vins riches, racés, où l'on trouve des nuances vanillées, de noisette et d'amande amère, qui s'épanouissent après quelques années de maturation. Montagnieu dans le Bugey, magnifique coteau, convient parfaitement à ce cépage.

LE VIGNOBLE DU LANGUEDOC-ROUSSILLON

Le vignoble du Languedoc-Roussillon, dont l'origine remonte à plus de deux mille ans, réunit les aspects les plus variés, dans les domaines géologique et climatique. Son relief est incliné vers la mer depuis les Cévennes et les Pyrénées jusqu'aux plages. L'atout majeur est représenté par la grande variété des sols : schistes, grès, plateaux calcaires, terrasses alluviales, sols sur éboulis.

C'est la première région viticole non seulement de France, mais aussi d'Europe et du monde. Ce vignoble a connu des fortunes diverses au cours des siècles et s'est profondément tranformé. Poussés par le désir de produire des vins de qualité, les vignerons de cette région ont accompli un travail exceptionnel. C'est une des régions françaises qui a accompli les plus grands progrès dans le domaine viticole et surtout au plan de la qualité des vins. Autrefois, terre de production de vins ordinaires, cette région a subi une profonde mutation et offre aujourd'hui au consommateur des vins rouges excellents, des vins rosés très personnalisés et des vins blancs intéressants.

Aux cépages locaux comme le grenache ont été associés des cépages venus de la vallée du Rhône, tel la syrah, qui autrefois y avait été essayée, et méritait d'y être confirmée. Absente il y a 20 ans, elle occupe aujourd'hui une part importante. Elle y a remplacé partiellement le carignan et d'autres cépages plus productifs. Le grenache et le mourvèdre progressent partout. Le merlot, le cabernet-sauvignon et, dans une moindre mesure, le chardonnay, le chenin et le sauvignon ont fait une entrée remarquée parmi les vins de cépage.

La clairette et le picquepoul conduisent dans le Languedoc en vins blancs à des produits tout à fait honorables et typiques.

Le vignoble du Languedoc s'étend sur trois départements, des portes de Nîmes aux confins de l'Aude, et regroupe les appellations des coteaux du languedoc avec des identifications particulières obligatoires ou non : cabrières, saint-christol, vérargues, la méjanelle, mont-peyroux, pic-saint-loup, saint-drézéry, saint-georges-d'orques, saint-saturnin, la clape, quatouze, picpoul de pinet, grès de montpellier, terrasses du larzac, et les crus : faugères, saint-chinian et clairette du languedoc.

Dans l'Aude, on connaît les corbières, fitou, cabardès, minervois et crémant de Limoux.

Carignan et les coteaux du Languedoc. Le *carignan* fut longtemps un des cépages les plus cultivés dans la région Languedoc-Roussillon et il était considéré comme un bon cépage. Il faut dire que l'encépagement était plutôt limité et des gros producteurs, tel l'Aramon, représentaient de grandes surfaces. Les choses ont bien changé et l'avènement des Appellations d'*origine contrôlée*s, faisant suite aux Vins délimités de qualité supérieure, associé à une reconversion aidée ont sensiblement modifié la situation. Les *grenache, syrah* se sont réimplantés et donnent en assemblage des produits remarquables. Le *carignan* a perdu des surfaces, mais reste très présent et lorsque sa production est bien maîtrisée contribue en assemblage à donner des vins typés et recherchés, tels certains vins des Corbières. Dans l'AOC Coteaux du Languedoc, il intervient également en assemblage et apporte une note régionale appréciée.

Piquepoul et Pinet. Il n'est pas de coutume de produire des vins blancs en zone méridionale, car très souvent leur richesse en sucre élevée et leur acidité basse les rend lourds. Certains vins blancs secs de *grenache*, tel le Collioure, méritent toutefois attention. Ainsi, longtemps il a été conseillé à tort de récolter les raisins avant complète maturité pour conserver aux vins une certaine fraîcheur. Le cas du cépage *piquepoul* est à souligner, car il trouve son lieu de prédilection dans la région de Pinet où, pour éviter la confusion, le nom de l'appellation a été écrit différemment : Picpoul de Pinet. Ses vins blancs uniquement, vifs et charnus, accompagnent à merveille les coquillages de l'étang de Thau.

Le muscat et Rivesaltes. On rencontre deux muscats : le muscat à petits grains, de loin le plus qualitatif, et le muscat d'Alexandrie, bien connu pour ses qualités comme raisin de table, mais qui peut être vinifié et donner des vins parfumés. Le muscat de Rivesaltes est un vin doux naturel. Il faut expliquer qu'un vin doux naturel est un moût que l'on a empêché de fermenter en ajoutant de l'alcool afin que la fermentation alcoolique des sucres naturels du raisin ne puisse s'effectuer. En effet, l'alcool au-dessus de 17° inhibe les levures. Il en résulte donc que le vin contient de l'alcool à hauteur de 17° minimum et plus de 170 grammes de sucres résiduels. Ce vin, qu'il faut consommer avec modération, est un excellent vin d'apéritif ou de dessert, très aromatique, grâce au muscat possédant de bonnes capacités de vieillissement, où les arômes s'estompent, mais où l'équilibre entre sucres et alcool s'opère en même temps que s'estérifient et se développent les arômes. Ces muscats se retrouvent à Frontignan, Lunel, Saint-Jean de Minervois, Beaumes de Venise et dans le Cap Corse.

Le Roussillon offre un relief unique par sa diversité, de la montagne à la mer. On y trouve trois grandes AOC, côtes-du-roussillon, côtes-du-roussillon village et collioure.

Mais le Languedoc et surtout le Roussillon sont le siège d'une production importante de "vins de liqueur", vins obtenus par mutage à l'alcool. Les plus connus en blanc sont issus du muscat, "muscat de Rivesaltes", "muscat de Frontignan"... ou du grenache "Rivesaltes" "maury" "banyuls"...

Grenache, Maury et Banyuls. Maury est une appellation d'*origine contrôlée* du même type avec, à la place du *muscat*, ce magnifique cépage méridional, le *grenache*, qui ailleurs, donne des vins rouges tranquilles merveilleux. Le maury possède de magnifiques capacités à vieillir et lorsqu'il est vieux, il accompagne très bien les desserts chocolatés.

Le vignoble de Banyuls est caractérisé par ses terrasses et murettes qui s'étagent sur les magnifiques coteaux abrupts. Le *grenache* s'y plaît et nous donne des vins riches qui, comme à Maury, peuvent se boire jeunes en "vintages" ou lorsqu'ils ont vieilli en foudres, et poursuivant leur évolution en bouteilles, expriment des arômes confits, de fruits rouges, de cacao et d'écorces d'orange.

Enfin, on trouve des vins de pays de zone régionale, le vin de pays d'Oc dont la production est autorisée dans tout le Languedoc-Roussillon. Cette dénomination régionale implique des rendements limités, des cépages sélectionnés, un profil analytique et une dégustation obligatoire. Il existe des Vins Pays d'Oc de monocépage ou d'assemblage. Sur les quatre départements (Gard, Hérault, Aude, Pyrénées orientales), il existe également plus de quarante appellations vins de pays : ceux qui portent le nom d'un département (vin de pays de l'Hérault...) ou de zones plus délimitées, cévennes, cité de carcassonne, côtes-de-thau côtes-de-thongue, bérange...

Vue d'ensemble du Château Auzias à Paretlongue

Façade du château construite en 1807

La syrah des "Petitmessieurs"

L'ensemble du vignoble est sur espalier bois

Le chai à barriques

La chaîne d'embouteillage

Voir le Wine Tour pages 281 et 282

CHÂTEAU AUZIAS

CHATEAU AUZIAS
DOMAINE DE PARETLONGUE
11610 PENNAUTIER
TEL : 04 68 47 28 28 / FAX : 04 68 47 92 20

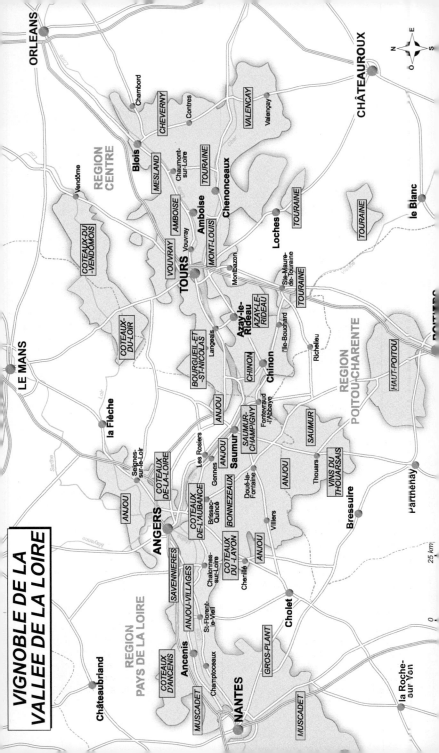

VIGNOBLE DE LA
VALLEE DE LA LOIRE

REGION
CENTRE

REGION
PAYS DE LA LOIRE

REGION
POITOU-CHARENTE

ORLEANS
CHÂTEAUROUX
LE MANS
Châteaubriand
le Blanc
Parthenay
Bressuire
Cholet
la Roche-sur-Yon

ANGERS
NANTES
TOURS
Blois
Saumur
Ancenis
Chinon
Loches
Amboise
Chenonceaux
Azay-le-Rideau

Chambord
Contres
Valençay
Vendôme
Chaumont-sur-Loire
Vouvray
Mont-Louis
Montbazon
Ste-Maure-de-Touraine
Richelieu
l'Île-Bouchard
Langeais
Fontevraud-l'Abbaye
Thouars
Villiers
Doué-la-Fontaine
Gennes
Les Rosiers
Brissac-Quincé
Chalonnes-sur-Loire
Chenillé
St-Florent-le-Vieil
Champtoceaux
Seiches-sur-le-Loir
la Flèche

CHEVERNY
VALENÇAY
MESLAND
TOURAINE
AMBOISE
VOUVRAY
COTEAUX-DU-VENDOMOIS
COTEAUX-DU-LOIR
TOURAINE
TOURAINE
TOURAINE
AZAY-LE-RIDEAU
BOURGUEIL-ET-ST-NICOLAS
CHINON
ANJOU
SAUMUR-CHAMPIGNY
SAUMUR
ANJOU
ANJOU
ANJOU
ANJOU
COTEAUX-DE-LA-LOIRE
COTEAUX-DE-L'AUBANCE
BONNEZEAUX
COTEAUX-DU-LAYON
SAVENNIERES
ANJOU-VILLAGES
COTEAUX-D'ANCENIS
MUSCADET
MUSCADET
GROS-PLANT
VINS DU THOUARSAIS
HAUT-POITOU

25 km
0

N
E
O
S

LE VIGNOBLE DE LA VALLÉE DE LA LOIRE

S'agissant du plus long fleuve de france, critère d'unité entre des sous-régions particulières, la Loire confère au climat une douceur favorable à la vigne. Le vignoble qui la borde est aussi le plus varié.

Les cépages qui profitent de cette douceur sont nombreux. Pour le blanc, on trouve bien sûr le muscadet et la folle blanche autour de Nantes, le chenin en Anjou et en Touraine et le sauvignon autour de Sancerre et de Pouilly. Les cépages rouges, surtout cultivés en Anjou et en Touraine, sont représentés par le cabernet franc, le côt, même si le gamay est présent aujourd'hui, pour sa facilité et son bon rendement, d'un bout à l'autre du vignoble, et que le pinot noir est seul en Sancerrois.

Dans la haute vallée, le vignoble opère la transition avec la Bourgogne voisine, le sauvignon s'installe mais le pinot noir y est toujours présent, nous sommes à Sancerre, Pouilly, Ménetou-Salon et dans les Côteaux du Giennois. Le premier est surtout planté de cépage sauvignon, pour produire un vin blanc réputé, avec les nuances permises par des terroirs variés. Le vin de Pouilly se partage entre les appellations pouilly sur loire, issu du chasselas, et pouilly fumé, issu du sauvignon. Les rouges de Sancerre et Ménetou-Salon sont obtenus avec le pinot noir.

Eloignés de la Loire, mais inclus traditionnellement dans la région viticole, les vignobles de Quincy et Reuilly sont surtout connus pour leur vin blanc, classiquement à base de sauvignon, mais auxquels le terroir bien particulier donne toute leur originalité.

Puis dans la moyenne-vallée, une multitude de situations permet l'épanouissement d'une multitude de cépages, les gamay, cabernets, pinot en rouge et sauvignon, chardonnay et chenin en blanc. On y produit des vins rouges, des vins rosés et des vins blancs secs et moelleux. C'est la Touraine.

Entre les deux, les vins de l'Orléanais, auvernats ou cabernets, en constante amélioration assurent la transition.

Les vins de Touraine, issus tantôt de sols calcaires, tantôt sableux ou argileux, sont en général très parfumés. Il y a trois sous-appellations régionales : touraine-amboise, touraine-azay-le-rideau et touraine-mesland. Vouvray règne en maitre avec le chenin. A l'est, les châteaux de Cheverny et de Valençay ont donné leur nom à des appellations. Le courcheverny, apprécié de François Ier, a pour particularité l'exclusivité du cépage romorantin. Enfin, les coteaux-du-vendômois, au nord de la Touraine, sont bien des vins de Loire, très typés notamment pour les rosés de pineau d'aunis et les blancs.

Un peu plus à l'ouest, l'Anjou est le fief des vins liquoreux en blanc et des vins demi-secs en rosé. Le chenin en blanc, puis le cabernet franc et le grolleau en rouge sont les principaux cépages à l'origine des vins d'Anjou. Le cabernet franc ou breton est ici chez lui entre Touraine et Anjou. Les appellations chinon, bourgueil et saumur-champigny sont les plus réputées. Mais les récentes reconversions opérées dan le vignoble de l'Anjou nous donnent des vins dignes d'intérêt avec l'anjou-villages.

Les liquoreux retrouvent leurs lettres de noblesse autour des crus bonnezeaux, Quarts de chaume, et autres coteaux du Layon, de la Loire et de l'Aubance.

● Le muscadet, vin ou cépage ?

Il s'agit presque d'une exception dans le système des appellations d'*origine contrôlée*s françaises, où l'on essaie plutôt de limiter l'utilisation du nom de cépage dans l'étiquetage des vins. Il est vrai que celui-ci n'est qu'un élément, normalement non dominant, dans la production de l'AOC. Mais le *muscadet* pseudonyme du *melon*, cépage d'origine bourguignonne, est devenu un vin, pourtant né d'un véritable terroir qui allie tous les éléments nécessaires à une véritable originalité : les sols, le climat, le savoir-faire, notamment avec ce style de vinification "sur lies" très particulier.

À dévorer
tous les deux mois !

GAULT
le plaisir se cultive
MILLAU

25

JUIN/JUILLET 2007

ROSÉS DE L'ÉTÉ
Bandol joue l'excellence

TABLES SUR MER
de Dunkerque à Menton...

TABLES EN VILLE
120 restos goûtés
pour vous

EN CADEAU
LE palmarès des Bordeaux
primeurs 2006

PIERRE ARDITI
s'amuse en cuisine !

GM

Sauvignon et Sancerre, Pouilly-Fumé, Ménetou-Salon. Lorsqu'il n'est pas assez mûr, il développe des odeurs herbacées, lorsqu'il est trop mûr, il donne des vins neutres, tel est le cépage *sauvignon* qui rencontre dans cette région le terroir idéal alliant un climat semi-continental qui lui permet une juste maturité et des sols qui lui conviennent parfaitement. A Sancerre et à Ménetou-Salon, ce sont les arômes floraux qui dominent avec des vins bien équilibrés notamment sur les sols carbonatés, le genêt sur les autres types, ainsi qu'à Pouilly-sur-Loire, où il exprime du fumé. Plus à l'est, à Saint-Bris, il faut favoriser la dégradation malo-lactique pour gommer les excès d'acidité. En Touraine et dans le Haut-Poitou, il exprime des odeurs où domine le bourgeon de cassis.

Breton et vins rouges du val de Loire. On l'appelle *breton*, en hommage à l'abbé du même nom qui l'importa de Bretagne, c'est le *cabernet franc* qui trouve son terroir dans la moyenne vallée de la Loire. A Bourgueil, à Chinon, à Champigny avec Saumur-Champigny , il donne des vins équilibrés, friands, aux arômes de fruits rouges framboisés et de violette. Les tannins bien présents permettent, dans les caves de tuffeau, des vieillissements quasi séculaires.

Chenin, vouvray et les liquoreux du Val de Loire. Nous parlons de *vouvray* en même temps que du *chenin*, parce qu'il n'y a probablement aucune autre appellation de vin tranquille qui peut s'enorgueillir d'être liée aussi fortement à un cépage. Il n'y a à peu près qu'ici que le *chenin* peut produire des vins avec une telle personnalité. Les vins tranquilles sont d'autant plus riches que l'appellation *vouvray* peut aussi bien être utilisée pour les vins mousseux que pour des vins tranquilles. Cette possibilité permet une sélection lors du choix de la destination des raisins et ainsi est un facteur de qualité. En effet, le tri de parcelles ou de grappes nécessairement moins mûres pour faire un vin de base pour vin mousseux, permet une meilleure sélection des raisins destinés aux vins tranquilles. Dans le *vouvray*, il y a encore une troisième possibilité : la surmaturation peut conduire à des vins de type liquoreux. C'est la vocation affirmée du cépage *chenin* que l'on apprécie dans les appellations d'*origine contrôlée* des Coteaux du Layon et ses crus, en Anjou.

Cette partie du Val de Loire offre à l'amateur de vins blancs, issus de terroirs schisteux ou siliceux, avec de nombreuses appellations de vins secs, moelleux ou liquoreux.

N'oublions pas non plus les vins à bulle, tels que le crémant de loire ou le saumur.

Enfin, autour de l'embouchure de la Loire, le melon appelé ici muscadet conduit à un vin blanc remarquable sur les fruits de mer et les entrées. Sols variés et méso-climats procurent une grande diversité dans chaque appellation (muscadet, muscadet sèvre et maine, muscadet des coteaux de la loire). S'y ajoutent les vins de gros plant et des coteaux d'ancenis, caractérisés, quelle que soit leur couleur, par leur légèreté et leur fruit.

Les vignobles annexes du Val de Loire

Les vins du Thouarsais, des coteaux d'Ancenis, de Valençay, d'Orléans et Orléans-Cléry, de Châteaumeillant et du Haut-Poitou, tous AOVDQS, tous en démarche et potentiellement en reconnaissance d'appellation d'origine contrôlée, représentent l'essentiel de ces vignobles annexes des crus du Val de Loire. Tous les cépages du septentrion sont représentés ici : *chardonnay* et *sauvignon* dominent en blanc ; *gamay* et *cabernet franc* sont toujours présents en rouge , cependant que le *pineau d'aunis* apporte avec sa nuance poivrée une note particulière notamment dans les vins rosés. Puis il y a encore les jeunes appellations reconnues, comme cheverny et cour-cheverny et son particulier romorantin, les coteaux du vendômois, les coteaux du giennois ainsi que les vins de pays des coteaux charitois qui revendiquent l'AOVDQS.

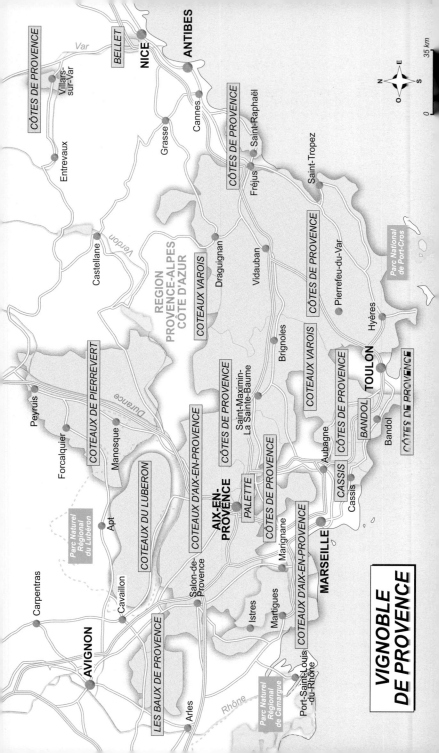

VIGNOBLE
DE PROVENCE

LES VINS DE PROVENCE ET DE CORSE

Cette dénomination unique regroupe en fait de nombreuses appellations, liées à des réalités géographique bien différentes. A cette première diversité répond l'utilisation de cépages très divers, qui permet de proposer des vins de toutes les couleurs et, d'un assemblage à l'autre, des saveurs variées.

La Provence et ses vins rosés

Mais la principale originalité de cette région est que 65 % de sa production est constituée de vins rosés. Il y a principalement deux causes à cette dominante.

Tout d'abord, jusqu'au XVIIe siècle, il se produisait surtout des vins rosés et des vins blancs. Les preuves nous en sont données par les fresques des tombeaux de Thèbes en Egypte, les mosaïques de Ste-Constance à Rome, ou les enluminures des livres et tapisseries du Moyen Age.

Toutes les illustrations ou figurines représentent des hommes foulant aux pieds des raisins dans un cuvon dont la base trônée laisse s'écouler le jus. Aujourd'hui la pratique est à peu près la même : les raisins foulés sont mis en cuve et le jus est tiré au bout de quelques heures et soumis à fermentation. La différence avec les antiques pratiques est dans une plus grande précision des opérations, destinée en particulier à obtenir l'intensité colorante que l'on veut.

L'autre cause est que la Provence est devenue un lieu de séjour de vacanciers, et les consommateurs transformés pour l'occasion en sybarites apprécient un vin qui n'oblige pas à une grande concentration d'esprit – Type de vin, repos et chaleur font que le vin rosé est parfaitement adapté à toutes les classes sociales.

Les vins rosés sont élaborés à partir des cépages grenache, cinsault, carignan. Ce dernier élément, d'origine espagnole, trouve mieux sa place dans des vins rosés bus jeunes que dans des vins rouges.

Les coteaux d'Aix, à dominante argilo-calcaire, produisent des rosés fruités, des blancs distingués, des rouges charpentés. Autour de Saint-Rémy-de-Provence et des Baux, se trouvent les vignes des baux-de-provence, une petite AOC recherchée qui ne s'étend que sur 300 ha. Autre petite appellation provençale : Cassis produit des blancs très appréciés autour de ce charmant port. Le Var accueille également les coteaux varois et la majorité des côtes-de-provence, qui ont accompli des efforts qualitatifs considérables. Le territoire des coteaux varois a son épicentre près de Brignoles. On y produit d'excellents rosés de saignée, c'est-à-dire par extraction du jus après une très courte cuvaison, tout en fruit, en finesse et en fraîcheur. L'appellation côtes-de-provence, une des principales en terme de production, déborde sur les départements des Bouches-du-Rhône et des Alpes-Maritimes. Un travail important a permis d'harmoniser au mieux les sols, très variés, et les cépages. Ainsi se sont dessinées des spécialisations au cœur de l'appellation : la côte de Toulon à Saint-Raphaël produit d'excellents rosés ; à l'intérieur des terres, dans cette même zone, on complète par des vins rouges généreux, tandis qu'au nord se trouvent les terres les plus adaptées à la production de blancs joliment parfumés. Aujourd'hui, l'utilisation de cépages variés, de techniques de pointe et de vinifications modernes ; un peu de surmaturité sur les rouges donne des résultats remarquables sur certains vins déjà gorgés de soleil. On peut juger de la qualité de ces productions en visitant la Maison des Vins des Côtes-de-Provence, installée aux Arcs-sur-Argens.

La région méditerranéenne produit aussi des vins rouges. Aux cépages précédents s'ajoutent le mourvèdre (qui retrouve droit de cité) et le cabernet sauvignon. Quant aux vins blancs, grenache blanc et clairette, reçoivent avec bonheur l'influence du rolle, appelé encore vermentino.

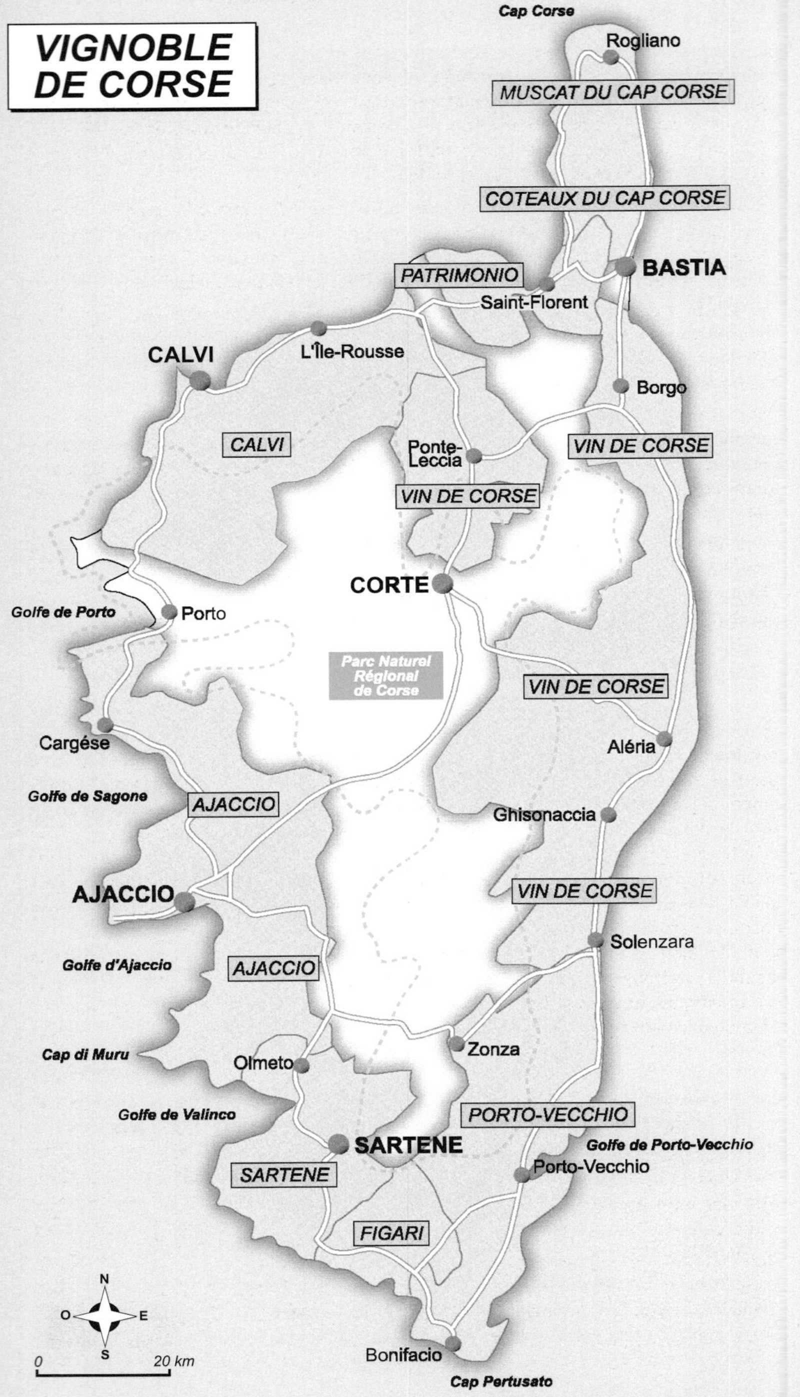

VIGNOBLE DE CORSE

Cap Corse

Rogliano

MUSCAT DU CAP CORSE

COTEAUX DU CAP CORSE

PATRIMONIO

BASTIA

Saint-Florent

CALVI

L'Île-Rousse

Borgo

CALVI

Ponte-Leccia

VIN DE CORSE

VIN DE CORSE

CORTE

Golfe de Porto

Porto

Parc Naturel
Régional
de Corse

VIN DE CORSE

Cargése

Aléria

Golfe de Sagone

AJACCIO

Ghisonaccia

AJACCIO

VIN DE CORSE

Golfe d'Ajaccio

AJACCIO

Solenzara

Cap di Muru

Olmeto

Zonza

Golfe de Valinco

PORTO-VECCHIO

SARTENE

Golfe de Porto-Vecchio

Porto-Vecchio

SARTENE

FIGARI

N
O — E
S

0   20 km

Bonifacio

Cap Pertusato

Mourvèdre et Bandol. Une certitude : il nous vient d'Espagne, de la province de Murviedo. Appelé tinto ou encore mataro dans son pays d'origine, il est entré en France par deux voies ! La voie terrienne qui le conduisit jusqu'aux environs de Montélimar sous le nom de monstrello ; et la voie maritime, amené par les troupes des rois d'Aragon sur le littoral provençal entre Nice et Toulon.

Il prit dans cette région une très grande importance, constituant la majeure partie du vignoble varois jusqu'à l'invasion phylloxérique. Mais lors de la reconstitution, on s'aperçut qu'il s'adaptait très mal au greffage ; il fut quasiment abandonné au profit de cépages plus accommodants et surtout plus fertiles (*carignan, ugni blanc*).

Le souvenir de ses qualités était cependant resté vif. A telle enseigne que dans les années 50, il fut consacré par les défenseurs de l'appellation bandol. Après une période de doute, et grâce à l'opiniâtreté d'un président de syndicat (Lucien Peyraud), le *mourvèdre* représente aujourd'hui un minimum de 50 % dans les vins rouges.

Sa culture est toujours difficile, ses exigences thermiques grandes. Il doit voir la mer ! Il donne des vins rudes dans les premières années ; aussi est-il un élément essentiel dans les assemblages faits avec le *grenache* et le *cinsault*. Il apporte en effet, une fermeté dans la forme, ralentit les phénomènes de vieillissement, et participe par des odeurs de nature végétale à la richesse olfactive des vins rouges.

A noter que dans les Côtes du Rhône méridionales, il n'occupe pas de grandes surfaces parce qu'il s'adapte difficilement au climat rhodanien. Cependant, dans les situations bien exposées, notamment à Châteauneuf-du-Pape, et quand la maturité des raisins est bonne, le *mourvèdre* a le même effet positif que dans les vignobles de Bandol.

Le vignoble corse

Le vignoble corse a une histoire agitée. Connus dès l'Antiquité, très populaires en Europe jusqu'au XIXe siècle, les vins corses sont durement frappés par le phylloxéra. Dans les années soixante et soixante-dix, sous l'impulsion d'exploitants rapatriés d'Afrique du Nord, le vignoble renaît et voit sa surface quadrupler pour atteindre 28 000 ha, avant de rechuter à moins de 20 000 ha suite à des arrachages massifs. La Corse restructure donc encore son vignoble, autour des appellations vins de corse (essentiellement la côte ouest de l'île), vins de corse village (Calvi, Cap-Corse, Porto-Vecchio et Sartène) et de deux crus, ajaccio et patrimonio. Là aussi, de nombreux vignerons ont perfectionné leur vinification pour aller bien au-delà du petit rosé d'été. Les patrimonios rouges sont souvent profonds et subtils ; on trouve au nord du Cap, autour de Sartène et de Figari, des blancs étonnants et aromatiques, et le riche terroir ajaccien donne des rouges capiteux et pour certains remarquablement travaillés.

● Sciacarello

Le sciacarello est un cépage que l'on ne trouve qu'en corse, dans la région de Sartène, et en Italie, d'où il serait originaire. Il a de grandes grappes, compactes, ses baies croquantes et juteuses sont rouge-noir à noir-violacé.

Il donne d'excellents vins rouges, pas très colorés, bien charpentés, ayant de la finesse, et un bouquet poivré et des arômes fruités et épicés, dans les appellations Vins de Corse et Ajaccio.

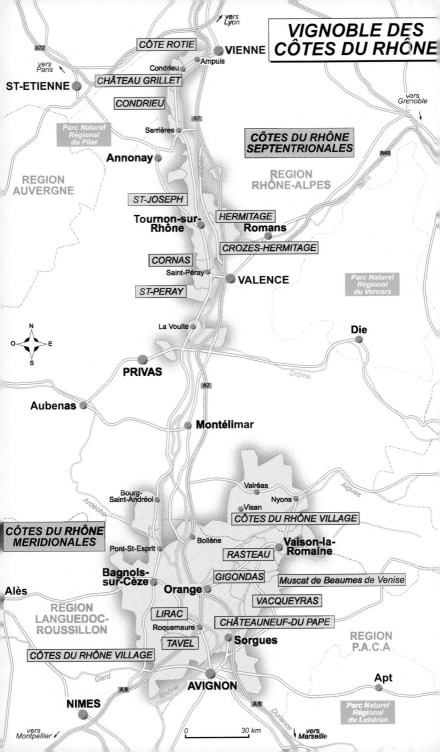

LE VIGNOBLE DE LA VALLÉE DU RHÔNE

Derrière l'unité de nom commandée par le fleuve qui a dessiné les coteaux du vignoble, on trouve une multitude de terroirs et d'influences climatiques. La plupart des vins du Rhône ont en commun une longue histoire, puisque la culture de la vigne dans la région remonte à la colonisation grecque, 600 ans avant J.-C. Deuxième vignoble AOC de France après le Bordelais – 61 000 hectares, 2 500 000 hls AOC – le vignoble de la vallée du Rhône se divise en deux parties.

Les côtes du Rhône septentrionales, de Vienne - plus exactement Ampuis et Condrieu - à Valence, productrices dans leur plus grande partie de crus : côte rotie, hermitage, crozes-hermitage, condrieu, château grillet, st-joseph, cornas, st-péray, dont la surface avoisine 3 000 hectares et la production moyenne 125 000 hls. Côte rotie et cornas ne produisent que du vin rouge, condrieu, château grillet, st-péray que des vins blancs, hermitage, crozes-hermitage et st-joseph des vins blancs et des vins rouges.

Les cépages cultivés sont la syrah pour les vins rouges, le viognier, la roussanne et la marsanne pour les vins blancs.

A l'écart de la vallée du Rhône proprement dite, la région de Die produit deux vins blancs effervescents de qualité, le crémant et la clairette.

Au sud du hiatus sans vigne AOC, au-delà de Montélimar, apparaissent les appellations nombreuses des côtes du rhône méridionales.

Grenache et châteauneuf-du-pape. Selon des documents anciens, les viticulteurs de Sardaigne cultivaient autrefois un cépage appelé Ccannonac que les Aragonais, occupants de l'île de 1273 à 1713, piquèrent pour le planter en Espagne dans de vastes zones. On peut dire, pour être plus près de la réalité, que les aragonais, après avoir découvert les qualités très originales de ce plant, en firent un grand usage sous le nom d'Aragonais ou de granaxa. Pour des raisons liées à certaines identités climatiques, ce granaxa fut cultivé dans de nombreuses provinces de l'Espagne Nord, puis entra en France et dans la vallée du Rhône, dans la seconde moitié du XVIIIe siècle. On le connut alors sous les noms d'alicante puis de *grenache*.

Le vignoble de Châteauneuf-du-Pape existait déjà à cette époque, comme le prouvent les cartes Cassini de 1760. Mais il était complanté de cépages divers appelés "plants mêlés", et aucun document ne nous permet de dire ce qu'en étaient exactement les composants. Toujours est-il que le *grenache* fut considéré dès le début du XIXe siècle comme un élément très intéressant, en raison de ses qualités : grande richesse en sucre, donc en alcool, puissance de la forme, persistance aromatique longue. Des qualités d'autant plus appréciées qu'au nom d'un principe souvent vérifié, les cépages nés au sud qui montent en latitude s'affinent, et donnent, dans les années de maturité normale, des vins plus charmeurs que ceux qui sont produits dans des pays plus chauds.

Le *grenache* prit beaucoup de place dès la reconstitution phylloxérique, parce que sa propension à donner des vins chaleureux en a fait très vite un élément recherché par le commerce pour soutenir les vins septentrionaux défaillants. On disait alors que les vins de *grenache* en général – et bien sûr ceux de Châteauneuf-du-Pape – étaient des vins médecins. Cela dura jusqu'à la reconnaissance de l'appellation par l'autorité judiciaire dans les années 1920-1930.

Depuis cette date, et avec le temps, les vignerons châteauneuvois se sont aperçus que le *grenache* seul avait un défaut majeur : ses vins évoluaient vite vers des odeurs empyreumatiques, et surtout un amaigrissement de la forme allant jusqu'à la sécheresse en fin de bouche. Ils ont donc entrepris la recherche d'étais, de freins à l'évolution ; ils les ont trouvés dans d'anciens plants mêlés – notamment la counoise, la *syrah*, le *mourvèdre*, ressuscitant ainsi la véritable originalité du cru.

Elles sont représentées tout d'abord par les appellations côtes-du-vivarais et coteaux-du-tricastin. La première appellation produit, sur des sols argilo-calcaires, les vins les plus réputés d'Ardèche, principalement à partir de grenache, cinsault et carignan en rouges, grenache blanc, clairette et marsanne en blancs. La seconde appellation, que de nombreux vignerons voudraient voir changer de nom à cause de sa connotation "nucléaire", possède une réelle personnalité.

L'AOC régionale côtes du rhône (40 000 ha, 2 000 000 hls), l'AOC côtes du rhône villages (3000 ha, 120 000 hl) et l'appellation côtes du rhône villages identifiée par le nom de la commune productrice, les plus importantes étant Cairanne, Chusclan, Vinsobres, Séguret, produisent beaucoup de vins rouges, des vins rosés et quelques vins blancs.

Au sommet de cette pyramide réglementaire des côtes du rhône méridionales, se situent les crus de châteauneuf-du-pape, gigondas, vacqueyras, lirac, tavel, beaumes de venise. Ils s'étendent sur 6 300 ha et produisent en moyenne 240 000 hls. En dehors de l'appellation tavel (seulement des vins rosés), l'AOC gigondas offre des vins rouges et quelques vins rosés, châteauneuf-du-pape des vins rouges et des vins blancs, lirac et vacqueyras des vins rouges, rosés et blancs, et beaumes de venise des vins rouges.

Syrah et la côte rôtie. Ce cépage était autrefois aussi appelé sérine. L'orthographe du nom – certes curieuse – a donné naissance à des théories insolites sur son origine : on la fit venir de Perse (Shiraz), de Sicile (Syracuse). En réalité la *syrah* est née à partir de vignes sauvages des forêts du Dauphiné. Mise en culture par les Romains juste avant l'ère chrétienne, avec l'aide physique des Allobroges, elle est citée dans les textes anciens sous le nom d'Allobrogica.

C'est donc ce cépage qui est à l'origine des appellations très nobles de côte rotie et d'hermitage, auxquelles on peut donner une ancienneté de 2 000 ans.

Très bien adaptée aux sols granitiques de la rive droite du Rhône entre Lyon et Valence, elle est la seule variété rouge des appellations de côte rotie, de saint-joseph et de cornas.

Elle donne des vins un peu rudes, au début de leur vie, mais déjà plein de charme avec leurs parfums de violette poivrée et de réséda. Avec le temps, mûrie dans sa prison de verre, la *syrah* révèle à Côte Rôtie des fragrances de truffe, d'ambre et de réglisse. La forme devient ample et pleine, et la persistance aromatique intense parmi les plus longues qui soient. Le mariage sol-cépage est ici très heureux.

Viognier et Condrieu. Ce cépage est-il de chez nous ? Des historiens pensent qu'il viendrait de Dalmatie. Les ampélographes lui trouvent des ressemblances avec le cépage connu autrefois du côté de Grenoble sous le nom de galopine. Mais comme celui-ci a complètement disparu de son aire de connaissance, l'origine exacte du viognier reste un mystère.

Il a trouvé en tout cas son aire d'élection dans les granits de la rive droite du Rhône où il est le seul élément variétal des AOC condrieu et château grillet. Très rustique, se contentant de terres pauvres, il donne à des rendements de 35 hl/ha des vins somptueux, aux odeurs souvent florales dans la prime jeunesse (violette, acacia) qui deviennent avec le temps des fragrances de musc, de pêche blanche et d'abricot. Les vins tout en rondeur atteignent leur niveau d'excellence après deux ou trois ans, tout particulièrement quant ils possèdent encore 2 à 3 gr de sucre non fermenté.

Ce cépage est aussi le bienvenu dans l'appellation voisine côte rotie, où il apporte souplesse et finesse dans les vins rouges de certains lieux-dits (la Laudonne, la Turque).

Ses qualités sont telles que son implantation dans les Côtes du Rhône méridionales s'est développée depuis quelques années. Il améliore incontestablement les vins blancs de cette région, mais à l'état pur, il ne peut être comparé au viognier de Condrieu.

Toutes ces appellations des Côtes du Rhône méridionales sont élaborées à partir de quelque 20 cépages. Les plus importants cependant sont le grenache (50 %) le carignan (20 %) le cinsault (12 %) la syrah et le mourvèdre (10 %).

Au cœur de cette zone, cette grande palette de vins de la vallée du Rhône est enfin agrémentée par deux vins doux naturels : le VDN Rasteau fait à partir du seul grenache (50 ha –1 000 hls) et le Muscat de Beaumes de Venise fait à base de Muscat à petits grains blancs et rouges (500 ha – 13   000 hls).

Prolongement naturel des Côtes du Rhône vers le sud-est, les Côtes-du-Ventoux forment une zone variée de terrains calcaires, plantés surtout de cépages grenache, syrah, cinsault, mourvèdre, carignan, clairette et bourboulenc. L'essentiel de la production concerne les vins rouges, à un niveau de qualité intéressant.

Au sud des Côtes-du-Ventoux, les Côtes-du-Luberon voient pousser la vigne depuis 2 000 ans, grâce entre autres à un sol bien équilibré et à un climat frais permettant des vendanges tardives. On retrouve les grands classiques rhodaniens : grenache, cinsault, carignan et syrah composent l'essentiel du vignoble pour le rouge, grenache blanc, clairette, bourboulenc et surtout ugni pour le blanc.

Les quatre appellations : côtes du ventoux, côtes du lubéron, coteaux du tricastin, costières de nîmes que l'on rattache au Languedoc, sont regroupées pour des raisons publicitaires sous le nom curieux de "Nouvelle Ecole". Ce sont pour la plupart des vins d'été, de vacances, qui ont le privilège d'être offerts à des prix plus abordables que ceux des crus prestigieux alentour.

Dégustation dans une cave

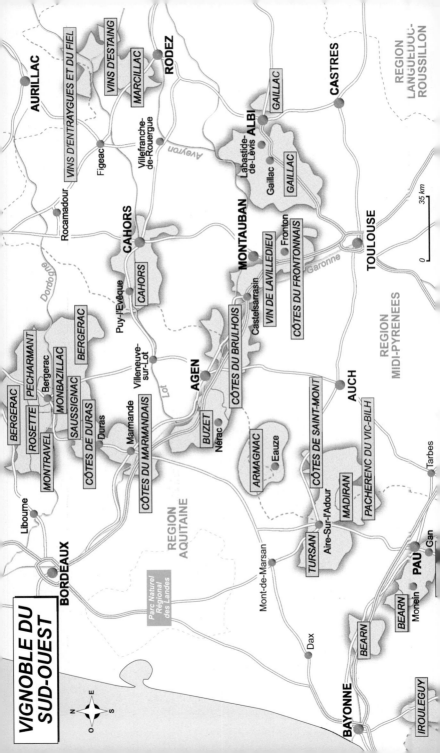

LES VIGNOBLES DU SUD-OUEST

Comme de nombreuses zones viticoles françaises, les vignobles du Sud-Ouest ont failli disparaître au XIXe siècle à cause du phylloxéra. Ce patrimoine au long passé a été reconstruit patiemment depuis 1945 et retrouve aujourd'hui qualité et diversité. Dans ce groupe se retrouve tout ce qui dans le Sud-Ouest ne constitue pas une région homogène, mais est quand même susceptible d'attirer l'attention : bergerac, côtes du marmandais, de duras, cahors, quercy, buzet, saint-sardos, du frontonnais, lavilledieu, gaillac, cité de carcassonne, jurançon, pacherenc, irouléguy, béarn, madiran, tursan, etc., et nous en oublions ! Ici toutes les catégories de production : aoc, aovdqs, vins de pays ; tous les cépages locaux : auxerrois, négrette, manseng, tous les types : secs, doux, liquoreux ; toutes les couleurs...

La Cave de Die Jaillance

La Clairette de Die Bio* pétille d'envie de vous rencontrer !

Venez à la Cave de Die Jaillance découvrir les nouvelles saveurs Bio.

Visite et dégustation

Ouvert 7 jours/7
9h > 12h30
14h > 18h30
juillet/août 9h > 19h

Jaillance
Avenue de la Clairette
26150 Die
tél. 04 75 22 30 15
www.jaillance.com

*Vins issus de raisins de l'agriculture biologique, certifié par Ecocert SAS - F 32600.

Autour de Bergerac, dans le Périgord, une vaste zone, plantée de cépages variés (merlot, cabernet-sauvignon, cabernet-franc, malbec, sémillon, sauvignon, muscadelle), regroupe plusieurs appellations et produit aussi bien des blancs que des rouges : bergerac, côtes-de-bergerac, pécharmant, monbazillac, haut-montravel...

Un peu plus au sud, en Lot-et-Garonne, les vins des côtes de Duras et des côtes du Marmandais apportent leur typicité et leur bon rapport qualité-prix. Le Marmandais présente au niveau du sol des similitudes avec deux régions bordelaises voisines (entre-deux-mers et graves) et produit des rouges très marqués (cépages merlot, cabernet franc, cabernet sauvignon, malbec, etc.). Un petit crochet vers l'est nous amène dans les célèbres vignobles de Cahors. Les alluvions du Lot et les terrasses calcaires du Causse forment le terroir sur lequel s'épanouit le cépage cot (ou auxerrois), auquel s'ajoutent parfois le merlot et le tannat. Le résultat est un vin typé et de très bonne garde, en évolution jusqu'à 20 ans. Les coteaux du Quercy utilisent entre autres les cépages cabernet franc, cot, merlot et gamay.

Retour vers Agen et les vignobles de Buzet. Ils utilisent le cabernet sauvignon sur sols de galets et le cabernet franc sur sols argilo-calcaires ; il en résulte un vin corsé et charnu, en constante amélioration. Les côtes-du-brulhois, établies sur un sol argilo-calcaire autour de Donzac, dans la vallée de la Garonne, donnent d'intéressants rouges et rosés en VDQS. Autour du village de Saint-Sardos, à l'ouest de Toulouse, on produit sur sols cailouteux un vin de pays méconnu et très friand, à base de cabernet, de tannat, mais aussi de syrah. Autour de Montauban, les terrasses portent des cépages variés (y compris jurançon et syrah), pour un vin de pays frais et léger. Vers l'est, les côtes-du-frontonnais sont "presque" les seules à utiliser le cépage négrette en France. Ce sont des vins vifs et profonds, d'un excellent rapport prix-plaisir.

L'appellation gaillac, la plus orientale du Sud-Ouest, propose une grande variété de sols pour des vins, en particulier les blancs, d'une belle personnalité, des perlants au vin de voile. Quelques vignerons de haute qualité y ont relancé l'appellation et sa renommée.

A la limite du Gers et du Béarn, le madiran et le pacherenc du vic bilh sont aussi typés et incontournables. Longtemps l'affaire des moines, le madiran utilise aujourd'hui essentiellement les cépages tannat, qui lui donne tout son caractère, et le cabernet. Le pacherenc est quant à lui un vin blanc original, issu du cépage raffiat et hérité d'une longue tradition.

Les côtes de Gascogne sont presque exclusivement des vins blancs secs, à boire dans leur jeunesse, issus des cépages colombard, ugni et gros manseng.

Toujours plus à l'ouest, on trouve les appellations jurançon et béarn. Le jurançon utilise des cépages petit manseng, gros manseng et courbu, récoltés en vendanges traditionnelles ou tardives, pour aboutir à des vins blancs, secs ou moelleux, de grande réputation. L'appellation béarn concerne des vins de caractère, francs et agréables, issus de tannat, cabernets franc et sauvignon, petit et gros manseng et le plus rare raffiat de moncade. On y trouve entre autres de jolis rosés.

Le Pays Basque, autour de Saint-Jean-Pied-de-Port et de Saint-Etienne-de-Baïgorry, nous offre l'irouléguy. Les cépages cabernet et tannat sont plantés dans une zone montagneuse où des influences du sud et de l'océan permettent une belle évolution du raisin.

Nous avons inclus dans ce chapitre l'aveyronnais Marcillac, à base du cépage mansois (qui s'appelle ailleurs fer servadou ou braucol). Il trouve sur ces rudes terres des Causses une expression très plaisante, là aussi à un tarif très intéressant pour le consommateur.

Fer-servadou et Marcillac. Marcillac était le vin des mineurs, robuste comme eux. Le *fer-servadou* y trouve ici son gîte où il s'identifie parfaitement au terroir et à l'appellation. Les vins sont solides, il faut quelquefois les attendre et les consommer sur le tripou*.

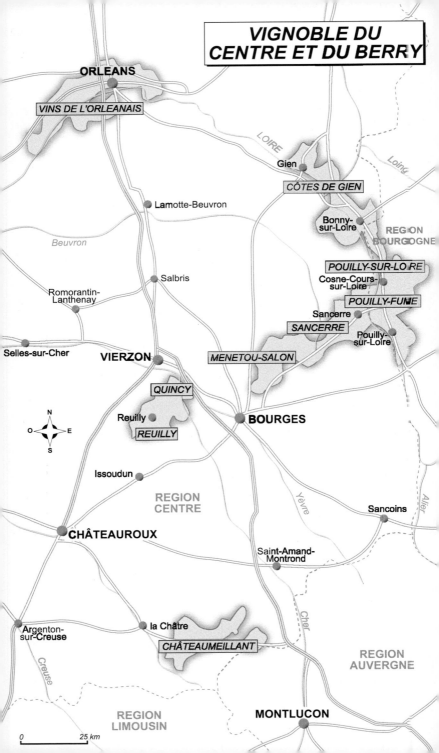

VIGNOBLE DU CENTRE ET DU BERRY

ORLEANS

VINS DE L'ORLEANAIS

LOIRE

Loing

Gien

CÔTES DE GIEN

Lamotte-Beuvron

Bonny-sur-Loire

REGION BOURGOGNE

Beuvron

POUILLY-SUR-LOIRE

Cosne-Cours-sur-Loire

Salbris

Romorantin-Lanthenay

POUILLY-FUMÉ

Sancerre

SANCERRE

Pouilly-sur-Loire

Selles-sur-Cher

VIERZON

MENETOU-SALON

QUINCY

N
O   E
S

Reuilly

BOURGES

REUILLY

Issoudun

Yèvre

Alier

REGION CENTRE

Sancoins

CHÂTEAUROUX

Saint-Amand-Montrond

la Châtre

Argenton-sur-Creuse

CHÂTEAUMEILLANT

Cher

REGION AUVERGNE

Creuse

REGION LIMOUSIN

MONTLUCON

0   25 km

LES AUTRES VIGNOBLES LOCAUX REMARQUABLES

Nous avons rassemblé dans ce chapitre diverses régions qui ne constituent peut-être pas un ensemble viticole très cohérent, mais qui ont à coup sûr une place très légitime dans ce guide.

Les vignobles de Saint-Pourçain et d'Auvergne

En marge de l'appellation côtes d'auvergne, le saint-pourçain mérite l'attention. Ce vignoble produit aussi bien des blancs à partir des cépages tressallier et chardonnay, que des rouges et des rosés avec le cépage gamay principalement. Les premiers sont issus d'un assemblage séduisant et fruité ; fruité que l'on retrouve chez les vins rouges, pourtant francs et équilibrés, et dans les rosés, plus légers.

Les côtes d'auvergne en pleine montagne où le gamay s'exprime par des vins robustes. Il convient en effet de saluer les vins d'Auvergne, que les amateurs connaissent pour leurs petits gamays bien rafraîchissants. Si l'histoire de la vigne en Auvergne remonte à l'époque gallo-romaine, le phylloxéra a, comme dans de nombreuses régions, fait d'énormes dégâts au XIXe siècle.

A force d'acharnement, les vignerons ont fait renaître cette tradition et travaillent aujourd'hui d'autres cépages que le gamay ; le pinot noir par exemple, sur des terroirs typiques, issus des célèbres volcans. Ils font appel à des techniques évoluées pour produire des vins à la fois équilibrés et originaux, fruit d'un climat plutôt montagnard. Revisitons donc pour s'en convaincre le boudes, le corent, le madargue ou le chanturgue, le vin officiel du coq au vin, et dans leur ensemble ces côtes-d'auvergne qui ne manquent pas d'enthousiasme, mais de vignes !

Les vignobles du Roannais et du Forez

A proximité, les côte roannaise et côtes du forez enchantent par leur fraîcheur et leur naturel. Les vins de la côte roannaise ont été reconnus en aoc en 1994.

Quelques années plus tard, en 2001, c'est le tour des côtes du forez. Dans les deux cas, le gamay appelé ici saint-romain donne d'excellents vins rouges. Il exprime parfaitement le terroir imprimé par les sols acide, granitique ou volcanique selon le cas.

Vignoble de Bourgueil

Les vignobles du littoral atlantique

Le gros plant du pays nantais est le plus important des aovdqs restants. Sur les fruits de mer de l'atlantique, il n'y a pas mieux. Si, peut-être certains vins des fiefs vendéens comme brem, servi au début du repas alors qu'ensuite arrivent vix, pissotte ou le plus opulent mareuil.

Poursuivons ce rapide tour de France par les vins du Haut-Poitou où, en blanc, chardonnay et sauvignon sont vifs et parfumés et, en rouge, le gamay et le cabernet produisent des vins légers, vifs et fruités.

Les vignobles des côtes de la Moselle, de la Meuse et de Toul

Le plus huppé est le vignoble des côtes de Toul, accédant à l'appellation d'origine contrôlée en 1998, à la faveur d'une production très originale de "vin gris", pour l'essentiel issu du cépage gamay noir. Ce dernier trouve ici une expression particulièrement typique dans sa région de production la plus septentrionale. La vivacité caractéristique de ce vin gris est un peu adoucie par un petit pourcentage de pinot noir. Cultivé seul, ce dernier donne les bonnes années des vins rouges intéressants.

Tout près, au nord, les côtes de meuse, en cours d'accession à l'appellation d'origine "vins délimités de qualité supérieure" (aovdqs), offrent des vins ressemblants en gris et rouge et des vins blancs secs plaisants issus du cépage auxerrois.

Enfin, l'aovdqs moselle offre une variété de vins blancs qui attirent la curiosité, tant dans leur situation un peu éparpillée, que dans l'encépagement.

Les vignobles de la bordure de la Montagne Noire

Le nom qu'on leur donne n'est peut-être pas le bon, mais le seul fait de les nommer a pour but d'inciter l'amateur à les découvrir : vins d'Estaing, vins d'Entraygues, côtes de millau, marcillac, autant de noms évocateurs et interrogateurs où le fer-servadou, le gamay et quelques touches de syrah, de cabernet-sauvignon et autres éveillent la curiosité.

Enfin, nous pourrions citer également : les vignobles à vins de liqueur, les vignobles à vins doux naturels, les vignobles de vins mousseux (crémant, pétillants, etc.), les vignobles à eaux de vie, etc. Mais nous arrêterons ici notre énumération, demandant à nos lecteurs de se reporter aux ouvrages spécialisés dans ces domaines.

Les vignobles à vins de liqueur

Les vignobles à vins doux naturels.

© CIVL

Cépages français

Textes et photos en collaboration avec vitis.org

Altesse

Identification/Origine : cépage autochtone de la Savoie.

Synonymie : roussette de Savoie, fusette.

Description : grappes petites à moyennes, cylindriques, assez compactes, souvent ailées, portées par des pédoncules un peu longs et grêles, éloignant les raisins des sarments; baies sphériques ou légèrement ovoïdes, petites, à pellicule épaisse, jaune roux à rose bronzé, presque lilas quand le raisin se ride et atteint la surmaturité sous l'action de la pourriture noble, chair fondante.

Aptitudes de production : petit producteur. Sensible au mildiou, craint peu l'oïdium. Assez résistant à la pourriture. Ses raisins peuvent attendre sur souches pour atteindre une complète maturité et même attendre des vendanges tardives. Maturité de 2e époque tardive.

Type de vin/Arômes : ce cépage est surtout cultivée en Savoie et dans l'Ain. Seul ou associé à d'autres cépages (surtout le chardonnay) il donne des vins blancs secs, corsé, très parfumé et de grande classe, titrant entre 10 et 13° dénommés et commercialisé sous les noms de Roussette de Savoie ou Roussette du Bugey.

Cabernet franc

Identification/Origine : cépage très cultivé en Gironde d'où il serait originaire et dans la moyenne vallée de la Loire.

Synonymie : bouchet en Gironde, breton à chinon, gros bouchet, bouchy à Madiran et à Tursan, acheria dans les Pyrénées, noir dur dans la région d'Orléans.

Description : grappes petites, cylindro-coniques, lâches, parfois ailées; baies petites, sphériques très pruinées d'aspect, noir bleuté, pellicule fine, jus sucré un peu astringent.

Aptitudes de production : débourrement moyen précédant d'une dizaine de jours celui du cabernet-sauvignon. Considéré comme plus vigoureux que ce dernier, il est sensible au mildiou, à l'oïdium, au black-rot et à la pourriture grise. Très bon producteur. Maturité 2e époque.

Type de vin/Arômes : fait partie de l'encépagement des appellations Médoc, Graves, Saint-Emilion, Bergerac, Pécharmant, Coteaux du Quercy, Côtes de Duras, Buzet, Madiran Irouléguy, Béarn, Côtes du Marmandais, Côtes du Brulhois, Bourgueil, Saint-Nicolas de Bourgueil, Chinon, Saumur, Saumur-Champigny, Touraine, Coteaux du Loir, Anjou-villages, Rosé de Loire, Rosé d'Anjou, Cabernet d'Anjou, Cabernet de Saumur, Orléans-Cléry, Cheverny, Coteaux du Vendômois, Coteaux d'Ancenis, Vins du Thouarsais, Vins du haut Poitou, Côtes de la Malepère... Donne un vin de qualité, parfumé, coloré, assez riche en tannins donnant ainsi aux vins une certaine aptitude au vieillissement. Arômes de cacao, cassis (quelquefois mêlés à des notes végétales), fougère, fraise, framboise, poivre sec, poivron vert, sous bois, violette...

Cabernet sauvignon

Identification/Origine : cépage très cultivé en Gironde d'où il serait originaire.

Synonymie : petit bouchet à Saint Emilion et Pomerol en Gironde, lafite, petite vidure ou vidure, cabernet à tort en Languedoc et en Provence.

Description : grappes petites à moyennes, cylindro-coniques, ailées ; baies sphériques, petites, noires, très pruinées avec un net aspect noir bleuté, peau épaisse, dure avec une chair ferme, croquante ayant une saveur spéciale caractéristique. Goût astringent.

Aptitudes de production : débourrement tardif huit à dix jours après celui du merlot, du carignan et du cabernet franc. Assez vigoureux à port érigé. Sensible à l'oïdium, l'eutypiose et l'excoriose. Craint la sécheresse et l'égrenage quand il est trop mûr. Résiste assez bien à la pourriture grise, moyennement sensible au mildiou. Très bon producteur. Maturité 2e époque tardive précédant d'une semaine celle du merlot et du carignan.

Type de vin/Arômes : fait partie de l'encépagement des appellations du Médoc, des Graves, de Saint-Emilion, Bergerac, Pécharmant, Côtes de Duras, Buzet, Côtes de Provence, Coteaux des Baux, Coteaux d'Aix... Donne un vin très coloré, très tannique, procurant aux vins une bonne aptitude à vieillir. Arômes de cassis mûr, feuille de cassis, chocolat noir, fougère, fumée, mûre, poivron vert, réglisse, sous-bois, tabac, truffes, vanille, violette...

Carignan

Identification/Origine : cépage d'origine espagnole, de la région aragonaise.

Synonymie : carignane, bois dur, crinana en Espagne, plant d'Espagne, catalan dans l'Aude.

Description : grappes assez grosses, cylindro-coniques, compactes, ailées avec un pédoncule lignifié; baies sphériques, moyennes, noir bleuté (existe aussi en blanc et en gris), à peau épaisse et astringente, jus sucré, incolore à saveur un peu fade.

Aptitudes de production : débourrement tardif. Productif, vigoureux à port érigé, ses rameaux cassent facilement au printemps. Par la suite, il résiste assez bien au vent. Il est extrêmement sensible à l'oïdium sur feuilles et sur grappes. Il est également sensible au mildiou, aux cicadelles, notamment la cicadelle de la grillure ou petite cicadelle verte (*Empoasca flavescens*), aux vers de la grappe, moyennement sensible à la pourriture grise. Parfois sensible à la carence en potassium. Maturité 3e époque tardive.

Type de vin/Arômes : fait partie de l'encépagement des appellations Côtes du Rhône, Coteaux du Languedoc, Corbières, Minervois, Côtes du Roussillon, Côtes de Provence, Coteaux d'Aix, Les Baux de Provence,.... Avec une grosse production, le Carignan donne un vin peu alcoolique, sans caractères, souvent acide. Provenant de coteaux et lorsqu'il produit peu, il donne un vin bien coloré, charpenté, puissant, généreux, un peu astringent présentant toutefois un peu d'amertume, peu agréable et qui s'améliore au vieillissement. Arôme de banane et typique des vins méridionaux.

Chardonnay

Identification/Origine : très cultivé dans l'est de la France, par extension dans presque tous les vignobles y compris dans le monde entier. Mais il est le roi en Bourgogne et en Champagne.

Synonymie : à tort pinot blanc car ce n'est pas la forme blanche du pinot noir, beaunois dans l'Yonne, aubaine en Saône et Loire, auvernat dans la région d'Orléans, melon d'Arbois, gamay blanc dans le Jura, petite Sainte Marie en Savoie.

Description : grappes petites à moyennes, cylindriques, compactes avec quelquefois deux ailerons; baies sphériques ou parfois légèrement oblongues, de couleur jaune ambré au soleil, peau assez mince d'ou éclatement possible des grains à l'approche de la maturité.

Aptitudes de production : débourrement précoce ce qui l'expose aux gelées printanières. Assez vigoureux, très productif suivant les clones. Moyennement sensible au mildiou, il est peu atteint par l'oïdium et surtout par la pourriture grise. Sensible également aux pluies et aux chutes des températures au moment de la floraison ce qui peut entraîner une coulure climatique partielle ou totale et dans certains cas, le millerandage. Maturité 1re époque tardive.

Type de vin/Arômes : fait partie de l'encépagement des appellations Champagne, de toutes les appellations blanches de la Bourgogne, introduit assez récemment dans le val de Loire, où il ne s'est pas développé : Saumur, Orléans, Touraine, Vins du haut Poitou, Vins du Thouarsais. Avec une production raisonnable, donne un vin d'une grande finesse possédant un fort potentiel aromatique. Essayé dans le Languedoc, il est proposé de le vendanger assez tôt pour obtenir un produit de qualité, cequi ne donne pas forcément les résultats escomptés. L'équilibre degré/acidité devant particulièrement être surveillé. Arômes d'acacia, amande, ambre, aubépine, banane, beurre frais, brioche, cannelle, cassis, cerise, champignon, chèvrefeuille, cire, citron, cuir, coing, épices, feuille de cassis, fleur d'oranger, foin, fougère, fruits secs, herbe fraîche, lilas, lys, mangue, marron glacé, menthe verte, mie de pain, miel, mousseron, mûre, noisette, noisette grillée, notes beurrées, noyau de pêche, orange confite, ortie blanche, pain beurré, pain grillé, pamplemousse, papaye, pâte d'amande, pêche blanche, pétale de rose, poire, poivre, pomme, réglisse, sous bois, sureau, tabac blond, tilleul, toast, truffe, vanille, verveine, violette...

Chenin

Identification/Origine : originaire très certainement de l'Anjou.

Synonymie : plant d'Anjou, pineau de la Loire, gamet blanc à Entraygues, gros pineau dans la région de Vouvray, cruchinet dans le Sud-Ouest, Damery dans l'Yonne à Saint-Bris.

Description : grappes moyennes à grandes, coniques avec un ou deux ailerons, assez compactes ; baies ovoïdes, moyennes, croquantes, jaune doré, pellicule fine, pulpe dense.

Aptitudes de production : débourrement moyen. Considéré comme plus vigoureux que ce dernier, il est sensible au mildiou, à l'oïdium, au black-rot et à la pourriture grise. Très bon producteur. Maturité 2e époque.

Type de vin/Arômes : donne un vin très fruité avec beaucoup de bouquet, pouvant se garder très longtemps. Sert en général à produire des vins moelleux (voir les appellations Anjou, Bonnezeaux, Chinon, Coteaux d'Ancenis, Coteaux de l'Aubance, Coteaux de Saumur, Coteaux du Layon, Coteaux du Loir, Coteaux du Vendômois, Jasnières, Quarts de Chaume, Savennières...). Sert également à la production de nombreux vins effervescents (voir Anjou, Crémant de Loire, Montlouis sur Loire, Saumur, Touraine, Vouvray...). Arômes d'abricot sec, acacia, amande amère, amande grillée, ananas, aubépine, bergamote, brioche, cacao, camomille, cannelle, chèvrefeuille, citron, citronelle, coing, compote de poire, confiture de coing ou d'abricot, datte, écorce d'agrumes, épices, figue sèche, foin, fruits confits, genêt, giroflée, mangue, miel, minéral, noisette, noix, pamplemousse, pâte de coing, pêche blanche, poire blanche, pomme, raisin de Corinthe, rose, thé, tilleul, verveine...

Fer

Identification/Origine : très certainement originaire du Sud-Ouest.

Synonymie : fer-servadou, pinenc et brocol (ou braucol) dans le Sud-Ouest, hère sur la rive gauche de la Garonne, mansois ou soumanès en Aveyron.

Description : grappes moyennes, coniques, compactes; baies moyennes, coniques, compactes; baies moyennes, ovoïdes, noir bleuté, pellicule épaisse, pulpe fondante, saveur herbacée particulière rappelant celle du cabernet franc.

Aptitudes de production : débourrement précoce. Résiste quelque peu au mildiou et aux vers de la grappe, mais craint l'oïdium. Maturité 2e époque.

Type de vin/Arômes : fait partie de l'encépagement des appellations Madiran, Béarn, Gaillac, Fronton, Lavilledieu, Marcillac, Vins d'Estaing, Vins d'Entraygues, Vins du Fel. Ses vins présentent généralement une certaine fraîcheur en bouche. Arômes de cassis (lorsque le vin s'affine en cave), cerise, épices, framboise, poivron vert...

Gamay

Identification/Origine : cépage typique du beaujolais.

Synonymie : gamay beaujolais, bourguignon, petit bourguignon, grosse dôle, lyonnaise dans l'Allier, saint-romain en forez et roannais.

Description : grappes petites à moyennes, cylindriques, compactes, un peu ailées; baies moyennes, elliptiques courtes, d'un beau noir violet avec une pruine abondante bleu blanchâtre, peau fine, jus abondant à saveur simple.

Aptitudes de production : débourre assez tôt donc sensible aux gelées de printemps. A cependant l'avantage de produire une petite récolte sur ses contre-bourgeons. Port demi-érigé. Vigueur moyenne, il s'épuise rapidement en taille longue et terrains pauvres, mais produit beaucoup en terrains riches. Sensible au risque de grillage, à la pourriture grise et à l'excoriose. Maturité 1ère époque tardive.

Type de vin/Arômes : fait partie de l'encépagement des appellations Bourgogne (en Maconnais uniquement), Bourgogne-Passe Tout Grains, Crémant de Bourgogne, Mâcon, Mâcon supérieur, Beaujolais, Beaujolais-Villages, crus du Beaujolais, Anjou-gamay, Touraine, Rosé de Loire, Coteaux du Loir, Coteaux du Giennois, Valençay, Châteaumeillant, Coteaux d'Ancenis, Vins du Thouarsais, Côtes d'Auvergne, Saint Pourçain, Côtes du Forez, Côte Roannaise, Vins de Savoie, Châtillon en Diois, Bugey, Gaillac, Côtes du Marmandais, Lavilledieu, Vins d'Estaing, Vins d'Entraygues et du Fel, Côtes de Toul, Côtes du Luberon. Donne un vin d'un beau rouge vif, intense, limpide et brillant. Il est revêtu de pourpre, de carmin, de cerise, de vermillon ou décline toutes les nuances du rubis. Il peut aussi être grenat mais jamais très foncé. Il se pare souvent de reflets violets. Arômes de ambre gris, banane mûre, bonbon anglais, cacao, cassis, cerise bien mûre, épices, fraise, fraise confiturée, framboise, groseille, iris, jasmin, myrtille, mûre sauvage, notes minérales, notes poivrées, pivoine, pomme, pruneau, réséda, rose, rose fanée, truffe, violette.

Grenache

Identification/Origine : espagnole très certainement.

Synonymie : tinto, bois jaune du Languedoc, tocai rosso et cannonau en Italie.

Description : grappes moyennes à grandes, avec à maturité des pédoncules lignifiés, tronçoniques, ailées, compactes; baies moyennes, sphériques ou légèrement ovoïdes, noires, existe aussi en blanc, gris ou rose, à pellicule assez épaisse, pulpe fondante et jus assez abondant, incolore.

Aptitudes de production : débourre une semaine environ avant le carignan. Port dressé, vigoureux, résiste au vent violent et à la sécheresse. Peu atteint par l'oïdium, il est cependant sensible au mildiou, à l'excoriose, à la pourriture grise, aux vers de la grappe. Gros producteur, il donne ses meilleurs résultats sur les coteaux secs et cailouteux. Maturité 3e époque devançant en moyenne d'une dizaine de jours celle du carignan.

Type de vin/Arômes : en situation favorable (terrain sec et cailouteux), le vin obtenu est très alcoolique, corsé, très capiteux, d'une belle couleur rouge mordorée. Le vin issu de grenache pur vieillit vite, sa couleur s'oxyde et tend vers le rancio. Pour obtenir de bons vins de garde, il faut l'assembler avec d'autres cépages. Fait partie de l'encépagement des appellations en vin tranquille : Châteauneuf du Pape, Côtes du Rhône, Tavel, Côtes de Provence, Coteaux du Languedoc, Collioure (blanc et rouge), Cotes de la Malepère, Cabardès... En VDN : Banyuls, Maury, Rivesaltes, Grand Roussillon, Rasteau... Arômes de narcisse, fleur de troène pour le grenache blanc. Arômes de banane(remarqué avec un vin issu de macération carbonique), brûlé, cacao, café, cassis, foin, framboise, fruits à noyaux bien mûrs (griotte, pruneau...), fruits cuits, fruits secs, poivre, rancio, réglisse noire, sucre brûlé, vieux bois... pour le grenache noir.

Melon

Identification/Origine : vieux cépage bourguignon.

Synonymie : muscadet, gamay blanc (à tort) dans le Beaujolais.

Description : grappes cylindriques, compactes; baies sphériques, petites, jaune doré, peau épaisse.

Aptitudes de production : débourre tôt et ses bourgeons secondaires sont fertiles. Ses souches résistent assez bien aux gelées de l'hiver. Vigueur moyenne. Port érigé. Productif. Sensible au mildiou, à l'oïdium et surtout à la pourriture grise. Maturité 1re époque.

Type de vin/Arômes : fait partie de l'encépagement des vins Muscadet, Muscadet-Sèvre et Maine, Muscadet-Coteaux de la Loire, Muscadet-Côtes de Grandlieu ainsi que les vins Bourgogne ordinaire et Bourgogne Grand ordinaire. Donne un vin blanc agréable, peu acide, souvent consommé en primeur ou sur lies. Dans ce dernier cas, il doit rester tout l'hiver sur ses lies jusqu'au moment de sa mise en bouteilles, avant le 15 février suivant la récolte, assurant au vin une teinte très pâle ainsi qu'un bouquet et une souplesse très appréciés des amateurs. Arôme d'amande verte, bois vert, bois liégeux, citron, citronnelle, épices, iode, notes anisées, notes musquées, pamplemousse, pivoine, pomme Golden jeune

Merlot

Identification/Origine : cépage originaire de la région bordelaise.

Synonymie : crebutet, bigney, vitraille, plant Médoc, bordeleza belcha en Pays basque, bidailhe, sémillon(ou sémilhon) rouge.

Description : grappes moyennes, cylindriques, lâches parfois ailées ; baies sphériques, petites à moyennes, de couleur bleu noir (existe également en rose et en gris. Le merlot blanc n'est pas la forme blanche du présent cépage mais seulement une ressemblance), peau à épaisseur moyenne, pulpe juteuse de saveur agréable.

Aptitudes de production : débourre tôt, une semaine environ avant le carignan. Sensible au froid hibernal. Assez vigoureux, à port retombant, demande donc à être conduit sur fils de fer. Est donné comme sensible à la sécheresse et préfère les terres profondes, riches, conservant suffisamment l'humidité pendant l'été, le contraire le conduisant à produire de petits grains, inconvénient que l'on retrouve également avec la syrah. Le merlot est peu attaqué par l'oïdium mais sensible au mildiou, à la pourriture grise, aux attaques des vers de la grappe et aux cicadelles. Craint l'égrenage à surmaturité. Maturité 2e époque, quinze jours avant le carignan.

Type de vin/Arômes : fait partie de l'encépagement rouge de la plupart des Vins du sud-ouest : Bordeaux, Bergerac, Pécharmant, Côtes de Duras, Buzet, Côtes de la Malepère, Côtes du Marmandais, Côtes du Brulhois, Cahors, Pineau des Charentes, nombreux Vins de Pays du sud de la France et dans le monde entier. Son mélange avec le moût de cabernet franc assure au vin plus de légèreté, plus de délicatesse, plus de moelleux et le dispose en outre à acquérir plus rapidement toutes les propriétés que doit être son partage. Le merlot possède une forte intensité colorante. Son vin peut être sensible à l'oxydation d'où lui éviter le contact de l'air trop répété : il est rapidement consommable. Arômes de cerise, cuir, épices, fraise confiturée, mûre, notes animales à l'évolution (gibier), prune, notes de prunelle, pruneau, réglisse, truffe, violette...

Meunier

Identification/Origine : mutation cotonneuse du pinot noir. Il est très présent dans le vignoble champenois.

Synonymie : pinot meunier, gris meunier dans l'Orléanais.

Description : grappes petites à moyennes, cylindro-coniques, compactes ; baies petites, sphériques, noir bleuté, pellicule épaisse, pulpe fondante et jus abondant.

Aptitudes de production : débourrement moyen (une semaine environ après le chasselas). Bon producteur. Moyennement sensible à l'oïdium, un peu plus aux vers de la grappe et à la pourriture grise. Par contre, il résiste assez bien aux gelées d'hiver et à la chlorose. Il est peu sensible à l'excoriose. Maturité 1re époque.

Type de vin/Arômes : fait partie de l'encépagement des appellations : Champagne, Moselle, Côtes de Toul, Touraine, Touraine-Noble Joué et Orléans. Donne un vin peu coloré, moins alcoolique que celui du pinot noir, moyennement acide évoluant rapidement. Arômes de banane, framboise, pomme "reinette"...

Mondeuse

Identification/Origine : persaigne, persane ou persanne, dongine en Savoie pour la mondeuse blanche.

Synonymie : cultivée depuis très longtemps en Savoie.

Description : grappes grandes, tronconiques, allongées, assez compactes; baies petites, sphériques ou légèrement ovoïdes, noir bleuté (existe également en blanc), juteuse.

Aptitudes de production : débourrement et floraison tardifs. Vigoureuse. Sensible aux acariens, à l'oïdium, au mildiou et à la sécheresse. Maturité 2e époque.

Type de vin/Arômes : fait partie de l'encépagement des appellations Vins de Savoie et Bugey. Donne un vin solide, coloré, ayant de la mâche, alcoolique et vieillissant parfaitement. Arômes de cassis, cerise noire, figue, fraise, framboise, griotte, iris, poivre, pruneau, violette.

Mourvèdre

Identification/Origine : cépage d'origine espagnole. Existe depuis fort longtemps en Provence.

Synonymie : estrangle chien, espar en Languedoc, mataro.

Description : grappes moyennes, coniques, étroites, parfois ailées, compactes ; baies petites, sphériques, noires, très fleuries par une pruine très abondante, pellicule épaisse, pulpe fondante avec une saveur âpre.

Aptitudes de production : débourrement tardif avec un cycle phénologique long. Il est vigoureux à port très érigé. Assez sensible à l'oïdium et au mildiou, il résiste bien à l'excoriose et à la pourriture grise. Ses souches sont sensibles au froid hivernal. Se plait parfaitement lorsqu'il est planté sur des coteaux bien exposés au midi se réchauffant très rapidement. Il redoute les carences en potassium et en magnésium. Maturité 3e époque, une semaine après le carignan.

Type de vin/Arômes : donne un vin alcoolique, très coloré, riche en tannins, rude au début, très solide demandant plusieurs années de vieillissement. Peut être assemblé avec d'autres cépages comme le grenache noir et la syrah. Fait partie de l'encépagement des appellations : Bandol, Tavel, Lirac, Costières de Nîmes, Faugères, Saint Chinian, Coteaux du Languedoc, Fitou, Corbières, Minervois, Collioure, Côtes du Roussillon, Cassis, Côtes de Provence, Coteaux d'Aix, Les Baux de Provence, Palette, Châteauneuf du Pape, Côtes du Rhône, Côtes du Ventoux, Côtes du Luberon, Coteaux de Pierrevert, Coteaux Varois... Parfums empyreumatiques. Arômes de fleur d'acacia, cannelle, champignon frais, cuir, notes animales de musc, notes d'épices, notes poivrées, pruneau, réglisse, résine, sous bois, truffe, vanille.

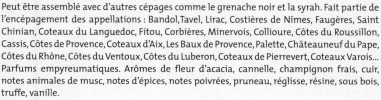

Muscat à petits grains

Identification/Origine : cépage connu et cultivé depuis la plus haute antiquité très vraisemblablement d'origine grecque.

Synonymie : muscat de Frontignan, muscat de Die dans la Drôme, muscat d'Alsace.

Description : grappes moyennes, rarement ailées, cylindriques, longues, étroites et compactes; baies sphériques, moyennes d'une couleur jaune ambré(les variétés rose et noir existent également mais ne sont pratiquement plus cultivées), pellicule épaisse se couvrant des points roux à complète maturité, chair ferme, juteuse, très sucrée, possédant une saveur muscatée.

Aptitudes de production : débourrement précoce, sa vigueur est moyenne et son port érigé. Sensible au mildiou, à l'oïdium, à la pourriture grise, aux vers de la grappe, aux abeilles, aux guêpes et aux acariens. Maturité 1ère époque, deux semaines environ après le chasselas.

Type de vin/Arômes : cultivé dans de nombreuses régions viticoles du sud de la France. Il sert à l'élaboration des Vins doux naturels tels que le Muscat de Frontignan, de Lunel, de Rivesaltes, de Mireval, de Beaumes de Venise, de Saint Jean de Minervois; mais aussi les Banyuls, Grand Roussillon, Maury et Rivesaltes; en association avec la clairette, il donne la Clairette de Die ; en alsace, il conduit aux appellation Alsace et Alsace Grand cru. Arômes typiques de muscat (muscaté), de miel, tilleul, rose, cire d'abeille, fleurs de citronnier...

Muscat d'Alexandrie

Identification/Origine : serait, comme son nom l'indique, originaire de l'Egypte.

Synonymie : muscat d'Espagne, panse musquée, muscat romain en Roussillon.

Description : grappes moyennes à grandes, cylindro-coniques, ailées, lâches; baies ellipsoïdes, grosses à très grosses, blanc jaunâtre, peau assez mince, pulpe charnue, saveur muscatée.

Aptitudes de production : cépage vigoureux à port érigé. Demande une température élevée aussi bien à la floraison que pour une bonne maturité. Est sensible au mildiou, à l'oïdium, aux gelées d'hiver, à l'érinose, aux araignées et à l'esca. Résiste assez bien à la sécheresse. Supporte bien la taille longue. Maturité 3e époque (un mois environ après le chasselas) ce qui confirme bien que nous ne puissions pas l'installer de partout.

Type de vin/Arômes : fait partie de l'encépagement des appellations Banyuls, Banyuls Grand cru, Grand Roussillon, Maury, Muscat de Rivesaltes, Rivesaltes... C'est également un excellent raisin de table. En Espagne, le Muscat d'Alexandrie est desséché et vendu sur grappes comme pour les dattes. Odeur et arôme de figues sèches...

Pinot noir

Identification/Origine : très certainement d'origine bourguignonne.

Synonymie : plant fin, Pinot fin, noirien dans le Jura et en Bourgogne, auvernat dans la région d'Orléans, noble en Touraine, morillon ou maurillon, bourguignon en Auvergne.

Description : grappes petites, cylindriques, rarement ailées, compactes et aux pédoncules ligneux, très durs; baies petites, sphériques ou légèrement ovoïdes d'un noir bleuté ou violet foncé (existe en blanc et en gris), recouvertes d'une pruine abondante, pellicule épaisse, riche en matières colorantes, pulpe peu abondante et fondante.

Aptitudes de production : débourrement précoce. Résiste bien aux froids hibernaux. Productif suivant les clones spécifiques aux régions de production. Sensible au mildiou, à l'oïdium, aux cicadelles et à la pourriture grise. Ses rameaux sont assez fragiles. Maturité 1re époque.

Type de vin/Arômes : fait la réputation de nombreuses appellations bourguignonnes, champenoises, de l'Orléanais... Il a été remarqué que les meilleurs vins sont obtenus en provenance de terrains calcaires. Vin de belle couleur, possédant un bouquet très agréable, qui reste longtemps en bouche, se conservant quelquefois très longtemps ceci suivant les crus. Arômes de aubépine, banane, bruyère, cacao, café, cannelle, cassis, cèpe, cerise, champignon, chocolat, coing, croûte de pain frais, cuir, datte, épices, figue, fougère, fraise, fraise confiturée, framboise, fruit confit, fruit cuit, fruit mûr, girofle, griotte, groseille, humus, jasmin, menthe, myrtille, mousse, mûre, musc, notes animales, noyau de cerise, oeillet, pain d'épice, pêche cuite, pistache, pivoine, poivre, poivron, prune, prune mûre, pruneau, raisin mûr, réglisse, réséda, résine de pin , ronce, rose, rose fanée, sous bois, sureau, terre mouillée, truffe, vanille, venaison, violette...

Piquepoul

Identification/Origine : est connu depuis fort longtemps en Languedoc.

Synonymie : picpoul, picpouille, picapulla, picapoll, avillo en Espagne (Catalogne).

Description : grappes moyennes, cylindro-coniques, ailées, compactes; baies ovoïdes à ellipsoïdes, moyennes, blanches, grises ou noires, peau mince et chair juteuse.

Aptitudes de production : débourrement tardif. Port étalé, s'accomode bien de terres sablonneuses, pauvres. Sensible à l'oïdium, à la pourriture grise et à l'érinose. Production moyenne. Maturité 3e époque.

Type de vin/Arômes : fait partie de l'encépagement des appellations Châteauneuf du Pape, Tavel, Côtes du Rhône, Côtes du Ventoux, Côtes du Luberon, Palette, Coteaux du Languedoc, Lavilledieu, Picpoul de Pinet. Pour cette dernière, seul le Piquepoul blanc est admis. Donne un vin peu coloré, alcoolique, avec un bouquet assez riche, assez fin, élégant. Parfums floraux et de fruits, très originaux.

Poulsard

Identification/Origine : vieux cépage de Franche Comté en grande partie cultivé dans le Jura.

Synonymie : ploussard, peloussard, pulsard, polozard, mescle dans l'Ain.

Description : grappes petites à moyennes, cylindriques, ailées, peu compactes; baies ellipsoïdes, moyennes, noir bleuté (existe en blanc et en gris), charnues à pellicule fine se fendant facilement.

Aptitudes de production : plant délicat à débourrement précoce, sensible aux gelées de printemps. Moyennement vigoureux et moyennement fertile. Il affectionne les terres grasses et peut être taillé long. Sensible au grillage, au mildiou, à l'oïdium et à la pourriture grise. Maturité 1re époque tardive.

Type de vin/Arômes : fait partie de l'encépagement des appellations Arbois, L'Etoile, Côtes du Jura et Bugey. Donne un vin peu coloré, prenant en vieillissant une belle teinte pelure d'oignon, ayant du feu et un parfum délicat. Arômes de petits fruits rouges comme groseille, fraise ou framboise, de sous-bois, des impressions carnées parfois fauves, de fumées, de notes minérales...

Riesling

Identification/Origine : cépage très ancien, originaire vraisemblablement des bords du Rhin.

Synonymie : raisin du Rhin, edle gewürztraube en Alsace, pétracine en Moselle.

Description : grappes petites, cylindriques à cylindro-coniques, compactes aux pédoncules courts et ligneux; baies petites, sphériques, légèrement aplaties, vert clair à jaune doré(existe également en rose), parsemées de taches brun roux à maturité complète, peau épaisse, saveur fine et aromatique.

Aptitudes de production : débourrement tardif, une semaine environ après le sylvaner ou le pinot. Résiste bien aux froids hivernaux et sa remise à fruit est bonne après une gelée de printemps. Assez vigoureux surtout les premières années de sa plantation et productif. Sensible à l'oïdium, à l'anthracnose, aux vers de la grappe, plus encore à la pourriture grise. Il est donné comme sensible à la sécheresse, au déssèchement de la rafle. Maturité 2e époque.

Type de vin/Arômes : grand cépage noble d'Alsace. Vinifié seul, il fait partie de l'encépagement des appellations Alsace(ou Vins d'Alsace), Alsace Grand cru. Il produit également des vins provenant de vendanges tardives soit 12°4 en puissance ou de sélection de grains nobles avec des raisins titrant en puissance 14°. Donne un vin au bouquet très caractéristique, qui se développe intensément dans certains sols d'où il provient.

Arômes de abricot, citron, citron confit, chèvrefeuille, citronnelle, épices, fruit confit, fruit de la passion, genêt, menthe, muscat, notes animales (lorsque le vin est âgé), notes minérales de type "hydrocarbure", pétrole lampant, pêche jaune, pamplemousse, pomme, rose (jeunes boutons de), tilleul...

Roussanne

Identification/Origine : comme la marsanne, serait originaire de la région de Montélimar dans le département de la Drôme. On la trouve également depuis fort longtemps dans la région de Tain l'Hermitage dans la Drôme et de Saint Péray en Ardèche.

Synonymie : bergeron en Savoie, Roussanne de Tain, roussette, fromenteau. Il ne faut pas confondre ce cépage avec la roussanne du Var ou rosé du Var qui a les baies de couleur rose : fort heureusement, il n'est d'ailleurs plus multiplié.

Description : grappes petites, cylindriques, compactes; baies sphériques, petites, blanc doré presque rousses à maturité complète, peu juteuses.

Aptitudes de production : vigueur moyenne à bonne. Pour diverses raisons, demande à être palissée. Elle est sensible à l'oïdium, à la pourriture grise, aux araignées et aux thrips. Maturité 2e époque tardive.

Type de vin/Arômes : la Roussanne est un cépage noble produisant des vins de très grande qualité, fins, de couleur jaune paille, au bouquet remarquable et vieillissant très bien. Fait partie de l'encépagement des appellations Hermitage, Vin de Savoie-Chignin-bergeron, Crozes-Hermitage, Saint Péray, Saint Joseph, Côtes du Rhône, Châteauneuf du Pape, Corbières... En association avec d'autres cépages blancs, la Roussanne donne un supplément aromatique et une élégance que ces derniers n'auraient pas sans elle. Les éléments aromatiques originaux de ce cépage font penser à l'abricot, à l'aubépine, au café vert, au chèvrefeuille, au miel, au narcisse discret, à la racine d'iris...

Sauvignon

Identification/Origine : cépage typiquement bordelais.

Synonymie : sauternes, blanc fumé dans le département de la Nièvre, ahumat dans le Béarn; fié en Poitou pour le sauvignon gris.

Description : grappes petites, tronconiques, compactes parfois ailées; baies petites, ovoïdes, d'un beau jaune d'or à maturité complète(existe aussi en rose), pellicule épaisse et pulpe fondante ayant une saveur spéciale rappelant le muscat.

Aptitudes de production : débourrement moyen, postérieur à celui du sémillon, mais devançant de quelques jours celui du cabernet-sauvignon. Vigoureux, à port érigé, demande cependant à être conduit sur fils de fer. Sensible à l'oïdium, au black-rot, à l'excoriose, à la pourriture grise, moins atteint par le mildiou. Bonne production. Maturité 2e époque.

Type de vin/Arômes : fait partie de l'encépagement des appellations Sauternes, Barsac, Loupiac, Sainte Croix du Mont, Bergerac, Monbazillac, Pouilly fumé, Blanc fumé de Pouilly, Sancerre, Menetou-Salon, Quincy, Reuilly, Valençay, Vin du Haut Poitou, Saint Bris, Cassis, Bandol... Dans le Sauternais, il produit d'excellents vins blancs liquoreux. Dans d'autres régions, il donne un vin blanc sec, très parfumé, élégant, très fin, équilibré, typé, alcoolique. Arômes de abricot, acacia, amande amère, ananas, bois de rose, bourgeon de cassis, buis, cassis, champignon, citron, coing, cuir, épices, fenouil, feuille de cassis, fleur d'acacia, fleur d'oranger, foin coupé, fougère, fruit de la passion, fruits exotiques, genêt, iris, mangue, menthe fraîche, miel, narcisse, note musquée, note un peu verte de feuilles froissées, orange, paille, pamplemousse, pierre à fusil (Valençay, Sancerre), "pipi de chat", poireau cuit, poivron vert, pomme fraîche, silex, sous bois, violette, zeste d'agrume...

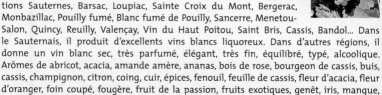

Savagnin

Identification/Origine : serait originaire de l'Italie, plus précisément du Tyrol.

Synonymie : traminer, feuille ronde à Arbois et Poligny dans le Jura, sévigné dans l'Aube, naturé et fromentin dans le Jura.

Description : grappes petites, cylindriques, compactes ; baies petites, sphériques, blanches(existe aussi en rose), peau épaisse résistante, juteuses.

Aptitudes de production : débourrement moyen. Port dressé. Exige une taille longue car les yeux de la base sont peu fertiles. Peu sensible aux maladies. Sensible aux blocages de maturité. Maturité 1re époque.

Type de vin/Arômes : fait partie de l'encépagement de toutes les appellations du Jura (en blanc)et le savagnin rose ouvre droit à l'appellation : Vin d'Alsace-Klevener de Heiligenstein. On le rencontre aussi dans le plus haut vignoble d'Europe à Wesperterminen en Suisse. Donne de très grands vins de garde, puissants, capiteux et corsés. Arômes de amande, cacao, épices floraux, miel, muscatés, noisette, noix, noix verte, pomme verte...

Sémillon

Identification/Origine : certainement originaire de la Gironde, plus précisément de la région de Sauternes.

Synonymie : chevrier ou blanc doux en Dordogne, mansois ou mancès, sauternes, daune ou dausne.

Description : grappes moyennes, cylindriques, ailées, compactes; baies moyennes, sphériques, blanc doré devenant même rosées à maturité complète, peau épaisse, jus abondant avec une saveur légèrement muscatée.

Aptitudes de production : débourrement précoce (quelques jours seulement après le chasselas) étalé dans le temps. Vigueur moyenne et productif. Sensible au mildiou, au black rot, aux acariens, aux cicadelles, craint la pourriture grise dans les années humides. Maturité 2e époque.

Type de vin/Arômes : fait partie de l'encépagement des appellations : Bordeaux, Sauternes, Barsac, Sainte Croix du Mont, Loupiac, Cérons, Entre Deux Mers, Bergerac, Monbazillac, Montravel Côtes de Duras, Buzet, Côtesde Provence, Les Baux de Provence, Coteaux d'Aix Donne un vin d'un beau jaune doré, brillant, alcoolique, manquant quelque peu d'acidité. Il est très souvent associé au sauvignon.Arômes de amande grillée, angélique beurre frais, cannelle, cédrat, fruit confit, lys, miel, noisette grillée, noix fraîche, pomme verte, vanille...

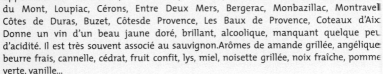

Syrah

Identification/Origine : rhodanienne. Grâce à des analyses ADN, une équipe de chercheurs californienne et l'Ensa-Inra de Montpellier ont mis en évidence que la Syrah a comme parents la mondeuse blanche (mère) et le dureza (père).

Synonymie : hermitage, sérin(n)e en Côte Rôtie (Rhône), candive, shiraz.

Description : grappes moyennes, cylindriques, parfois ailées, compactes à pédoncules rapidement lignifiés; baies ovoïdes, petites d'un noir bleuté avec une pruine abondante, peau fine mais assez résistante, chair fondante, juteuse avec un goût agréable.

Aptitudes de production : débourrement assez tardif soit une semaine en moyenne avant le carignan. Vigueur moyenne à bonne. Ses rameaux sont longs à très longs cassant parfois sous l'action du vent violent. Demande à être conduite en forme palissée. Sensible à la chlorose, à la sécheresse (dans ce cas, elle garde de petits grains sans jus), à la pourriture grise, aux acariens et aux vers de la grappe. Très bonne production. Craint l'égrenage à surmaturité.
Maturité 2e époque, dix à quinze jours avant celle du carignan.

Type de vin/Arômes : vin de qualité, très coloré, riche en tannins avec un fort potentiel aromatique. Demande à être assemblée avec d'autres cépages comme le cinsaut mais aussi le grenache noir, le mourvèdre... et à vieillir. Fait partie de l'encépagement des appellations Côtes du Rhône, Côte Rôtie, Cornas, Saint Joseph, Hermitage, Châteauneuf du Pape, Palette, Côtes de Provence, Coteaux d'Aix, Les Baux de Provence, Coteaux du Languedoc, Corbières, Collioure, Côtes du Roussillon, Costières de Nîmes, Banyuls, Maury, Rivesaltes, Gaillac, Fronton... Arômes de banane, cacao, cannelle, cassis, cerise, chocolat amer, cuir, épices(notes poivrées), framboise, framboise mûre évoluant avec le temps vers des notes de poivre, framboise sauvage, fruits cuits(pruneau), mûre, notes animales(cuir et peau), réglisse, sous-bois, tabac blond, truffe, violette...

Viognier

Identification/Origine : cépage ancien des vignobles de Condrieu et d'Ampuis. On le retrouve également dans un grand nombre de Vins de Pays du Sud de la France où dans beaucoup de cas il est vinifié seul.

Synonymie : vionnier, viogné.

Description : grappes moyennes, tronconiques, compactes, parfois ailées; baies petites, sphériques ou faiblement ovoïdes, blanc ambré, peau épaisse, saveur légèrement muscatée.

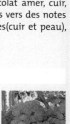

Aptitudes de production : débourrement précoce comparable à celui du chasselas. Vigoureux, rustique, moyennement productif suivant les différentes sélections. La densité de plantation devra être assez élevée sur des terres profondes mais pas trop fertiles. A conduire de préférence sur fils de fer. Sensible à l'oïdium, quelque peu à la pourriture grise, résiste bien à la sécheresse. Sensible au vent. Maturité 2e époque.

Type de vin/Arômes : fait partie de l'encépagement des appellations Condrieu, Château Grillet (vinifié seul), Côte rôtie, Côtes du Rhône... Donne un vin de grande qualité, gras, souple à la limite de l'onctuosité, d'une très grande finesse, très parfumé. Le vin de Viognier est sensible à l'oxydation : lui éviter les contacts répétés avec l'air. A servir frais mais non glacé, en apéritif ou pour accompagner un poisson, des écrevisses à la nage, des quenelles à la Lyonnaise ou avec une viande blanche. Arômes de abricot, boisé, chèvrefeuille, cire, citron vert, coing, épices, fleur d'amandier, fleur d'aubépine, fruits secs, grillé, iris, mangue, miel d'acacia auquel l'âge apporte une touche de musc, minéral, musc, pain d'épices, pêche, tabac, tilleul, violette.

VIGNERONS DE CHUSCLAN

ESPRIT D'EXCELLENCE

CHUSCLAN CÔTES DU RHÔNE VILLAGES

VIGNERONS DE CHUSCLAN - 30200 CHUSCLAN
tél. 04 66 90 11 03 - fax 04 66 90 16 52 - e-mail : contact@vigneronsdechusclan.com
www.vigneronsdechusclan.com

Travailler
la vigne

DOMAINE DE
BEAURENARD

"Faites Confiance à la Tradition"

DÉGUSTATION - VISITE DES CAVES

CHÂTEAUNEUF-DU-PAPE
CÔTES DU RHÔNE VILLAGES
RASTEAU

TÉL. 04 90 83 71 79 - www.beaurenard.fr

Travailler la vigne

La vigne est une plante qui, pour produire les vins somptueux que nous souhaitons vous aider à découvrir et apprécier, nécessite une attention permanente, tout au long de l'année, un suivi et des travaux réguliers exécutés grâce à une main-d'œuvre qualifiée et abondante.

La cueillette du fruit – le raisin – est l'aboutissement de tout ce travail exigeant. Malgré le côté pénible de la récolte manuelle, la période des vendanges est de nature festive quand il fait beau temps, la peine est évidemment plus grande lorsque le temps est pluvieux et froid.

Au fil des saisons

Deux grandes périodes dans la vie de la vigne :

▶ Une **période végétative** qui débute au printemps, après les grandes gelées d'hiver, et cesse à l'automne juste avant les premiers frimas ;

▶ Une **période dite de "dormance"*** pendant l'hiver. La bonne compréhension de cette succession d'étapes nécessite que l'on commence par la période de dormance.

A l'automne

Après les vendanges, dès les premières gelées, les feuilles tombent. Ce phénomène qui est le même pour toutes les plantes à feuilles caduques se développe à la faveur de processus biochimiques aidés de conditions climatiques. Contrairement à ce que l'on croit, le vigneron prépare dès novembre la récolte de l'année suivante. Il entretient son patrimoine foncier en maintenant la structure du sol par des labours en supprimant les mauvaises herbes. Il effectue dans certains cas un buttage des ceps pour les protéger.

Le pinot noir en Champagne à l'automne

Clos de Vougeot en hiver

Il procède si c'est nécessaire à des fumures compensatrices de la perte des éléments puisés lors de la récolte précédente par l'apport d'amendements organiques et minéraux.

Il remet en état les supports, piquets et fils de fer, puis il prépare le remplacement des ceps morts ou défectueux. C'est aussi l'époque de la préparation des sols pour les nouvelles plantations.

L'hiver arrive

Dès novembre, les travaux de taille vont débuter. Ceux-ci ont un double objectif : organiser le cep de vigne et prévoir une récolte future de bonne qualité. Selon la densité, le mode de conduite et le type de taille, ces travaux sont plus ou moins longs. Ils ont toujours une grande influence sur la qualité de la future récolte.

Au printemps

La première étape de la phase végétative au printemps s'appelle le "débourrement*". Sous l'effet de la montée de sève, le bourgeon éclate et sous les écailles protectrices qui s'ouvrent, la bourre, une sorte de ouate qui maintient pendant l'hiver les organes juvéniles dans un écrin protecteur, se libère. Cette phase se déroule généralement, sous notre hémisphère, de la fin mars jusqu'à la fin avril, selon les régions, les années et les cépages.

L'été approche

Lorsque les conditions d'humidité et de température sont réunies, les jeunes rameaux de la vigne se développent alors très rapidement de plusieurs centimètres par jour et laissent progressivement apparaître les futures grappes. Le vigneron commence à avoir par le nombre et la grandeur de ces jeunes grappes, une opinion sur la quantité de raisins qu'il sera susceptible de récolter. Pendant que les tiges sont tendres, il procède à l'élimination des rameaux inutiles et des bourgeons concurrents.

Densité des plantations et taille

La densité des plantations correspond au nombre de pieds cultivés dans un hectare de vigne. Elle comprend deux paramètres dont elle est la résultante : l'écartement entre les rangées et la distance entre chaque pied sur le rang. Le cep de vigne possède un système racinaire qui très rapidement occupe le volume de terre mis à sa disposition. De la richesse du sol et de la concurrence entre les ceps va dépendre la vigueur de la vigne. Les meilleurs équilibres sont obtenus avec des plantations équidistantes dans tous les sens.

Dans les vignobles septentrionaux, les plantations sont souvent faites à haute densité, proches de 10 000 ceps par hectare, à 1 mètre sur 1 mètre. Les nécessités de la mécanisation de la culture de la vigne ont souvent conduit à réaliser des plantations avec des écartements entre les rangs pouvant quelquefois aller au-delà de 3 mètres. On s'est rapidement aperçu que l'abaissement des coûts de production liés à l'abaissement de la densité pouvait avoir des répercussions qualitatives négatives. Ainsi la densité minimale requise pour bénéficier de l'AOC a-t-elle été fixée à 4 000 ceps au minimum par hectare, correspondant à un écartement de 2,50 mètres entre les rangs.

La taille de la vigne consiste à choisir pour la forme du cep les branches qui serviront de charpente et pour la récolte future, les bois les meilleurs pour obtenir une fructification susceptible de générer une qualité optimale. On peut distinguer deux grandes catégories de taille : les tailles longues et les tailles courtes. Chacune d'elles est pratiquée en fonction de la richesse des sols, de la fertilité des cépages et des objectifs de production. Les types les plus pratiqués sont les suivants :

Dans les tailles longues

▶ La taille chablis, surtout utilisée à Chablis autrefois et en Champagne.

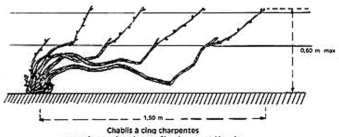

Chablis à cinq charpentes
exemple pour les cépages Chardonnay et Meunier

▶ La taille guyot comprend un long bois ou baguette de six à huit yeux fructifères et un courson, à l'opposé, qui servira l'année suivante à porter le long bois. C'est la guyot simple utilisée surtout sur des variétés moins fructifères en Bourgogne, Champagne, Val de Loire. La guyot double consiste à laisser sur le cep, de chaque côté, une baguette, soit deux au total, surmontant chacune un courson à un ou deux yeux.

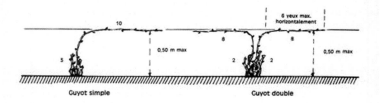

Guyot simple   Guyot double

▶ L'arcure est du même type, mais le long bois est plus long, de manière à permettre la formation d'une arcure en passant sur le fil supérieur et en attachant la pointe sur le fil inférieur. Elle nécessite un "éborgnage", c'est-à-dire la suppression de certains yeux fructifères, en général, un sur deux, de manière à ramener la charge à des proportions compatibles avec une production de qualité.

Dans les tailles courtes

▶ Dans la taille en gobelet et en éventail, il est laissé trois, quatre ou cinq bras sur le tronc, de façon circulaire (gobelet) ou dans un même plan (éventail). Sur chaque bras que l'on appelle "corne", dans le Beaujolais, il est laissé un court bois appelé courson à un ou deux yeux fructifères. Ce type de taille est utilisé sur les variétés très fertiles, comme le *gamay*, ainsi que dans les vignobles anciens.

Les cordons. Le cordon simple se développe sur un seul côté du cep et porte sur la longueur trois, quatre ou cinq coursons espacés de dix à vingt centimètres, portant chacun un ou deux yeux fructifères. Le plus connu, appelé cordon de Royat, est utilisé en Val de Loire, Champagne, Bourgogne en Côte de Beaune. Le cordon double porte deux bras se développant de part et d'autre du tronc ; il est aussi appelé "palmette".

Lorsque les travaux de taille sont terminés, les bois tirés*, les longs bois doivent être attachés sur le fil de palissage.

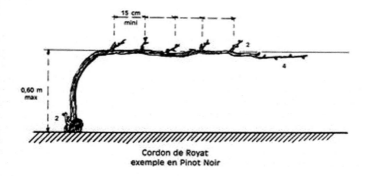

Cordon de Royat
exemple en Pinot Noir

Floraison de la vigne

Exubérance du chardonnay en été

Par cette technique appelée "ébourgeonnage"* qui se pratique durant le mois de mai, le vigneron garde la maîtrise quantitative et qualitative de sa future récolte. Ce travail va durer tout le mois de mai.

Le mois de juin permet à la vigne de "fleurir". Les inflorescences portées par les jeunes grappes éclatent et s'épanouissent. C'est un régal d'odeurs suaves que l'on perçoit alors en parcourant le vignoble, le soir tard ou le matin à la rosée. La vigne est une plante autoféconde et chaque inflorescence porte à la fois des organes reproducteurs mâles, cinq étamines qui libèrent du pollen, et des organes femelles, un pistil, qui lorsque son ovule sera fécondé, donnera un grain. La floraison* dure quelques jours pour un cépage donné lorsque les conditions, surtout de température supérieure à douze degrés, sont réunies. A cette phase végétative succède la nouaison*.

Les grains grossissent en juin et juillet et à la fin de ce mois, et en général dans notre vignoble français avant le quinze août, la pellicule des grains se colore, devient translucide dans les cépages blancs, "vire" dans les cépages noirs pour devenir successivement rose, rouge, puis bleu violacé. C'est la véraison*. Là encore le vigneron a quelques jours pour réguler sa récolte, c'est-à-dire faire ce que l'on appelle la "vendange en vert", l'élimination des raisins en surnombre, mal disposés, entassés, dans le feuillage.

Trop tôt, la récolte se reporte sur les raisins restants qui grossissent davantage. Trop tard, il gaspille son potentiel en perdant les matières minérales déjà migrées dans la grappe qu'il élimine. Il ne lui reste plus alors qu'à attendre patiemment la maturation qui se poursuit pendant tout le mois d'août et celui de septembre dans les vignobles moins précoces. C'est la période où, avec malgré tout un œil sur sa progéniture, notre vigneron va pouvoir envisager quelques jours de vacances.

Puis à son retour, pour préparer le chai, il va surveiller l'évolution de cette maturation par le dosage des différents éléments organiques (sucres, acides, tannins) nés de cette transformation pour déterminer la date optimale de récolte.

Demain commence le travail du vigneron vinificateur et, après les vendanges, un nouveau cycle va commencer.

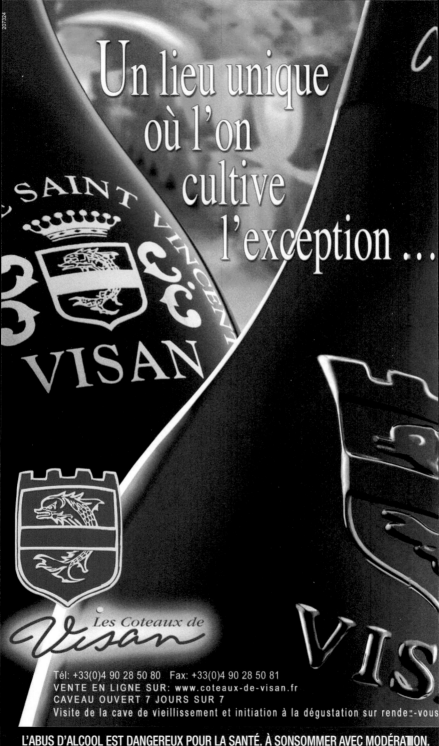

Un lieu unique où l'on cultive l'exception…

SAINT VINCENT

VISAN

Les Coteaux de Visan

Tél: +33(0)4 90 28 50 80   Fax: +33(0)4 90 28 50 81
VENTE EN LIGNE SUR: www.coteaux-de-visan.fr
CAVEAU OUVERT 7 JOURS SUR 7
Visite de la cave de vieillissement et initiation à la dégustation sur rendez-vous

VIS

Vinifier

La vinification commence avec la cueillette du raisin, car l'originalité du produit issu du terroir dépend de la qualité du raisin et de la façon dont il est traité. Le raisin récolté à bonne maturité pour le type de vin que l'on veut obtenir est une véritable mine de composants. Certains d'entre eux nous sont familiers, comme le sucre et les acides, d'autres, même en quantité importante comme les tanins, nous sont moins familiers, d'autres enfin, comme les précurseurs d'arômes sont souvent inconnus du grand public et cependant s'avèrent essentiels pour composer la qualité du vin. Ces différents composants vont évoluer au cours des diverses phases de transformation qui concernent d'abord le raisin, puis le moût*, enfin le vin. La première de ces phases est la vinification, elle est suivie de l'élevage du vin, enfin de son vieillissement.

Lors de la vinification, les sucres se transforment en alcool sous l'effet des levures. Le phénomène appelé fermentation alcoolique comprend différentes étapes aujourd'hui parfaitement connues. Pour que le jus de raisin ne devienne pas naturellement du vinaigre, le vinificateur intervient à un certain stade de la transformation du sucre en alcool pour empêcher les bactéries lactiques de prendre le relais des levures avant que celles-ci n'aient totalement terminé la consommation des sucres fermentescibles.

Il existe différentes techniques de vinification selon le type de raisin, sa couleur, et selon le type de vin que l'on souhaite élaborer. Ce n'est pas le même raisin blanc qui aboutit à l'élaboration d'un vin blanc sec comme le chablis, d'un vin mousseux comme le champagne ou d'un vin liquoreux comme le sauternes. Le raisin rouge n'est pas traité de la même façon pour élaborer un vin rosé, un vin rouge léger à consommer jeune ou un vin que l'on va apprécier après quelques années de maturation, voire de vieillissement.

Quelques vinifications

Pour faire un vin blanc sec comme, par exemple, le chablis

La cueillette est le premier élément fondamental de la vinification. Elle est traditionnellement manuelle, mais de plus en plus, pour des raisons économiques et sociales, la récolte devient mécanique. Avec la cueillette manuelle, le vigneron conserve la possibilité de parfaire le tri de la vendange avant pressurage sur "table de tri" et de sélectionner les jus au pressurage. Car chacun sait, connaissant la composition d'un grain de raisin et l'action du pressurage, que les meilleurs jus, qui vont composer le moût, sont ceux qui s'écoulent les premiers lorsque l'on presse un grain de raisin mûr. Ce sont ceux qui contiennent le plus de sucres, les meilleurs acides et le moins de potassium et de métaux dont le fer.

Cuves en inox

Mais il faut reconnaître qu'une récolte mécanique bien conduite sur un raisin de bonne maturité et irréprochable au plan sanitaire peut permettre l'obtention d'un moût de qualité.

Le pressurage est le deuxième élément de l'obtention d'un produit de qualité. Il permet, lors des deux premières pressées, d'obtenir les moûts les plus riches en sucres et en meilleurs acides.

Le transport de la vendange du lieu de récolte au chai aura aussi de l'importance ; transporter une belle vendange sur une longue distance dans des récipients non adaptés est plus nocif à la qualité que transporter une vendange issue de récolte mécanique dans des récipients adaptés, sous atmosphère protégée par un gaz neutre comme l'azote ou le gaz carbonique sous courte distance.

Le pressurage proprement dit est aujourd'hui réalisé avec de bons matériels, il convient donc de ne pas s'appesantir sur ce point.

Avant de mettre le moût en fermentation et selon l'état de la vendange, il est de tradition de participer à l'élimination des bourbes, surtout lorsqu'elles risquent d'être de mauvaise qualité, afin de mettre en fermentation un jus aussi propre que possible.

L'ensemencement en levures n'est nécessaire qu'en année très pluvieuse en raison du lessivage. Le meilleur "terroir" est obtenu à partir des fermentations issues de levures indigènes.

La fermentation alcoolique se déroule ensuite en quelques jours dans des cuves aux proportions adéquates. Elle doit être complète, c'est-à-dire que, lors de son arrêt, les sucres fermentescibles doivent être inférieurs à 2 grammes par litre.

L'acide malique va ensuite se dégrader en acide lactique sous l'influence des bactéries lactiques. Ce qui est vrai pour le CHABLIS, qui est un vin avec de acides forts, peut ne pas l'être dans d'autres régions pour la production de vins secs, notamment dans les vignobles méridionaux. D'une manière générale, après un léger soutirage*, le vin se construit sur ses lies fines.

L'élevage du chablis se fait en général par une courte période de maturation en cuves neutres, même si quelques producteurs se sont essayés à passer le vin sous bois, ce qui n'est pas la tradition et inhibe les véritables arômes de l'appellation aujourd'hui. La mise en bouteilles se fait de manière précoce, afin que les vins conservent leur richesse aromatique d'arômes primaires qui évolueront doucement.

Sur les vins secs, il convient de souligner certaines variantes : dans les vins de Loire et du Bordelais, la dégradation malolactique n'est pas traditionnelle ; elle est même souvent évitée en Alsace, où la tendance est, par erreur à notre avis, à la conservation d'une teneur en sucres de plusieurs grammes par litre ; en Bourgogne, dans les crus, l'élevage se fait sous bois, avec une certaine proportion de fûts neufs, en pièces qui permettent pendant une période pouvant aller jusqu'à dix-huit mois, de marier les tanins du chêne à ceux du vin, ce qui ne peut se reproduire par l'ajout de copeaux de bois qui, en aucun cas, ne peut conduire au même résultat qualitatif.

Pour faire un vin destiné à l'élaboration de champagne

La cueillette doit être manuelle pour permettre une véritable sélection des jus lors du pressurage. Car, si dans la production de vin tranquille, la participation à l'expression du terroir intègre des pratiques spécifiques à chaque appellation, dans les vins de base destinés à l'élaboration de vin mousseux, dont le champagne est le plus prestigieux, la sélection des jus lors du pressurage est primordiale. Pour obtenir finesse et légèreté, le raisin doit présenter un équilibre sucres-acides, plutôt en faveur des acides que des sucres, ensuite le pressurage est très sélectif, c'est la raison qui a conduit les Champenois et les autres producteurs d'AOC de vins mousseux à définir un ratio d'au moins 1,5 kilo de raisin pour obtenir un litre de moût.

© CIVC

Pressurage en Champagne

Le champagne est un exemple, et le pressurage se fait en plusieurs opérations au pressoir : la première pressée permet d'extraire la cuvée, le meilleur, les suivantes, deux au maximum, constituent la taille.

Au-delà, ce sont les rebêches, inaptes à l'élaboration, tout juste bonnes à la distillation. La suite est très classique, la fermentation alcoolique s'effectue de la même manière et l'on s'attache à sa suite à conserver une acidité suffisante pour conserver au vin une bonne aptitude à la prise de mousse.

Dans certains cas, on favorise la dégradation malolactique, dans d'autres, les plus rares, non. La conservation de ces vins avant la prise de mousse va plutôt favoriser la fraîcheur, ce qui n'exlu point, notamment en champagne, l'assemblage avec des vins d'années précédentes, dits "de réserve", afin de constituer la cuvée. Il convient de noter que les vins blancs peuvent être ici issus de raisins noirs, car la maîtrise de la maturation des raisins et la délicatesse du pressurage évitent toute extraction des matières colorantes contenues dans la pellicule du raisin.

Les vins liquoreux dont le sauternes est le type

Nous citons le sauternes en exemple, car il est probablement le plus connu, mais la méthode d'élaboration est la même pour tous les vins que l'on appelle liquoreux, en raison de leur forte teneur en sucres naturels non fermentés lorsque la fermentation alcoolique est accomplie. Tout commence ici à la vendange, et même avant, à la vigne. En effet, la charge de raisins doit être faible et équilibrée pour permettre une surmaturation. Selon les conditions météorologiques, il y aura concentration des sucres avec ou sans développement de pourriture noble.

Si le temps est sec, la surmaturation va s'effectuer par simple concentration des composés du raisin sous l'effet de la chaleur. Si le temps est légèrement humide, avec notamment les brouillards matinaux qui se forment aux abords des cours d'eau constituant les terroirs favorables, la pourriture noble due au *Botrytis cinerea* attaque la pellicule des raisins et favorise la concentration. Ces phénomènes ne se développent pas de manière uniforme, ce qui justifie un tri de la vendange pour récolter chaque grappe, chaque grain dans certains cas, à surmaturité optimale. C'est ce que l'on appelle les tries successives. Les raisins récoltés sont mis au pressoir et pressés lentement. S'écoule alors un jus riche, coloré quelquefois jusqu'à l'ambre. La fermentation se déroule très lentement en raison de la forte concentration en sucres, quelquefois supérieure à 400 grammes par litre. Les levures n'aiment pas cela et au cours de la fermentation alcoolique, lorsque la teneur en alcool atteindra 15 %, elles vont être inhibées et mourir lentement.

Il restera beaucoup de sucres non fermentés, ce qui constituera une liqueur, donnant à ce type de vins le nom de liquoreux. Ces vins que l'on trouve en France en Bordelais bien sûr, mais aussi dans le Val de Loire, à Bonnezeaux, dans les coteaux du Layon, en Alsace, avec les vins issus de "sélection de grains nobles" ou à Jurançon, mais aussi ailleurs avec par exemple les "trockenbereenauslese" des vallées du Rhin et de la Moselle en Allemagne, possèdent une véritable richesse aromatique intéressante pour le dégustateur. Ils ont une formidable capacité à vieillir.

On ne doit pas les confondre avec les vins de liqueur, tels les vins doux naturels : Rivesaltes, Banyuls, etc., ni avec les mistelles : macvin du Jura, pineau des Charentes ou floc de Gascogne. Les vins de paille leur sont proches mais en diffèrent par l'époque de récolte qui se fait en tout début de maturité des raisins, la concentration s'effectuant sur claie et sur paille, sous abri.

La vinification des vins rosés

Ce qui pourrait paraître vain n'est cependant pas inutile à rappeler. La couleur des vins rosés n'est pas obtenue par mélange de vin blanc et de vin rouge. Une telle pratique est d'ailleurs prohibée par la loi.

Le vin rosé est en fait un produit complexe à appréhender.

Il n'est pas évident de fixer les limites d'intensité de la couleur des vins rosés, étant donné la grande subjectivité du consommateur. Certains sont très clairs, proches des vins blancs - on les appelle parfois vins blancs tachés - , d'autres sont au contraire quasiment rouges, ils sont cependant classés dans les vins rosés en raison de leur type de vinification.

L'intensité de la couleur varie avec le temps de contact entre la partie liquide du raisin (le moût) et la partie solide (rafles et pellicules). La diffusion des matières colorantes contenues dans la pellicule des raisins noirs dépend en effet du temps de macération. Il va de soi que plus ce temps est long, plus la couleur est intense.

Plusieurs méthodes conduisent donc à des produits de structure, d'aspect et de qualification différents.

Le pressurage direct de raisins noirs, sans aucune macération, permet d'obtenir des vins dits "gris", peu colorés, très légers, dont la structure est proche de celle des vins blancs. Ils appartiennent cependant à la catégorie des vins rosés.

D'une manière générale, c'est après plusieurs heures de contact liquide-solide que sont élaborés la plupart des vins rosés. On les appelle gentiment "vins d'une nuit".

En prolongeant le temps de macération au-delà de quelques heures, le tirage d'une partie du jus assez coloré se fait par "saignée" de la cuve. Ce vin rosé est plus structuré que les précédents. Les vins rouges obtenus à partir du reste de la cuve bénéficient de la concentration de certains éléments, mais ils sont privés d'une partie de ceux qu'a emportés la saignée. Cette méthode a perdu de son intérêt dans le cas des appellations d'origine dans lesquelles sont produits à la fois des vins rosés et des vins rouges.

Enfin, la vinification en rouge de raisins à pellicule peu colorée, comme le poulsard dans le Jura par exemple, conduit également à la production de vins rosés alors qu'ils sont œnologiquement des vins rouges.

En dégustation, les vins rosés sont intéressants, tant par la variété des couleurs que par les différences liées aux types de vinification. On dit couramment que les vins rosés "clairs" issus de macération courte sont des vins "féminins", et que ceux de couleur plus intense, plus tanniques à la dégustation, sont des vins "virils".

Les vins rouges

Il n'est pas question de décrire ici toutes les techniques de vinification actuellement utilisées pour la production de vins rouges, mais plutôt d'apporter quelques éléments à la compréhension des sensations que nous avons l'occasion de découvrir dans la dégustation de ces vins.

Les techniques de vinification sont en constante évolution, surtout dans les vins rouges. Les méthodes de récolte y sont pour partie responsables, mais pas seulement, car on peut se souvenir que le temps n'est pas très loin où nos braves vignerons, pensant faire bien, foulaient la vendange au bout de la vigne. Les connaissances en œnologie ont démontré que dans cette situation les phénomènes d'oxydation étaient à leur optimum et que, dans bien des cas, ils étaient nuisibles à la bonne maîtrise de la qualité, accentués encore en cas de vendange altérée.

La récolte mécanique n'est pas synonyme de mauvais traitement, mais il faut reconnaître qu'elle prive le vinificateur de sélectionner les meilleurs raisins avant de les mettre en cuve. En ce sens, elle le prive de l'optimum. La récolte manuelle permet elle de sélectionner, grappe par grappe, sur table de tri, les meilleures avant de les encuver.

Dans beaucoup de régions et selon les variétés, les raisins sont égrappés avant l'encuvage, car depuis longtemps, on s'est aperçu que la rafle, support du grain de raisin, n'apporte que peu d'éléments qualitatifs au vin. La vinification proprement dite commence avec la cuvaison, c'est-à-dire la période pendant laquelle le raisin va séjourner dans la cuve au contact de la phase liquide et pendant laquelle se déroule partiellement ou totalement la fermentation alcoolique.

La vinification en grappe entière, en cuve fermée, sous atmosphère de gaz carbonique naturel ou apporté constitue une technique à part entière. Lorsqu'elle est naturelle, elle est produite par la fermentation du jus extrait du raisin lors de sa chute dans la cuve, c'est le cas de la vinification beaujolaise. Il se produit alors une courte fermentation alcoolique, celle-ci se déroulant essentiellement après décuvage et pressurage, mais surtout une macération gazeuse au cours de laquelle évoluent des phénomènes biologiques avec extraction d'arômes primaires intéressants que l'on apprécie surtout dans les vins dits de "primeur".

Lorsque le gaz carbonique est ajouté, c'est la véritable vinification par "macération carbonique", qui réussit bien surtout avec quelques variétés, et donne des vins légers et fruités, agréables consommés jeunes. La méthode de vinification par "macération carbonique" a donné des résultats similaires dans la région des côtes du Rhône, notamment à Chateauneuf du Pape. Les vins obtenus se présentent avec une grande élégance sapide et un ensemble aromatique plus complexe qu'à partir de la cuvaison de raisins foulés. Le temps de macération plus long qu'en vinification beaujolaise donne des capacités d'évolution et de conservation tout à fait comparables à celles d'autres méthodes.

La vinification de vendange égrappée se fait soit à chapeau* immergé, soit à chapeau flottant. Le chapeau immergé maintient les matières solides sous le niveau du jus en fermentation. Le chapeau flottant est au-dessus, et nécessite une immersion périodique afin d'éviter son altération, mais surtout de permettre aux matières colorantes de diffuser dans la phase aqueuse alcoolique ; c'est ce que l'on appelle en Bourgogne le "pigeage". Celui-ci, autrefois fait par foulage au pied, est maintenant mécanisé. Certains types de cuves, notamment celles dites "rotatives", permettent, associées à la maîtrise des températures, des extractions plus ou moins importantes des matières tannoïdes.

L'oxygénation des levures, car celles-ci ne peuvent vivre qu'avec de l'oxygène, se fait par remontage du liquide et arrosage du chapeau.

Lorsque le vinificateur considère que la durée de contact entre matières solides et liquide est suffisante, il procède au décuvage. Les matières solides sont pressées pour obtenir le "jus de presse", qui sera associé ou non, partiellement ou totalement selon le cas ou le millésime, au "jus de goutte" écoulé préalablement. La fermentation alcoolique va se terminer puis suivra la dégradation malolactique.

Le vin soutiré, c'est-à-dire débarrassé de ses grosses lies, sera mis en élevage, en cuve ou en fût de bois, selon le cas, pour une durée variable selon le type de vin. A l'issue de cette période, après assemblage, dans les régions où plusieurs cépages constituent la cuvée, le vin sera mis en bouteilles pour être livré au consommateur.

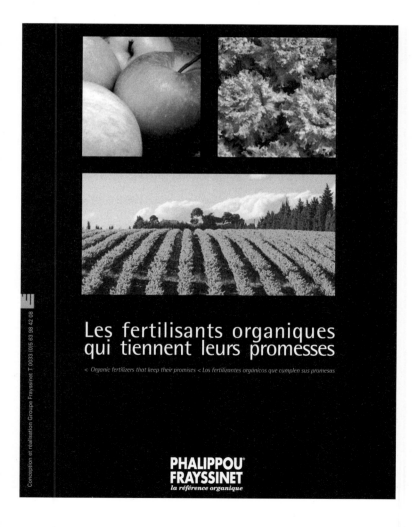

Conserver le vin

Le vin est un produit vivant et quelquefois fragile. Depuis la vendange, l'oxygène est un élément surveillé, le transport du raisin doit être le plus court possible, le moût brunit s'il est trop longtemps exposé à l'air sans protection. Lors de son élevage, le vin doit subir une oxygénation ménagée, lorsqu'il est en bouteille, les phénomènes d'oxydo-réduction se poursuivent. Pour ces raisons, on ne l'élève pas et on ne le transporte pas dans n'importe quel récipient ni dans n'importe quelles conditions, on ne l'entrepose pas n'importe où, on ne le conditionne pas avec n'importe quel matériau, on prend des précautions pour le stockage des bouteilles.

L'élevage (cave à fûts), nous l'avons vu, est la phase qui suit immédiatement les fermentations. Il se fait selon le type de vin, sur une plus ou moins longue durée et dans des récipients qui ont ou non une influence sur son évolution et ses caractères organoleptiques.

Les **vins dits de "primeur"** sont conditionnés à destination de la consommation dans des délais très courts puisque pour les vins d'AOC, ils peuvent être mis à la consommation mi-novembre après la vendange ; ils ne séjournent que très peu de temps en cuve. Dès la fin des fermentations, ils sont soutirés, filtrés, homogénéisés et conditionnés en bouteilles. Les cuves utilisées sont en acier inoxydable.

Les vins blancs à consommer jeunes et les vins rosés en général ont un cheminement voisin, ils sont souvent élevés sur leurs lies fines et mis en bouteilles avec leur faible gaz carbonique, afin de leur conserver la fraîcheur que recherche le consommateur. Les vins blancs de garde séjournent plus longtemps dans les récipients d'élevage ; pour certains de six à neuf mois en cuves en acier inoxydable, sur leurs lies, afin de mûrir, pour d'autres dès leur pressurage, en fûts neufs de chêne de un à deux ans, afin d'opérer les échanges avec l'extérieur nécessaires à l'obtention de leur équilibre physicochimique et organoleptique. Leur mise en bouteilles n'autorise pas pour autant une consommation immédiate car, notamment, selon le millésime, une durée de mûrissement de quelquefois plusieurs années est nécessaire pour atteindre leur plénitude.

Gamme de bouteilles

● Les différents types de bouteille

Leur nom et leur contenance :

Le quart	0,25 litre
La demi-bouteille ou fillette (Val de Loire)	0,375 litre
Le pot (en Beaujolais) ou petite bouteille	0,5 litre
La "clavelin" (spéciale vins jaunes du Jura)	0,62 litre
La flûte à vin du Rhin	0,7 litre
La bouteille (bourguignonne ou bordelaise)	0,75 litre
Le magnum	1,5 litre ou deux bouteilles
Le rhéoboam ou marie-jeanne ou double magnum	3 litres ou 4 bouteilles
Le jéroboam	5 litres ou 6 bouteilles 2/3
Le mathusalem (ou impériale)	6 litres ou 8 bouteilles
Le salmanazar	9 litres ou 12 bouteilles
Le balthazar	12 litres ou 16 bouteilles
Le nabuchodonosor	15 litres ou 20 bouteilles
Le melchior	18 litres ou 24 bouteilles

L'élevage des vins rouges est un peu plus complexe et varié car il dépend du type et des cépages. La plupart des vins rouges sont consommés quelques années après leur production et leur élevage est court et se fait en récipients neutres telles les cuves en acier inoxydable. Les caractères organoleptiques boisés que l'on rencontre alors dans ces vins proviennent d'apports exogènes. En raison de leur caractère artificiel, ces édulcorations font du vin un produit industriel, ce que bien entendu nous condamnons. Les vins de grande classe sont eux élevés en fûts, sous bois de chêne neuf ou d'un ou deux vins (c'est-à-dire un ou deux ans d'utilisation), comme les vins blancs de même catégorie, pendant des périodes variables mais en général assez longues, de un à deux ans, le temps que les tannins s'assouplissent. L'évolution se poursuivra en bouteilles.

Le conditionnement (chaîne de mise en bouteilles) classique du vin se fait en bouteille de verre bouchée par un bouchon de liège. Là encore, certaines évolutions se dessinent et certaines méritent que l'on leur porte attention.

Les **vins à courte durée de vie**, c'est-à-dire ceux qui doivent être consommés dans l'année suivant leur mise à la consommation, sont quelquefois conditionnés en bag in box* (BiB), petits récipients en plastique alimentaire, suremballés dans un parallélépipède de carton ondulé, d'une capacité de 3 ou 5 litres. Dans le même esprit, surtout à destination des jeunes consommateurs, une nouvelle bouteille (M. PacWine)* en aluminium brossé, revêtu à l'intérieur d'un film empêchant le contact avec le métal, vient d'être mise en service pour la commercialisation de vins rouges. Sur les bouteilles de verre et pour ces types de vins, le bouchage aussi évolue. Au liège pur succède le liège aggloméré puis, très souvent aujourd'hui, éliminant à coup sûr le risque du "goût de bouchon", le bouchon plastique dont la forme et la couleur viennent de plus en plus faire croire à la présence d'un véritable bouchon de liège. Enfin, la capsule à vis fait aujourd'hui son apparition, sans toutefois convaincre actuellement. Le bouchon de liège reste le matériau le plus noble pour les grands vins, non seulement par son aspect esthétique mais aussi par sa qualité de bouchage qui, tout en assurant une bonne conservation, permet une bonne évolution du vin par les échanges qu'il favorise entre l'intérieur et l'extérieur.

La forme des bouteilles influe sur la présentation du vin, sa contenance, sur la conservation.

On distingue trois ou quatre formes principales et quelques formes particulières pour loger des vins spéciaux : la bordelaise, la bourguignonne, puis pour les vins mousseux, la champenoise, conçue pour contenir la pression de gaz carbonique et utilisée pratiquement pour tous les vins mousseux, la flûte à vin du Rhin utilisée obligatoirement pour les vins d'Alsace, la "clavelin" réservée aux vins jaunes du Jura et plusieurs modèles dérivés des précédents, de plus en plus réservés à un type de vin, une appellation, une marque, aidant ainsi à leur identification, puis à leur reconnaissance. La contenance des bouteilles varie selon les régions, mais les usages ont établi une gamme qui va du quart au nabuchodonosor, même dernièrement au melchior. L'incidence de la surface en contact avec le système de bouchage varie en fonction du volume du contenant ; il est évident qu'un vin mis en bouteilles dans un magnum vieillit beaucoup moins vite qu'un vin embouteillé dans un quart.

La conservation (cave à vin réfrigérante) des vins en bouteille est surtout importante pour déterminer l'époque optimale à laquelle il faudra envisager de les ouvrir pour les consommer.

D'une manière générale, une conservation en milieu chaud et sec accélère l'évolution du vin, d'abord par accentuation des échanges avec l'extérieur, évaporation, augmentation du vide, donc de la surface de contact avec l'oxygène, donc de l'oxydation et accélération du vieillissement. A l'inverse, une conservation en milieu froid et humide ralentit l'évolution du vin. Ainsi chaque amateur doit tenir compte de ces bases pour aérer sa cave. Il est assez facile d'aménager son lieu de stockage pour satisfaire à ces exigences minimales : capitonner un espace enterré, afin d'éviter des températures trop élevées et des variations brutales de température, autre facteur d'évolution rapide, conserver un sol perméable, gravillonné, afin d'avoir une bonne hygrométrie. Les caves climatisées, réfrigérateurs spécialisés répondent en partie à ces conditions, reste à satisfaire l'espace pour permettre une bonne oxygénation.

Chaîne d'embouteillage au Château Auzias (gage de traçabilité) - Voir le Wine Tour pages 282 et 283

Déguster
le vin

Château
Prieuré-Lichine

MARGAUX

QUATRIÈME GRAND CRU CLASSÉ

DTASIA
鼎佳公司

Wine Producer & Shipper since 1838

Servir le vin

Si on admet en général que les vins blancs doivent être examinés à une température plus basse que les vins rouges, il est des cas où c'est le contraire. Par exemple un vin jaune du Jura demande à être présenté à une température plus élevée qu'un vin rouge nouveau comme celui du Beaujolais. Ces vins peuvent en effet être appréciés à des températures relativement basses.

Les seuils à rechercher peuvent varier également en fonction de l'utilisation que l'on fait du vin. Par exemple, lors d'une dégustation analytique, il convient de rechercher une température relativement élevée pour mieux percevoir les éventuels défauts ; en revanche, à table, il sera intéressant de servir les vins aux seuils à partir desquels sont mises en évidence les meilleures qualités organoleptiques.

Nous rappellerons donc, pour la pratique de l'évaluation sensorielle proprement dite, qu'il convient de retenir des fourchettes assez larges pour être crédibles. On peut proposer des températures situées aux environs de 8°C pour les vins à bulle, variant de 12 à 16°C pour les vins blancs, un peu moins pour les vins secs à consommer jeunes, un peu plus peut-être pour les vins blancs très vieux et les vins jaunes, de 12 à 18°C pour les vins rouges, un peu moins pour les "primeurs" ou nouveaux, un peu plus pour les vins vieux.

Au cours du repas, l'ordre de service des vins doit respecter quelques règles ainsi que l'harmonie avec les mets servis. Donc la règle à retenir sera la même qu'il s'agisse de vins blancs ou de vins rouges. Il est d'usage de suivre un âge croissant, en commençant par le millésime le plus récent, afin de mieux apprécier la complexité des bouquets des vins plus anciens. Le vin servi ne doit ni faire oublier le précédent, ni inhiber les caractères de celui qui va suivre. Cela implique de la part de l'hôte une parfaite connaissance de sa cave.

Faut-il carafer le vin ?

Le passage du vin en carafe avant le service peut avoir plusieurs effets. Tout d'abord un effet psychologique sur les convives, il permet de travailler sa mémoire et présente un aspect ludique, il permet également de faire jouer à chacun son propre hédonisme sans préjugé ni contrainte et ainsi d'exprimer ses propres préférences. Sur le vin, les effets sont variables.

Sur les **vins jeunes** et récemment mis en bouteilles, il leur permet de s'ouvrir, mais il prive aussi le dégustateur des phases successives d'évolution.

Sur les **vins vieux**, il a plusieurs effets, une aération "ménagée" est recommandée pour faire disparaître ou atténuer certains composants du bouquet qu'on appelle "réduction" et qui se développent en l'absence d'oxygène. En effet ceux-ci donnent à la dégustation des nuances odorantes souvent désagréables. Les vins très tanniques évoluent plutôt favorablement, mais il faut des vins solides bien constitués pour supporter le carafage. Cela doit inciter à la prudence sur les "vieillards", car si le carafage peut les mettre en valeur, il peut aussi les détruire, s'ils sont trop fragiles.

Enfin le carafage permet tout simplement d'éliminer le dépôt, qui ainsi reste au fond de la bouteille, et permet de servir un vin parfaitement clair, ce qui est indispensable pour bien l'apprécier.

Cave à vin de Brandt
Une petite cave pour de grands crus !

Aujourd'hui, il existe de moins en moins de caves à vins traditionnelles qu'il s'agisse d'appartements ou de maisons individuelles, cependant la consommation de vins de qualité ne cesse de se développer, dès lors se pose le problème délicat de conserver et même de faire vieillir chez soi des grandes bouteilles.

Les caves d'appartements constituent alors une excellente alternative à la cave traditionnelle, c'est pourquoi Brandt a créé une cave à vin Table Top offrant une capacité de chargement surprenante malgré sa petite taille.

Une optimisation pertinente du volume

- En moyenne, le chargement d'une cave à vin Table Top class que varie entre 20 et 40 bouteilles de Bordeaux allégé. Aujourd'hui Brandt voit plus grand et propose aux amoureux de bons vins une capacité totale de 54 bouteilles grâce à une occupation maximale de l'espace.

Une très bonne qualité de conservation

- Le système de régulation électronique garantit une température réglée au degré près (entre 7 et 18°C). Cette précision de température permet de conserver idéalement chaque type de vin : une température ambiante pour le rouge, un peu plus basse pour blanc et le pétillant sera plutôt servi frais.
- Le taux d'humidité de la cave est maintenu entre 60 et 75%.
- La vitre est traitée anti-UV, caractéristique indispensable d'une bonne cave à vin.

Tout en douceur

- Afin de réaliser le choix d'une bouteille d'une manière efficace, rapide et sans avoir à manipuler les autres, **toutes les clayettes en bois sont coulissantes,** l'utilisateur peut ainsi organiser son rangement de manière optimale.
- Pour une stabilité absolue, **les pieds et le moteur sont équipés d'une** sécurité anti-vibration.

Cave à vin CX5201

Dimension : 55x85x62 cm - Existe en noir, finition inox
Prix public indicatif : 450 €
Date de commercialisation : mars 2005

Consommer le vin

Le vin est une boisson alcoolisée et, comme toutes les boissons alcoolisées, il est un produit dangereux s'il est consommé avec excès. Mais les aliments sucrés sont également dangereux s'ils sont consommés sans limite raisonnable ; ils conduisent à l'obésité... Consommons donc intelligemment, avec modération. C'est aussi vrai pour le vin que pour la plupart des autres aliments, mais pas plus !

La consommation de raisins frais représente aujourd'hui environ 160 millions de quintaux et 26 % de la production. Celle de raisins secs représente 12 millions de quintaux, et il faut quatre kilos de raisin frais pour faire un kilo de raisin sec. Elle sont toutes deux en légère augmentation

Depuis 1980, la consommation de vin dans le monde diminue régulièrement. Elle diminue assez fortement entre 1980 et 2000, de 285 millions d'hectolitres à environ 222 millions d'hectolitres. Elle s'est ensuite stabilisée puis a légèrement augmenté et se situe aujourd'hui aux environs de 235 millions d'hectolitres pour une production d'environ 290 millions d'hectolitres.

Cette évolution de la consommation est la conséquence d'une diminution relative dans les pays traditionnellement consommateurs, cependant que la conquête de nouveaux consommateurs dans les pays nouveaux producteurs laisse espérer une stabilisation, voire un développement de celle-ci.

La consommation évolue également dans ses caractéristiques ; on consomme moins mais mieux. Même si l'on doit réfléchir et si l'on peut discuter sur l'aspect alimentaire du vin, cet aspect a de toute façon évolué dans le dernier demi-siècle.

Le vin est-il un aliment ?

Le vin n'est pas une boisson, car on ne le boit pas pour se désaltérer. Il pourrait être considéré comme un aliment, car il contient une multitude de composés dont un nombre important est bénéfique à l'organisme. *"Le vin nous apporte en plus de son eau et de son alcool surtout ses phénols régulateurs de nos graisses et de notre cholestérol sanguins"*, écrit le Pr Christian Cabrol. Le spécialiste de la chirurgie du coeur fustige les déséquilibres alimentaires qui expliquent une recrudescence des maladies cardio-vasculaires. Le vin a toute sa place dans une alimentation quotidienne saine et équilibrée, affirme en substance le Pr Cabrol.

La présence d'alcool dans le vin en fait un produit qui peut être dangereux, mais il faut être conscient que c'est l'excès de consommation qui rend ce produit dangereux. Or les habitudes de consommation ont changé et continuent à évoluer. Au cours de la première partie du XXe siècle, il était utilisé comme aliment calorique justement en raison de sa teneur en alcool et les populations ouvrières palliaient ainsi leurs carences alimentaires.

● Calculez votre dose limite

Un vin titrant 13 % d'alcool en contient environ 130 grammes par litre, ce qui signifie que l'on en ingère environ 13 grammes par verre de 10 centilitres. Si l'on boit 2 ou 3 verres de vin au cours d'un repas qui dure entre 1 heure et 2 heures, il est facile de démontrer que l'on peut reprendre le volant en toute raison et que l'on satisfait aux tables de la loi puisque l'on est loin d'atteindre les 0,50 grammes d'alcool par litre de sang, même si l'on ne pèse que 50 kilos. Donc, consommons avec modération, mais sachons que l'on peut boire 20 ou 30 centilitres de vin de qualité lors d'un repas normal et qu'ainsi nous répondons aux règles définies, et que nous protégeons notre santé et notre bien-être.

FUISSÉ
(10 mn de Mâcon)

ŒNOTHÈQUE GEORGES BURRIER
l'Espace Dégustation dédié aux grands vins
de Bourgogne du sud

Depuis 1945

GEORGES BURRIER
Grands Vins de Bourgogne du Sud

OENOTHÈQUE

LE PLAN . 71960 FUISSÉ • TÉL : 03 85 32 90 48
e-mail : oenotheque.gburrier@orange.fr
www.joseph-burrier.com/georges-burrier.htm
Ouvert tous les jours (sauf lundi) 10h > 12h30 • 15h > 18h30

www.dynameet.fr

Ces consommateurs étaient par ailleurs des travailleurs "de force", manuels et souvent de plein air. Aujourd'hui, la consommation du vin se fait très souvent au cours du repas et présente plutôt un aspect gastronomique, où l'association de goût avec les mets est fortement recherchée. La consommation de vin dans les pays consommateurs se limitera dans les prochaines années à 30 litres par an et par habitant.

Les dangers liés à l'alcool et la diminution importante de la consommation dans certains pays dont la France ont conduit de nombreux chercheurs à se pencher sur les bienfaits pouvant être apportés à l'organisme lors d'une consommation modérée de vin de qualité. Sans prétendre en faire un inventaire exhaustif, et sans encourager à une consommation systématique, nous essayerons d'apporter quelques renseignements sur les équipes de recherche et sur les bienfaits envisagés.

Le vin serait-il un alicament* ?

En 2003, la revue scientifique *Nature* rapporte que la consommation modérée de vin rouge permet d'allonger l'espérance de vie. Selon l'école de médecine de Harvard aux Etats-Unis, ce phénomène est dû au *resvératrol*, supposé ralentir le vieillissement en stabilisant l'ADN. Pour un homme de 50 ans consommant du vin contenant du resvératrol, cet allongement pourrait signifier dix ans de vie supplémentaires.

▌ **La consommation modérée de vin est de nature à diminuer le risque de dégénérescence sénile.** Une première étude, conduite par un groupe de médecins européens pendant quatre ans sur un échantillon d'hommes et de femmes âgés de 50 à 71 ans, démontre que la consommation modérée d'alcool peut diminuer le risque de dégénérescence cérébrale chez les personnes âgées. Ces conclusions sont confortées par des résultats publiés par l'université Erasmus de Rotterdam et par des chercheurs danois.

> **Le resvératrol.** Le resvératrol (3,5,4'trihydroxystilbène) est aujourd'hui considéré comme un constituant du vin, plus précisément du vin rouge, à part entière (Goldberg et al., 1995 ; Jeandet et al., 1995-1996).
>
> Il s'agit d'un composé protecteur appartenant à la famille des stilbènes produits par le raisin rouge (et quelques autres plantes) pour se défendre contre les parasites, notamment chez la vigne : *Botrytis cinerea*, agent de la pourriture noble et de la pourriture grise. Beaucoup d'études ont démontré que le resvératrol est un antioxydant puissant et qu'il protège la vigne des maladies et la santé humaine par de multiples mécanismes. C'est au resvératrol que la recherche attribue une bonne partie des effets protecteurs du fameux "paradoxe" français.
>
> Le cépage, la région de production et le type de vinification influencent la teneur en stilbènes des vins. Une vigne qui aura été exposée à la pression de la pourriture donnera en effet des raisins plus riches en resvératrol qu'une vigne qui n'a jamais été menacée de maladie. De plus, le type de vinification, et plus particulièrement la durée de macération pelliculaire, interviennent sur la teneur en stilbènes des vins. A l'inverse, la teneur en resvératrol des vins blancs est faible. (1)
>
> Toutes les variétés de Vitis ne présentent pas la même aptitude à la synthèse de stilbènes. Les vins issus de *pinot noir* et de *gamay* présentent des teneurs particulièrement élevées en resvératrol, mais d'autres cépages rouges cultivés dans d'autres régions que septentrionales en contiennent.
>
> (1) Adrian M.1, Levite D.2, Jeandet P.3, Douillet A.C.1, Debord S.1 et R. Bessis1
>
> 1 IUVV - Université de Bourgogne : rue C.-Ladrey BP 27877 21078 Dijon cedex, France
>
> 2 FIBL - Ackerstrasse : Postfach CH-5070 Frick, Switzerland
>
> 3 Laboratoire d'Œnologie : université de Reims BP 1039 51687 Reims, France

▶ Une consommation de deux ou trois verres de vin par jour (un verre de vin correspond à 12 centilitres) réduit le risque d'infarctus du myocarde et d'une manière générale les maladies cardio-vasculaires. Ce sont des chercheurs de l'Ecole de santé publique de Harvard qui l'affirment. Le *Journal américain d'épidémiologie, The American Journal of Epidemiologie* ainsi que la revue médicale *The New England Journal of Medecine* le confirment. Cette consommation produit les mêmes effets, selon une étude conduite au Canada sur des femmes de 40 ans. Les risques d'un deuxième infarctus sont également diminués par une consommation d'au moins deux verres de vin par jour, selon une étude publiée dans la revue américaine *Circulation* rapportant des études conduites par des chercheurs de l'université Joseph-Fourier de Grenoble, de l'INRETS de Lyon et du CHU de Rennes.

▶ **Les consommateurs de vin ont un mode de vie plus sain que les autres.** Une étude conduite sur des étudiants américains démontre que les hommes et les femmes qui consomment du vin consomment moins de graisses saturées et de cholestérol, fument moins et font davantage de sport.

▶ **Les consommateurs de vin ont une meilleure espérance de vie.** Une publication d'août 2000 dans l'*International Journal of Epidimiology* rapporte les résultats de travaux conduits par des chercheurs italiens portant sur des hommes d'âge compris entre 45 et 65 ans sur 30 années entre 1965 et 1995. Les chercheurs ont observé que l'espérance de vie de personnes consommant entre 4 et 7 verres de vin par jour, soit 63 grammes d'alcool, était supérieure à celle des consommateurs occasionnels et des gros consommateurs consommant plus de 10 verres de vin par jour. Ils ont également constaté que ce phénomène était accentué pour les non-fumeurs pratiquant une activité physique importante.

▶ **Le vin diminue le risque de cancer chez l'homme et chez la femme.** Le vin contient des substances anticancéreuses, éventuellement nombreuses, potentialisées par l'éthanol. Les effets inhibiteurs du resvératrol sur la genèse et le développement des cancers ont été démontrés.

A la suite d'une étude conduite sur plus de 13 000 hommes et 11 000 femmes âgés de 20 à 98 ans, le docteur Morten Gronblek et son équipe du centre de médecine préventive de Copenhague ont montré une réduction sensible du risque de cancer pour des buveurs dont le vin ne constitue qu'une part faible de leur consommation totale de liquide (vin, bière et spiritueux).

Dans le journal *Carcinogénésis*, les chercheurs de Rochester, aux Etats-Unis, rapportent que la quercétine, composé phénolique contenu dans le vin, est un agent chimioprotecteur et chimio- thérapeutique inhibant l'expression et la fonction d'un récepteur d'androgène dans des cellules cancéreuses de la prostate.

Enfin, pour les vins élevés en fût de chêne, une équipe de chercheurs français dirigée par Stéphane Quideau de l'Institut européen de chimie et biologie de Pessac, publie une étude scientifique dans *Angewandte Chimie* démontrant que le vin en contact avec le bois contient un polyphénol : l'acutissimin A, qui agit contre le développement des cellules cancéreuses.

L'acutissimin A. L'Institut européen de chimie et biologie de Bordeaux a mis en évidence la présence dans le vin d'un polyphénol appelé acutissimin A. Les "acutissimin" appartiennent à la famille des flavono-ellagitannins. Elles ont été isolées dans l'écorce de chêne dont le bois de cœur est utilisé en tonnellerie pour la fabrication. Les "acutissimin" sont formées lors d'un processus chimique par liaison entre unités ellagiques et catéchines. L'acutissimin A est formée dans le vin suite à sa migration du bois dans le vin au cours de l'élevage en fût neuf. Des études in vitro ont montré que l'acutissimin A inhibe la croissance des cellules cancéreuses. Ce composé serait 250 fois plus actif qu'un médicament (l'étoposide VP 16) utilisé dans le traitement de certains cancers.

▶ **Le vin a un effet antibactérien et prévient le risque d'ulcère de l'estomac.** Agissant contre *Helicobacter pylori*, bactérie associée aux ulcères de l'estomac, par éradication et stimulation de la production de sucs gastriques, le vin consommé modérément, à raison d'un verre par jour et plus, réduit significativement le risque d'infection (-11 % sur les hommes, - 17 % sur les femmes). L'étude, réalisée à la Queen's University of Belfast au Royaume-Uni, a porté sur 10 537 sujets hommes et femmes.

Une autre étude, américaine, souligne que ne pas boire au cours des repas peut nuire gravement à la santé. Une équipe de scientifiques a mis en évidence l'intérêt du vin pour combattre les salmonelles dans l'estomac. Cet effet antibactérien serait d'autant plus marqué que le vin est plus acide.

▶ **La consommation de vin protégerait du rhume.** Une équipe de chercheurs de l'université de Saint-Jacques-de-Compostelle a démontré que la consommation de deux verres de vin par jour réduit de 40 % le risque d'attraper un rhume. L'étude, réalisée sur plus de 4 000 personnes, publiée dans *The American Journal of Epidimiology,* attribue ce bienfait aux polyphénols qui interféreraient dans la production de virus causant le rhume commun.

La quercétine. En 1937, Albert Szent-Gyorgyi recevait un prix Nobel pour avoir découvert la vitamine C et les flavonoïdes, et avoir exploré leurs propriétés biochimiques. A l'origine, il donna aux flavonoïdes le nom de "vitamine P" en raison de leur efficacité à réduire la perméabilité des vaisseaux sanguins. Cette dénomination fut abandonnée lorsqu'on se rendit compte que ces substances ne correspondaient pas à la définition officielle des vitamines, dans la mesure où on ne les considère pas comme étant essentielles à la vie.

Les flavonoïdes sont des composés naturels de la famille des polyphénols présents en des quantités importantes dans une grande variété de fruits et de légumes consommés quotidiennement par l'homme.

La plupart des ces composés présentent des activités biologiques intéressantes telles que des actions anti-oxydantes et antiradicalaires. En effet, par complexation avec des enzymes spécifiques, les flavonoïdes sont notamment capables de métaboliser le dioxygène.

Les flavonoïdes, bien que l'on puisse survivre sans eux, sont nécessaires au maintien d'une bonne santé.

La quercétine est un flavonoïde, c'est-à-dire l'un des nombreux pigments qui donnent leur couleur aux fruits, aux légumes et aux plantes médicinales.

Dans la nature, la quercétine est souvent liée à la vitamine C.

La quercétine est réputée pour être le plus actif des flavonoïdes. C'est à elle que plusieurs plantes médicinales, dont le ginkgo, le millepertuis et le sureau américain (*Sambucus canadensis*) doivent leurs effets thérapeutiques.

La quercétine, possède des propriétés antioxydantes, anti-inflammatoires et antihistaminiques (antiallergiques). Celles-ci ont été constatées au cours de nombreuses études in vitro et sur les animaux. La quercétine a aussi des effets positifs sur les capillaires et le système cardiovasculaire.

Les oignons sont une des sources les plus courantes et les plus intéressantes de quercétine : ils en fournissent environ 15 mg par 100 g (environ 2/3 de tasse), les oignons rouges étant les champions avec 20 mg/100 g. Les pommes, un autre aliment courant, en fournissent autour de 4 mg/100 g avec leur peau (une petite pomme), l'épluchage diminuant leur teneur à 1,5 mg/100 g. D'autres denrées contiennent des quantités intéressantes de quercétine : le thé, le vin rouge, les jus de raisin noir, le sarrasin, les baies (les bleuets, les groseilles, etc.), l'aneth frais, les haricots verts et jaunes, etc.

Historique du plaisir
à bien goûter les grands vins...

Comment est-on arrivé aux joies esthétiques éprouvées à goûter de grands vins ?

Les origines sont en France fort anciennes. *"Après la chute de l'Empire romain, la viticulture se maintient parce qu'elle conserve aux yeux des hommes du Moyen Age le prestige dont elle jouissait dans la société antique"* (Roger Dion).

Les ecclésiastiques ont été les premiers à découvrir la valeur de ce que seront les terroirs. Attachés à la vigne dès les premiers temps de leur organisation pour exercer le culte catholique, ils vont développer des vignobles autour des résidences épiscopales, puis faire des choix en fonction des valeurs reconnues pour construire abbayes et monastères là où la vigne donne des produits remarquables.

Ils y étaient conduits par l'accueil aimable qu'ils avaient décidé de réserver au roi et aux hauts personnages du royaume au cours des haltes que ceux-ci faisaient dans leurs cités. Avec l'espoir d'obtenir les bonnes grâces des visiteurs, et parfois quelque privilège royal, ils pratiquaient dès leur arrivée le rite de "l'offrande", appelé en certains lieux "les courtoisies", qui est l'ancêtre de ce que l'on appelle aujourd'hui "le vin d'honneur". Les meilleures cuvées de l'évêché étaient offertes, et appréciées au point que les ecclésiastiques portaient le titre de "pater vinearum".

La vigne, ainsi placée au sommet de la hiérarchie des symboles par la viticulture épiscopale, allait être considérée de la même manière par les souverains médiévaux qui plantèrent des vignes avec plus ou moins de bonheur aux environs des maisons royales. Puis il y eut un peu plus tard les vignes entourant les châteaux, puis celles qui devinrent avec le temps la couverture des terres les plus favorables à leur culture. La mosaïque des valeurs était prête.

La constance dans la recherche des vins de haute qualité fut pendant longtemps due à des domaines aristocratiques, puis bourgeois dont les propriétaires – en général fortunés – espéraient atteindre grâce à leurs offrandes une certaine prééminence dans leurs gestes d'hospitalité et dans leur art de vivre. Ainsi, la viticulture épiscopale fut relayée en quelque sorte par la viticulture princière, puis par celle d'hobereaux passionnés.

Au cours des XVIIIe et XIXe siècles, les propriétaires de ces domaines nouèrent des relations aimables avec un certain commerce de haute expression. Ensemble, ils favorisèrent le développement d'un état d'esprit hédoniste dans une clientèle aisée, souvent érudite. Non seulement la richesse sensorielle des crus est restée de grande intensité, mais les termes et les mots du langage employé se sont affinés. Il s'en est suivi une conception nouvelle, plus ou moins magnifiée de la beauté du vin ; et l'on en parlait avec des précisions toujours plus grandes, en utilisant des expressions toujours plus délicates dans les commentaires. À ce stade de connaissance et de traduction réactionnelle, il n'est pas excessif de dire que les vins originaux de grande qualité ont pu être considérés comme un reflet de civilisation.

Le vignoble de l'hexagone a failli disparaître dans la seconde moitié du XIXe siècle, lors de la destruction par le phylloxéra. Mais les hommes, grâce à leur courage et à l'envie profonde de retrouver ces facteurs d'hédonisme que sont les grands vins, ont tenté et réussi la reproduction des splendeurs passées. Est alors ressortie des coteaux et des terrasses cette "substantifique moelle" qui est venue confirmer la haute renommée des vins français.

En réalité, ces produits ne peuvent être issus que de ce qu'un géologue appela les noyaux d'élite des terroirs. Ils ne sont repérables et appréciables à leur juste valeur que si l'amateur-dégustateur a les capacités organiques innées indispensables, et s'il a bien assimilé les connaissances technico-esthétiques, que l'on sait longues à acquérir, et souvent ingrates. Pour ces deux raisons, les grands vins sont restés longtemps l'apanage de groupes restreints de consommateurs, que ceux-ci aient été compétents, fortunés, ou les deux à la fois. Et si la croissance récente de ces groupes avec celle de leurs moyens financiers est une bonne chose pour tous, il n'est pas convenable que cet appel de nouveaux demandeurs ait pour effet de baisser la garde, et de relâcher les contraintes de la création tout en prétendant qu'on l'a voulue belle.

Nous savons que tous les vins hiérarchiquement séparés par la loi peuvent être bons. Mais ceux qui sont originaux parce qu'ils sortent de complexes de production d'exception – forcément de surface réduite – ne sont reproductibles que dans la mesure où les conditions de cette exception sont sans cesse reproduites.

Tout cela a deux conséquences :

▶ Dans toute aire reconnue comme productrice de bons vins, l'avenir de ceux-ci et du nom qu'ils portent sont liés à la recherche de ceux qui sont le reflet d'un terroir donné, et la mise sous un autre nom de ceux qui ne le sont pas. Là se situe le problème de l'originalité à suggestion esthétique... et de la marque.

▶ Cette séparation, comme le jugement d'un vin en valeur absolue, doit se faire selon des principes que les auteurs de l'ouvrage ont essayé de présenter le plus clairement possible. Leur souci étant que l'amateur de belles choses, dans son désir de connaître les raisons de son plaisir ou de son déplaisir, s'explique mieux combien l'art de faire du vin et de le juger est difficile, mais combien il est passionnant.

La problématique fondamentale de la dégustation

Deux conceptions ont longtemps été opposées dans le domaine de la dégustation.

▶ D'une part, l'école empirique, dite traditionnelle, parfois marquée de nuances régionalistes, issue de l'esprit inventif et pragmatique du dégustateur, parfois confuse, toujours subjective qui fut la forme de penser et d'agir observée avant l'organisation de l'analyse sensorielle telle que nous la connaissons maintenant.

▶ D'autre part, une autre école que l'on pourrait qualifier d'étroite objectivité, œuvre d'auteurs qui, par leur souci de rigueur scientifique et d'une exacte interprétation statistique des résultats, étaient attachés par obligation à la résolution de problèmes simples ou élémentaires...ce que ne sont en aucun cas ceux que pose l'examen des vins.

Quelle méthode choisir ?

Il convient de rappeler qu'en dehors de la dégustation pour le plaisir, l'application de certaines règles nationales et communautaires oblige, en vue d'un agrément ou non afin de préserver une production originale, authentique, identifiée par un nom géographique, à faire juger des dizaines de milliers d'échantillons par un nombre limité, voire relativement restreint de dégustateurs. Etant donné ses conséquences, notamment économiques, l'erreur dans la décision n'est pas concevable. Il est par conséquent nécessaire d'écarter le premier système, de caractère empirique, à cause de dérapages aggravés par une poésie excessive. Parallèlement, il n'est pas convenable de se reposer sur un système où l'interprétation statistique, dite objective et rationnelle, met en jeu un nombre insuffisant de praticiens dégustateurs.

Comme une nouvelle quadrature du cercle, le problème se présente comme étant la recherche d'une mesure objective par des moyens dits subjectifs. Ce qui amène à réfléchir sur le caractère relatif de ces deux qualificatifs.

L'homme est mis fréquemment devant la nécessité de faire des mesures extrêmement précises. Cette obligation ne peut être assurée que par voie instrumentale, en utilisant pour cela soit des étalons directs de grandeur des caractères étudiés, soit des intermédiaires servant à cette mesure.

Pendant plusieurs décennies, la pensée scientifique s'est attachée à ce principe. Mais elle a eu la tendance - fâcheuse à nos yeux - de confondre "objectif" et "instrumental" ; à nier par conséquent toute possibilité de mesure en l'absence d'instrument. Et ses tenants ont jugé longtemps que la dégustation des vins devait être considérée comme une expression d'art, d'essence purement subjective, plus ou moins chargée de fantaisie, par conséquent peu sérieuse.

Les promoteurs des nouvelles méthodes d'analyse sensorielle ont réduit la distance qui les séparait des techniciens viticoles, en admettant les sens humains comme instruments possibles de mesure. Mais là encore, en général, leur attachement à la rigueur scientifique s'est traduit par le souci impératif de l'interprétation statistique des opérations de détail. Ce qui les a obligés à se limiter soit à des caractères isolés, soit à une appréciation hédonique globale, trop simples les uns comme l'autre pour donner une idée exacte d'ensemble de la valeur du vin.

Dans cette optique de l'analyse sensorielle, il y a toujours ce risque de voir réapparaître l'idée de la nécessité instrumentale. Autrement dit, l'homme est utilisé comme instrument parce qu'on n'a pas encore trouvé de machine pour le remplacer. Mais comme à toute machine, il lui est défendu d'être intelligent. Il doit traduire ses sensations avec des mots ou avec des signes, mais il ne lui est pas permis d'interpréter. Et si l'on doit recourir à son jugement, il devient hautement suspect. Parce que dans ce cas, on ne peut faire appel à une population importante de dégustateurs pour corriger les erreurs individuelles par comparaisons multiples et réciproques.

Cette conception de l'instrument humain est-elle rationnelle et justifiée ? Dans un sens peut-être ! Mais l'on ne peut s'en contenter. En tout état de cause, le problème qui est posé pour les dégustateurs de vins est clair : si l'on peut sélectionner et éduquer des individus pour répondre à des questions simples par un circuit direct, pourquoi ne pourrait-on pas faire de même pour des questions complexes, avec des circuits plus compliqués qui fassent intervenir l'intelligence à travers un mode de jugement préalablement appris ?

En d'autres termes, pourquoi un être humain qui a reçu une éducation adéquate et la connaissance des bases essentielles de la dégustation ne pourrait-il pas analyser les différentes sources de sensations, et les interpréter dans un sens esthétique ? Telle est la question qui s'est posée aux analyseurs sensoriels, à la réponse de laquelle s'attachent les auteurs du présent ouvrage.

Le praticien sera sans doute étonné par la forme sévère et complexe donnée aux problèmes de dégustation, tels qu'ils sont exposés dans cet ouvrage. L'expérience prouve cependant que l'adaptation aux préceptes avancés est relativement aisée. On peut par conséquent dire aujourd'hui que si le dégustateur n'est pas en général aussi fiable que la machine dont certains rêvent, il apporte par ses connaissances et la pratique constante des diverses opérations une fiabilité certaine.

La pensée dominante des auteurs a été d'éviter de glisser vers des jugements où le plus sympathique des folklores aboutit à minimiser les observations objectives au profit d'interprétations subjectives excessives, dont on connaît les risques et les conséquences.

De cela il découle que la dégustation des vins doit reposer sur des principes rationnels, appliqués avec attention. Car il ne faut jamais confondre l'évaluation d'une valeur avec le plaisir qu'elle donne.

L'analyse sensorielle et le dégustateur

L'analyse sensorielle

L'analyse sensorielle est ainsi définie : *"examen des propriétés organoleptiques d'un produit par les organes des sens"*. Comme ces termes l'indiquent, elle fait appel aux organes des sens. Pour bien comprendre ses mécanismes, il conviendra de rapporter quelques notions relatives à leur anatomie et surtout à leur physiologie. Nous resterons toutefois dans les limites de ce qui nous intéresse, à savoir la recherche des meilleures conditions de leur utilisation.

Il s'agit donc de l'examen par les organes des sens des caractères organoleptiques d'un produit. S'agissant en général d'un aliment ou d'une boisson, il est évident que la consommation de ce produit est liée, au moins en partie, à ses qualités gastronomiques. L'appréciation de ces qualités, même si elle peut être faite en partie par voie instrumentale, doit obligatoirement avoir comme référence la voie directe expérimentale qu'est l'analyse sensorielle, qui est donc ainsi obligatoirement à la base de tout jugement d'un produit alimentaire.

Mais la pratique de la dégustation ne se limite pas à la recherche du produit qui va procurer un plaisir. Pour en arriver à ce stade de compétences, le dégustateur devra passer par différents stades d'apprentissage et pratiquer différents types d'examens.

Enfin, l'analyse chimique n'est pas encore arrivée au niveau de l'acuité de perception de l'odorat et de plus, dans des systèmes complexes, elle n'est pas souvent en mesure de rendre compte des caractères organoleptiques induits par les actions et interactions des nombreux corps participant par exemple à l'odeur d'un produit.

Ainsi l'analyse sensorielle reste l'un des instruments nécessaires pour l'appréciation et le contrôle des aliments et des boissons.

Toutefois, l'instrument de mesure qu'est l'homme ne réagit pas comme une machine et ses réponses peuvent être déformées par de nombreuses influences internes et externes.

L'objet de la méthodologie de l'analyse sensorielle est de réduire le plus possible ces influences pour assurer les qualités de certitude et de reproductibilité que l'on est en droit d'attendre de toute opération de mesure.

Le dégustateur

Les organes des sens ne fonctionnement correctement que dans de conditions déterminées, qui ne s'appliquent pas seulement aux récepteurs sensoriels. Elles concernent en réalité tout l'ensemble du système nerveux, donc le support général qu'est le corps humain.

Les variations réactionnelles négatives qui sont constatées lorsque ce support est modifié impliquent par conséquent que soient fixées des règles, relativement précises, garantissant en particulier une bonne répétabilité de l'appréciation chez un même dégustateur.

Pour que ces règles permettent d'obtenir un même jugement chez plusieurs dégustateurs, il convient de prévoir :

▶ des exercices élémentaires de formation de chaque individu, tendant à lui faire connaître ses performances et ses écarts de mesure par rapport à la moyenne ;

▶ Un vocabulaire objectivé par des témoins-étalons ;

▶ Un apprentissage d'abord simple, puis de plus en plus compliqué, susceptible de créer une bonne expérience quand l'entraînement est quasi permanent ;

La conclusion de ces travaux conduira parfois à l'élimination des sujets anormaux ou déficients (agueusie ou anosmie partielle).

Les bases élémentaires de la dégustation ou évaluation sensorielle

Le dégustateur doit être humble et, comme le sportif, il doit s'entraîner régulièrement

La sensation

Les mécanismes de la sensation ont été étudiés avec plus ou moins de précisions pour chacune des modalités sensorielles (vision, olfaction...). Pour certaines, la qualité et l'intensité des stimuli ont fait l'objet d'études approfondies ; les premières études ont concerné la vision et l'audition. En revanche, l'olfaction, dont l'importance est capitale dans la dégustation des vins, est d'exploration difficile. Malgré les efforts des chercheurs, nos connaissances sont longtemps restées fragmentaires. Les travaux de Zwaardemaker en 1895, inventeur du premier olfactomètre, ont constitué longtemps la base de nos connaissances. Il faut attendre la dernière moitié du XXe siècle pour avancer de façon substantielle dans ce savoir, d'abord avec les Pr Le Magnen et Mac Leod à l'Institut des Hautes-Etudes, ensuite, grâce aux travaux récents en France de "l'école lyonnaise" de l'université Claude Bernard à Lyon, avec notamment le Pr A. Holley (1999) ; tous ces chercheurs nous apportent un éclairage nouveau sur la fonction essentielle de l'odorat.

Dans le domaine du goût, il semblait acquis en 1972 qu'il n'existait que les quatre saveurs que chacun connaît, c'est-à-dire le sucré, le salé, l'acide et l'amer. Puis une cinquième saveur, intermédiaire entre le sucré et l'acide, dont le témoin est le glutamate de sodium * et appelée umami, identifiée par des chercheurs japonais, est venue récemment s'y ajouter. Enfin, une sixième sensation est quelquefois reconnue comme saveur : la saveur métallique, en réalité constituée d'une sensation olfacto-gustative. L'étude de ces différentes sensations se fait à partir de substances témoins, composés chimiques de qualité alimentaire, tels l'acide citrique cristallisé pour

Sensation : *information reçue par le système nerveux central, lorsqu' un organe des sens réagit à un stimulus extérieur.*

la saveur acide, la caféine cristallisée pour l'amer, le chlorure de sodium anhydre pour le salé, le saccharose pour le sucré, le glutamate de sodium pour l'umami, et le sulfate ferreux hydraté pour la sensation olfacto- gustative métallique.

Tout ceci, joint à la similitude de certains phénomènes propres à toutes les sensations, a paru justifier une étude générale, de toute manière sommaire, avant d'aborder celle de chaque modalité sensorielle.

Approche de quelques définitions

La sensation. La commission d'études des méthodes d'analyse sensorielle de l'AFNOR a ainsi défini les sensations en général : *"phénomène subjectif résultant de la stimulation d'un appareil sensoriel. Ce phénomène est subjectivement discriminable et objectivement définissable par la modalité sensorielle intéressée, la nature ou la qualité de la stimulation et son intensité".*

Dans le cadre du présent ouvrage, il semble souhaitable de limiter l'usage du terme "sensation" aux seuls phénomènes d'ordre physiologique depuis l'appareil sensoriel jusqu'à leur projection sur le système nerveux central. Et le terme "perception" doit être utilisé pour l'interprétation de cette projection qui relève de processus intellectuels.

Mais une telle séparation est presque trop simple. Il existe en effet un certain nombre d'incertitudes sur la limite exacte entre ces deux termes. Il ne semble donc guère possible de traiter séparément ces deux processus de base de l'analyse sensorielle. Le terme de sensation a donc été choisi pour couvrir l'ensemble des phénomènes qui se produisent depuis l'action du stimulus jusqu'à la limite de son expression orale ou écrite.

En matière de vins, la sensation peut être définie comme la projection sur le cerveau d'une action stimulante, produite sur un récepteur des sens par des stimuli correspondant aux caractères organoleptiques du vin (alcool, tanins, acide, parfums, etc.).

Le neurone. Tout le système sensitif a pour base la cellule nerveuse ou neurone, à l'exception pour certaines modalités seulement de récepteurs spécialisés.

Le neurone est composé du corps cellulaire principal et de prolongements plus ou moins longs : axones et dendrites. Le nombre de neurones est très élevé : 14 milliards dans le cerveau humain, au moins quelques dizaines de milliers dans chaque nerf.

La cellule nerveuse, chargée de la transmission des messages, est par ses prolongements reliée à de nombreuses autres cellules semblables sous forme d'enchaînements dénommés synapses. L'ensemble de ce réseau de communication est par conséquent très complexe.

D'après Golgi, *"la disposition fondamentale des éléments nerveux n'indique pas des rapports restreints et isolés, mais une tendance à effectuer les communications les plus étendues et les plus compliquées".*

Mécanismes physiologiques. Au niveau de l'organe récepteur, un stimulus provoque l'excitation d'une cellule sensorielle, que celle-ci soit une cellule spécialisée ou le prolongement d'un neurone. Dans le premier cas, l'excitation se traduit dans le neurone transmetteur relié lui-même à une cellule sensorielle sous forme d'une impulsion nerveuse, de nature constante. L'intensité du stimulus se traduit sur une cellule sensorielle par la fréquence des impulsions nerveuses.

La transmission

Projection sur le système nerveux central

Le système nerveux central est le siège de phénomènes complexes. Les impulsions nerveuses se projettent sur une partie du cerveau comme une image bien définie, qui va se traduire en un percept bien intégré dans la connaissance immédiate de l'individu. Cette connaissance élémentaire provoquera des actions d'identification, de différenciation, puis d'appréciation, obtenues par comparaison avec d'autres percepts simultanément perçus ou conservés en mémoire.

En d'autres termes, cette comparaison se fait avec des souvenirs préalablement différenciés et qualifiés.

On peut en déduire la très grande importance que revêt l'histoire individuelle des sensations, de la nécessité par conséquent d'un apprentissage pour que le dégustateur ait en mémoire le maximum de percepts différenciés ou identifiés.

Il faut aussi savoir adopter selon le type, le moment et l'importance de la dégustation, le modèle analytique qui convient. Nous savons en effet que l'individu dégustateur n'est pas maître du fonctionnement de son cerveau et que des influences extérieures modifient l'expression des résultats (Brochet). Donc même et peut-être plus encore pour les professionnels, cette dimension doit être prise en compte.

On doit enfin signaler que les "images" des percepts sont d'autant plus nettes, localisées et différenciées que les exercices de mémorisation auront été répétés souvent, et dans des temps assez courts. C'est cette constatation quasi constante qui fait la différence entre les spécialistes de la dégustation et les profanes.

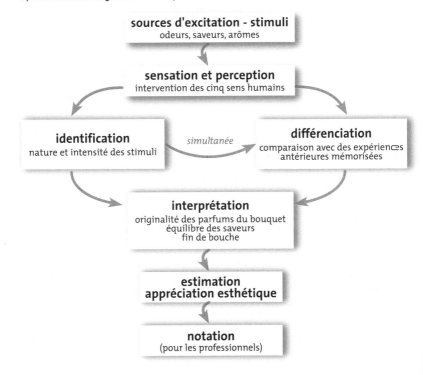

Les stimuli, sources d'excitation des cellules sensorielles

Est appelé stimulus tout facteur mécanique, physique ou chimique capable de provoquer l'excitation d'une cellule sensorielle, et consécutivement la perception d'une sensation.

Les stimuli sont liés aux caractères organoleptiques des objets examinés, c'est-à-dire aux caractères perceptibles par les organes des sens.

Quantité des stimuli

Seuils. On appelle seuil d'apparition, de détection ou de perception, la valeur minimale d'un stimulus sensoriel nécessaire à l'éveil d'une sensation. Ceci n'implique pas que ladite sensation soit identifiée.

On appelle *seuil d'identification ou de reconnaissance*, la valeur minimale d'un stimulus sensoriel permettant d'identifier une sensation perçue.

On appelle *seuil différentiel* la valeur de la plus petite différence perceptible dans l'intensité physique d'un stimulus.

On appelle *seuil final*, ou seuil de saturation, ou plafond, la valeur d'un stimulus telle qu'une nouvelle addition d'intensité de ce stimulus - quelle que soit son importance - n'amène pas de différence dans l'intensité de la perception. Dans beaucoup de cas, cette limite est fixée par d'autres facteurs, tels que le caractère désagréable, agressif, insupportable, voire dangereux que présentent les fortes concentrations de certains stimuli. Exemple : l'acidité, le sucre, l'amertume...

Variations de ces seuils. Ces différents seuils spécifiques de stimuli varient comme nous l'avons dit selon les individus, ce qui oblige à une sélection des dégustateurs. Ils peuvent aussi varier avec la nature du stimulus, en particulier pour les stimuli d'action chimique (goût, odeur...). C'est ainsi qu'un même caractère, l'amertume par exemple, peut être perçu de façon différente par certains sujets lors d'une comparaison de corps amers.

Les seuils d'apparition et d'identification servent couramment pour révéler le degré d'acuité des sens du dégustateur. Mais le seuil différentiel est l'élément de base de l'appréciation, puisque c'est une mesure quantitative. Son importance est d'abord située au niveau élémentaire pour chaque stimulus individualisé, mais aussi et surtout dans une conclusion globale quand interviennent les notions d'équilibre et d'harmonie. Quant au seuil de saturation, il est rarement atteint dans l'analyse sensorielle des vins.

Rapports d'intensité entre les stimuli et les sensations. Sans entrer dans le détail, certaines données générales, parfois approximatives, sont à retenir.

Dans les niveaux d'intensité moyenne, les valeurs des sensations présentent des variations qui peuvent être considérées comme voisines des logarithmes des intensités des stimuli. Ainsi, des intensités de stimuli de 10, 100, 1000, etc., provoquent des intensités respectives de sensations de 1, 2, 3, etc. En revanche, les seuils différentiels ont tendance à augmenter aussi bien aux intensités faibles qu'aux intensités très fortes.

Qualité des stimuli

Différenciation et identification. La première différenciation consiste à rapporter la sensation à une modalité sensorielle définie (olfaction, gustation, etc.) ; ceci n'est pas toujours facile. En effet, les confusions fréquentes entre le goût et l'odorat ont justifié l'usage du langage vulgaire, repris en analyse sensorielle, dans lequel le terme "goût" est appliqué à un ensemble de sensations olfactives perçues lorsque le vin est dans la bouche. L'exemple classique est celui de la vanille, très odorante mais insipide, pour laquelle on parle couramment de goût de vanille. Autre exemple : on parle souvent de vins ayant un goût de bouchon, alors qu'il s'agit en olfaction directe d'une odeur assimilée à du moisi, le liège étant naturellement quasi inodore.

Dans le cerveau va se réaliser un travail de comparaison entre le percept actuel et des percepts anciens mémorisés. La coïncidence du premier avec l'un de ces derniers va nous rappeler le souvenir de celui-ci, auquel sont liés en général d'autres souvenirs qui nous permettent une traduction pouvant se matérialiser par une image, un son, une idée esthétique ou pas, etc.

L'analyse habituelle de l'environnement étant faite par l'homme surtout par voie visuelle ou auditive, il semble bien pour des raisons d'exceptionnalité que les souvenirs odorants sont d'autant mieux conservés qu'ils ont été traduits en mots ou en images. Un tel constat amène, en dehors des nécessités de communication, à rechercher une nomination précise de chaque percept, et leur essai de classification en familles. Ceci afin de faciliter un choix entre un nombre de séries limité, et de permettre - en l'absence d'identification parfaite - de trouver une définition acceptable par rapport aux percepts voisins déjà définis.

Influences réciproques des stimuli d'une même modalité sensorielle. Si les stimuli de modalités sensorielles différentes peuvent influer les uns sur les autres, des phénomènes identiques ont lieu entre les stimuli d'une même modalité sensorielle. Chacun sait que lorsqu'ils sont sucrés, le café paraît moins amer et les jus de fruits moins acides.

Selon les stimuli en présence, des phénomènes très différents peuvent se produire : le plus simple est l'absence de réaction d'un stimulus sur l'autre, il y a alors juxtaposition. Mais lorsque les stimuli sont très voisins, il peut y avoir confusion entre eux : il apparaît alors un effet de synergie et une addition des intensités de chacun. Enfin, deux stimuli peuvent se contrecarrer réciproquement, c'est le cas du café et de l'ail.

Ce phénomène d'annulation réciproque est utilisé dans la fabrication de produits odorants répandus dans une atmosphère chargée d'une odeur désagréable en vue d'annuler cette odeur. C'est ce qu'on appelle déodorant dans le langage commun.

Variations qualitatives liées à l'intensité du stimulus. Dans de nombreux cas, les variations dans la concentration d'un corps stimulant peuvent modifier la qualité du stimulus : soit en faisant apparaître une fragrance différente (le muguet concentré suggère l'odeur de rose) ; soit en présentant un stimulus différent : la saccharine, de saveur sucrée à faible concentration, devient amère à des concentrations élevées.

Il existe enfin des cas où la recherche et l'exaltation de certaines odeurs sont obtenues par dilution. Ceci est utilisé pour la recherche d'exaltation des odeurs ou arômes dans les eaux-de-vie dites "alcools de bouche". Mais il semble que ce phénomène, en dehors des causes propres à la concentration ou la dilution des corps stimulants, dépende aussi d'autres causes, telle la physicochimie de surface des liquides complexes.

La pratique de
l'évaluation sensorielle

Le dégustateur doit être ordonné et pragmatique...

Le vin a une spécificité très particulière ; il implique des méthodes d'analyse conduisant à des recherches ou des types d'examens inconnus dans certains autres produits, notamment solides.

Les modalités pratiques de l'examen sensoriel sont par conséquent proposées comme une suite d'analyses appréciatives, suivies de la description de types de vins différents, parfois complexes, et d'une notation objective assez délicate. L'intention des auteurs est d'aller le plus loin possible dans ces opérations et leurs explications.

Tout commence par l'échantillonnage. Le prélèvement des échantillons revêt une importance particulière, car il influence les appréciations des dégustateurs. Il est utile de rappeler qu'on appelle échantillon de vin l'ensemble du prélèvement fait sur un lot. Chaque partie de l'échantillon est appelée "individu". Et nous appellerons "prise" la quantité de liquide issue d'un individu pour être présentée à chaque dégustateur. Pour illustrer cela, on dira par exemple qu'un échantillon est fait de 4 individus (bouteilles), chacun pouvant faire l'objet de 15 prises destinées à 15 dégustateurs.

Pour les liquides en général, et le vin en particulier, nous avons affaire à une matière continue qui, au départ, ne comporte pas d'individus différenciés à l'instar d'autres produits tels par exemple des fruits. Dans le vin, il est toutefois possible de relever plusieurs contenants du même lot d'un produit en vrac. En revanche, les vins en bouteille représentent une matière discontinue, et l'échantillon est alors fait d'individus, c'est-à-dire des bouteilles.

Lorsque les vins ont séjourné un temps assez long en bouteilles après un prélèvement, les variations des caractères organoleptiques d'un individu à l'autre sont essentiellement liées à la nature du système de bouchage.

Les récipients de grande capacité posent deux problèmes. Lorsque le vin est le résultat d'un mélange d'unités différentes, cas fréquent dans les grandes unités de vinification où le stockage se fait en cuves de grande capacité, il est nécessaire de s'assurer qu'une bonne homogénéisation a été réalisée. Dans le cas contraire, on peut se trouver en présence de couches superposées de densités différentes, et recueillir par la suite un échantillon ne reflétant pas l'échantillon moyen du récipient.

Les vins entreposés dans des récipients de grand volume, même correctement homogénéisés, peuvent avec le temps présenter des différences de caractères entre la partie supérieure proche de l'ouverture (bonde ou trappe de cuve) et le reste du contenant. Il est alors nécessaire d'effectuer un prélèvement moyen très en dessous de la surface du vin.

Enfin, malgré le soin que l'on apporte dans les opérations de prélèvement, il y a toujours un certain contact entre le liquide et l'air. L'oxygénation qui s'ensuit peut modifier les caractères organoleptiques du vin. Il est de ce fait nécessaire de réduire le plus possible le risque d'aération. Dans le cas des vins délicats, qui font généralement l'objet d'analyses sensorielles approfondies, l'emploi d'un antioxydant tel l'acide ascorbique ou d'un gaz neutre est possible. Mais il s'agit là, comme on peut le supposer, d'une opération rigoureusement limitée.

Faut-il effectuer un examen préalable ?

L'évaluation sensorielle des vins, qu'elle soit ou non réglementaire, est fréquemment appliquée à des séries importantes, et il peut être utile de réaliser un examen préalable, soit pour éliminer une partie des échantillons et diminuer ainsi le travail et la fatigue du jury, soit pour présenter à celui-ci des groupes d'échantillons homogènes.

L'élimination d'une partie des échantillons peut être réalisée dans deux perspectives.

Dans le premier cas, on se propose de mettre de côté les éléments considérés comme les meilleurs parce que l'ensemble de leurs caractères organoleptiques dépasse nettement le niveau qualitatif requis. Cette méthode peut être appliquée par exemple dans les dégustations où l'on recherche le minimum acceptable.

Dans le second, il s'agit d'éliminer les vins les moins bons, en vue par exemple d'une présélection propre à un concours.

C'est une pratique fort courante dans les concours français, permettant d'éviter une présentation trop lourde au jury, et ainsi de mieux cerner les éléments discutables.

Enfin, la réunion de produits par groupes homogènes est souvent utilisée pour pouvoir comparer des choses comparables, et éviter des troubles sensoriels et des interprétations difficiles, dus en général à de trop grandes différences dans les caractères perçus. Certes, les données analytiques propres aux composants sont couramment utilisées pour effectuer des rangements convenables. Mais pour certains caractères et leur intensité, seule l'analyse sensorielle est plausible. C'est bien pour cette raison que l'on s'est orienté vers un rangement préalable en classes, basé en particulier sur la persistance aromatique intense.

Mise en ordre. Une fois fait le classement des vins en catégories ou en classes homogènes, il reste à penser la présentation dans un ordre qui respecte les acuités sensorielles générales des dégustateurs.

Différentes sensations et caractères organoleptiques

examen par	organe récepteur	modalité sensorielle	catégorie de sensation	caractères examinés	groupes de caractères	
l'œil	rétine	vision	visuelles	couleur, limpidité, etc.	apparence	
le nez	muqueuse olfactive	olfaction	olfactives	odeur (voie nasale directe)		flaveur
la bouche	-	-	-	arôme (voie rétronasale)	goût	
-	papilles gustatives	gustation	gustatives	saveur		
-	toutes muqueuses	sens chimique commun	chimiques communes	astringence, pseudo-chaleur		
-	-	sens algique	algiques (douleur)	agressivité (1)		
-	-	tact	tactiles	onctuosité, fluidité, etc.	caractères haptiques (2)	
-	-	thermosensibilité	thermiques	température		
	sensations proprioceptives n'intéressant pas la dégustation des vins					

(1) Du fait des difficultés à distinguer avec certitude la limite entre le fort désagrément et la faible douleur, il est proposé de répartir les sensations algiques entre le goût et les sensations haptiques selon qu'elles sont issues de stimuli respectivement chimiques ou physiques.

(2) Néologisme proposé et correspondant de l'anglais haptic *(racine grecque : haptos).*

Aussi devra-t-on suivre une progression croissante, ou au moins non décroissante :

- de la richesse en sucre
- de la persistance aromatique intense
- de la richesse en tanin
- de l'intensité colorante si les différences sont grandes
- du degré alcoolique.

Il est également d'usage de faire une présentation par âge croissant, en commençant par le millésime le plus récent, afin de mieux apprécier la complexité des bouquets d'oxydo-réduction.

Les vins blancs, lorsqu'ils sont très jeunes – quelques mois par exemple – marquent la muqueuse buccale de telle manière qu'il est assez difficile d'apprécier ensuite des vins vieux. Il paraît souhaitable de faire une pause entre ces deux catégories de vins, ou de les voir dans des temps séparés pour éviter les contrastes toujours défavorables aux vins vieux.

Mise en train. Toute séance de dégustation professionnelle devrait débuter par une "épreuve à blanc", à savoir l'examen d'un échantillon supplémentaire non noté, qui permet selon l'expression courante de "se faire la bouche".

Cet échantillon doit bien évidemment être du même type que les vins présentés par la suite. Il peut aussi servir de base de notation, soit à la suite d'un examen antérieur effectué par une commission compétente, soit par conclusion orale donnée par les membres du jury après son jugement et avant la dégustation générale.

Chronologie des opérations d'examen. L'examen du vin se déroule suivant un processus qui fait intervenir successivement ou parfois simultanément différentes modalités sensorielles. Quatre périodes vont se suivre : examen à l'oeil, puis au nez, puis à la bouche, et enfin perception des sensations postopératoires.

1 L'examen à l'œil ou visuel

Il permet de juger l'apparence : les qualités de fluidité et de viscosité, de couleur, de limpidité, et s'il y a lieu d'effervescence. C'est aussi le premier contact du dégustateur avec le produit et il revêt une très grande importance car comme l'ont montré récemment certains chercheurs, il peut fortement influencer le jugement.

Les sensations visuelles. L'examen visuel met en œuvre la modalité sensorielle que l'on appelle la vision.

Dans les sensations visuelles, l'organe récepteur est l'œil. Son anatomie est bien connue. Pour nous limiter aux éléments qui concernent l'analyse sensorielle, nous rappellerons simplement qu'il existe deux types de cellules réceptrices des images.

Elles sont logées dans la rétine : ce sont les cônes et les bâtonnets. Les cônes sont considérés comme seuls sensibles à la réception chromatique. Situés pour la plupart dans la partie centrale de l'œil, ils sont en principe de trois sortes de types récepteurs : rouge, vert, bleu, permettant par conséquent toutes les combinaisons aboutissant à toutes les teintes.

Si l'on ajoute à cela le fait que l'œil humain comporte 7 millions de cônes et 130 millions de bâtonnets, on aura une idée de l'infinité des sensations perçues par l'œil.

Les excitations engendrées par la lumière sur les cellules réceptrices sont transmises par des neurones très nombreux qui constituent le nerf optique : quelques dizaines de milliers dans la rétine. Par l'intermédiaire de différents relais, les influx nerveux parviennent à la zone corticale visuelle, située dans la partie occipitale interne des hémisphères cérébraux.

C'est là que se forme le percept visuel.

Les stimuli. Pour faire simple dans ce domaine pourtant complexe, on rappelle que la lumière est l'ensemble des radiations électromagnétiques auxquelles les yeux de l'homme sont sensibles.

Ces radiations se situent dans les limites approchées de 4 000 à 7 000 Angström de longueur d'onde. La lumière blanche correspond à l'ensemble des radiations situées entre ces deux limites ; par diffraction, elle se décompose entre les différentes couleurs qui forment le spectre.

Comme la lumière blanche est reproduite par des corps portés à 6 500° Kelvin, on conçoit qu'à des températures plus faibles, les corps incandescents émettent des lumières comportant des dominantes rouges. On peut par conséquent caractériser la nuance d'une source lumineuse par sa température.

Les corps colorés ne renvoient par réflexion ou ne laissent passer par transparence que certains rayons lumineux. Leur couleur apparente dépendra par conséquent de la composition de la lumière qui les éclaire. Celle-ci n'apparaît que lorsque l'éclairage est suffisant.

On peut en déduire l'importance du choix du type de source lumineuse et sa nécessaire intensité dans la conception de la salle d'analyse sensorielle, afin que la ou les couleurs des corps soumis à évaluation soient correctement appréciées.

Quels sont les éléments mesurés par l'examen visuel ?

La viscosité et la fluidité. L'agitation du vin dans le verre permet de se rendre compte de son état physique, de l'importance des "larmes" ou "jambes" qui sont des éléments permettant de mesurer ou d'apprécier la qualité. Certains auteurs donnent une appréciation de ce qu'ils appellent "le disque". Nous nous abstiendrons sur cette appréciation que nous ne savons pas noter. En revanche, l'observation de larmes ou de jambes sur les parois du verre traduit une richesse plus ou moins grande selon les éléments visqueux (sucres et alcools).

La limpidité. Si, dans certaines boissons comme les jus de fruits, une certaine turbidité est un caractère classique du produit, la limpidité la plus parfaite est exigée dans les vins. Car les troubles constatés lors de l'examen visuel avertissent presque toujours de défauts souvent graves dans les autres groupes de caractères organoleptiques.

Ces défauts de limpidité ont pour cause des corps en suspension dans le liquide. Si le diamètre de ces particules est très faible, le vin est dit "louche". S'il est plus important, ces particules alors appelées "voltigeurs" sont nettement visibles à l'œil nu. Elles peuvent paradoxalement exister dans un liquide par ailleurs limpide.

La révélation des défauts de limpidité est facilitée par l'interposition des vins entre l'œil et une source lumineuse. Si cette source est un spot latéral, les défauts de limpidité ou leur absence sont beaucoup plus nets.

Dans la notation du vin, les défauts de limpidité doivent être notés, parce qu'ils expliquent souvent la nature ou l'intensité d'éventuels défauts perçus lors de l'olfaction ou de la gustation. En somme, l'examen visuel de la limpidité joue le rôle d'avertisseur.

La couleur. Appréciée lorsque le vin est au repos, son jugement est très relatif parce qu'il varie pour une même catégorie de vin selon les régions de production et les marchés de consommation. On peut donner comme exemple la couleur rouge, dont l'intensité dans les vins des vignobles septentrionaux est moins grande que celle des vins rouges méridionaux et aquitains, sans que les qualités des uns et des autres dépendent de cette différence d'intensité.

P. André, ancien directeur de l'INRA d'Avignon, avait montré l'importance suggestive de l'intensité de la couleur chez certains dégustateurs. Des sujets, habitués professionnellement à faire une relation assez étroite entre la qualité de la couleur et d'autres caractères organoleptiques, avaient exprimé "à l'aveugle" des résultats qui dépendaient de cette relation, même quand elle n'existait pas. Ceci en particulier sur des vins rosés.

De nos jours, cette "déviance perceptive" a été mise en évidence par F. Brochet dans une étude très intéressante : la teinte et surtout la saturation de la couleur peuvent bien entendu être définies instrumentalement d'une manière très précise. Mais cela représente une opération supplémentaire assez coûteuse, qu'il serait souhaitable d'éviter dans la pratique tout en obtenant des résultats d'estimation assez proches de la réalité.

Il convient de rechercher de très satisfaisantes échelles normalisées d'intensité et de qualité des couleurs. Il est donc nécessaire de rester attentif au fait que les très grandes variétés d'intensité des couleurs recherchées ne permettent en aucune manière de porter un jugement absolu sur la qualité des vins. Si, pour des types ou des origines de vins définis, une échelle de témoins peut permettre des notations indicatives de préférence et à la limite d'acceptabilité, tout repose en cette matière sur la compétence gusto-olfactive du dégustateur.

On peut noter à cet effet que la mode actuelle des vins dont la couleur rouge touche à ce que des consommateurs anciens appelaient "le beau vin noir" conduit à un allongement des macérations, à une extraction totale de la couleur des pellicules, mais aussi à des éléments qui diminuent le nombre et l'élégance des parfums. Les habitudes, usages de vinification dans les terroirs AOC, conservent à notre sens une valeur fondamentale.

L'effervescence. Elle est un défaut grave dans un vin dit tranquille, et pour cela doit faire d'objet d'une notation négative. Même si elle n'est pas suivie de défauts trouvés en gustation ou en olfaction, elle révèle un manque de stabilité dommageable pour l'avenir du vin.

L'effervescence est en revanche un caractère classique des vins pétillants et mousseux. Elle peut être appréciée et jugée par le dégustateur et se manifeste par un picotement sur les muqueuses à l'intérieur de la bouche à partir de concentrations d'environ 500 milligrammes de gaz carbonique par litre. Mais il paraît préférable de confier préalablement cette mesure à un observateur, dont le jugement dépendrait de comparaisons avec des échelles appropriées. Ceci pour une raison simple : la caractérisation objective et précise de l'effervescence peut ne pas être instantanée, et le temps de son jugement est incompatible avec les opérations suivantes de la dégustation. Car l'analyse sensorielle de cette catégorie de vin ne se limite pas seulement au nombre et au volume des bulles ; elle porte aussi sur la durée du dégagement, fréquemment très longue dans les vins mousseux de grande qualité.

L'examen portera par conséquent sur :

- le diamètre des bulles (leur finesse est synonyme d'élégance ; leur grosseur de rusticité)
- le nombre de bulles
- la durée du dégagement

Si les degrés d'appréciation de la grosseur des bulles sont les mêmes pour tous les vins effervescents, il n'en est pas de même pour le nombre de bulles et la durée du dégagement, ces deux caractères étant en relation directe avec le degré d'effervescence recherché.

Celui-ci est habituellement traduit par la pression de gaz carbonique dans la bouteille exprimée en kilogrammes par centimètres carrés. La variation de pression, qui dépend généralement de la liqueur de tirage, donne des qualificatifs tels que perlant, pétillant, crémant, mousseux. Ces gammes de pression ont des limites qui varient par ailleurs avec les régions et les pays.

On notera pour terminer qu'afin d'accroître et d'accélérer le dégagement des bulles, dans un but purement hédonique, le verre à dégustation peut comporter en son fond un cercle dépoli de quelques millimètres de diamètre.

2 L'examen au nez ou olfactif

Les sensations olfactives perçues soit sous forme d'odeurs (voie nasale directe), soit sous forme d'arômes (voie rétronasale) constituent les critères les plus importants du jugement de la qualité des vins. Leur analyse doit être d'autant plus attentive qu'elle présente de grandes difficultés dans leur perception, leur identification et leur interprétation. Et même si l'existence de témoins olfactifs universellement reconnus facilite la tâche du dégustateur, il reste que l'uniformisation du sens des expressions employées doit faire l'objet de confrontation entre les groupes de dégustateurs, et d'une permanente diffusion des témoins olfactifs. **Les sensations olfactives.** La modalité sensorielle est l'olfaction. Elle représente une phase essentielle dans la dégustation des vins. Mais cette modalité sensorielle est très difficile à étudier, car nous ne maîtrisons pas les stimuli et le nombre des percepts étant quasi illimité, leur expression s'en trouve compliquée. Aussi, les mécanismes ont été longtemps supposés et ce n'est que très récemment, qu'ils ont été mis en évidence. Parmi les travaux récents et qui nous apparaissent les plus complets, nous conseillons aux lecteurs de bien vouloir se reporter à l'ouvrage de M. A. Holley, intitulé *Eloge de l'odorat*.

Anatomie de l'organe récepteur. L'organe récepteur est le nez, l'odorat est le sens percepteur.

Le nez se compose des fosses nasales. Les fosses nasales comportent trois cornets superposés : le cornet supérieur, le cornet moyen, le cornet inférieur.

Le cornet moyen délimite vers le bas la région olfactive. Cette région de la muqueuse nasale couvre les toits plats des fentes, ainsi que la partie supérieure des cornets supérieurs.

La région olfactive est appelée tache jaune, parce qu'elle est colorée en jaune. Elle occupe une superficie totale généralement inférieure à 4 cm2. Elle contient de 10 millions à 30 millions de cellules réceptrices, se terminant chacune par une cellule tactile comportant plusieurs cils olfactifs ; ces cils olfactifs baignent dans une solution aqueuse et constituent une membrane superficielle ciliaire.

Les prolongements opposés à ces neurones forment les fibres du nerf olfactif ; ils rejoignent le bulbe olfactif à travers la lame criblée de l'ethnoïde.

Le bulbe olfactif, épaississement localisé du système olfactif, est situé à la face inférieure de la partie antérieure des hémisphères cérébraux. Le bulbe olfactif est le siège de synapses entre les cellules de la muqueuse nasale et les stries olfactives, destinées à informer le cortex cérébral des diverses odeurs perçues.

Physiologie

Les travaux réalisés en 1957 par Steven aboutissent à la loi de puissance, énonçant à partir des réactions enzymatiques induites par un stimulus, *"l'intensité perçue croît comme une certaine puissance de l'excitation"*. Le professeur Holley indique donc *"ce n'est donc pas la sensation elle-même comme le pensait Weber mais bien son logarithme qui croît comme le logarithme de la stimulation"*.

Les corps odorants ne sont pas tous perçus de la même manière, et l'intensité perçue ne donne pas pour tous la même excitation avec la même concentration. Cette perception varie également selon les individus.

Notre expérience nous conduit à exposer quelques caractéristiques générales relatives au fonctionnement de l'appareil olfactif.

▶ Les corps chimiques volatils stimulants mélangés à l'air inspiré doivent atteindre la tache olfactive. Aussi, convient-il d'aspirer l'air par saccades, de flairer pour provoquer des tourbillons dans les fosses nasales. La même action, mais en sens inverse, produit les mêmes effets à partir de corps à nuances odorantes situés dans la bouche. Ces substances odoriférantes constituent les stimuli.

▶ Le phénomène dit d'adaptation ou de fatigue existe aussi dans l'olfaction. Mais son caractère est tel que son apparition pour des odeurs intenses n'empêche pas la perception d'odeurs d'intensité secondaire à nuances fines.

▶ L'acuité sensorielle et les possibilités de différenciation sont très grandes en modalité olfactive. Certains corps sont perçus à des concentrations infinitésimales : on donne couramment comme exemple le mercaptan (odeur classique de fiente de volailles), perceptible à moins d'un millionième de milligramme par litre d'air, ou encore la vanilline (odeur de vanille), détectable à des concentrations similaires. C'est cette capacité humaine de déceler des nuances olfactives très fines qui est utilisée par les parfumeurs pour construire des complexes odorants caractéristiques de leurs marques.

▶ La sensation olfactive peut provenir de stimuli qui apparaissent au cours de la dégustation buccale. Il faut distinguer deux types de sensations olfactives : l'odeur perçue par voie nasale directe par flairage et l'odeur perçue par voie rétronasale lorsque le produit est dans la bouche.

Le mot "goût" est ainsi employé pour désigner tout cet ensemble odorant, alors qu'en physiologie, ce terme est équivalent de "saveur". Sont donc réunis sous ce vocable les différents stimuli chimiques agissant dans la bouche, qu'il s'agisse de saveurs, de sensations chimiques communes ou d'arômes. Exemple : le goût de bouchon, occasionné dans la plupart des cas par la présence d'une substance chimique 2, 4, 6 - trichloroanisol (T.C.A), est une odeur perçue par voie rétronasale.

▶ Il a été prouvé que la perception olfactive est conditionnée par l'activité visuelle. Les odeurs sont beaucoup mieux perçues lorsque l'œil fonctionne. Dans une certaine mesure, l'intensité des sensations olfactives est par conséquent liée à la lumière reçue par l'œil. Ceci implique la recherche d'un niveau minimum d'éclairement au cours des opérations de dégustation.

▶ Les sensations olfactives ont un caractère affectif plus grand que celui d'autres sensations. Elles sont en effet à la base de la régulation du comportement humain pour différentes fonctions organiques comme la sexualité, le besoin alimentaire, etc. Aussi est-il indispensable de favoriser l'objectivité du dégustateur par l'apprentissage, la fréquence et l'originalité des exercices, évitant par là les engouements personnels irréfléchis.

▶ Enfin, parce qu'elles sont destinées au rôle de régulateur organique, les sensations olfactives sont influencées par la satisfaction ou l'insatisfaction des besoins du corps. L'acuité odorante est plus grande lorsque l'appareil olfactif n'a pas fonctionné depuis des heures. Tout particulièrement pour les vins, les meilleurs résultats de dégustation sont obtenus avant les repas.

Les stimuli

Les corps volatiles nombreux et variés constituent les stimuli responsables des sensations olfactives. Aux quelques centaines de milliers de corps odorants naturels s'ajoutent les milliers de corps artificiels que la recherche chimique propose chaque année.

Par ailleurs – et ceci est très important – la concentration ou la dilution des corps purs odorants crée des sensations différentes et des identifications de parfums de natures variées. Les qualités des sensations varient donc à l'infini.

Le vin est une boisson complexe, la physicochimie des surfaces joue un très grand rôle dans la localisation et la libération des éléments odorants. Les conditions de présentation d'un vin ont donc une importance prépondérante, augmentée par la fragilité de l'ensemble aromatique ; il est bien connu en effet que l'évolution des constituants volatils peut varier plus ou moins rapidement au contact de l'air.

On retiendra aussi que les perceptions par voie rétronasale ne sont pas tout à fait semblables à celles qui sont ressenties par flairage (voie directe). Elles dépendent dans une certaine mesure du passage dans la bouche, où les molécules odorantes sont influencées par la température, l'agitation, et la nature des sucs salivaires.

Tous ces éléments doivent être mis à profit pour déterminer l'occasion, le moment, la température, les mieux adaptés pour occasionner la plus grande variété, lors de la dégustation et le plus grand plaisir lors du service d'une grande bouteille.

Quels sont les éléments mesurés par l'examen olfactif ?

Sur le plan pratique, l'examen olfactif se fait en flairant le vin, sous forme de petites aspirations nasales. La turbulence de l'air dans les narines favorise le développement de corps volatiles sur la tache olfactive.

Pour que la perception de l'ensemble soit totale, l'aspiration doit être répétée : d'abord au-dessus du vin au repos, puis après un mouvement circulaire imprimé au vin pour accroître l'émission des odeurs. Et l'analyse doit être prolongée pour que le phénomène de fatigue sensorielle légère cache les caractères les plus intenses, et permette la perception des nuances les plus fines.

Cet examen ne peut être effectué avec la précision souhaitable en moins d'une minute. Il comporte d'assez grandes difficultés, et confirme la nécessité d'une formation minimale des dégustateurs.

L'odeur, l'arôme ou les caractères olfactifs. Très variés, et parfois très puissants, ces caractères forment le groupe de base de la classification hédonique des vins. Que ce soit dans la mise en ordre qualitative empirique des vins à la production, ou ensuite dans les usages commerciaux, leur influence en fait le critère essentiel de l'évaluation sensorielle.

Ils sont dans un premier temps perçus par voie nasale directe et alors qualifiés d'odeurs. Dans un deuxième temps, ils sont perçus par voie rétronasale lorsque le vin est dans la bouche. Ce sont alors les arômes. Après expulsion ou ingestion du vin, la perception olfactive se poursuit selon une certaine durée en relation directe avec la composition aromatique, la complexité du vin. Cette persistance, développée par ailleurs sous le chapitre "Persistance aromatique intense", détermine la classe du vin. Ces trois ordres de sensations olfactives, odeurs, arôme et persistance aromatique inclus, constituent la globalité des caractères olfactifs.

Odeurs et arômes. Il est toujours difficile, en analyse sensorielle, d'avoir un langage précis parce que les interprétations des sensations, naturellement subjectives, varient d'un individu à l'autre.

On est cependant conduit, dans un but de clarté, à rechercher des substantifs différents pour dénommer les sensations olfactives perçues par les voies d'accès que sont le nez et la bouche.

Une convention, définie il y a quelque 30 ans, grâce aux résultats issus des travaux sur la neurophysiologie des organes des sens, a donné un sens différent aux mots "odeur" et "arôme". On qualifie d'"odeurs" les sensations perçues par voie nasale directe et les qualités correspondantes des corps qui les provoquent, et d'"arômes" les sensations perçues par voie rétronasale ainsi que leurs qualités correspondantes (cf. chapitre Sensations olfactives).

Il y a rarement identité parfaite entre l'odeur et l'arôme d'un vin, car les conditions physiques ou chimiques d'émission des gaz odorants sont différentes à ces deux niveaux d'examen. Si l'odeur arrive dans un état pur sur les cils olfactifs, de nombreux facteurs nouveaux interviennent lorsque le vin est dans la bouche : la température du vin, l'intensité de l'agitation, la réaction chimique possible d'une salive plus ou moins alcaline peuvent révéler des stimuli préexistants, mais non perçus comme odeurs, et créer ainsi des corps nouveaux stimulants.

3 L'examen en bouche ou gustatif

L'analyse sensorielle se poursuit par l'examen de sensations gusto-olfactives. La gustation est une fonction sensorielle liée à des organes récepteurs situés sur la surface de la langue. Leur excitation est provoquée par certains corps chimiques.

Mais nous avons vu aussi que la phase olfactive se poursuit après prise en bouche et que les arômes sont perçus par olfaction. Au-delà de ces deux types de sensations, d'autres, peut-être moins étudiées, participent à la description des caractères organoleptiques ; ce sont les sensations tactiles, thermiques, chimiques communes, trigéminales, kinesthésiques et somesthésiques.

Les sensations gustatives. La modalité sensorielle est le goût. La sensation perçue est la saveur.

Anatomie de l'organe récepteur. La langue est l'organe récepteur. Les cellules sensorielles gustatives sont groupées dans ce qu'on appelle les bourgeons du goût. Elles sont incluses dans l'épithélium de la muqueuse de la langue. Elles sont prolongées par un cil extérieur chargé de recevoir les stimulations. Celles-ci sont transmises par les neurones au système nerveux central par plusieurs voies : glosso-pharyngienne, linguale, larynée supérieure, ceci jusqu'au centre cortical de réception. Ces sites privilégiés captent ce que l'on peut appeler des signaux, stimuli "émis" par les aliments ingérés. Le vin qui aujourd'hui ne peut être assimilé à un aliment, n'en est pas moins un liquide complexe qui "émet" de nombreux signaux.

Physiologie

Le processus de stimulation gustative, de nature chimique, est réalisé par l'intermédiaire d'acides aminés.

Jusqu'à une période relativement récente, tous les manuels, et nous en sommes, précisent qu'il existe quatre types élémentaires de sensations gustatives, correspondant aux saveurs sucrée, salée, acide et amère, et comme nous l'avons exprimé plus haut, deux autres types identifiés : umami et saveur métallique. Une autre saveur correspondant à la réglisse (saveur spécifique de l'acide glycyrrhizique) aurait même été découverte mais n'a pas fait l'objet de normalisation.

Cette classification a été établie pour satisfaire notre esprit cartésien, et nous permettre par certains repères de mémoriser certains termes et d'exprimer un vocabulaire plus précis. Il n'est toutefois pas contestable que lorsque le cuisinier a la main lourde sur le sel la perception salée est réelle et c'est bien sur la langue qu'est perçu le stimulus. Il semble incontestable que les récents travaux de neurophysiologie et de neurobiologie sont en train de démontrer que cette classification deviendra probablement inique. Nous maintenons donc pour l'instant la position que nous avons exprimée antérieurement, confirmée par plusieurs normes AFNOR, dans l'attente des développements en cours. La plupart des cellules sensorielles - pas toutes - semblent ne réagir qu'à une seule de ces saveurs. Si la partie centrale antérieure de la langue est une zone relativement insensible, il est classique de dire qu'il existe dans le reste de l'organe une localisation possible de la perception de chacune des quatre saveurs. Ce point est actuellement l'objet de débats contradictoires.

Comme les odeurs, les saveurs présentent un caractère affectif lié à leur fonction et sont sujettes au phénomène de fatigue ou d'adaptation.

Associée souvent à l'olfaction au cours de la dégustation, la gustation est souvent confondue, dans les interprétations, avec les sensations dites de sens chimique commun, telle l'astringence qui, elle, a un pouvoir de stimulation de toutes les muqueuses de la bouche.

Les stimuli en bouche

Les corps retenus actuellement comme étant les plus appropriés à transmettre les stimuli identifiés et normalisés sont relativement simples.

La sensation acide correspond bien évidemment à des corps acides. Mais il a été remarqué que tous les corps chimiquement acides ne donnent pas une sensation acide. L'intensité de la sensation est très variable selon le type d'acide ; elle l'est aussi selon le degré d'alcalinité de la salive de chaque individu.

Les corps sucrés sont représentés par le saccharose, le glucose, le fructose. Mais la sensation de douceur qu'ils donnent peut provenir de corps non sucrés, tels la saccharine, la glycérine, l'alcool.

- la saveur salée a pour témoin gustatif le sel de cuisine ;

- la saveur amère est provoquée par les sels de quinine (sulfate, chlorydrate) et la caféine

- la saveur appelée "umami" a pour témoin le glutamate de sodium ;

- la saveur métallique a pour témoin le sulfate ferreux hydraté.

Les sensations tactiles, thermiques, chimiques communes, trigéminales, kinesthésiques et somesthésiques

Le caractère très diffus de la dispersion des cellules réceptrices de ces différentes sensations auquel s'ajoute l'incertitude quant à leur spécificité, constitue les raisons du regroupement de ces sensations dans un même chapitre.

Anatomie et physiologie. Les types de récepteurs répartis dans le corps sont nombreux. Ceux qui nous intéressent, situés dans la cavité buccale, sont soit des terminaisons nerveuses libres, soit des terminaisons nerveuses encapsulées avec ramifications ou non.

Les actions sur la peau donnent des sensations tactiles ou somesthésiques.

Les sensations thermiques se traduisent par l'échauffement ou le refroidissement des tissus dans la limite de 10 à 45°. Au-delà, les sensations thermiques sont relayées par des sensations algiques, c'est-à-dire plus ou moins douloureuses, éprouvées aussi avec des corps chimiques agressifs.

Ces phénomènes sont décrits dans la recherche de définition du profil de texture.

La texture est constituée d'un ensemble de propriétés mécaniques, géométriques et de surface d'un produit perceptible par les mécano-récepteurs, les récepteurs tactiles et éventuellement par les récepteurs visuels et auditifs. Pour ce qui concerne le vin, les propriétés mécaniques comprennent la viscosité et l'adhérence, les propriétés géométriques sont les propriétés liées aux dimensions, à la forme et à l'arrangement des particules dans le produit, les propriétés de surface sont les propriétés liées aux sensations telles que celles produites par l'eau et les matières grasses. Dans la cavité buccale, cela correspond aussi à la façon dont les constituants sont libérés.

L'évaluation sensorielle de la texture est un processus dynamique. Ses propriétés se manifestent par la réaction de l'aliment à la contrainte. Elles sont mesurées :

- soit par la *kinesthésie*, c'est-à-dire l'ensemble des sensations de position, de mouvement et de tension de certaines parties du corps, perçues à travers les nerfs et les organes des muscles, les tendons et les articulations ;

- soit par *somesthésie*, c'est-à-dire les sensations de pression (toucher) et de douleur perçues par les récepteurs localisés dans la peau et les lèvres, y compris la muqueuse buccale, la langue et la membrane parodontale.

Les sensations trigéminales qualifient plus particulièrement les sensations irritantes ou agressives perçues dans la cavité buccale.

Les stimuli tactiles

Les sensations tactiles ou somesthésiques perçues par les muqueuses de la cavité buccale sont à la base de la fluidité et de l'onctuosité. Mais cette action tactile ne peut pas être dissociée de l'action des polyphénols et de l'alcool, tout particulièrement dans les vins rouges. Les variations qualitatives de ceux-ci donnent l'échelle suivante :

- à faible intensité, les polyphénols (tanins) agissent sur les composés aminés de la salive, enlevant à celle-ci une légère partie de son pouvoir lubrificateur ;

- à plus forte intensité, les polyphénols ont une action directe de constriction des cellules des muqueuses ; ils font apparaître la sensation d'astringence ;

- à très forte intensité, les tanins provoquent une telle constriction que la sensation prend un caractère de forte astringence qui devient légèrement algique.

Les sensations thermiques sont générées par l'action chimique sur les tissus de différents composés existant dans les vins : l'alcool provoque en bouche et parfois dans l'œsophage une sensation pseudocalorique. Celle-ci ne relève pas seulement de la concentration en alcool, mais de l'équilibre entre ce produit et d'autres constituants du vin, tels les tanins et les sucres.

On notera enfin que ce que l'on nomme âcreté relève souvent d'un processus chimique dû à des corps plus ou moins volatiles. Associée souvent à l'astringence, l'âcreté provoque une sensation algique ou subalgique (trigéminale) dans les fosses nasales et l'arrière-gorge.

Quels sont les éléments mesurés par l'examen gustatif ?

Les saveurs. Le terme de saveur n'est employé que pour désigner les sensations gustatives strictes et les qualités organoleptiques correspondantes.

Le goût. Le terme de "goût", bien défini en analyse sensorielle, permet d'éviter toute confusion dans l'expression des sensations. Mais dans le langage courant, la confusion est fréquente en raison de la juxtaposition des perceptions en bouche des sensations gustatives et olfactives par voie rétro-nasale.

La chaleur. Deux acceptions peuvent être attachées à ce terme : celle de température de service, dont on sait qu'elle influe sur la diffusion des arômes, une autre liée à la puissance alcoolique ou plutôt à son équilibre avec les autres constituants.

4 Les sensations postopératoires ou post-sensations

Ces sensations, perçues après expulsion du vin de la bouche, sont de deux ordres qu'il est souhaitable de voir l'un après l'autre.

La **persistance aromatique intense (PAI)** exige pour être mesurée le mieux possible une grande concentration d'esprit.

L'**arrière-goût** et la **fin de bouche** sont les sensations finales. Ajoutées à la pai et aux effets des différentes modalités sensorielles concernées, elles forment un ensemble complexe identifiant les vins de qualité élevée. Si l'on y ajoute le fait que des sensations olfactives nouvelles peuvent se révéler par réaction entre certains composants du vin et la salive, on peut conclure que rien ne doit être négligé pour parfaire l'impression hédonique du vin. Il faut par conséquent un temps assez long – au moins 30 secondes – et la répétition des prises pour mieux cerner le niveau de qualité globale de l'échantillon.

La persistance aromatique intense

Ce phénomène de rémanence existe pour tous les vins après leur expulsion de la bouche, mais avec de grandes différences dans la qualité et dans la durée de la sensation olfacto-gustative.

En principe, dans un vin de qualité élevée, on constate que la persistance aromatique conserve une intensité constante pendant quelques secondes. Il y a ensuite une chute brutale de cette persistance qui devient de moins en moins perceptible. C'est la première partie qui est appelée persistance aromatique intense (PAI). Elle est définie par une unité de temps, la seconde, et est appelée : **caudalie**.

Nous avons tenu à reprendre ce schéma initial établi dans *Essai sur la dégustation des vins*.

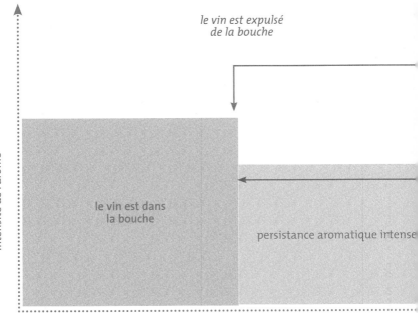

publié en 1972, car nous avons inventé cette notion dans ce premier ouvrage, ainsi que son unité de mesure : la caudalie. La mise en application s'est quelquefois faite de manière fantaisiste, car elle nécessite une très grande attention et un entraînement assidu. Nous félicitons Monsieur Jean-Claude Buffin pour les applications sérieuses qu'il en a faites et que l'on peut consulter entre autres dans *Educvin ; votre talent de la dégustation.*

La fin de bouche et l'arrière-goût

En dehors de la partie intense de la persistance aromatique et des quelques arrière-goûts souvent accidentels, l'ensemble des sensations ressenties dans la bouche après expulsion du vin constitue une suite d'éléments fort intéressants, malgré la faible intensité de certains d'entre eux.

La situation de ces sensations a permis qu'on les dénomme **fin de bouche**.

Cette fin de bouche entre empiriquement pour une part importante dans l'appréciation exprimée par le dégustateur. En voici quelques exemples : le vin a "de la suite", il est bien suivi pendant le temps de persistance intense, il "finit bien" (ou mal) il a "belle longueur", il laisse la "bouche sèche", la fin est "amère", etc.

Il s'agit là de sensations hédoniques. Malgré les dangers potentiels de la subjectivité, on peut considérer que la plupart d'entre elles sont à considérer lorsqu'elles sont perçues et exprimées par un groupe.

On retiendra par conséquent que la "fin de bouche" est un des éléments complémentaires de l'appréciation des vins fins.

Le terme d'**arrière-goût** est également utilisé en analyse sensorielle des vins, mais nous proposons qu'il soit réservé aux impressions désagréables de "fin de bouche".

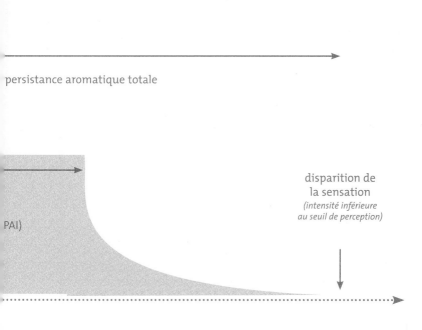

persistance aromatique totale

PAI)

disparition de
la sensation
*(intensité inférieure
au seuil de perception)*

Le cadre de
l'évaluation sensorielle

Le dégustateur doit être dans des conditions d'hygiène et d'environnement favorables,

Conditions de réussite d'une évaluation sensorielle. Afin de réaliser l'analyse dans les meilleures conditions possibles, il paraît nécessaire d'examiner un à un les facteurs susceptibles d'influencer les réponses des dégustateurs. Les variations de la qualité de ces réponses sont liées à des facteurs internes propres à chaque individu, ou à des facteurs externes liés à l'environnement dans lequel s'opère l'analyse.

Le dégustateur est influençable. La qualité d'une réponse sensorielle à un stimulus défini peut être influencée par un grand nombre de facteurs.

Organe de réception et organe d'interprétation

Les organes des sens, récepteurs des sensations, et le système nerveux, traducteur des sensations, sont des instruments de mesure dont les qualités sont extrêmement inégales selon la modalité sensorielle. Si l'on fait un parallèle avec les instruments de mesure créés par l'homme, la précision qualitative est supérieure à la précision quantitative. L'intensité de la sensation n'est généralement pas en rapport simple direct avec celle du stimulus.

L'interprétation d'une sensation est toujours la traduction subjective d'un stimulus objectif dont la perception peut également être modifiée par de nombreux facteurs. Là, interviennent l'histoire des sensations de l'individu, ses capacités intellectuelles, son éducation, son apprentissage, mais également son histoire affective. Les sentiments personnels acquis lors des expériences antérieures peuvent jouer un rôle déformant.

Les conditions de présentation de l'objet jouent également un très grand rôle. Parmi les exemples les plus évidents, pris à l'extérieur de l'évaluation sensorielle des liquides et les plus souvent cités, on peut noter la perception différente des formes d'objets présentés sous des schémas différents, des angles différents ou des distances différentes.

La justesse et la fidélité sont elles aussi fortement influencées par des facteurs internes et externes que nous nous proposons de décrire.

Facteurs de variation à caractère interne

Ils peuvent être classés en facteurs organiques, physiologiques, psychologiques et intellectuels.

▶ **Les facteurs organiques.** Il existe des différences de sensibilité selon les individus. En dehors des maladies ou accidents qui peuvent affecter les organes des sens, certains individus sont plus doués que d'autres pour telle ou telle modalité sensorielle, aussi bien sur le plan qualitatif (différenciation, identification) que sur le plan quantitatif (seuil de perception, appréciation). De ce fait, une sélection s'impose pour le choix des dégustateurs. Cette sélection est assez aisée et peut se faire de manière instrumentale pour la vue. Elle est beaucoup plus difficile et aléatoire en ce qui concerne la gustation et l'odorat, où elle ne se fait pas de manière expérimentale et nécessite de nombreux tests.

▶ **Les facteurs physiologiques.** L'état de santé de l'individu et ses activités immédiatement préalables ou antérieures proches ont une grande influence sur la qualité des perceptions sensorielles.

Le "bon état" des récepteurs et la "bonne forme" des dégustateurs doit être de règle. Un certain nombre d'exigences sur la santé et les activités préalables aux analyses sensorielles devront donc être établies pour obtenir un minimum de précision et de fidélité de l'individu dans les résultats de son analyse.

Il est nécessaire enfin de tenir compte du phénomène dit de fatigue ou d'adaptation susceptible de provoquer une diminution d'intensité des sensations, voire dans certains cas, sa disparition totale lorsque le temps d'excitation est trop long.

▌ **Les facteurs psychologiques.** L'affectivité intervient obligatoirement dans le processus d'analyse sensorielle, elle peut entraîner des déformations importantes des réponses.

L'élimination de ce côté affectif lors de l'expression de la réponse peut se réaliser par une discipline d'esprit relevant de la volonté de l'individu et de l'apprentissage qu'on lui a fait subir. L'esprit compétitif, l'amour-propre et le défaut de modestie de nombreux dégustateurs sont autant d'obstacles à l'élimination des causes affectives de la réponse.

Facteurs de variation d'essence intellectuelle

▌ **Connaissances et formation.** La réponse d'un individu à une sensation ne présente d'intérêt que dans la mesure où elle est intelligible pour les autres individus. Les connaissances de base sur l'anatomie des organes des sens, sur un minimum d'éléments de la physiologie sensorielle, sont de toute façon indispensables. Si elles ne sont pas maîtrisées, elles devront faire l'objet d'une mise à niveau. La méthodologie à mettre en œuvre, mais également les moyens d'expression à utiliser, en particulier un vocabulaire précis et bien défini, devront être connus. Enfin, le dégustateur devra posséder de bonnes références d'apprentissage ou d'expérience quant à l'appréciation, l'estimation, la notation.

▌ **Mémoire et habitude.** Il est nécessaire d'enregistrer en mémoire de très nombreux éléments qualitatifs et quantitatifs dont la précision du souvenir doit être renouvelée périodiquement par examen de témoins et étalons et tendre ainsi à relever de l'habitude.

▌ **Expérience et entraînement.** *"Le rôle de l'expérience est capital pour donner aux messages sensoriels leur signification perceptive"* (H. Pieron). Si, comme il est dit ci-dessus, cette expérience est nécessaire pour l'acquisition gnosique de termes de comparaisons, elle se révèle également être un moyen de perfectionnement de la précision des réponses perceptives par une différenciation de plus en plus fine au niveau des centres de perception. En cela, la dégustation peut, comme un sport, être considérée comme une nécessité de performance physique, physiologique et intellectuelle, et relever comme lui, d'un entraînement pour conserver la "forme".

▌ **Attitude perceptive et attention.** La dégustation est une épreuve fatigante, une de ces conséquences réside dans le nombre d'échantillons susceptibles d'être traités lors d'une séance, pour obtenir des résultats fiables.

"Dans le domaine sensoriel, c'est la perception qui est le processus psychologique fondamental, et il ne faut pas la confondre avec la sensation élémentaire, comme on tend souvent à le faire". H. Pieron place ainsi le problème à son véritable niveau, celui de la projection nécessaire d'une image consciente sur le cerveau pour que le stimulus puisse être appréhendé par l'intellect. Mais les centres de perception ne sont pas toujours en état de faire passer dans la conscience les messages qu'ils reçoivent. Ce processus, au moins pour certains niveaux de sensations, ne se réalise que dans la mesure où existe une certaine attitude, un niveau de vigilance, une attention, une orientation, une concentration de l'attention sur l'objet de la recherche. En dehors de la suppression des distractions évoquée par ailleurs, cela conduit également à tenir compte de la fatigue intellectuelle non négligeable amenée par cette attention qui doit être très soutenue pour la bonne réalisation du travail de dégustation.

Facteurs de variation à caractère externe

▶ **Sensations préalables aux opérations de dégustation.** Les sensations perçues préalablement à l'analyse d'un objet peuvent avoir un pouvoir déformant.C'est le cas par exemple lors de la nécessaire adaptation (rodage). C'est le cas aussi, avec l'influence des effets de contraste, bien connus dans la vision par exemple. Ceci justifie la nécessité de se *"faire la bouche"* avec un vin, pratique courante mise en œuvre pour se saturer des caractères vineux communs à tous les vins et déceler ensuite les nuances plus fines des vins à examiner. L'ordonnancement de la présentation des vins dans une série telle que les intensités sensorielles aillent en croissant est également indispensable.

▶ **Sensations concomitantes lors des opérations de dégustation.** Les facteurs d'ambiance jouent un très grand rôle. La température, la lumière, les couleurs ont une influence très importante sur les perceptions gustatives et olfactives.

La température ambiante influe sur le comportement. Il semble que lorsque la température extérieure est très basse, par grand froid, l'organisme accepte mal les boissons trop froides. A l'inverse, par grande chaleur, l'organisme a besoin de davantage de fraîcheur. La température de service doit donc tenir compte de ce phénomène. L'altitude semble également jouer un rôle.

La lumière externe et la perception de cette dernière doivent aussi être prises en compte.

Les couleurs environnantes influencent les perceptions, notamment la nuance ; ceci est très important pour exprimer l'appréciation de l'apparence des vins aussi bien blancs que rosés ou rouges.

Les stimuli d'une même modalité sensorielle peuvent également avoir des influences réciproques. Ceci justifie par exemple pour l'olfaction que l'air ambiant d'une salle de dégustation ne comporte aucune odeur parasite.

▶ **Suggestions extérieures lors des opérations de dégustation.** Les suggestions extérieures ont, au niveau de l'organe d'interprétation, le même résultat que les suggestions intérieures dues à l'affectivité. Les travaux de F. Brochet illustrent parfaitement ce phénomène. Il doit en être tiré comme conséquence un anonymat parfait des objets examinés. Enfin, le silence s'impose lors de l'analyse sensorielle.

Le vin est un produit vivant, il faut en tenir compte.

Le produit est sensible aussi aux phénomènes extérieurs.

Comme toute matière vivante, le vin a une composition très complexe, et certains de ses éléments sont sujets à une plus ou moins grande instabilité lorsque interviennent des facteurs physico-chimiques tels que la température, l'oxydation, la lumière, ou des facteurs mécaniques, tels les vibrations par exemple.

Facteurs physico-chimiques

▶ **La température.** La température extérieure influe sur les caractéristiques du vin lors de son élevage et de sa conservation. Elle joue également un rôle lors de la présentation du vin pour la dégustation ou la consommation.

Cette influence est relativement faible entre +5° et +20°, et les modifications éventuelles des caractères sont souvent provisoires et réversibles. Cependant, une longue conservation entre 15 et 20° accélère les processus de vieillissement jusqu'à parfois changer profondément les caractères initiaux du vin. En revanche, une conservation à basse température bloque le processus d'évolution. La conservation des vins dans les caves naturelles du Val de Loire en est un bel exemple, intéressant pour les vins blancs et les vins mousseux, mais celà peut être un handicap pour les vins rouges.

Les écarts de température inférieurs à +5°C et supérieurs à + 20°C sont néfastes.

Il apparaît dans ces cas et rapidement des modifications irréversibles des caractères organoleptiques du vin.

Au moment de la dégustation ou de la consommation, la température de présentation a une action directe sur l'intensité de certains caractères. Par exemple, dans les vins mousseux, la température de service doit être assez basse pour permettre un dégagement convenable du gaz carbonique. A l'inverse, cette température doit être relevée dans les vins blancs tranquilles pour favoriser une perception suffisante des caractères olfactifs.

Dans les dégustations professionnelles, il est nécessaire de présenter les vins à une température optimale, variable suivant le type et l'âge du vin, afin de mieux déceler les qualités et de permettre une meilleure perception d'éventuels défauts.

▶ **L'oxydation et l'oxydo-réduction.** L'oxygène est indispensable aux organismes générateurs des fermentations (levures, bactéries). Il est donc indispensable lors des phases de fermentation puis lors de la période d'élevage qui suit ces fermentations afin de stabiliser les vins. L'élevage sous bois permet en ce sens une oxydation ménagée, génératrice du potentiel aromatique. Il est très utilisé et donne les meilleurs résultats sur les vins à fort potentiel.

Les phénomènes d'oxydo-réduction contribuent à la formation du bouquet tertiaire. Il y a bien effectivement une évolution d'ensemble faite d'oxydation et de réduction ; car si l'intervention de l'oxygène est indispensable dans la première année de la conservation, son rôle en revanche est fort limité dans les temps qui suivent. Et c'est le phénomène de réduction en bouteilles qui crée le bouquet tertiaire.

Les modifications des caractères gustatifs sont très importantes. L'oxydation des leucoanthocyanes permet en effet l'assouplissement des vins rouges, corrélatif de nouvelles nuances de la matière colorante.

Au moment de la dégustation, l'oxydation ménagée qui se produit à la surface du vin au repos modifie l'évolution des stimuli aromatiques, suivant les principes de la physicochimie de surface et de la tension superficielle des composants. L'agitation du vin dans le verre, en augmentant la surface d'absorption de l'oxygène, facilite le dégagement puis la perception des odeurs.

▶ **La lumière.** L'influence de la lumière au cours de la conservation des vins est assez mal connue. On sait que certaines radiations altèrent les anthocyanes de la matière colorante. La nature du verre de la bouteille peut avoir une action et on l'utilise pour limiter cette incidence et aussi pour mettre en valeur la couleur, notamment celle des vins blancs et des vins rosés.

Facteurs mécaniques

L'agitation, les secousses, les vibrations modifient les caractères organoleptiques du vin.

Tous les professionnels savent que le vin subit au cours de son transport un certain nombre de chocs mécaniques, dont la conséquence est une perturbation des équilibres tant aromatiques que sapides. Il est donc souhaitable de respecter un temps de repos, d'autant plus long que les chocs auront été violents ou longs, pour que le vin retrouve ses caractéristiques initiales.

De telles constatations ont une importance certaine en matière de dégustation. Les opérateurs devraient en effet savoir si les vins ont été fortement manipulés dans les jours qui précèdent leur examen, à seule fin de juger en toute connaissance de cause, ou de reporter l'examen.

L'environnement du dégustateur influe sur ses capacités et sur ses perceptions.

L'environnement, les installations et le matériel utilisés pour l'évaluation sensorielle

Pour obtenir la plus grande précision possible, il est nécessaire que les dégustateurs soient placés dans les conditions de milieu les plus favorables, avec des installations adéquates et un matériel approprié. Une normalisation de ces conditions et objets est indispensable pour conduire aux qualités de reproductibilité recherchées.

▶ **L'environnement.** L'environnement, le milieu dans lequel le dégustateur opère, ont une grande influence sur le produit à examiner et sur les résultats de l'évaluation. Aussi est-il bon de préciser les conditions dans lesquelles celle-ci doit se faire. Elles se rapportent à l'ambiance générale du local et à tous les facteurs externes susceptibles d'influencer les stimuli des organes des sens.

▶ **Le bruit et le silence.** Sans pour autant rechercher un silence absolu, il faut éviter tout bruit important qui dérange l'attention des dégustateurs. En particulier, dans les installations existantes ou nouvellement créées, on a souvent des difficultés à supprimer les bruits d'écoulement des eaux. Les vibrations, même si elles ne sont pas des sources de bruits importants, apportent également des troubles de l'attention et doivent être évitées. Le choix de l'emplacement de la salle de dégustation doit être fait en conséquence. L'attention des dégustateurs doit être attirée sur le silence relatif qu'ils doivent observer afin de conserver une grande attention et aussi de ne pas troubler les autres.

▶ **L'aération.** Le local doit pouvoir être facilement aéré de façon à faire disparaître les odeurs qui pourraient éventuellement y régner.

Les salles de dégustation ne servent en général à cet usage propre que quelques heures par semaine et ainsi peuvent parfois être utilisées pour d'autres travaux. Elles peuvent aussi jouxter des laboratoires d'analyse chimique. Ces situations peuvent être des causes importantes de pollution de l'air par des corps odorants et il convient donc de les éviter. Lorsque l'on ne peut faire autrement, toutes précautions doivent être prises vis-à-vis des horaires des travaux annexes ou voisins pour permettre, avant chaque séance, une aération suffisante, afin d'éliminer toutes les odeurs parasites.

▶ **La température.** Il est évident que des températures extrêmes, trop froides ou trop chaudes, sont gênantes pour le dégustateur. Par ailleurs, leur excès influe rapidement sur la température de l'échantillon qui peut alors ne plus se présenter dans les conditions requises. À l'usage, il semble bien que la température habituelle des habitations est la plus convenable. Afin de s'aligner sur les autres types d'analyse, il paraîtrait heureux de normaliser à 20 °C avec une tolérance de 2 °C ; admettre par conséquent des températures de 18 à 22 °C.

▶ **La lumière.** L'éclairement doit être d'un niveau suffisant – au moins 300 lux – et de couleur blanche. La lumière du jour, si les ouvertures sont suffisantes et si les horaires le permettent, est la meilleure source possible.

Les sources artificielles utilisées éventuellement doivent se rapprocher au plus près possible de la lumière blanche qui correspond à des corps portés à la température de 6 500 °K. On doit utiliser celles qui en sont les plus proches, il semble que les lampes les plus convenables sont celles qui correspondent à la dénomination "lumière du jour de luxe".

Des éclairages annexes accessoires de faible intensité peuvent être réalisés avec des ampoules classiques. Il en est ainsi pour les spots lumineux destinés à examiner la limpidité et dont les dimensions restreintes ne permettent pas l'utilisation des lampes type "lumière du jour de luxe".

Si la salle doit servir à l'expérimentation ou à l'apprentissage, il est bon de prévoir des possibilités de lumière colorée permettant de masquer la couleur des échantillons.

Les parois de la salle ainsi que les installations et les objets utilisés ne doivent pas comporter de couleurs vives qui modifient le rayonnement lumineux. Par ailleurs, le blanc ne paraît pas recommandable, semble-t-il, pour des raisons psychologiques. Les teintes neutres, telles que beige léger, fauve clair, gris faible, paraissent les plus appropriées.

Les installations

Les installations dépendent bien entendu des possibilités financières et matérielles dont on dispose et elles peuvent être fixes ou mobiles selon la disposition des locaux. Ces installations peuvent avoir des objectifs différents qui conditionnent également leur réalisation. Le mobilier et son "design" varient ; une salle d'entreprise, une salle de formation, une salle d'application ne se conçoit pas de la même manière.

De nombreuses réalisations récentes peuvent être visitées et leur mise au point peut servir de modèle. Nous raisonnerons sur une installation que l'on pourrait qualifier d'idéale pour une salle d'analyse que l'on pourrait appeler "laboratoire d'analyse sensorielle".

La stalle de dégustation. Chaque dégustateur doit disposer d'une stalle l'isolant de ses voisins. La stalle est limitée par des cloisons latérales et frontale qui correspondent au moins à la partie haute du corps et à la tête du dégustateur assis. Elles sont réalisées en matériau léger : contreplaqué, panneau de fibres de bois, etc. Il peut être intéressant, pour certains usages et en particulier pour l'enseignement et la formation, qu'elles puissent être amovibles.

La cloison frontale peut, lorsque cela est possible et utile, comporter une petite ouverture que l'on peut fermer par une porte à glissière permettant, pour l'expérimentation et l'enseignement, de réaliser les manipulations sur place sans qu'elles ne soient vues du sujet. Dans ce cas, la partie extérieure de la cloison frontale doit supporter une tablette pour ces manipulations.

Le système de stalles opposées à cloison frontale commune avec passe-plat est recommandable pour l'enseignement car il permet de faire réaliser par la moitié des élèves les préparations qui sont examinées par l'autre moitié.

Ces considérations de dispositif ne sont pas négligeables car la préparation et la présentation des échantillons sont, dans certains cas, et surtout au niveau élémentaire, un travail considérable que le professeur ne peut réaliser sans le concours d'une partie des élèves.

Chaque stalle, d'une largeur de 80 à 90 cm, comporte à 75 cm de hauteur environ, un plan de travail de la largeur de la stalle et d'une profondeur de 40 cm. Il est réalisé en matériau dont la surface polie doit être d'un entretien facile. Sur le côté gauche du plan de travail doit être installé un évier devant servir de crachoir dont le diamètre ou le côté doivent être d'un ordre de grandeur de 30 cm. Il est recommandé de le choisir de couleur noire, ce qui permet de masquer les crachats peu esthétiques.

L'eau nécessaire au rinçage des verres et de l'évier est amenée par un col de cygne rigide, assez haut pour qu'on puisse le prolonger de quelques centimètres par un tuyau souple qui permet d'éviter les chocs et bris de verre et, en même temps, simplifie le nettoyage de l'évier. Sur un évier carré de 30 cm de côté, un col de cygne de 30 cm de haut à son sommet est parfaitement convenable et laisse un dégagement suffisant pour le passage aisé du verre à dégustation.

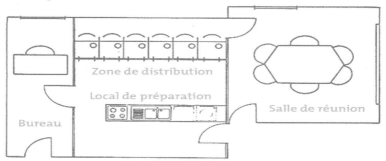

Un modèle d'installation issu de la norme Afnor

L'arrivée de l'eau pose souvent deux problèmes. Celui de la manipulation facile du robinet et celui du bruit provoqué par l'écoulement dans les tuyaux. Le robinet à vis placé à la base du col de cygne est à éliminer pour des raisons pratiques. Il est impossible ou très difficile de le manipuler avec la main libre, qui doit pour cela être placée à l'envers alors que l'autre main est occupée par le verre. La difficulté de manœuvre amène souvent des accidents et en particulier des chutes et des bris de verres.

Un robinet à pédale manœuvré au pied paraît convenable. Toutefois l'ouverture et la fermeture sont souvent brutales dans ce système qui est bruyant lorsque la pression de l'eau est un peu forte. Il est nécessaire dans ce cas de prévoir un réducteur de pression, celle-ci devant être réduite à quelques dixièmes de kg/cm2.

L'évacuation des liquides depuis l'évier peut également être bruyante. Pour éviter cet inconvénient, il faut prévoir des tuyaux assez gros et une installation d'écoulement ne comportant pas de points hauts qui sont la source des bruits les plus importants.

Outre le plan de travail, il est utile d'installer contre la cloison frontale, à 1,10 m de hauteur, une tablette de 10 à 20 cm de profondeur, permettant de poser les objets utilisés par le dégustateur. Il est particulièrement recommandé de ménager sur le bord de la tablette des découpes en forme de rectangle prolongé par un cercle, permettant de pendre les verres par le pied.

La tablette est réalisée dans le même matériau que le plan de travail.

Les couleurs des cloisons, du plan de travail et de la tablette doivent être dans les tons neutres déjà indiqués pour les parois de la salle : fauve clair, beige léger, gris faible, etc.

En dehors de l'éclairage général de la salle, il est conseillé d'installer des systèmes lumineux individuels dont la commande est faite par chaque dégustateur. Une petite ampoule tubulaire placée sous la tablette supérieure donne au dégustateur, s'il le désire, une lumière plus intense. Un dispositif à écrans colorés placé devant elle permet, à partir de cette source et en supprimant l'éclairage central, de réaliser, si nécessaire, des travaux dans le type de lumière que l'on désire.

Un spot lumineux orientable, à rayonnement étroit et parallèle, disposé sur la cloison de droite, permet d'examiner avec une grande efficacité la limpidité. Il révèle les moindres suspensions et de ce fait son utilisation doit comporter une adaptation des dégustateurs afin qu'elle n'engendre pas une exagération dans les notations du caractère de turbidité.

Chaque stalle comporte un siège qui doit être si possible réglable en hauteur.

Installations annexes

Il est bon de disposer de deux types d'installations annexes permettant : soit les manipulations préalables d'élaboration ou de préparation des échantillons, soit leur mise en conditions de température. Pour cela, il convient de pouvoir disposer d'un petit local à proximité de la salle de dégustation. En ce qui concerne les préparations notamment pour l'enseignement, il est opportun que le travail soit réalisé en dehors de la salle de dégustation car il est parfois une source d'émission d'odeurs.

En ce qui concerne spécialement les vins, l'utilisation d'appareils de type frigorifique pouvant être réglés sur des températures de 8 à 18 °C, de façon à assurer par un séjour préalable des échantillons une température définie des produits au moment de leur examen, est nécessaire.

Enfin, il est utile, lorsque cela est réalisable, de prévoir en annexe une petite salle de réunion permettant, lorsque cela est nécessaire, la discussion postopératoire et éventuellement la mise en commun des résultats. L'Afnor a réalisé une norme appelée "Directives générales pour l'implantation de locaux destinés à l'analyse sensorielle" : V 09-105.

L'outil du dégustateur : le verre

Le verre à dégustation

Les récipients destinés à la dégustation des vins sont très variés. Le plus connu et le plus anciennement utilisé est le **taste-vin**. C'est une sorte de coupelle, permettant par les aspérités dont elle est formée, d'apprécier surtout la couleur et la limpidité. Cet instrument permettait autrefois aux courtiers en vin, achetant des vins jeunes juste après les fermentations, d'apprécier, dans la pénombre des caves, la potentialité et la capacité des vins rouges à une bonne évolution lors de l'élevage. Généralement en argent, métal noble, son plus grand avantage est la facilité de transport. Le taste-vin a servi et sert encore dans de très nombreuses régions pour les contrôles en cave ou en cours de transport par les professionnels ; il conserve une valeur symbolique. Il présente l'inconvénient majeur de ne pas être très favorable à l'examen de l'odeur.

Le **verre à gobelet** allongé et légèrement rétréci vers le haut, qui concentre les stimuli odorants, lui est depuis de nombreuses années largement préféré chaque fois que cela est possible. De nombreuses formes et dimensions de verres sont utilisées. Une enquête réalisée en France en 1970 auprès d'un large échantillon de professionnels du vin avait démontré qu'un très grand nombre de formes ramenées à seulement quelques types était utilisé dans les régions viticoles en fonction de la richesse aromatique des vins produits.

J. Chauvet (1956) a démontré que le récipient utilisé pour percevoir l'odeur pouvait avoir une influence très importante sur la qualité de celle-ci. Cette influence est en relation avec le rapport surface/volume du liquide présenté et se rattache aux phénomènes physico-chimiques de surface des liquides complexes.

Le verre n'est pas seulement destiné à l'analyse sensorielle, il doit aussi être adapté à la décoration de la table et c'est très certainement la raison pour laquelle, outre ses capacités à exprimer les caractéristiques organoleptiques du vin, il revêt une forme particulière selon les régions.

Dans le Val de Loire, pays rabelaisien, il a rarement une forme de gobelet rétréci vers le haut, mais plus fréquemment une forme évasée. En Anjou, en Touraine, à Vouvray, il possède cette forme "Val de Loire" caractéristique de tulipe ouverte. Il est très utilisé pour les vins liquoreux. En Alsace, où l'on retrouve des vins très aromatiques, la forme est presque semblable, à bord droit.

Dans les régions méditerranéennes, pays de vins de liqueur, il en est de même. La forme oblongue, ou gobelet fermé se retrouve dans la plupart des autres régions productrices de vins rouges, un peu plus ouvert dans le Sud-Ouest, un peu plus fermé en Bourgogne et dans la vallée du Rhône. Pour les vins mousseux, c'est la bulle qui est plutôt intéressante au premier abord, et l'on est passé d'un extrême (la coupe) à l'autre (la flûte).

Mais afin d'assurer une certaine homogénéité dans le jugement et une reproductibilité fiable dans les réponses, il était nécessaire de rechercher un verre-type, permettant une certaine unité, si possible adapté à la plupart des types de vin.

C'est ainsi que, partant de ces données et après enquêtes et expérimentations, un groupe de travail a pu, en 1969-1970, proposer à l'Afnor* et ensuite à l'ISO*, un verre normalisé pour la dégustation des vins. Accepté par les experts du groupe ISO/TC34/GT2 à Ankara en septembre 1970, ce verre fait par ailleurs l'objet d'une norme Afnor (norme NF V09-110). Appelé couramment **verre INAO**, car défini par quatre techniciens de l'INAO[1], il est fait d'un verre du type dit "cristallin" (proportion de plomb de 9 %), et comporte un gobelet en forme d'œuf allongé porté par une jambe reposant sur un pied. Son utilisation généralisée a amené une plus grande fiabilité dans les conditions de reproductibilité de la dégustation.

Mais, comme il est dit plus haut, le verre ne sert pas seulement à la pratique de la dégustation ; il est également un objet important de la décoration de la table. A ce titre, il constitue un enjeu économique convoité. C'est probablement une des raisons pour lesquelles il fait l'objet de nombreux dessins et fabrications. Par ailleurs, en dehors de l'analyse sensorielle "scientifique", le consommateur mémorise ses perceptions, en fait des références et satisfait son hédonisme d'autant mieux que ses repères sont simples et peu nombreux. Ainsi, nous pensons que le meilleur instrument de référence pour choisir les vins est pour l'amateur, le verre qu'il utilise pour boire lorsqu'il est à table. Bien sûr, celui-ci doit être de forme voisine du verre normalisé. De nombreux modèles peuvent satisfaire à cette exigence.

Pour ces différentes raisons, la "bataille" du "verre universel" est rude, y compris contre le verre normalisé dont, rappelons-le, la fonction essentielle est de constituer une unité d'approche pour les dégustateurs lors de l'épreuve. Les "impitoyables", série créée par un artisan de Châlon-sur-Saône, constituent une des premières séries poursuivant cet objectif ; quatre verres différents, à pied, ont été définis selon le type de vin : blanc, rouges jeunes, rouges vieux, mousseux, plus un verre sans pied, appelé **taster**. Ces verres de forme variée

et adaptée donnent probablement de bons résultats chacun dans leur catégorie, mais leur taille et leur coût interdisent tout développement généralisé.

D'autres "collections" sont régulièrement présentées, associant œnologues et "designers". Toutes ont leur place et présentent un intérêt certain. Le plus récent, le **tasteverre**, tente d'associer en synergie l'action positive du verre normalisé et le rôle exacerbant pour les arômes dû aux aspérités du tastevin.

Il convient de retenir qu'il est important pour le dégustateur de bien définir son choix en fonction de l'objectif poursuivi. Pour l'analyse technique, le verre normalisé reste une référence solide. Pour la table : toutes les fantaisies sont permises, à condition de conserver une forme permettant la pleine expression des caractères organoleptiques.

(1) cf. *Essai sur la dégustation des vins*, Vedel, Charle, Charnay, Tourmeau.

Verre INAO (norme NF V 09-110)

Les phases de la dégustation

L'attitude du dégustateur varie en fonction de l'objet de la dégustation. Ses réactions doivent être en effet différentes, devant le verre de vin présenté, suivant qu'il se prépare à effectuer une analyse ou une évaluation sensorielle scientifique ou technique de grande précision ou qu'il fête l'anniversaire du petit-fils, une flûte de champagne à la main.

Mais, consciemment ou inconsciemment, l'approche du dégustateur ou du consommateur suit la même démarche. On porte le vin au *frontibus* (la vision), au *nasibus* (l'odorat) et au *manditus* (la gustation).

Pour être claire, la description des opérations se fait dans la perspective d'une dégustation technique, avec l'évident respect de la chronologie des diverses opérations.

Celles-ci ont déjà été abordées et décrites dans un chapitre précédent énumérant les différentes modalités sensorielles. Nous abordons donc ci-après les choses sous un aspect plus pratique.

Phases, perceptions et groupes de caractères

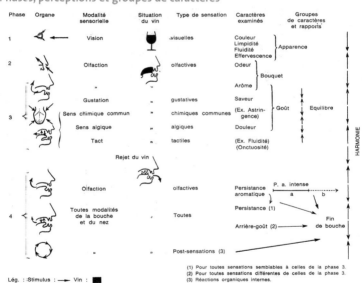

Extrait de Essai sur la dégustation des vins, *Vedel, Charle, Charnay, Tourmeau.*

Tout d'abord, le vin

Personne n'ignore aujourd'hui que le vin est une boisson fermentée obtenue à partir du raisin, fruit de la vigne. En revanche, peu de gens savent que le vin est issu d'espèces végétales diverses composant la famille des vitacées. Si l'espèce la plus prolifique est vitis vinifera dite vigne européenne, des espèces dites américaines, telles *V. labrusca* et *V. aestivalis,* sont à l'origine de produits similaires. Il faut y ajouter le résultat d'hybridations entre *V. vinifera* et les espèces américaines : *V. labrusca, V. aestivalis, V. riparia, V. rupestris,* etc. Il existe aussi des espèces asiatiques (*V. coignitae, V. amurensis*), peu employées du fait de la médiocrité de leurs produits.

Les vins qui sont considérés comme les meilleurs sont tous issus des différentes variétés ou cépages de *V. vinifera*. Leur nombre est très important, et les caractères de leurs fruits varient énormément ; par leur nature d'abord, ensuite par un niveau qualitatif souvent modifié pour un même cépage par les conditions de milieu : le sol et le climat peuvent en effet imprimer des différences assez grandes. De plus, dans des conditions de milieu identiques, les méthodes de culture employées peuvent influencer dans des proportions notables la composition des fruits, et par conséquent le potentiel organoleptique. Enfin, les méthodes œnologiques choisies pour l'élaboration et la conservation des vins par chaque producteur augmentent considérablement les variations du produit fini.

Si les potentialités de différenciation des vins paraissent être infinies, il existe toutefois des similitudes de caractères permettant un rangement des vins dans des groupes. Les analyses physiques, chimiques et sensorielles utilisées pour cela distinguent fondamentalement le vin des autres boissons alcoolisées.

Il résulte de ces remarques d'ensemble que l'examen se fera dans l'ordre suivant :

▶ les différents caractères organoleptiques du vin : les facteurs qui en sont responsables et les variations de ces caractères avec les conditions de présentation ;

▶ la composition physico-chimique des vins ;

▶ l'étude d'une systématique, d'un rangement de vins en catégories, par une différenciation basée sur des caractères très nets ;

▶ la nécessaire séparation entre cette catégorisation en grands groupes et le rangement en classes de niveaux qualitatifs conventionnels, réalisables à l'intérieur de chaque catégorie.

Les différents caractères organoleptiques du vin

L'opération de dégustation est fragmentée en des phases qui correspondent à des groupes différents des sensations perçues par le dégustateur.

Elle commence par un examen visuel au cours duquel sont déterminés les caractères "d'apparence". Le verre étant ensuite rapproché du nez, l'examen olfactif révèle l'odeur. Puis l'entrée du vin en bouche permet d'apprécier la saveur, l'arôme, etc. Après expulsion de la bouche apparaissent les sensations postopératoires : persistance, post-sensation, arrière-goût.

Ce rappel un peu simpliste des opérations de dégustation traduit en réalité la nécessité d'une étude rationnelle des séries de caractères perçus pour chaque modalité sensorielle. Mais, dans la pratique, il n'est pas toujours possible, au niveau de la perception, de faire des différenciations aussi nettes. Aussi a-t-on pris l'habitude d'employer le terme "goût" dans sons sens large pour englober dans une forme de résumé tout ce qui se rapporte aux stimuli chimiques perçus lorsque le vin est dans la bouche.

Enfin, pour expliquer le mieux possible les difficultés de la dégustation, on ajoutera que soit simultanément, soit successivement, les différents caractères ou groupes de caractères provoquent des sensations qui ont des actions réciproques quantitatives ou qualitatives. Les notions d'équilibre et d'harmonie sont ainsi tirées de ces interactions et de l'intensité respective des différentes sensations.

La préparation des échantillons

Les rangements possibles. Il existe une telle variété de vins qu'il est parfois difficile de les ranger en groupes. En s'en tenant aux seules caractéristiques organoleptiques, il est cependant possible d'effectuer trois sortes de rangement.

▶ Une *catégorisation* basée sur des caractères importants et indiscutables, utilisés traditionnellement : type de vin, couleur, effervescence, sucrosité, etc.

Une *classification* qui correspond au classement hiérarchique qualitatif des vins, établie dans chaque région d'abord empiriquement sur la base des usages, puis définie de façon réglementaire aujourd'hui sur la base de règles de production différentes. A titre d'exemple, dans la catégorie des vins rouges, on considère qu'un chambertin (catégorie des grands crus de Bourgogne) est de classe plus élevée qu'un gevrey-chambertin (catégorie des appellations communales de Bourgogne) ; qu'un côte rôtie (catégorie des appellations communales des Côtes du Rhône) est au-dessus d'un côte du rhône (catégorie de l'appellation régionale des Côtes du Rhône).

Ces deux sortes de rangement ont un caractère permanent. Elles s'appliquent pendant toute la période où le vin est consommable, parce qu'elles s'appuient sur des données objectives. Elles permettent par conséquent d'élaborer des systèmes de classement grâce auxquels la comparaison des vins entre eux est possible, d'une manière permanente.

Il pourrait exister un rangement d'une tout autre nature, basé sur des degrés hédoniques correspondant au plaisir éprouvé pendant la dégustation ou la boisson du vin. Cette manière d'agir, variable à l'évidence dans le temps, présenterait un caractère tout à fait subjectif. Bien sûr, par l'usage de témoins ou un apprentissage long et délicat, le dégustateur pourrait être amené à mettre de côté son propre hédonisme pour faire référence à une échelle conventionnelle. Mais comme celle-ci est l'objet même de la dégustation, il n'est pas possible de ranger avant d'avoir fait le rangement. La méthode est par conséquent à rejeter.

La catégorisation. Cette partie de la systématique ne s'appuie que sur des caractères très différenciables tels que :

▶ le type de vin : tranquille, effervescent ou mousseux, sec, moelleux, liquoreux, vin de liqueur...etc. ;

▶ la couleur : blanc, rosé, rouge ;

▶ l'effervescence : mousseux, crémants, pétillants, tranquilles ;

▶ la sucrosité (voir références) : jusqu'à 2 grammes de sucres par litre ; de 2 à 10 g, de 10 à 20 g, plus de 20 g ;

▶ des caractères spéciaux : vins aromatiques, vin jaune, vin de solera, etc.

Echantillons préparés en laboratoire d'analyse sensorielle

Malgré sa relative simplicité, ce rangement ne définit pas de limites indiscutables entre catégories de vins, parce qu'il existe une difficulté réelle à qualifier la qualité de certains caractères. Par exemple : vins rouges clairs et vins rosés foncés, limite de teneur en sucres, limites entre vins dits aromatiques et ceux qui le sont peu, etc.

Ce type de rangement en catégories peut être malgré tout et est largement utilisé.

La classification. Dans les grandes régions traditionnelles de production de vins fins, l'expérience et l'usage ont établi une hiérarchie qualitative de différents crus, confirmée d'ailleurs depuis une époque lointaine par les niveaux des différents prix pratiqués dans les transactions commerciales. Cette hiérarchie qualitative et monétaire, toutes choses étant égales par ailleurs, a une constance dont se sont inspirées les autorités politiques, administratives ou professionnelles dans la gestion des vignobles et de leurs produits. La recherche d'un classement a montré que dans une catégorie de vins, la hiérarchie des crus allait de pair avec l'échelle des intensités et de la complexité des caractères organoleptiques. Il en est ainsi de la sensation postopératoire dénommée persistance aromatique. L'intensité varie avec la "classe" du vin. Il a été convenu de l'appeler persistance aromatique intense (PAI). La classification peut être utilisée aussi au sein d'une même catégorie, par exemple lors des présélections effectuées avant les concours.

L'apparence du vin ou les caractères visuels

Les raisins dits "noirs" ou "rouges" ont des teintes variant du rouge clair au rouge très foncé, avec plus ou moins de composantes annexes à nuance violette. La couleur des vins issus de ces raisins est en relation avec le positionnement des matières colorantes dans le grain de raisin. Lorsque la matière colorante est située à la fois dans la pellicule et dans la pulpe, les cépages sont dits "teinturiers" et ne donnent que des vins rouges. Ces cépages sont de moins en moins cultivés en raison de la qualité médiocre des vins qui en sont issus. Lorsque cette matière colorante est contenue uniquement dans la pellicule, ce qui est le cas de la plupart des variétés cultivées actuellement en Europe, les vins peuvent être rouges, rosés ou blancs.

Dans les raisins blancs, la présence des matières colorantes se manifeste d'une manière beaucoup moins spectaculaire. Elle se situe dans la pellicule et varie du vert clair ou léger au jaune foncé selon la variété et le degré de maturation.

Les méthodes de vinification, depuis la récolte jusqu'à l'élevage du vin, influent sur l'apparence tant en ce qui concerne la nuance que l'intensité.

Couleur et nuance

La couleur qualifie l'impression que fait sur l'œil la lumière émise par les sources lumineuses ou diffusées par les corps. On utilise les termes : blanc, rosé, rouge.

La nuance qualifie chacun des degrés que peut prendre une même couleur, on utilisera les termes : blanc vert, rosé clair, rouge foncé.

Les vins blancs. L'apparence varie selon le type de vin. Si la nuance est assez fortement influencée par le cépage et le niveau de maturité, l'intensité semble davantage dépendante des principes de récolte, de vinification et surtout d'élevage.

Les vins blancs destinés à la consommation rapide, mis en bouteilles, jeunes, ainsi que les vins mousseux, ont souvent une intensité colorante faible et la nuance de leur couleur varie de vert pâle à jaune léger. Les vins blancs dits de garde, soumis à élevage en vrac, conservent souvent une intensité faible et une nuance verte ; ceux, soumis à un élevage prolongé sous bois, ont une intensité colorante souvent plus forte, leur nuance est rarement teintée de vert, elle évolue plutôt entre le jaune pâle et le jaune paille.

Dans les vins qui contiennent encore des sucres résiduels, dont le caractère moelleux ou liquoreux est dû à la surmaturation des raisins récoltés grain à grain, dans les vins blancs à macération pelliculaire, dans les vins madérisés, dans les vins jaunes, la nuance peut aller jusqu'au caramel ambré.

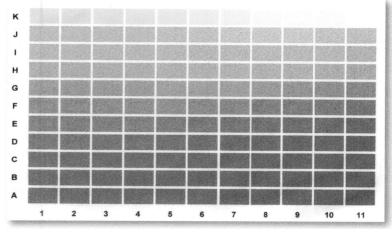

Type de nuancier pouvant être utilisé pour juger la couleur des vins blancs et des vins rosés par rapport à un témoin objectif.

Les vins blancs issus de raisins de cépages blancs peuvent être appelés "blancs de blancs". Les vins blancs issus de raisins rouges provenant de cépages à pulpe incolore sont appelés "blancs de noirs". Lorsque l'extraction du jus se fait sur des raisins très mûrs, il arrive que la matière colorante contenue dans la pellicule diffuse dans la phase liquide, on obtient ainsi des vins "tachés" avec une légère nuance jaune rosée, ce qui est considéré comme un défaut dans les vins mousseux. La concentration plus poussée de matières colorantes issues de raisins rouges, dans la phase liquide, peut conduire jusqu'à l'élaboration de vins "gris".

Les vins rosés. L'élaboration des vins rosés peut se faire selon des principes différents au plan œnologique ; nous en avons fait un développement succinct particulier au chapitre "Vinification".

Dans la présentation au consommateur, la variété de la nuance et l'intensité de la couleur ne dépendent que pour partie du type de vinification. L'influence du cépage est également souvent prépondérante. Ce phénomène est très perceptible dans les grandes régions productrices de vins rosés, telles les Côtes de Provence ou le Languedoc-Roussillon.

Les vins gris sont souvent légers en couleur et leur nuance varie de jaune orangé au "gris". La couleur "grise" s'apparente ici à une nuance rosée légère.

Les vins rosés vinifiés par macération ont une nuance variable du jaune orangé au rosé vif ou rouge léger. On peut noter ici que la distinction entre rosé foncé et rouge léger est également difficile à dissocier sur le simple plan de l'apparence. Le qualificatif rouge léger doit être réservé aux vins rouges, c'est-à-dire les vins issus d'une longue macération de raisins rouges à faible pouvoir colorant dans une phase liquide.

L'évaluation de l'apparence des vins rosés est grandement facilitée par l'utilisation d'un nuancier. Il en sera de même pour les vins rouges.

Les vins rouges. La nuance de la couleur des vins rouges est plus particulièrement associée au cépage et au degré d'évolution au cours de la vinification, de l'élevage ou du vieillissement. Elle peut aller du rouge léger au grenat, puis du rouge orangé au marron avec toutes les nuances intermédiaires. L'intensité colorante, bien que quelque part liée également au cépage dépend davantage de la concentration des tanins et matières colorantes, selon la charge de récolte, la température et la durée de macération lors de la fermentation alcoolique. Elle varie de faible à forte.

En conclusion de ce chapitre sur la couleur des vins, les choix de la matière première et des techniques de vinification permettent d'obtenir une très grande variété de couleurs.

Ces couleurs peuvent être appréciées lors de l'évaluation sensorielle ou définies instrumentalement. Quoi qu'il en soit, et d'une manière générale, il existe une relation étroite entre la couleur et certains caractères organoleptiques ; et la couleur permet un rangement systématique des vins en catégories.

La limpidité

La limpidité est la qualité de transparence d'un liquide traversé par un ou des rayons lumineux. Elle est en relation inverse avec la présence de produits en suspension. Elle doit être recherchée, car la plupart des phénomènes de turbidité correspondent à des maladies ou des accidents qui modifient défavorablement les autres caractères organoleptiques, en particulier la qualité et l'intensité de l'ensemble aromatique.

En dehors des vins encore en fermentation, toute turbidité est considérée comme un défaut très grave, que confirme généralement l'examen gusto-olfactif.

La fluidité

La fluidité et la viscosité, liées à la tension superficielle propre aux liquides, sont des caractères d'apparence fort importants, en raison de la relation étroite qui les lient à d'autres caractères sensoriels. Leur examen a lieu d'abord lors de l'écoulement du liquide, ensuite à la vue des surfaces mouillées du verre. Un exemple de cette observation est donné par l'aspect huileux et sirupeux que présentent les vins dans lesquels reste une forte concentration de sucres.

L'examen de la fluidité se fait en donnant au vin un mouvement de rotation dans le verre, dont l'effet est de mouiller les parties de la paroi au-dessus du liquide, provoquant ainsi des écoulements, plus ou moins "minces", plus ou moins nombreux, toujours lents, qui sont appelés "larmes" ou "jambes". Leur durée et leur nombre sont en relation directe avec certains éléments qualitatifs du vin, tel le glycérol. La plupart du temps, dans une même catégorie de vins, l'importance des larmes et la "classe" du vin sont donc étroitement liées.

L'effervescence

On traduit par ce terme tout dégagement de gaz sous forme de bulles plus ou moins grosses et nombreuses, qui prennent naissance sur les parois du verre. Elle est à l'évidence un caractère et une qualité dans les vins mousseux. Elle l'est aussi, mais à un degré moindre, dans les vins blancs bus jeunes, appelés "primeurs", dans lesquels elle concourt à une certaine exaltation des composants aromatiques.

Mais l'effervescence, ou la présence de gaz carbonique, est considérée comme un défaut dans les vins tranquilles. Ceci est d'autant plus grave lorsqu'il s'agit de vins vieux en bouteilles, parce qu'alors elle est le signe révélateur d'une fermentation secondaire ou d'une maladie, néfastes l'une comme l'autre sur le plan de la qualité.

Il peut se faire aussi que des vins jeunes, saturés de gaz carbonique et mis en bouteilles à basse température, soient l'objet à la dégustation en milieu tempéré d'un dégagement gazeux. Favoriser celui-ci par une agitation du vin facilite la dégustation mais revient à perturber sérieusement l'ensemble aromatique et à modifier les caractères organoleptiques du produit.

La richesse aromatique du vin ou l'examen olfactif

Nous rappelons que les sensations olfactives perçues soit sous forme d'**odeurs** (voie nasale directe), soit sous forme d'**arômes** (voie rétronasale) constituent les critères les plus importants du jugement de la qualité et de la classe des vins.

Le bouquet

Le terme de "bouquet" est très fréquemment utilisé dans le vocabulaire du dégustateur de vin. Il doit rester un terme global, qui image bien comme dans les fleurs, le rassemblement, l'association d'une multitude de caractères. Il qualifie en fait un ensemble de composants olfactifs. De nombreux auteurs ont cherché à le disséquer, à identifier des parcelles de ce que l'on appelle aussi la somme aromatique des composants olfactifs. Ce n'est pas si facile. Nous essayerons donc d'amener le dégustateur à utiliser ce terme de façon globale que l'on peut percevoir différemment selon le stade d'évolution du produit. C'est ainsi que l'on peut s'accorder à distinguer trois ensembles possibles dans le bouquet :

L'ensemble des composants olfactifs est traditionnellement connu sous le nom de bouquet, et plus récemment de somme aromatique. Ces deux expressions sont à utiliser pour qualifier l'ensemble des caractères normaux du vin, en excluant à l'évidence les sensations olfactives dues à des additions volontaires ou accidentelles, dont on sait qu'elles font apparaître des odeurs anormales, le plus souvent désagréables.

Ces parfums naturels du vin, dus à plusieurs centaines de corps – alcools, aldéhydes, esters – sont soit présents dans le raisin, soit issus de la fermentation, soit élaborés au cours du vieillissement. D'où trois ensembles possibles dans le bouquet.

Le **bouquet primaire**, constitué par des odeurs spécifiques d'un cépage donné, préexistant dans le raisin. Le *muscat* par exemple.

Le **bouquet secondaire**, représenté par l'ensemble des substances odorantes élaborées au cours de la fermentation alcoolique et, lorsqu'elle se fait, de la dégradation malolactique, considérées comme des sous-produits des fermentations du raisin. Celui-ci se forme aussi lors de l'élevage.

Le **bouquet tertiaire**, qui est le résultat des phénomènes d'oxydoréduction et d'estérification dont le vin est le siège au cours de son vieillissement dans la bouteille.

Il existe dans tous les vins une série de composants toujours présents qui leur assurent un caractère commun dit "vineux". La présence, à côté de ces composants en plus ou moins grande proportion, d'autres composants odorants crée une très grande variété de nuances qui sont en général qualifiées par le nom d'autres produits dont elles se rapprochent.

On en trouvera ci-dessous une liste non exhaustive, qui s'est, depuis une vingtaine d'an-nées, enrichie de témoins olfactifs, sous forme de corps chimiquement purs, présentés seuls ou dilués dans l'eau ou l'alcool.

Mais cette correspondance chimique est longue à définir, et pas toujours évidente. Aussi, pour l'instant et sans doute pour encore longtemps, il convient de dire "ce vin me rappelle une odeur de violette", et non pas "ce vin sent la violette". Il conviendra aussi d'apporter davantage de précisions lorsque l'on utilisera des termes susceptibles d'interprétation, tels "ce vin me rappelle une odeur de pomme verte, de variété grani, ou une odeur de pomme golden, ou une odeur de poire william, ou..." C'est là une différence d'expression d'impor-tance capitale, qui peut varier également en fonction de la mémoire olfactive de l'individu.

Les impressions de bouche ou le goût

Le goût et l'équilibre, ou les relations complexes entre les caractères organoleptiques.

La description des différentes sensations et modalités sensorielles faite ci-dessus s'est attachée à dédier autant que faire se peut telle sensation à tel stimulus. Mais, il ne nous échappe pas que les sites récepteurs d'un seul stimulus, c'est-à-dire les sites récepteurs spécialisés, sont, dans la bouche ou cavité buccale, probablement moins nombreux que les sites récepteurs multiples. De ce fait, le goût, terme pris au sens large, est bien tel que le démontre Annick Faurion : "un continuum sensoriel multidimensionnel". Ceci se traduit donc par la difficulté d'identifier la modalité sensorielle concernée, de faire la différence tant au plan de la perception du stimulus que de l'expression de la sensation, maintes fois exprimée, lorsqu'un liquide aussi complexe que le vin est dans la bouche. Dans le lan-gage courant, cela aboutit à des confusions d'expression que nous avons déjà soulignées, notamment entre les notions de goût, arôme, flaveur, etc., tout à fait excusables. Il est donc important, même si l'objet même des travaux sur l'analyse sensorielle, la méthodologie à mettre en œuvre, le vocabulaire à utiliser est "d'éclaircir" le sujet, de tenir compte des usages et de l'aspect pratique.

C'est ainsi que compte tenu des influences réciproques sur la perception globale, il est courant et utile de rendre compte de l'ensemble des perceptions ressenties par des notions que l'on exprime sous les noms d'équilibre et d'harmonie.

Le goût

Le terme de goût est employé pour dénommer toutes les sensations et les qualités organo-leptiques provoquées par des stimuli chimiques que nous ne pouvons pas identifier avec certitude dès lors que le vin est dans la bouche. Cette acception a été reprise en analyse sensorielle et l'AFNOR en a donné une définition générale. Nous pouvons l'adapter à la dégustation des vins et proposer la définition suivante : *"on utilisera le terme "goût" pour désigner l'ensemble des sensations perçues qu'il s'agisse de l'arôme, de la saveur, ou des autres sensations générées par un stimulus chimique"*. Cela se traduit par la possibilité ainsi reconnue de dénommer "goût" toute sensation perçue dans la bouche non clairement identifiée comme saveur. On peut ainsi parler de "goût de framboise" pour qualifier des sensations essentiellement olfactives, "goût piquant" pour qualifier des sensations dues essentiellement au sens chimique commun.

Dans cet ensemble de composants du goût, les caractères perçus paraissent être classés en deux catégories distinctes selon leur niveau de participation, celui-ci variant selon la spécificité des composants et éventuellement leur intensité ou leur concentration.

Dans la première catégorie ou catégorie de base, nous considérerons qu'il s'agit en quelque sorte de la **structure organoleptique** du vin correspondant principalement à des sensations perçues par les récepteurs situés dans la bouche : alcool, acidité, sucres, acidité volatile, tanin, etc. Ces éléments participent pour l'essentiel aux notions exprimées sous le terme d'équilibre.

Une seconde catégorie que l'on peut situer à un niveau plus élevé dans la **valeur hédonique**, dont les caractères sont d'autant plus accusés et complexes que l'on s'adresse à des produits de plus grande complexité aromatique qualifiés de produits de haute qualité. Ces caractères relèvent surtout des sensations olfactives et participent aux notions d'harmonie. Ils sont en général le fait d'éléments qui ne se trouvent qu'en faible quantité dans le vin et la plupart d'entre eux ne peuvent être révélés que par des analyses fines, le plus souvent la chromatographie en phase gazeuse.

Il n'y a, bien entendu, pas de limite nette entre ces deux catégories car, aussi bien entre les éléments du vin qu'entre les différentes stimulations, les influences réciproques sont si importantes qu'il est bien difficile de séparer dans l'ensemble perçu ce qui revient exclusivement à tel élément ou, réciproquement, d'inférer sans expérience préalable le rôle organoleptique exact et précis de ce même élément.

Toutefois, nous pouvons, dans un but de précision de vocabulaire, adopter un langage commode même s'il n'a pas toute la rigueur scientifique désirable ; ceci d'autant plus que l'on ne fait par là que reprendre, sous une forme de recherche rationnelle, des notions bien connues empiriquement et exprimées couramment par les dégustateurs de vin.

L'équilibre

Dans la première catégorie définie ou niveau de base, le nombre des facteurs dont résulte un certain équilibre de sensations est assez faible. Il convient de le limiter au maximum aux quatre facteurs suivants : l'acidité, l'astringence, le moelleux et l'ardeur pseudo-calorifique.

L'**acidité** doit être prise dans un sens assez élargi par rapport à son acception de saveur. Le principal du caractère relève bien entendu de la saveur acide, mais il s'y ajoute assez fréquemment des composantes olfactives de parfums qualifiés "acides" par extension. Plus rarement, avec l'acide acétique et l'acétate d'éthyle, la sensation peut à l'extrême revêtir un caractère agressif, subalgique ou algique perceptible sur toutes les muqueuses.

L'**amertume** est citée ici car elle est perceptible surtout à certains états d'évolution dans les vins, mais elle n'entre pas à proprement parler dans les facteurs d'équilibre. Ce sont surtout des acides phénols et des tanins condensés qui génèrent cette stimulation. Il est rare que cette stimulation soit activée dans les vins au-delà de deux ou trois années de bouteille.

L'**astringence**, faute de qualificatif habituel plus large, est prise ici dans un sens qui l'étend jusqu'aux plus faibles manifestations des corps dits astringents, en l'occurrence les polyphénols. C'est la somme des sensations opposées à l'onctuosité, depuis la plus légère qui se manifeste par une simple sensation physique de "frottement" du liquide sur les muqueuses, jusqu'aux plus intenses qui ont un effet de forte constriction sur les tissus et laissent une bouche toute "râpeuse". Dans l'équilibre des vins, il semble que l'astringence s'additionne plus ou moins à l'acidité pour donner une sensation de dureté, alors qu'avec le moelleux il y a réduction réciproque.

Le **moelleux** est proposé pour désigner l'ensemble des sensations gustatives sucrées et tactiles d'onctuosité qui s'opposent à l'acidité et à l'astringence. Nous pourrions être tentés d'utiliser "sucrosité", terme fréquemment employé en dégustation, mais celui-ci pourrait ne s'appliquer qu'à la saveur sucrée. Nous préférons l'y réserver. Le terme "moelleux", bien que défini pour caractériser un certain type de vin, semble donc préférable. Il s'agit des sensations dues d'une part aux composants sucrés, d'autre part au glycérol et autres corps onctueux dans leurs fonctions physiques de lubrifiant.

L'**ardeur pseudo-calorifique**, due à l'alcool, peut être considérée comme une sensation superposée ou parallèle à l'ensemble des autres, elle est souvent ressentie comme support et interprétée comme un élément majeur de l'équilibre. Elle est d'ailleurs fonction de l'importance des autres composantes et, en particulier, elle est diminuée dans sa perception par l'acidité.

Nouvelle définition graphique de termes relatifs à l'équilibre pour les vins rouges

Ceci se retrouve bien imagé dans le langage empirique du dégustateur qui qualifie de "chaud" le vin lorsque le rapport alcool sur acide est élevé, et frais celui dont le même rapport est faible. Dans les situations extrêmes, on peut parler de déséquilibre : le vin est "petit" ou "froid" lorsqu'il manque de cette pseudo-chaleur ; il est "brûlant" dans la situation inverse. Dans ces deux cas, les autres facteurs de base du goût sont très fortement influencés et la qualification du vin relève surtout alors de termes en relation étroite avec le caractère "chaleureux".

Un grand nombre de qualificatifs d'équilibre des vins est en rapport étroit avec ces trois premières composantes : acidité, astringence, moelleux. Il a paru intéressant d'essayer de les situer selon un gradient d'intensité au sein d'une représentation spatiale. C'est ce qui a été fait dans *Essai sur la dégustation des vins*, 1972, Vedel, Charle, Charnay, Tourmeau, dont nous nous sommes inspirés. Dans cette représentation, il ne s'agit pas, bien entendu, de donner des mesures exactes, mais de situer les qualificatifs les uns par rapport aux autres dans un système qui image les grandeurs relatives de leurs composantes de base.

L'application de cette représentation résulte du fait que faute de qualificatifs adéquats, les dégustateurs transposent leurs impressions par rapport à l'ensemble des autres sensations qu'ils perçoivent, notamment visuelles. Une enquête faite en 1971 par MM. Vedel, Charle, Charnay et Tourmeau auprès d'un échantillon de professionnels du vin des régions viticoles au niveau national, a montré que les qualificatifs de forme ne sont utilisés que pour les vins rouges. Dans cette même étude, de nombreux dégustateurs précisaient que les vins rouges pouvaient avoir une forme et être représentés dans l'espace, cependant que les vins blancs ne pouvaient être représentés que dans un plan par un dessin. Ces résultats se coordonnaient parfaitement avec la composition "de base" des vins représentés par l'acidité, l'astringence, le moelleux dans les vins rouges ; l'acidité et le moelleux seulement dans les vins blancs. En effet dans ces derniers, la notion d'astringence est pratiquement toujours absente, encore que l'on puisse dans certains cas évoluer, comme le montrent les vins blancs issus de macérations pelliculaires des raisins blancs. A partir de ces observations, les auteurs ont tenté un essai de représentation graphique des termes relatifs à l'équilibre.

Cette représentation sera ensuite expérimentée au plan pratique au cours de nombreuses dégustations et il sera ainsi établi qu'elle est directement exploitable et permet de déterminer pour un échantillon dégusté par un jury de le placer dans un "cadran" du triangle.

Max Léglise, en 1976, dans son Initiation à la dégustation des grands vins simplifiera cette approche en la résumant à une vingtaine de qualificatifs. Il y exprime davantage des termes de vocabulaire propre, associant des termes de saveur et des termes d'équilibre, que des termes d'équilibre proprement dit, tels que l'ont voulu les auteurs précédents.

Emile Peynaud, dans *Le Goût du vin*, en 1983, reprend ce schéma sans le modifier. De nombreux autres auteurs en font état, notamment Jean Claude Buffin qui l'interprète dans *Educvin, votre talent de la dégustation*, en 1987, y classe les régions, les cépages, et propose quelques termes en remplacement.

Nous avons repris la représentation graphique établie en 1972, à laquelle nous avons participé. L'expérience acquise lors de son utilisation nous a convaincu de sa pertinence et nous avons seulement constaté que certains termes étaient inadaptés ou inutilisés dans le vocabulaire courant ; nous proposons donc de les modifier, mais nous proposons aussi de conserver le schéma général qui nous semble tout à fait adapté.

Vieux pressoir au Château Auzias - Voir le Wine Tour pages 282 et 283

Les termes d'équilibre dans les vins blancs

En fait, cette représentation graphique des vins blancs n'apparaît pas comme pleinement satisfaisante. Contrairement à celle des vins rouges, elle n'a pas fait l'unanimité dans l'appréciation des auteurs modernes sur la dégustation. Nous maintenons nos appréciations sur un point : si la représentation spatiale de l'équilibre des vins rouges se fait en trois dimensions, celle des vins blancs ne se fait qu'en deux dimensions. A quelques exceptions près, celle des vins "spéciaux" : vins liquoreux, vins de liqueur, désigner un vin blanc par un terme de volume nous semble être une erreur d'appréciation.

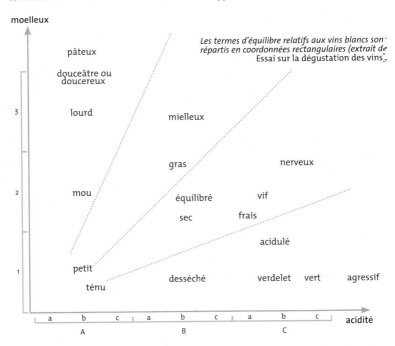

Les termes d'équilibre relatifs aux vins blancs sont répartis en coordonnées rectangulaires (extrait de Essai sur la dégustation des vins).

Sur la forme de la représentation, nous proposons de substituer aux coordonnées rectangulaires, des coordonnées polaires (selon Jules Tourmeau) :

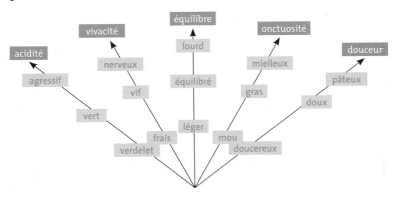

L'harmonie

En dehors des qualités de base concourant à l'équilibre, la deuxième catégorie de caractè-res et de sensations perçues présente de grandes difficultés de définition et d'expression. La complexité des sensations olfactives, leur multiplicité possible, leur caractérisation difficile sont autant d'obstacles à une expression facile. Par ailleurs, elles sont, dans la per-ception globale, fortement influencées par les composantes de l'équilibre qu'elles peuvent elles-mêmes modifier. Leur appréciation, sauf pour qualifier certaines d'entre elles, est d'ordre hédonique, mais il est possible, pour des populations ayant des habitudes relative-ment uniformes de consommation, d'obtenir des réponses cohérentes. C'est bien le cas du collectif syndical qui précise les contours d'un produit d'appellation d'origine contrôlée.

Il est donc possible, malgré le caractère subjectif de l'interprétation, de traduire des impres-sions d'ensemble dont l'expression est significative pour une population déterminée.

De plus en plus, il est possible d'identifier et de qualifier par rapport à des témoins olfactifs, de plus en plus nombreux et de plus en plus précis, un certain nombre de nuances olfac-tives. Mais il reste difficile, voire impossible, d'identifier les rapports entre les différentes sensations olfactives. Ce qui est traduit dans l'expression des sensations gusto-olfactives par la notion d'équilibre peut donc légitimement être exprimé ici par une notion voisine, mais différente, plus générale, plus difficilement exprimable aussi : celle d'harmonie.

Le terme d'harmonie paraît fort convenable, car il présente dans son sens propre les mêmes caractéristiques de subjectivité et de spécificité des populations qu'il a dans son sens figuré en dégustation.

L'harmonie exprime un équilibre à un degré plus élevé, un niveau d'agrément dans les rapports de la totalité des sensations. Mais elle est également un rapport heureux dans la suite des sensations perçues pendant tout le cours de la dégustation, un continuum de niveau d'intensité et de qualité de ces sensations depuis l'examen au nez jusqu'à l'impres-sion laissée dans la bouche après l'évacuation du vin.

C'est, par son caractère hédonique, la qualité qu'il est pratiquement impossible de définir objectivement. Elle a pourtant une très grande importance et est très utilisée dans le voca-bulaire de la dégustation des vins.

Son appréciation ne paraît pouvoir relever que d'une éducation, d'un apprentissage basé sur l'usage selon une "orthodoxie" qui peut être variable d'une population à une autre, mais qui est en général unique à l'intérieur d'une grande région de production.

L'harmonie des odeurs, arômes et saveurs, et de l'équilibre est équivalente à l'harmonie des sons

"Vin Tentation"
"Vin Emotion" ...
à vous de choisir !

*Nos gammes
traduisent
notre passion*

VIN TENTATION

VIN EMOTION

VIGNERONS DE CARACTÈRE
VACQUEYRAS
AIMEZ PLUS FORT

Notre caveau de vente et de dégustation vous accueille 7J/7
de Mars à Octobre : 9h/19h (20h juillet & août)
et de Novembre à Février : 9h/12h30 et 14h/18h.
Dégustation gratuite et conseils personnalisés

www.vigneronsdecaractere.com

Vignerons de Caractère - Vacqueyras
Rte de Vaison la Romaine - BP 1 - 84190 VACQUEYRAS
Tél +33 (0)4 90 65 84 54 - Fax +33 (0)4 90 65 81 32

La composition du vin et les caractères organoleptiques

Le vin est un liquide complexe et vivant.

L'œnologie nous a d'abord fait connaître les principaux constituants du vin : eau, alcools, acides, sucres, etc., puis au fur et à mesure des progrès de la science, notamment au niveau des analyses physico-chimiques, de nombreux autres corps chimiques présents en très faible quantité, mais souvent très actifs comme stimuli sensoriels, surtout olfactifs, ont pu être identifiés. La chromatographie en phase gazeuse nous permet de révéler et d'identifier la plupart des composants volatils qui participent à la richesse aromatique, couramment appelée bouquet du vin.

L'ensemble des composants d'un vin peut être rangé en deux catégories. La première est celle des produits présents naturellement dans les raisins conservés ou transformés lors de l'élaboration du vin pendant les fermentations d'abord, ensuite lors des estérification, oxydoréduction et autres processus chimiques et biologiques qui se développent au cours de l'élevage et du vieillissement. L'autre est celle des produits issus des additions nécessaires à la maîtrise de la qualité et au bon déroulement des différentes phases de la vie du vin.

Enfin, ces constituants varient et consécutivement leurs caractères organoleptiques évoluent avec le temps, les conditions de milieu, de transport et de stockage.

Les constituants naturels et élaborés

Ils sont très nombreux, plus de 400 différents ont été isolés et identifiés, et leur action dans le vin en tant qu'éléments de la stimulation sensorielle ne sont connus, pour beaucoup d'entre eux, qu'au niveau de l'action globale de leurs familles chimiques. Nous citerons ci-après les principaux, ceux qui nous paraissent avoir une action importante sur les caractères organoleptiques du vin.

L'eau

Le liquide sirupeux que l'on appelle "moût", résultant de l'écrasement du raisin, contient, comme le vin, entre 75 et 90 % d'eau. Celle-ci provient en presque totalité de la pulpe. L'eau constitue le solvant de toutes les matières organiques et minérales puisées dans le sol et synthétisées par la plante. La plante est un support, un agent d'équilibre dont l'harmonie peut être rompue par des causes naturelles ou humaines qui provoquent des aberrations gustatives. Par exemple, une charge de raisins excessive ou une alimentation minérale trop riche de la vigne provoque une dilution des différents constituants. A l'inverse, la concentration artificielle trop poussée des composants du jus de raisin peut entraîner une modification profonde de la richesse des différents composants du vin. Dans les deux cas, l'excès modifie les caractéristiques originelles du produit obtenu.

Les alcools

Les alcools dans les vins peuvent avoir plusieurs origines.

Dans la grande majorité des cas, les vins sont issus de la vinification des raisins, sans édulcoration. L'alcool est donc le produit unique de la fermentation des sucres contenus dans le raisin ou ajoutés par sucrage ou chaptalisation. Cette action n'a aucune incidence sur la qualité de l'alcool.

Dans les vins édulcorés, l'alcool peut non seulement avoir cette origine, mais aussi une origine extérieure. C'est le cas des vins de liqueur (vins de liqueur, vins doux naturels, mistelles, etc.) dans lesquels on ajoute de l'alcool neutre, ou de l'eau-de-vie à titre alcoométrique différent pour bloquer la fermentation alcoolique.

Dans les mistelles comme le pineau des charentes, le floc de gascogne et le macvin du jura, on ajoute au moût, dès le début de la fermentation, de l'eau-de-vie de cognac (pineau des charentes), d'armagnac (floc de gascogne), du marc du jura (macvin du jura), pour bloquer toute fermentation alcoolique et ainsi obtenir le vin de liqueur.

En revanche, dans les vins doux naturels : *muscats* de Beaumes-de-Venise, de Frontignan, de Lunel, de Rivesaltes, de Saint-Jean-de-Minervois et les vins doux naturels de Banyuls, de Rivesaltes, de Maury et de Rasteau, on ajoute de l'alcool neutre pour bloquer la fermentation seulement lorsque les sucres non fermentés restent en quantité suffisante pour permettre un bon équilibre sucres-alcool dans le produit final.

Le plus important des alcools est l'éthanol ou alcool éthylique. Il résulte de la transformation des sucres au cours de la fermentation dite "alcoolique". Le vin contient également du méthanol et un certain nombre d'alcools supérieurs participant activement au bouquet. Enfin, le glycérol, par ses qualités spécifiques très particulières mérite une étude spéciale.

L'éthanol ou alcool éthylique. Le langage courant désigne sous le vocable générique d'alcool, l'éthanol (alcool éthylique), dont la teneur varie entre 70 et 130 gr dans les vins suivant leur type et le processus technologique de leur fabrication.

L'alcool éthylique est la source d'une impression "pseudo-thermique ", de nature chimique. Cette impression peut avoir son siège hors des muqueuses buccales, lors de l'ingestion, au niveau, par exemple, de l'oesophage.

Dans les vins secs, l'éthanol se place au premier rang des substances à saveur sucrée, aux concentrations normales où il s'y trouve ; mais l'excès d'éthanol conduit parfois à une apparence d'amertume et une sensation de brûlure, tout en asséchant le vin en modifiant profondément sa structure et son équilibre.

L'alcool éthylique peut être un élément dominant de l'arôme dans certains vins blancs, ou au contraire voit son influence masquée dans les vins de cépages aromatiques.

A teneur normale, c'est-à-dire correspondant à la mise en fermentation d'un raisin à maturité convenable, l'alcool est un sensibilisateur des organes de sens. Il joue également un rôle dans les sensations tactiles en augmentant la viscosité des liquides qui en comportent.

Il est un support important du vin et un élément certain de la qualité, plus exactement le support d'une qualité faite d'un état d'équilibre entre tous les composants.

A la dégustation, un vin qui présente une richesse alcoolique insuffisante, d'ailleurs variable suivant les vins, leur âge ou leur type, paraît maigre, dur, creux, insuffisant.

Le méthanol ou alcool méthylique. Le méthanol ou alcool méthylique existe toujours à l'état naturel dans les vins. Il a son origine dans l'hydrolyse des pectines du raisin. Les vins rouges contiennent en général deux à trois fois plus de méthanol que les vins blancs. Cependant en dehors de la cause technologique, la nature du cépage intervient directement dans ce phénomène. On peut à ce sujet rappeler l'exemple des cépages américains autres que vinifera, tel le cépage "Noah", générant une dose importante de méthanol. Cette tare a conduit à son interdiction de culture dans le vignoble français.

En effet, à l'état pur, l'alcool méthylique a une odeur éthérée assez agréable. Ce sont des impuretés qui lui communiquent son parfum désagréable dans le liquide commercialisé sous le nom d'alcool à brûler. Une forte teneur en méthanol est préjudiciable aux qualités hygiéniques du vin en raison de sa forte toxicité et de sa dégradation lente et défectueuse par l'organisme humain.

Les alcools supérieurs. Les alcools supérieurs existent en quantité très faible dans les vins ; à l'état de traces et jusqu'à 1,5 gramme par litre. La présence de tel ou tel alcool supérieur semble être liée à la présence de précurseurs que sont les acides aminés du cépage et également au type des levures. Des essais conduits dans certaines régions ont montré que des levures issues de vignobles étrangers imprimaient des caractères différents de ceux de leur cru d'origine à des vendanges de ce cru. La production d'alcools supérieurs générés par la levure a ainsi pu être démontrée et expliquer en partie cette spécificité aromatique qui s'estompe cependant au bout de quelques mois.

Les alcools supérieurs apportent une contribution dans les caractères du bouquet. Ils participent en outre à la formation d'esters qui y prennent une part importante.

Le glycérol. Le glycérol ou glycérine est un trialcool* produit à partir des sucres pendant la fermentation glycéropyruvique*. La formation du glycérol a lieu en début de fermentation alcoolique.

Il représente généralement dans les vins 3,5 % du poids des sucres fermentés, mais la connaissance approfondie du processus de formation permet l'augmentation ou la diminution de la formation de cette substance.

Lorsque le raisin est atteint de pourriture noble, les sucres sont profondément brûlés par le botrytis cinerea, champignon à l'origine de la pourriture noble, et une partie de leur dégradation a lieu suivant un processus analogue à celui de la fermentation anaérobie* des sucres, avec formation et accumulation de glycérol. Cependant, le glycérol formé dans un premier temps diminue par combustion d'autant plus vite que le pH* est plus élevé.

Le glycérol, de saveur sucrée, contribue à donner de la souplesse au vin, de la rondeur, du gras, atténuant l'influence de l'acidité. Son action pourrait être liée davantage à sa consistance sirupeuse qu'à sa saveur un peu sucrée.

Elle se manifeste surtout par une impression tactile d'onctuosité, donc de souplesse.

Sur les parois du verre à dégustation, un vin riche en glycérol se manifeste par une impression de gras qualifiée de "jambe", de "larmes", etc.

Dans le domaine des hypothèses, on peut émettre l'idée que certains constituants fixes peuvent influencer les bouquets du vin. Parmi ces produits, les gommes, les matières pectiques*, le glycérol, pourraient en être les principaux. C'est ainsi que J. Chauvet a montré, à titre expérimental, qu'une addition de glycérine dans un vin d'appellation Beaujolais (récolte 1952) avait révélé un parfum de kirsch qui dominait le parfum initial de pêche.

Les acides

Le vin contient des acides minéraux salifiés (acide chlorhydrique, acide sulfurique, acide phosphorique, etc.) et des acides organiques qui jouent un grand rôle dans la formation ou l'altération des bouquets. Parmi les acides organiques principaux contenus dans le vin, trois principaux proviennent du raisin : l'acide tartrique, l'acide malique, l'acide citrique. Leur goût présente seulement une saveur acide. D'autres se forment au cours de la fermentation alcoolique ou à l'occasion d'activités bactériennes : l'acide succinique, l'acide lactique, l'acide acétique, l'acide gluconique. Leur goût est plus complexe, en particulier celui de l'acide lactique où avec la saveur acide interfèrent des arômes lactés.

Enfin, il existe d'autres acides, élaborés à partir du raisin au cours des fermentations, que l'on retrouve en général sous forme d'esters* (caproates, caprylates, laurates, butyrates, etc.), mais qui pour certains sont également présents sous forme libre (isobutyrique, n-butyrique, isovalérique, caproïque, œnanthique, pélargonique, etc.).

▶ **Les acides organiques fixes**

L'acide tartrique. Le raisin est le seul fruit européen contenant de l'acide tartrique. L'acide tartrique est le plus fort des acides organiques. Il joue un rôle important dans la formation de l'acidité réelle des vins et dans leur conservation. Il concourt avec les autres acides à compenser la saveur sucrée et la pseudo-chaleur de l'alcool. C'est un des éléments de la stabilité et de la fraîcheur du vin.

L'acide malique. L'acide malique existe dans de nombreux végétaux et en particulier dans la vigne. Produit par la photosynthèse, sa concentration est importante dans le raisin vert. Au cours de la maturation, il est brûlé de façon d'autant plus importante et rapide que la température est élevée. Ceci explique sa présence plus importante dans les vins des régions septentrionales et dans les années relativement froides.

Dans le vin, il peut subir une transformation par la dégradation malolactique, au cours de laquelle il disparaît pour être remplacé par une quantité beaucoup plus faible d'acide lactique.

C'est l'acide organique du raisin qui a la saveur acide la plus intense. Ceci explique que dans certaines régions et dans certains types de vins, comme les vins blancs de Bourgogne, on recherche sa disparition en favorisant la dégradation malolactique. Toutefois dans certains cas, l'équilibre recherché demande une acidité élevée et on évite alors la dégradation malolactique ; c'est le cas par exemple dans les régions méridionales, ainsi que dans le Val de Loire, où de nombreux vins sont destinés à la prise de mousse*.

L'acide citrique. L'acide citrique paraît être dans la vigne l'un des stades précurseurs intermédiaires de l'acide malique. Ordinairement, dans les vins, il n'existe qu'à l'état de traces.

Dans les vins issus de vendanges atteintes par le botrytis cinerea, qui a la propriété de transformer le glucose en acide citrique, la présence de cet acide, qui peut atteindre jusqu'à 1 gramme par litre, ainsi que de l'acide gluconique paraît parallèle à la formation de grands bouquets. Son excès provoque cependant un déséquilibre gustatif et une pointe d'acidité "mordante". L'adjonction d'acide citrique dans les vins est une pratique légale, mais elle n'est pas sans inconvénient sur la qualité et la stabilité des vins en bouteilles, en raison des risques de reprise d'une fermentation possible. Celle-ci détruit par les bactéries naturellement présentes dans le vin, conduit à la production d'acides volatils, parfois néfastes à la qualité.

▶ **Les acides organiques volatils ou odorants**

L'acide acétique. L'acide acétique, qui existe naturellement dans le règne végétal, provient de la fermentation alcoolique (glycéro-pyruvique) et de l'altération de l'éthanol par des bactéries acétiques. Le goût "aigre", résultant de la piqûre des vins, de l'acide acétique n'est pas seul responsable des caractères organoleptiques spécifiques de l'acescence. C'est l'acetate d'éthyle ou ester acétique qui donne l'odeur de vinaigre au vin piqué dès une teneur de 0,1 gramme par litre. Cet ester résulte de la combinaison de l'acide acétique à l'alcool sous l'action d'une enzyme sécrétée par les bactéries acétiques. Goûter du vinaigre de vin qui en contient, et du vinaigre d'alcool qui n'en contient pas, est un moyen simple de se rendre compte de l'importance de ses caractères organoleptiques.

La teneur en acide acétique mesure l'état de santé du vin qui en contient normalement entre 10 et 18, milliéquivalent par litre de vin.

Les excès d'acide acétique et d'acétate d'éthyle sont traduits par les dégustateurs par de nombreux termes : pointe, piqûre, acescence, etc., qui font l'objet de définitions et permettent ainsi de préciser des caractères et de définir leur niveau d'intensité.

L'acide lactique. L'acide lactique est formé en très faible quantité pendant la fermentation alcoolique aux dépens des sucres, et surtout en quantité plus importante lors de la dégradation malolactique en conditions de milieu favorables. La disparition de l'acide malique, reconnu comme gustativement le plus acide, au profit de la formation d'acide lactique favorise la "maturation" du vin, phénomène important pour les vins rouges septentrionaux. L'acide lactique communique une certaine rondeur, un caractère flatteur aux vins. En excès, il peut provoquer l'écœurement.

L'acide succinique. L'acide succinique se forme pendant la fermentation alcoolique aux dépens des sucres et représente environ 7 pour mille des sucres fermentés (1 à 1,5 gramme par litre). C'est un acide chimiquement et biologiquement stable, qui contribue à la formation du bouquet secondaire par son odeur vineuse très prononcée.

Les autres acides organiques. D'autres acides organiques existent dans le vin surtout en combinaison sous forme d'esters. La présence d'un certain nombre d'entre eux à l'état libre a déjà été signalée. Nous en établissons une liste non exhaustive que nous reprenons ci-après.

Un grand nombre de ces acides sont odorants et peuvent donc avoir une influence sur le bouquet. C'est toutefois par l'intermédiaire de leurs esters qu'ils ont l'action la plus importante.

Liste d'acides du vin

Atrolactique	Hydroxy-2 hexanoïque	Dihydroxy-2,3	Myristique
Azelaïque	Hydroxy-2 octanoïque	Isovalérique	
Butyrique	Hydroxy-2 méthyl-2 valérique	Diméthylglycérique	
		Formique	Pelargonique
Caprique	Hydroxy-2 phényl-3 propionique	Funarique	Propionique
		Galacturonique	Pyromucique
Caproïque	Isobutyrique	Gluconique	Pyruvique
Caprylique	Isopropylique	Glutarique	Quinique
a-Cetoglutarique	Isovalerianique	Glycérique	Tricarballylique
Citramalique	Laurique	Glyoxylique	Valerianique
Glycolique	Mucique		

Les acides aminés

La richesse en acides aminés dans le moût est à la fois liée au cépage et aux conditions atmosphériques de l'année. En effet, on remarque que les cépages les plus riches en acides organiques sont également les plus riches en acides aminés. De même, ce sont les années où le raisin est le plus acide qu'il contient le plus d'azote sous forme aminée.

Les acides aminés sont pour une faible part à l'origine de la formation d'alcools supérieurs, mais on en retrouve la majeure partie dans le vin, sous leur forme initiale ou sous une forme différente due à l'autolyse* des levures.

Un certain nombre de ceux-ci dérivent également des pentoses* ; on a identifié dans le vin les acides aminés suivants : l'histidine, la phényl-alanine, la tyrosine, le tryptophane, l'acide glutamique, la proline, l'arginine, la lysine, l'acide aspartique, la thréonine, l'alanine, l'isoleucine, la valine, le glycocolle, la sérine, la cystine, etc.

Ils n'ont directement qu'une très faible influence sur les caractères organoleptiques, la plupart étant pratiquement inodores.

Les polyphénols

Utilisé au sens large, ce terme englobe : les pigments phénoliques*, les flavones ou fla-vonosides (pigments jaunes), les anthocyanes ou anthocyanosides (pigments rouges), les tanins*, les acides phénols.

Ces types de composés intéressent l'œnologie. Ils sont responsables de certains caractères propres aux différents types de vins et expliquent ce qui fait la différence de "goût" entre les vins blancs et les vins rouges. Leur concentration explique l'aptitude de certains vins à la garde, leur évolution au cours du vieillissement influence la longévité et détermine de nombreux plaisirs gustatifs.

▶ **Les pigments phénoliques**

Les flavonosides. Ils se trouvent dans la plupart des composés végétaux et se divisent en un certain nombre de familles. Une seule famille, les "flavonols", intéresse particulièrement le raisin, et les composés identifiés appartenant à cette famille sont : le kaempférol, la quercétine, la myricétine.

Les anthocyanosides. On identifie six familles d'anthocyanes répandus dans la nature et pour la plupart intéressant le raisin : la pelargonidique ; la cyanidine (cyanidol) ; la paecnidine (paeonidol) ; la delphinidine (delphinidol) ; la petunidine (pétunidol) ; la maividine (malvidol).

Comme les flavonosides, les anthocyanosides ne se trouvent pas à l'état libre dans la nature, mais sous forme d'hétérosides* dont on connaît une vingtaine de types différents.

Les sucres remplacés par des acides organiques donnent des acides cinnamiques, parmi lesquels ont été identifiés entre autres : l'acide p-coumarique, l'acide caféique, l'acide férulique, composants des bouquets.

Un certain nombre de propriétés fondamentales des anthocyanes conduisent à des modifications sensibles, notamment de la couleur, et peuvent être utilisées en œnologie. Toutes les variétés cultivées issues de vitis-vinifera renferment certains types d'anthocyanes, tandis que les vignes américaines et certains de leurs hybrides en renferment d'autres identifiables à l'analyse et permettant de déceler les fraudes.

Leur coloration varie en fonction de l'acidité du milieu ; elle est rouge en milieu acide, bleue en milieu neutre ou alcalin. Cette propriété d'ailleurs variable selon leur structure, explique plusieurs choses sur la couleur des vins. Par exemple, les beaujolais primeur ont une nuance rouge violacée, cela s'explique par l'encépagement, mais aussi par l'équilibre plutôt acide des vins. Les vins de Bourgogne issus du *pinot noir* sont rouge framboise dans leur jeunesse, tandis que las vins méridionaux du *grenache* et aquitains du *Cabernet sauvignon* sont plus sombres et le doivent à leur moins forte acidité et à leur plus grande richesse en tanins, supports des matières colorantes.

L'anhydride sulfureux et les bisulfites alcalins décolorent les anthocyanes, d'où la décoloration relative des vins rouges sous atmosphère riche de ce gaz.

Au vieillissement, l'oxydation des matières colorantes fait évoluer la nuance dans des tonalités marron orangé, ce qui donne parfois un aspect tuilé.

❯ Les tanins

La définition œnologique générale des tanins à laquelle on se réfère est celle de l'astringence. Celle-ci varie suivant le degré de polymérisation, c'est-à-dire à leur condensation liée à l'association de plusieurs molécules. Plus les chaînes moléculaires sont denses et longues, plus les tanins donnent une sensation de complexité et de rondeur en bouche. Les vins sont alors qualifiés de gras et soyeux. A l'inverse, moins les chaînes sont longues, moins les vins sont agréables en bouche, ils paraissent maigres, verts et secs.

Mais en fait la stimulation de l'astringence n'est pas due à tous les corps entrant dans cette classe. Seuls quelques composés sont à l'origine de ces stimulations et perceptions qui sont souvent associées à d'autres. Les différents corps désignés globalement sous le nom de tanins, lorsqu'ils sont actifs en dégustation, occasionnent d'autres perceptions telle l'amertume, quelquefois difficile à différencier de l'astringence.

Les tanins hydrolysables. Il s'agit d'esters de glucides et d'acides phénols ou de dérivés d'acides phénols. La molécule glucidique est en général du glucose, quelquefois des polysaccharides. On les trouve à l'état de traces dans le raisin. Ils peuvent être apportés au vin en proportion importante par les récipients en bois. Les vins, s'ils sont bien constitués et s'ils supportent cet apport, présentent outre une note boisée caractéristique, des arômes de noisette, amande et pain grillé, café et torréfaction. Les ajouts sous forme de copeaux peuvent artificiellement communiquer ces arômes toastés, mais leur perception est souvent fugace et évolue plus largement vers des arômes boisés qualifiés de "planche", s'associant mal aux autres composants du vin.

Le tanin hydrolysable le plus répandu commercialement est l'acide tannique extrait de la noix de galle. C'est un acide composé essentiellement d'acide gallique et de gallotanin proprement dit (70 %) dont la structure est constituée de plusieurs molécules (4 à 10) d'acide gallique pour une molécule de glucose.

Les tanins condensés. Ils existent en quantités plus importantes et sont plus importants que les tanins hydrolysables.

Les flavanols ou catéchines ont une structure voisine de celles des anthocyanes et des flavones. La principale propriété de ces corps est leur comportement par chauffage en milieu acide. Que ce soit sous forme de molécule simple ou condensée partiellement, les catéchines subissent sous l'action de la chaleur une polymérisation qui les transforme en produits bruns jaunes insolubles : les phlobaphènes.

Les flavanediols ou leucoanthocyanidines se dégradent en phlobaphènes et en anthocyanes sous l'effet de la chaleur.

Les biflavanes, dimères faisant intervenir une molécule de flavanol-3 et une molécule de flavanediol-3,4, sont formés indépendamment des véritables tanins condensés par une voie parallèle et possèdent certaines propriétés des tanins, en particulier ils sont astringents.

Classification des tanins selon Pascal Ribéreau-Gayon

I - Tanins hydrolysables = *gallotanins, ellagitanins*

Gallotanins

par hydrolyse, ils donnent : des esters de glucose ou d'un polysaccharide, de l'acide gallique,
de l'acide n-digallique qui donne lui-même de l'acide gallique par hydrolyse.

Ellagitanins

par hydrolyse acide, ils donnent : de l'acide gallique, de l'acide ellagique (dimère de l'acide gallique).

II - Tanins condensés = *flavanols-3 (catéchines) ; flavanediols-3,4 (leucoanthocyanidines) ; biflavanes (flavanols -3 plus flavanediols-3,4)*

Flavanols-3 (catéchines)

- les catéchines,

- les gallocatéchines.

Flavanediols-3,4 (leucoanthocyanidines)

- les leucodelphinidines,

- la leucocyanidine.

Biflavanes

▌ **Les acides-phénols**

Trois catégories de corps entrent dans ce groupe : les acides benzoïques, les acides cinnamiques, les coumarines.

Les *acides benzoïques* sont les plus connus, ils sont très répandus dans le règne végétal. Sept sont intéressants en œnologie : l'acide p-hydroxybenzoïque, l'acide protocatéchique, l'acide vanillique, l'acide gallique, l'acide syringique, l'acide salicylique, l'acide gentisique.

Les *acides cinnamiques* sont très répandus chez les végétaux, on signale en particulier dans le vin : l'acide p-coumarique, l'acide caféique, l'acide férulique.

Les *coumarines.*

Les différents caractères organoleptiques liés aux polyphénols

Les *flavones* et les *anthocyanes* interviennent sur la couleur des vins. Les flavonols sont responsables d'une partie de la composante jaune des vins. Les anthocyanidines, composés de couleur rouge dans le vin, participent vraisemblablement à la formation des arômes, outre leur action possible sur le goût, en raison de leur astringence.

Les tanins sont généralement incolores ou jaune pâle et interviennent surtout sur la structure des vins, plus particulièrement des vins rouges. Ils provoquent au niveau des muqueuses, surtout lorsqu'ils sont en forte concentration, une contraction des tissus donnant une impression de râpeux qui persiste en bouche après la dégustation.

Les acides phénols sont à l'origine de la saveur amère, de la richesse aromatique et de l'astringence.

La mesure du taux d'ensemble des polyphénols s'exprime par l'**indice de permanganate**. Cet indice situe les vins rouges entre les points extrêmes de souplesse ou de dureté, avec des valeurs allant de 50 pour un vin rouge très souple à 150 pour un vin de presse.

Ribéreau-Gayon et Peynaud proposent d'adopter l'**indice de souplesse** qui exprimerait d'un seul nombre le rapport entre les éléments intervenant dans les qualités de souplesse et de gras des vins jeunes.

Indice de souplesse = *degré alcoolique - (acidité totale + taux des composés phénoliques). L'acidité totale et les polyphénols sont comptés en gramme par litre.*

Pour ces auteurs, un vin ne devrait mériter le qualificatif de souple que pour un indice supérieur à 5 (vin d'origine bordelaise). Cet essai de classification ne paraît pas avoir eu ce prolongement hors de la région girondine. Il semble que les vins les plus durs sont ceux qui sont à la fois riches en acides et en tanins et que l'excès des polyphénols peut se trouver masqué par une faible acidité et un degré alcoolique élevé.

En raison de leurs propriétés, les polyphénols ont donc une influence sur la présentation du produit, sur ses caractéristiques d'équilibre et sur ses caractères aromatiques. Ces propriétés sont induites par divers phénomènes en relation avec le lieu de production, le cépage, le type de vinification, le temps de contact entre matières solides et matières liquides, l'état de division de la vendange, son traitement, le sulfitage, la température, l'alcool, l'acidité, l'atmosphère carbonique, etc. Cette influence peut se manifester à la fois sur la couleur, l'arôme, la saveur et l'équilibre, donc l'harmonie.

L'oxydation enzymatique des polyphénols donne dans les vins des quinones* colorées en jaune dont l'odeur rappelle, dans les vins blancs, celle de la bière éventée et, dans les vins rouges, celle d'un composé cacao-chocolat.

Les relations habituelles entre la nuance des vins et leur caractère plus ou moins oxydé font que le simple aspect peut initier un préjugé, donc une suggestion.

Les sucres

A l'exception des vins moelleux, liquoreux ou spéciaux, il est anormal de trouver dans notre culture oenophilique plus d'1 à 2 grammes par litre de sucre dans les vins blancs, rosés ou rouges. Dans le même sens, les sucres interviennent dans l'appréciation gustative d'un vin, en dehors des vins secs, pour la formation et la qualification du moelleux. L'alcool éthylique se place au premier rang des substances du vin à saveur sucrée ; le glycérol, aux concentrations normales dans les vins, a un goût sucré assez discret.

Nous examinerons rapidement et schématiquement la nature des sucres résiduels du vin et ses incidences sur la saveur habituelle ou accidentelle des vins et sur leur équilibre.

Les hexoses : le glucose et le fructose. Ces deux sucres réducteurs et fermentescibles existent dans les raisins à maturité en quantités sensiblement égales (R = G/F = 0,95), alors qu'à la véraison il y a deux fois plus de glucose que de fructose.

La teneur en sucres réducteurs varie dans les raisins mûrs et pour l'élaboration de vins tranquilles classiques, entre 150 et 230 grammes par litre. Dans le cas de cépages destinés à produire des vins spéciaux (*muscat, grenache*), elle peut atteindre 300 grammes par litre et jusqu'à 400 grammes par litre dans les raisins passerillés et dans les moûts de raisins concentrés par la pourriture noble. Par hydrolyse enzymatique, le saccharose apporté par la chaptalisation* se dédouble en glucose et fructose.

La teneur en sucres résiduels fermentescibles des vins secs ne devrait jamais dépasser 1 à 2 grammes, la fermentation laissant toujours des traces de glucose (- de 0,8 gramme), et 1 gramme à 1,5 gramme de fructose. La présence de sucres fermentescibles dans les vins secs est d'autant plus fréquente que la richesse des moûts est élevée et qu'elle rend ainsi les fins de fermentation difficiles.

Un vin sec dans lequel il reste trop de sucre, outre qu'il ne peut s'apprécier gustativement, est biologiquement instable en raison des risques d'attaque de ses sucres par les bactéries avec formation d'acide lactique ou d'acide acétique.

La saveur sucrée apparaît parfois dans des vins rouges de faible acidité, en raison du caractère sucré dominant de l'alcool et plus aléatoirement du glycérol, mais il peut exister aussi des vins rouges sucrés provenant des pays méridionaux ou d'Europe centrale.

Les vins souples peuvent être de ce type et mériter le qualificatif de moelleux, qui s'applique plus spécialement aux vins blancs et qui peut être un moyen terme entre "sec" et "liquoreux" avec des sensations intermédiaires dont l'appréciation variera en fonction des autres composants physiques et chimiques du vin : gras, onctueux, pâteux, lourd, plat, mou, etc.

Le saccharose. Le saccharose, qui n'existe qu'à l'état de traces dans les raisins, est apporté dans les moûts chaptalisés par les sucres de betterave ou de canne. Inverti rapidement et transformé en une molécule de glucose et une molécule de lévulose, il ne doit pas se retrouver dans les vins, sauf introduction frauduleuse post-fermentaire.

Vins secs, vins moelleux, vins liquoreux

Définitions techniques et réglementaires

Un **vin sec** est, pour un œnologue, celui qui ne contient plus de sucres fermentescibles, c'est-à-dire moins de 2 grammes de sucres dosables par litre de vin. La réglementation définit le vin sec comme contenant moins de 4 grammes de sucres par litre ou plus (jusqu'à 9) sous certaines conditions d'acidité. Pour le dégustateur, le vin sec est celui dans lequel on ne perçoit pas la saveur sucrée (moins de 3 grammes par litre en moyenne).

Un **vin demi-sec** est un vin dont la teneur en sucres résiduels est supérieure à 4 g/l et atteint au maximum 12 g/l.

Un **vin moelleux** est un vin dont la teneur en sucres résiduels est supérieure à 12 g/l et atteint au maximum 45 g/l.

Un **vin doux** est un vin qui contient au minimum 45 g de sucres résiduels par litre.

L'opération de dosage des vins mousseux, souvent appelés aujourd'hui "effervescents", consiste à ajouter au vin une "liqueur d'expédition" faite de vin et de sucre candi dans des proportions qui varient suivant la désignation du type et les traditions de chaque maison. La quantité de sucre introduite varie de 3 à plus de 50 grammes par litre, du "brut" au "doux".

Vins mousseux

Définitions réglementaires

Brut nature est réservé aux vins mousseux contenant moins de 3 g de sucre par litre

Extra brut est réservé aux vins mousseux contenant entre 0 et 6 g de sucre par litre

Brut est réservé aux vins mousseux contenant moins de 15 g de sucre par litre

Extra dry est réservé aux vins mousseux contenant entre 12 et 30 g de sucre par litre

Sec est réservé aux vins mousseux contenant entre 17 et 35 g de sucre par litre

Demi-sec est réservé aux vins mousseux contenant entre 33 et 50 g de sucre par litre

Doux est réservé aux vins mousseux contenant plus de 50 g de sucre par litre

Liste non exhaustive de composés identifiés dans les vins, susceptibles de jouer un rôle dans le complexe aromatique d'un vin

Acétal
Acétate d'amyle act
Acétate d'amyle-n
Acétate de butyle-n
Acétate d'éthyle
Acétate d'heptyle
Acétate d'hexile
Acétate d'isoamyle
Acétate d'isobutyle
Acétate d'isopropile
Acétate de méthyle
Acétate de b-phényléthyle
Acétate de propyle-n
Acétoïne
Acétone
Anthranilate d'éthyle
Anthranilate de méthyle
Butyraldéhyde
Butyrate d'éthyle
Butyrate d'isoamyle
Butyrate d'isopropyle
g-Butyrolactone
Caféate de butyle
Caprate damyle act
Caprate d'éthyle
Caprate d'isoamyle
Caprate d'isobutyle
Caproate d'amyle act
Caproate d'isoamyle
Caproate d'isobutyle
Caproate d'éthyle
Caproate d'amyle act
Caprylate d'éthyle
Caprylate d'hexyle
Caprylate d'isoamyle
Caprylate d'isobutyle
Caprylate de méthyle
Caprylate de propyle-n
Carboéthoxy-4 g-butyro-lactone
Cinnamaldéhyde
Cinnamate d'éthyle
Citral

m-crésol
p-crésol
Coumarate d'éthyle
Décanal-1
Décenoate-9 diéthyle
Diacétyle
Diisopentoxy-l ,1 éthane
Diméthoxy-2,6 phénol
Ethanal
Ethoxy-1 (méthyl-2 butoxy)-l éthane
Ethoxy-2 (phényl-2 éthoxy)-1 éthane
Ethyl-4 gaïacol
Ethyl-4 phénol
Farnesol
Formaldéhyde
Formiate d'éthyle
Formiate de méthyle
Furfural
Gaïacol
Heptanal
Hexanal
Hexène-2 ai-ml
Hydroxy-3 butyrate d'éthyle
Hydroxy-m4 butyrate d'éthyle
Hydroxy-2 méthyl-4 penta-noate d'éthyle
Hydroxy-2 phényl-3 propio-nate d'éthyle
Hydroxy-3 propionate d'éthyle
a-Ionone
b-Ionone
Isobutyraldéhyde
Isobutyrate d'éthyle
Isobutyrate d'isobutyle
Isoeugénol
Isopentoxy-l (phényl-2 éthoxy)-1 éthane
Isovaléraldéhyde
Isovalérianate d'amyle act
Isovalérianate d'éthyle

Isovalérianate d'isoamyle
Lactate d'éthyle
Lactate d'isoamyle
Lactate d'isobutyle
Laurate d'amyle act
Laurate d'éthyle
Laurate d'isoamyle
Laurylaldéhyde
Linalol
Malate acide d'éthyle
Malate de diéthyle
(Méthyl-2 butoxy)-1 isopentoxy-l éthane
(Méthyl-2 butoxy)-1 phénylétoxy-1 éthane
Méthyl-2 butyraldéhyde
Méthyl éthylcétone
Myristate d'amyle
Myristate d'éthyle
Myristate d'isoamyle
Nonanal-l
Octanal-1
Oenantate d'éthyle
Palmitate d'éthyle
Pantoyllactone
Pélargonate d'éthyle
Pentadécanoate d'éthyle
Propionaldéhyde
Propionate d'éthyle
Propionate d'isobutyle
Propionate de propyle-n
Pyruvate d'éthyle
Salicylate d'éthyle
Succinate de diéthyle
Tartrate acide d'éthyle
Tartrate de diéthyle
Undécylate d'éthyle
Valérianate d'éthyle
Valérianate d'isobutyle
Vanilline
Vinyl-4 gaïacol
Vinyl-4 phénol

Les pentoses. Les pentoses, sucres non fermentescibles, sont représentés dans les vins par l'arabinose (0,3 à 1 gramme par litre) et par des traces de xylose.

Le sédoheptulose. Cétose à 7 atomes de carbone, il se trouve dans le raisin, jamais en quantité importante, mais donne naissance en se cyclisant à un certain nombre de composés aromatiques.

Caractères organoleptiques des sucres

Est-il nécessaire de préciser que les sucres interviennent et sont généralement considérés comme témoins de la saveur sucrée ? Par leur capacité de transformation en de nombreuses catégories de corps participant à la composition finale des vins, ils sont à l'origine de nombreux composés aromatiques de toute nature. Il convient d'être très attentif à leur présence en dégustation professionnelle, car même au-dessous du seuil d'identification, ils influencent le dégustateur communiquant au plan hédonique une sensation agréable pouvant conduire à surnoter des vins qui ne le mériteraient pas en se référant à la typicité qu'ils devraient avoir.

Autres composants intervenant dans les caractères organoleptiques des vins

Aldéhydes, cétones, esters, alcools-esters, phénols-esters, etc.

Les aldéhydes, les cétones et les esters sont, avec les alcools et les acides gras, les éléments essentiels du bouquet des vins. La complexité de ces substances, leurs doses minimes dans les vins, leur évolution au cours du vieillissement, font que leur étude est difficile.

Le bouquet secondaire, lié aux fermentations, et le bouquet tertiaire qui se développe au cours du vieillissement seraient tout particulièrement dus aux alcools supérieurs et aux esters formés par les levures au cours des fermentations.

Les bouquets primaire et secondaire cèdent rapidement le pas au bouquet de vieillissement, dont la complexité s'accroît avec la formation de parfums rappelant des expressions végétales, animales, de réduction.

En dehors des corps cités dans les pages précédentes, on a ainsi identifié dans certains vins toute une série de composés qui peuvent jouer un certain rôle dans les caractères olfactifs.

Une liste non exhaustive de ces composés est proposée dans le tableau ci-contre.

Les produits d'addition naturels ou artificiels

Les gaz dissous

Le gaz carbonique. Le gaz carbonique contenu dans les vins nouveaux provient soit de la fermentation alcoolique, soit de la dégradation malolactique. La quantité de gaz carbonique (CO_2) dissous est de l'ordre de quelques décigrammes par litre. Elle suffit pour maintenir la fraîcheur du vin, augmenter sa sapidité*, stimuler le fruit des vins jeunes, atténuer l'odeur phénolique ou la saveur tannique. L'excès de CO_2 dénature le goût, exagère l'acidité. L'insuffisance l'affadit, le rend plat, sans relief, sans fruit.

Ces observations sont plus sensibles lorsqu'il s'agit de vins blancs secs, pour lesquels la mise en bouteilles sur lies est souvent recherchée. Il en est de même dans les vins dits de primeur.

L'adjonction de CO_2 dans les vins n'étant pas licite, sauf pour les vins mousseux gazéifiés, il faut éviter ou limiter les manipulations qui tendent à décarboniquer le vin.

La difficulté consiste à trouver un état d'équilibre, sachant que la solubilité du gaz carbonique est sous l'étroite dépendance de la température du vin et qu'un réchauffement de 10 degrés peut diminuer cette solubilité de 30 %.

Il faut maintenir dans le vin une dose de CO_2, non perceptible à la dégustation, mais suffisante pour maintenir sa fraîcheur. La dose optimale semble se situer entre 100 et 200 milligrammes par litre. Mais dans les vins de primeur et les vins mis en bouteilles sur lies, cette dose est souvent bien supérieure, pouvant aller jusqu'à près de 1 gramme par litre.

Le gaz sulfureux. L'anhydride sulfureux, exprimé par la formule (SO_2), est employé depuis fort longtemps en vinification pour ses qualités antiseptiques et antioxydantes. Précieux, pour le praticien qui l'utilise, son emploi à mauvais escient ou à mauvaise dose peut conduire à des inconvénients gustatifs, voire hygiéniques, encore qu'aux doses admises dans les vins, le SO_2 est sans effet sur l'organisme humain. L'odeur et le goût de SO_2 proviennent de la fraction libre de ce gaz dissous dans les vins et dont la perception s'accroît sensiblement avec la diminution du pH.

Les vins verts, acides, sans arôme de constitution, sont souvent plus responsables des excès odorants du SO_2 qu'un dosage excessif de l'utilisateur.

La robe d'un vin rouge peut perdre en intensité colorante en raison d'une trop forte dose de SO_2. Elle peut reprendre avec le temps son intensité première.

L'hydrogène sulfuré. La production d'hydrogène sulfuré : acide sulfhydrique, exprimé par la formule SH_2, dans le vin, est généralement la conséquence de l'action réductrice des levures sur le soufre ou l'anhydride sulfureux. Il peut également prendre naissance par contact de vins sulfités à haute dose avec du matériel vinaire métallique. L'aération peut éliminer l'hydrogène sulfuré dont l'odeur caractéristique d'oeuf pourri interdit toute appréciation gustative du vin.

Les mercaptans. Faute d'une intervention rapide, l'acide sulfhydrique se combine avec l'alcool pour former un thio-alcool : le mercaptan éthylique, ou éthanethiol ou éthylmercaptan, à odeur fétide. Cette combinaison n'est pas irréversible. On peut éliminer ce thio-alcool éthylique en faisant passer le vin sur de la tournure de cuivre rouge. Cependant ce traitement de choc altère fortement les caractères organoleptiques du vin traité.

Outre ces odeurs caractérisées, la dégustation révèle souvent la présence dans le vin de composés soufrés de caractère alliacé, qui modifient ses caractéristiques d'équilibre et dessèchent le vin.

L'oxygène. L'oxygène pénètre dans le vin au moment des soutirages, pendant la conservation en fûts de bois, avec ou sans vidange, au cours de la mise en bouteilles, lors de l'agitation dans un verre, etc. Il se combine rapidement avec les substances oxydables : composés phénoliques, acide sulfureux, alcool, composés ferreux, et peut provoquer des accidents tels les casses, le goût d'évent, qui ont un inconvénient dans l'appréciation organoleptique des vins, tant sur le plan visuel que sur celui des caractères gustatifs. C'est l'aspect négatif de l'oxydation.

La combinaison de l'oxygène avec les composés du vin conduit également à la production de nouveaux composés susceptibles d'augmenter la complexité aromatique du vin.

La production de l'éthanal, ou aldéhyde éthylique, ou acétaldéhyde, responsable du caractère âcre, amer, "éventé", dans les vins, a pour origine l'oxydation de l'alcool. L'évent peut apparaître momentanément dans ce que l'on appelle la "maladie de bouteille", correspondant à une période d'évolution et de stabilisation après la mise en bouteilles. Cette période peut durer de quelques mois à quelques années, selon le type de vin, sa qualité et son millésime.

L'emploi de l'acide ascorbique (vitamine C), combiné à l'anhydride sulfureux, peut être utile dans la disparition de cet inconvénient, surtout dans les vins jeunes à consommation rapide. La formation du bouquet tertiaire est liée à l'apparition dans le vin de substances réductrices et à la diminution du potentiel d'oxydo-réduction.

Apports liés au logement sous bois. Le vin a depuis longtemps été élaboré et conservé dans des récipients en bois. A l'heure actuelle, la plupart des grands vins sont élevés dans des tonneaux en bois. Il est bien connu que ces récipients, surtout lorsqu'ils sont neufs, cèdent au vin un certain nombre de composés chimiques, en particulier des polyphénols dont la présence, autrefois traditionnellement recherchée dans certains très grands vins, induit une modification des caractères organoleptiques. Cette modification est surtout sensible dans les vins jeunes pendant leur séjour en fûts neufs. Elle a tendance à diminuer au cours du vieillissement en bouteilles. Le bois se combine et conduit à des goûts de type "vanillé".

Le bois utilisé provient essentiellement du chêne. Les caractères olfacto-gustatifs provenant des vins élevés en tonneaux neufs de chêne conduisent souvent à la qualification de "goût de chêne", qu'il ne faut pas confondre avec les mauvais goûts dus à des bois défectueux : "goût de fût sec ou de bois sec", "goût de fût moisi", etc.

Le chêne utilisé pour confectionner les fûts provient de certaines espèces du genre Quercus. Les douelles sont travaillées, plus ou moins chauffées, afin de leur donner la forme du fût. Il peut être plus ou moins "brûlé". Ces différentes opérations génèrent ainsi des caractéristiques organoleptiques exprimées par les termes courants suivants : "boisé", "brûlé", "toasté", "caramélisé", "fumé", "grillé", "pain grillé", amande grillée", etc.

Dans certains cas, relativement rares, ont utilise des bois de châtaignier ou d'acacia : robinia pseudoacacia, qui apportent aux vins des goûts spécifiques, différents de celui du chêne et en général peu appréciés.

Autres produits divers ajoutés. De nombreux produits peuvent être ajoutés au vin : le caramel, utilisé à la fois pour colorer ou "adoucir", le miel, utilisé pour enrichir les vins en sucre ou en alcool lorsqu'il est fermenté, la résine de pin, dans certains vins blancs grecs que l'on appelle "retsina", certaines plantes ou extraits de plantes qui peuvent ainsi conduire à des produits ne pouvant plus s'appeler vin, mais "vermouth".

Les traitements tels que les collages peuvent également enrichir les vins en des éléments qu'ils ne contiennent pas naturellement.

Enfin, le contact du vin avec de nombreux objets au cours des diverses manipulations sur la vendange, apports involontaires dus à une vendange souillée, etc., ou lors du travail du vin au cours de la vinification ; récipients de transfert, etc., peuvent amener de nombreux éléments étrangers qui se révèlent à la dégustation et qui, dans leur ensemble, sont qualifiés de "goût étranger ou exogène" ou "mauvais goût".

Discussion sur les dégustations solitaires ou multiples

Nous avons vu précédemment que la dégustation des vins était autrefois purement hédonique, donc subjective. Ses descriptions étaient faites d'expressions et d'élans spirituels de nature poétique qui allaient parfois jusqu'à certaines outrances verbales. On leur trouvait cependant d'autant plus de charme qu'elles n'influaient en aucune façon sur le sort du vin, c'est-à-dire son classement.

Mais depuis quelques temps, les travaux de la recherche et certaines obligations administratives d'ordre national ou européen ont abouti à une vérification plus rationnelle des valeurs, notamment pour les vins AOC, et ceci avant toute mise en marché. La dégustation désormais obéit ou doit obéir à des règles élémentaires, dont dépend la fiabilité des estimations de valeurs. Ce n'est qu'ensuite, en parallèle, qu'intervient le jugement hédonique.

La question qui se pose est à l'évidence de savoir si l'on peut faire confiance à ce qu'exprime un seul dégustateur, quelles que soient ses qualités de perception et d'interprétation, ou s'il est plus logique, plus sûr ou plus prudent de tenir compte de décisions collégiales. Autrement dit, prendre pour argent comptant les avis d'un seul, ou chercher la synthèse des résultats à partir d'un groupe de dégustateurs à la compétence reconnue.

Les deux formules peuvent être discutées. Dans le premier cas, le dégustateur isolé agit avec une totale indépendance d'esprit. Son jugement est le sien, puisqu'il n'est pas influencé par les suggestions orales de tierces personnes. C'est là un avantage certain quand on sait l'influence que peuvent avoir des opinions sensorielles extérieures sur le psychisme de chacun. De plus, le dégustateur seul s'appuie sur la somme souvent plus grande de ses expériences antérieures bien mémorisées pour effectuer l'analyse puis la synthèse de ses réactions. Son jugement est l'image de son niveau de compétence ; il traduit la plupart du temps une grande franchise puisqu'il n'est gêné par personne. A ses yeux, ses avis sont suffisamment équilibrés pour ne souffrir aucune contestation.

Quels que soient ses avantages, cette façon de procéder a quelques inconvénients. Tout d'abord, il n'est pas toujours facile de s'abstraire de ses goûts personnels et d'éventuelles faiblesses physiologiques pour juger objectivement des niveaux de valeur. Lorsque le dégustateur y parvient, l'attention qu'il porte dans son travail ne lui permet pas d'avoir conscience de la fatigue sensorielle qui atteint tout individu normalement constitué, quelle que soit la formation reçue. Il peut s'ensuivre des déviations dans l'identité des caractères olfactifs, puis une mauvaise perception des formes et des silhouettes des vins. Souvent, lorsque le naturel reprend le dessus, les insuffisances d'objectivité peuvent être aggravées par une forme de prétention.

La dégustation professionnelle en groupe procède d'une condition préalable impérative : l'élimination par des séries de tests des dégustateurs fortement désavantagés physiologiquement (anosmies et agueusie nettes) ou n'ayant par reçu de formation satisfaisante. Ceci étant, cette forme de travail doit être organisée sans communication orale entre participants. Les avis sont alors proches de l'identique, ou complémentaires ; un caractère non décelé par exemple par un dégustateur peut être noté par un autre. La description du vin est ainsi plus complète et le placement des vins dans l'échelle des valeurs plus facile.

De plus, lorsque la méthode ordinale est adoptée, les valeurs exprimées sont le résultat d'une synthèse et non d'une moyenne arithmétique. Il semble que l'on soit dans ces conditions plus près de la réalité qu'avec l'avis d'un seul dégustateur.

La méthode de dégustation en groupe a en revanche de grands inconvénients lorsque la notation est faite suivant le système cardinal, parce qu'elle aboutit forcément à des jugements issus d'une moyenne arithmétique, c'est-à-dire à une sorte de falsification des résultats. Et cet inconvénient est aggravé lorsqu'il existe une liberté totale d'expression orale chez tous les dégustateurs, toujours difficile à canaliser au fil des examens. Toutes les suggestions de caractère négatif ou admiratif sont possibles. Elles vont parfois jusqu'à l'excentricité quand il s'agit pour certains de confirmer un prestige personnel.

En résumé, il apparaît logique d'avoir quelques doutes sur l'expression et la notation globale d'un seul dégustateur, sauf à se trouver devant un individu exceptionnellement doué et chargé d'expérience. Encore que... !! Il paraît préférable de faire confiance à un groupe de gens compétents, mues au cours des opérations, dont les conclusions sont le résultat d'une majorité, et non d'une moyenne.

A l'évidence, dans les deux cas, l'honnêteté des dégustateurs n'est pas en cause.

Gamme de bouteilles

Les différents types d'analyse sensorielle

L'analyse sensorielle est l'examen par les organes des sens des caractères organoleptiques d'un produit. S'agissant en général d'un aliment ou d'une boisson, il est évident que la consommation de ce produit est liée, au moins en partie, à ses qualités gastronomiques. L'appréciation de ces qualités, même si elle peut être faite en partie par voie instrumentale, doit obligatoirement avoir comme référence la voie directe expérimentale qu'est l'analyse sensorielle qui est donc ainsi obligatoirement à la base de tout jugement d'un produit alimentaire.

Enfin, l'analyse chimique n'est pas suffisante pour différencier deux ou plusieurs produits et n'atteint pas le niveau de l'acuité de perception de l'odorat. De plus, dans des systèmes complexes, elle n'est pas souvent en mesure de rendre compte des caractères organoleptiques induits par les actions et interactions des nombreux corps participant par exemple à l'odeur d'un produit.

Ainsi l'analyse sensorielle reste l'un des instruments nécessaires pour l'appréciation et le contrôle des aliments et des boissons.

Toutefois l'instrument de mesure qu'est l'homme ne réagit pas comme une machine et ses réponses peuvent être déformées par les nombreuses influences internes et externes comme nous l'avons précisé plus haut. L'objet de la méthodologie de l'analyse sensorielle est de réduire le plus possible ces influences pour assurer les qualités de certitude et de reproductibilité que l'on est en droit d'attendre de toute opération de mesure.

Les différentes méthodes d'évaluation ou d'analyse sensorielle

Selon l'objet et la recherche réalisée par l'examen : différenciation, identification, description, appréciation, classement, notation, de nombreuses méthodes de présentation et de comparaison des échantillons ont été proposées et utilisées. Les Anglo-Saxons ayant réalisé les premières publications en la matière, c'est le terme anglais "test" qui est le plus couramment employé. Nous préférons toutefois conserver un vocable français et utiliser le terme "analyse", sous-entendu : sensorielle. Les termes "essai" et "épreuve" sont également employés.

Les différents types d'analyse sensorielle peuvent être répartis en deux catégories, la première ne portant que sur une recherche de différenciation, la deuxième, plus complexe, faisant intervenir une appréciation.

Les analyses de différenciation

Elles consistent en la présentation simultanée ou successive de plusieurs échantillons dont le dégustateur doit dire s'ils sont ou non différents les uns des autres. Accessoirement il est souvent demandé soit le caractère différentiel, soit la préférence du dégustateur, mais toujours à l'intérieur d'un lot très limité d'échantillons.

Ces types d'analyses ont l'avantage d'être très simples et de donner des résultats objectifs permettant un traitement mathématique facile et donc l'obtention d'indications statistiques intéressantes.

Ils ne nécessitent pour les sujets qu'un contrôle sensoriel sommaire et un apprentissage relativement court. Ils sont très utilisés dans l'industrie alimentaire pour le contrôle des fabrications, la recherche et la mise au point de nouveaux produits.

Ils se réalisent sous la direction d'un spécialiste, par groupes de 10 à 20 personnes de l'entreprise, sélectionnées préalablement mais pouvant être issues de tous les types d'activité et de tous les niveaux de qualification professionnelle.

Différence et identité. La recherche d'objectivité et de précision a amené les spécialistes de l'analyse sensorielle à faire preuve d'un certain purisme dans leur langage et à éviter ainsi dans beaucoup de cas les critiques faites depuis longtemps à propos du caractère subjectif de la dégustation. En matière de différenciation et d'identité, les confrontations et discussions sont allées très loin : jusqu'au point où l'on constate qu'il n'existe pas deux objets dont on puisse dire qu'ils sont parfaitement semblables mais seulement qu'ils sont indifférenciables par les moyens utilisés pour les examiner.

Les termes identité et identique sont donc proscrits du langage de l'analyse sensorielle et remplacés par "non différenciable" ou, en raccourci, "non différent".

L'analyse par paires. Deux échantillons A et B sont présentés ensemble ou successivement au hasard. Elle permet de rechercher les différences perceptibles ou les préférences, etc.

Système le plus simple, il serait d'après Ribereau-Gayon plus efficace que la présentation triangulaire pour détecter de faibles différences. Il semble toutefois que les sujets soient, par suggestion, enclins à trouver dans ce cas des différences inexistantes.

L'analyse triangulaire. Deux produits sont présentés simultanément ou successivement, l'un en un exemplaire, l'autre en deux : les combinaisons possibles sont donc : A.A.B. ; A.B.A. ; B.A.A. ; B.B.A. ; B.A.B. ; A.B.B.

L'épreuve consiste à indiquer l'échantillon qui est a priori différent des deux autres. Ce type d'examen jouit d'une grande faveur aussi bien dans le contrôle des dégustateurs que dans celui des produits, car il assure un double contrôle (différenciation et non-différenciation).

L'analyse avec témoins. Dans ces deux types précédents, l'un des échantillons peut être un témoin mais en aucun cas il n'est connu des dégustateurs. Le système avec témoin consiste au contraire à désigner préalablement aux sujets le témoin qui est présenté isolément. Ensuite sont présentés successivement au hasard un autre échantillon du même produit et un échantillon d'un autre produit. L'épreuve consiste à désigner parmi ces deux derniers celui qui est différent du témoin.

Les analyses dérivées des précédentes. Il est évident que les systèmes précédents peuvent être répétés pour confirmation ou contrôle. Dans le cas du premier, on peut, avec l'analyse par paires multiples, en présentant plusieurs fois la même série d'échantillons, demander le classement en deux catégories correspondant aux deux produits différents échantillonnés.

On peut également, examinant deux produits différents, les présenter nommément chacun comme témoins A et B, puis anonymement au hasard en demandant lequel est A et lequel est B. C'est l'analyse à double témoin.

On peut également présenter anonymement une série plus ou moins grande d'échantillons du témoin dans laquelle est placé au hasard un échantillon d'un autre produit à différencier.

Avec un peu d'imagination, il est évident que l'on peut ainsi multiplier les systèmes pour rechercher toujours, avec deux types seulement, des combinaisons de présentations permettant différentes adaptations ou buts. En fait, ce sont surtout les analyses par paires et triangulaire qui paraissent être les plus utilisées.

Stimuli préalables. Dans beaucoup de cas et spécialement en matière de vins, il est heureux qu'une stimulation préalable soit réalisée avec un échantillon assez voisin de ceux qui vont être examinés. Les phénomènes de mise en condition, excitation ou saturation préalable, qui en résultent, permettent aux sujets d'être plus précis dans les épreuves.

Les analyses d'appréciation

Il s'agit là d'un travail plus difficile demandant en général une grande compétence de la part des dégustateurs. Elles sont le plus souvent réalisées par un dégustateur unique ou un groupe réduit de dégustateurs.

Elles sont couramment employées pour les vins. On peut à ce sujet rappeler que la précision et l'objectivité des réponses sont en général en rapport inverse avec le nombre des questions posées aux dégustateurs. Ainsi le souci de perfectionnement va ici bien souvent à l'encontre du résultat recherché. On ne saura trop répéter qu'il faut simplifier au maximum pour obtenir de bons résultats.

L'analyse de comparaison. Des échantillons de divers produits sont comparés à un témoin présenté et désigné, ou subjectif et mémorisé, cas très fréquent. L'épreuve peut avoir des buts très différents : recherche de similitude avec le type, élimination de ceux qui s'en éloignent trop, classement en supérieurs et inférieurs au témoin, etc.

C'est le type de dégustation de contrôle le plus utilisé dans les vins à partir d'un témoin statistique subjectif mémorisé, que chaque dégustateur s'est établi, par exemple comme limite inférieure de qualité acceptable pour un vin à A.O.C. déterminé. Cette analyse nécessite un contrôle permanent des dégustateurs, qui est assez rarement réalisé. Ce contrôle devrait porter au moins sur deux points essentiels :

1 - La fidélité vérifiable des réponses en présentant deux échantillons du même vin dans une série à examiner ou à quelques jours d'intervalle.

2 - Le niveau et les caractères du témoin imaginé subjectivement par chacun en surveillant les écarts et, au besoin, en présentant des séries de témoins objectifs choisis en commun par tous les dégustateurs.

Classification. Les échantillons doivent être classés dans un ordre croissant ou décroissant d'intensité d'un caractère. Très intéressante pour l'apprentissage, cette analyse n'est pas utilisée pour les vins dans la pratique normale, ceux-ci devant être examinés sur l'ensemble de leurs caractères, ce qui amène le plus souvent à utiliser la cotation numérique.

Cotation ou notation. Le ou les caractères examinés sont notés selon une échelle hédonique ou d'intensité. L'assemblage ordonné et pondéré des notes affectées à chaque échantillon permet de les situer dans une échelle absolue ou relative. La notation et son interprétation ont paru être un problème assez important pour justifier un examen particulier.

Les niveaux d'échelles peuvent être remplacés dans la traduction des résultats par des dimensions figurées soit dans des systèmes de coordonnées, soit sur les rayons ou secteurs d'un demi-cercle ; ce système est appelé méthode de profil.

Les analyses par additions

Elles consistent à ajouter dans un produit donné un corps qui diminue le caractère à examiner jusqu'à l'amener au seuil de perception ou quelquefois au-dessous de ce seuil.

Au niveau des assemblages, cette méthode peut être utilisée par les maîtres de chai, au moment de l'assemblage de cuvées lorsque l'on recherche les proportions d'un mélange destiné à faire disparaître un défaut de l'un des composants.

L'analyse descriptive. Elle consiste à donner une description qualitative et quantitative de chacun des caractères ou groupes de caractères des vins. Elle est spécialement liée aux richesse et précision du vocabulaire des sujets et la compréhension de celui-ci par les auditeurs ou le lecteur des résultats. En l'état actuel, il est difficile de rendre ces résultats compréhensibles, en dehors des petits groupes qui ont l'habitude de travailler en commun, et qui ont ainsi adopté un même langage. L'unification souhaitée du vocabulaire devrait en faire un instrument extrêmement utile de définition des vins à partir de caractères organoleptiques.

L'énumération des différentes techniques n'est pas exhaustive et, en particulier, il est intéressant sur un plan pratique de prendre connaissance du document de F. Sauvageot et C. Dacremont, intitulé *L'Evaluation sensorielle à la portée de tous*, qui, outre l'exposé de différentes méthodes, apporte des clés pour l'interprétation des résultats.

L'esthétique du vin

La logique veut que les diverses sensations éprouvées au cours de la dégustation des vins fassent l'objet de commentaires oraux ou écrits les plus précis possible.

Pour cela, le dégustateur a à sa disposition un ensemble de mots définissant les défauts et de mots identifiant les qualités. Or le nombre de ceux qui indiquent les défauts est plus important que celui qui permet de dire les qualités. D'où parfois une difficulté à situer les valeurs exactes d'un vin.

C'est particulièrement vrai dans la dégustation hédonique, car la qualification des caractères a ceci de particulier qu'elle est plus complexe, plus délicate que dans les dégustations d'un autre genre. De plus, si l'on part du principe qu'une consommation après analyse sensorielle n'a de sens que dans un plaisir partagé, les sensations révélées font forcément la part belle à l'envie de communiquer ses émotions.

Chacun se laisse aller aux mouvements les plus secrets de son ego, puis les confie en espérant l'échange, hors de tout égoïsme stérile ; c'est certainement une forme de réconfort spirituel. Mais c'est alors que le dégustateur professionnel ou le simple amateur achoppe sur le choix des termes à utiliser.

Les capacités organiques de chaque individu, les connaissances acquises et les émotions ressenties ont fait naître ce que Jules Chauvet appela une "Esthétique du vin". Il la définit, et la signa en explorant techniquement et artistiquement les voies qui conduisent des sensations à leur perception et à leur interprétation. Plus récemment, Jacques Puisais en a fait de même.

Pour mieux expliquer les choses, on partira du principe que les sensations sont le résultat de "rencontres" entre les organes sensitifs et les stimuli.

Si tous les sens, en dehors du toucher, interviennent dans la dégustation des vins, il en est qui sont seulement des précurseurs de l'analyse proprement dite. Ainsi en est-il des rencontres visuelles et auditives qui peuvent être considérées comme un prélude, une mise en éveil, parce qu'elles préparent aux rencontres olfactives et gustatives.

La limpidité, la brillance d'un vin blanc, la couleur et son intensité des vins rosés et des vins rouges, comme la persistance et la finesse du pétillement d'un vin effervescent sont des motifs de sensibilisation plus grande des organes de l'odorat et du goût. Car, dans l'esthétique du vin, olfaction et gustation jouent effectivement leur rôle propre, avant de montrer par des influences réciproques toutes les complexités d'un grand vin.

Les rencontres olfactives

Il a été prouvé qu'il est vain de citer un nombre plus ou moins impressionnant de parfums simples, parce que l'esthétique du vin ne repose pas sur une description, mais sur un concept d'harmonie ; c'est-à-dire sur la disposition ordonnée des parfums et sur l'impression que laisse l'ensemble de son interprétation : riche ou pauvre, léger ou lourd, élégant ou commun.

Cette façon de voir est à rappeler constamment. On ne stigmatisera jamais assez les quelques dégustateurs qui, enferrés dans une psychologie un peu vulgaire, inventent oralement des odeurs ou des complexités aromatiques de seconde zone. Ce souci d'être toujours le plus fort provoquera fatalement un jour un incident qui les couvrira de ridicule. Ce sera tant mieux !

Cela étant dit, rappelons que pour Jules Chauvet, les parfums ont des propriétés communes avec les sons : intensité, hauteur, timbre. L'intensité est plus ou moins forte suivant que l'on se trouve devant des vins de boisson courante ou des grands crus.

La hauteur peut être aiguë lorsque la dominante aromatique est faite de parfums dits pointus rappelant les agrumes ou la cerise griotte ; elle peut être grave lorsqu'il s'agit d'odeurs rappelant le chèvrefeuille, les fruits à noyau, la fleur de narcisse ou la réglisse. Enfin, le timbre peut être agréable ou désagréable, telle une variation de fréquence d'une note musicale.

Les rencontres gustatives

On a vu précédemment (chapitre "Phases de la dégustation") que les éléments perçus dans la bouche sont illustrés de deux manières :

▶ soit ils s'inscrivent dans un espace à deux dimensions, telle une silhouette. C'est le cas des vins blancs, des vins rosés et des vins rouges légers. On peut l'imaginer en considérant que le vin est contenu dans son ombre portée ;

▶ soit ils se placent dans un espace à trois dimensions qui dégage des notes plastiques de relief et suggère une architecture du vin. C'est le cas de la plupart des vins rouges et de certains vins spéciaux (jaunes, liquoreux, de liqueur).

Dans les deux cas, il existe un rythme de perception de toutes les sensations, représentant en quelque sorte la distribution esthétique de la durée entre tous les stimuli qui se succèdent. Pour imager de manière plus précise ces phénomènes de perception et d'interprétation des sensations, le mieux est de rappeler deux définitions que donnait Jules Chauvet.

Dans la dégustation buccale

Les sensations sapides (sucré, salé, acide, amer), dans leur alternance de naissance et d'extinction, dessinent par rapport au plan de la langue des lignes ou courbes virtuelles, plus ou moins régulières, analogues à des esquisses planes, ou sculpturales, ou architecturales.

Dans la dégustation globale

Les sensations olfactives et gustatives sont en réalité simultanées. Tout se passe comme si les éléments figuratifs de l'arôme, révélés par l'odorat, se projetaient géométriquement sur les lignes ou figures imprimées par le goût. L'efficacité de cette projection est conditionnée par le rythme, lequel nous fait entrevoir l'ensemble et tend vers la perception de l'harmonie.

Trois exemples de ces explications sont proposés par Jules Chauvet :

▶ Les vins de Beaujolais se distinguent par leur structure qui articule délicatement les éléments de l'arôme dans un rythme léger et rapide.

▶ Les vins rouges de Bourgogne se caractérisent par leur forme sculpturale de structure sévère. Le rythme est lent, magistralement mesuré.

▶ Les vins rouges de Châteauneuf-du-Pape sont d'allure architecturale. La structure, d'une belle continuité, relie des courbes souples et puissantes.

Avec ces expressions descriptives, nous approchons le domaine des arts. Certains d'entre eux laissent effectivement percevoir une forme d'analogie entre les perceptions visuelles ou auditives mises en mémoire et les sensations olfactives et gustatives données par tel ou tel grand vin.

Pour mieux plonger dans les arcanes de cette esthétique du vin et la rapprocher de l'universalité des arts, nous citerons deux auteurs.

Vers 1930, le peintre Albert Gleizes ouvrait la voie vers l'interprétation des arts en écrivant, dans son livre, *La Forme et l'histoire* : "Du premier air de chalumeau au dernier blues de Duke Ellington, de la Mésopotamie à Maillol et des Egyptiens aux impressionnistes, on retrouve partout l'écho d'un exercice qui porte sur l'immensité des couleurs et des formes, lesquelles s'intègrent dans l'histoire de la peinture, de la sculpture et de la musique."

Vingt ans après, le compositeur Emile Wuillermoz exprimait une idée similaire : "Les musiciens ont combiné les sons de telle manière que des analogies apparaissent entre les contours (allusion à une silhouette), les formes (allusion à la sculpture) et les couleurs des choses réelles (allusion à la peinture). Maurice Ravel en est l'exemple le plus patent."

Nous pouvons dire en écho que le vin de belle origine, par ses composants et leur harmonie, nous demande pour nous exprimer un tout autre langage que les expressions usuelles courantes. Mais ce langage n'est pas facile à utiliser. Les mots purement techniques sont souvent insuffisants pour traduire avec exactitude chacune de nos sensations et leur globalité. De plus, ils ne jaillissent pas aussi aisément que l'on veut de notre mémoire. Enfin, même lorsqu'ils sont justes, il est des cas où ils n'expriment pas toujours l'ampleur de notre réaction hédonique.

C'est alors que les arts viennent en quelque sorte à notre secours, grâce à ce que l'un des auteurs de l'ouvrage appelle des correspondances esthétiques.

Il n'est ni idiot ni excessif de rapprocher le caractère acide de certains vins d'une musiquette de vielle ou de biniou, ou encore d'une peinture de Bernard Buffet.

On peut trouver quelque analogie entre les vins du Beaujolais et la musique d'Offenbach ou d'Eric Satie.

On peut faire appel aux peintures des Flamands pour qualifier les vins de Bordeaux ; de Latour et Corot pour juger des caractères des vins de Bourgogne, des sculptures de Rodin ou de Houdon pour parler des vins de Châteauneuf-du-Pape.

Pareillement, les œuvres musicales de Vivaldi, de Mozart, de Beethoven, de Wagner et de tant d'autres donnent matière à des correspondances saisissantes.

Il existe donc bien une providentielle relation entre ce que livre le vin – cette matière inerte et vivante à la fois – et les images et les sons de toutes les œuvres artistiques.

Selon certains puristes, cette manière de voir serait trop superficielle pour juger les valeurs exactes des vins. Voire ! Car l'existence de cette relation exige pour être plausible que soit recherché l'échange. Aller vers l'autre, vers les autres. Au débat ouvert apparaîtront alors les raisons et le fond des émotions de chacun, suggérant une approche de la culture, de la vraie culture.

Ce n'est pas être utopiste que de le rappeler.

L'expression des résultats, la notation et le vocabulaire

Lorsque l'on a perçu, il faut s'exprimer, c'est souvent le plus difficile !

Le dernier terme du travail du dégustateur consiste en la traduction des sensations perçues. Cette opération très importante doit être effectuée selon des règles logiquement établies, constantes et précises, qui respectent les qualités de la mesure et qui permettent d'obtenir une interprétation rationnelle des résultats.

Selon le type d'analyse et la complexité des caractères étudiés, de nombreuses formulations et interprétations ont été proposées.

La pratique de la dégustation dans les vins implique que le dégustateur examine des caractères qualitativement très nombreux et quantitativement très variables. Ceci explique la grande diversité des formules proposées. Parmi toutes ces propositions, il convient d'étudier, puis de retenir et éventuellement de modifier celles qui sont aptes à donner les résultats recherchés.

Pour pouvoir dégager les principes rationnels de la notation et en établir les règles d'application, il est logique d'entreprendre une démarche allant des plus simples aux plus complexes.

L'expression des résultats

Séparation, identification, mesure sont les trois actions classiques de l'analyse ; c'est au niveau de chacune de ces opérations que l'on doit utiliser une méthodologie adéquate.

Séparation

La difficulté de cette opération réside dans le fait qu'il ne s'agit pas d'isoler des objets physiquement séparables, mais des données subjectives qui ne peuvent, en stricte rigueur scientifique, être définies que par référence à des éléments de comparaison de même nature. Mais, même avec ces références, l'isolement de différents caractères est souvent difficile ; par exemple, dans une modalité sensorielle comme l'odorat, il peut exister un grand nombre de sensations qualitativement très voisines.

Or, la possibilité d'inscription dans la mémoire de l'homme est limitée. Le nombre des éléments de comparaison l'est également, d'abord du fait de nos connaissances, ensuite parce que les limites de travail du dégustateur sont étroites. Nous devons donc admettre des possibilités restreintes de séparation ; et dans un ensemble de sensations allant de la plus simple aux plus complexes, nous ne pouvons retenir qu'un schéma des principales, les plus intenses et les plus caractérisées.

Ainsi, alors qu'au niveau des saveurs il est possible d'isoler assez facilement quelques caractères tels que : sucré, salé, acide, amer, il est inconcevable que les quelques centaines de milliers de caractères odorants qualitativement différents, existant dans la nature, puissent être nettement séparés.

L'expression des sensations ne peut donc se faire que d'une façon qui, pour être reproductible, résulte d'une convention qui sera forcément limitée par le nombre de termes définis. Il convient donc de définir ces termes, c'est-à-dire procéder à leur identification.

Identification

L'identification est réalisée par comparaison à un objet déjà connu ou présent. Tout le travail de base préalable est ainsi ramené à la définition précise des objets en cause qui sont appelés "témoins".

Thierry Brouin, Jean-Claude Mitanchey, Michel Smolarek, Yves Pronnier dégustent pour CRVF.

La recherche et la reproduction de ces témoins, obligatoirement normalisés et universellement reconnus, paraissent constituer la tâche essentielle de tous ceux qui s'intéressent à quelque titre que ce soit, à l'analyse sensorielle. Les difficultés de ce travail sont plus ou moins importantes selon la modalité sensorielle envisagée.

En ce qui concerne la **vision**, la qualité des stimuli peut être facilement définie, et le problème est ramené à un choix d'éléments de vocabulaire, grâce auxquels sont déterminés les différents niveaux des échelles de qualité. Dans l'ordre de la **gustation**, quatre à six saveurs sont facilement identifiables, tout au moins à partir d'un certain niveau d'intensité, au-dessous duquel elles ne présentent pas un grand intérêt. On considérera donc ce problème partiellement résolu pour cette modalité sensorielle.

Les témoins qualitatifs possibles figurent dans la norme expérimentale NF. voc.-1 50 ; ils sont facilement utilisables.

En ce qui concerne l'**olfaction** (odorat), la multitude des stimuli et leurs variations possibles avec la dilution rend l'identification beaucoup plus difficile.

Pour remplir le rôle auquel ils sont destinés, il est nécessaire que les témoins olfactifs présentent certaines caractéristiques précises :

▶ Le témoin olfactif doit être un corps chimiquement pur. Sa définition, qui est alors indiscutable, évite les équivoques résultant chez certains dégustateurs d'anosmies partielles.

▶ Il doit présenter une stabilité suffisante pour pouvoir être étudié ou utilisé pendant une période assez longue.

▶ Il doit être employé dans des dilutions précisément définies, car aux variations de concentration correspondent parfois des variations qualitatives considérables.

▶ Il doit bien entendu suggérer un caractère qui peut exister dans le produit. Il semble tout aussi indispensable que le nom dont il est assorti soit celui qui est utilisé empiriquement, ou encore qu'il soit assez simple et connu pour pouvoir passer dans la pratique courante. Car la finalité des travaux sur l'analyse sensorielle ne doit pas conduire à un langage ésotérique connu seulement de quelques rares initiés, mais à un vocabulaire simple qui puisse être utilisé par tous et assurer en définitive une parfaite compréhension mutuelle.

Dans un certain nombre de cas, malheureusement très limités, il sera possible d'utiliser comme témoin le corps habituellement responsable du stimulus en cause.

Mesure

Aux moyens instrumentaux s'ajoute l'analyse par dilution pour définir l'intensité d'un caractère. Cette méthode a naturellement comme référence un étalon, en l'occurrence le seuil de perception.

Dans toutes les autres formes d'examen, le caractère des relations quantitatives stimulus sensation ainsi que les difficultés d'appréciation absolue des intensités font que la seule formule possible réside dans un processus de comparaison avec des témoins de niveau d'intensité.

Par exemple, l'acide butyrique et l'acide propionique pourront être pris comme témoins olfactifs des odeurs qui seront qualifiées de butyrique et de propionique.

Dans de très nombreux autres cas, en revanche, la qualité du stimulus est le résultat de l'action de plusieurs éléments. La nécessité du choix d'un corps pur conduira à la détermination d'un témoin, certes très rapproché, mais pas absolument identique à la nuance odorante exacte que désigne le qualificatif adopté. Toutefois, une telle approximation, si elle est suffisamment étroite, peut être exprimée dans un langage compréhensible et interprétable. On peut citer, par exemple, parmi les témoins olfactifs possibles, à condition que la dilution soit précisée :

Corps chimique témoin	Qualificatif de l'odeur ou arôme correspondant
Ethylvanilline	Vanille
α-ionone	Violette
Isoeugénol	Œillet
Coumarine	Foin coupé
Anéthol	Anis
Disulfure de diallile	Ail
Disulfure de dipropyle	Oignon
Anthranilate de méthyle	Foxé

Cette comparaison peut être faite soit en la présence d'un ou plusieurs de ces témoins, soit en leur absence. Dans ce dernier cas, le dégustateur se rapporte à des niveaux d'intensité enregistrés dans sa mémoire, qui composent des échelles de notation.

Comparaison directe

Les types d'analyses par comparaison ont pour but de juger les intensités respectives d'un ou plusieurs caractères déterminés, les réponses étant limitées aux seules conclusions de supériorité, d'infériorité ou d'égalité. C'est là une opération courante lorsqu'il s'agit de vérifier la permanence de la qualité de fabrications successives, par rapport à un produit du même type qui sert de témoin.

Il est également possible de comparer deux objets très différents qui ont en commun un caractère qualitativement défini.

Exemple : la couleur d'un vin peut être jugée et située par référence à une échelle de couleurs sur un support matériel variable.

Pour certains caractères physiques fugaces et difficilement mesurables, une comparaison avec des reproductions photographiques de témoins conventionnels paraît être une méthode convenable. Ainsi en est-il de l'appréciation de l'effervescence des vins mousseux.

Il a été signalé dans un chapitre précédent que la qualité de ce caractère est donnée par trois mesures :

1 - le nombre de bulles ;

2 - la dimension des bulles ;

3 - le temps d'effervescence.

Il paraît fort possible de définir objectivement les paramètres de l'effervescence, grâce à l'examen comparatif d'une série de photographies témoins qui correspondent à des qualificatifs conventionnellement définis.

Des travaux récents effectués au laboratoire d'œnologie de Reims sont en train de définir une véritable "empreinte digitale" du liquide effervescent.

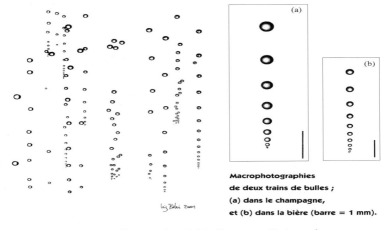

Macrophotographies de deux trains de bulles ; (a) dans le champagne, et (b) dans la bière (barre = 1 mm).

Train de bulles de 5 liquides effervescents (extrait de La Champagne viticole*, 2005).*

Notation technique et échelle de notation

On appelle échelle de notation tout ensemble fini et ordonné de niveaux qualitatifs ou quantitatifs de caractères observables.

Une échelle peut être matérialisée par des objets physiques qui servent de témoins de comparaison (jugement de la teinte et de l'intensité de la couleur ou du temps d'effervescence). La mesure offre alors une grande certitude et une bonne reproductibilité. Sa précision dépend de l'intervalle qui sépare les différents niveaux – encore appelés échelons – donc de leur nombre.

Mais, dans la plupart des cas, les niveaux de l'analyse sensorielle ne peuvent pas être définis physiquement. Ils relèvent de conventions que les dégustateurs cherchent à appliquer avec le maximum possible de certitude et d'unité.

Les échelles conventionnelles sont caractérisées par divers symboles :

▮ Bien qu'elle ne soit que peu utilisée pour la dégustation des vins, il faut citer l'échelle de notation déterminée par des symboles caricatures de plaisir ou déplaisir, plutôt utilisée dans la notation hédonique, et appelée très sérieusement "carte de report pour l'essai hédonique facial".

Extrait de Le Goût du vin, E. Peynaud.

▮ Les **échelles de symboles mots** sont constituées d'expressions simples ou de mots placés dans l'ordre croissant ou décroissant des valeurs qu'ils représentent.

Exemples : faible - moyen - fort - très inférieur - inférieur - limite - supérieur - très supérieur

▮ Les **échelles de symboles chiffres** sont les plus utilisées. Elles sont caractérisées soit par l'échelon médian (appelé suivant le cas moyenne ou limite), soit par les rapports respectifs des échelons entre eux. D'une manière générale, ces échelles sont rattachées à deux catégories : échelles cardinales ou échelles ordinales.

Echelles cardinales. L'échelle cardinale peut être définie comme : "tout ensemble dont les niveaux représentent des grandeurs mathématiques précises ou sont interprétés comme tels".

L'exemple le plus caractéristique est donné par la notation scolaire, dont l'échelle est composée de chiffres entiers ou de chiffres fractions compris entre 0 et 10 ou 0 et 20. Ces chiffres prennent toute leur signification mathématique lors du traitement des résultats. Ils sont, en effet, pris avec leur valeur indicative réelle ; ils déterminent entre les différents niveaux de l'échelle des rapports précis et définis. Dans une échelle de 0 à 20 par exemple, l'intensité d'un caractère notée 10 doit être considérée comme étant la moitié de celle qui serait notée 20, et la qualité notée 17/20 est plus faible de 1/20 que celle qui est notée 18/20.

Echelles ordinales. On appelle ordinales les échelles dont les niveaux n'ont entre eux que des rapports d'infériorité ou de supériorité, sans qu'il y ait une autre relation mathématique entre les niveaux, même s'ils sont exprimés par des chiffres.

Une telle échelle comporte par exemple les niveaux A, B, C, D, E, avec la seule relation mathématique A < B < C< D < E ; les lettres A, B, C, D, E peuvent être remplacées par les chiffres 1, 2, 3, 4, 5, sous réserve que ces symboles n'aient aucune signification de grandeur absolue. Ils indiquent seulement la supériorité d'un terme sur le terme précédent, ou son infériorité sur le terme suivant.

Exemple : 3 > 2 mais < 4.

La note-chiffre ordinale ne veut pas dire que le caractère examiné a une intensité de 3 par rapport à un maximum quelconque, mais qu'il est supérieur à celui qui est placé au niveau 2 et inférieur à celui du niveau 4.

De telles échelles peuvent être ordonnées entre deux termes extrêmes, par exemple entre le seuil de perception et le seuil final d'intensité d'un caractère. Le terme moyen est alors une limite de qualité ou de changement de signe de qualité (positif-négatif). Ainsi s'établit l'**échelle ternaire** :

Faible - moyen - fort

Inférieur - limite - supérieur

La quasi-totalité des échelles d'appréciation subjective peut relever de ce type qui, par division de certains ou de tous les niveaux, comprend un nombre d'échelons variable selon les nécessités et les possibilités de la mesure. Ce nombre est situé entre 3 et 9, car pour une raison logique de symétrie autour du niveau médian que l'on peut appeler "base de référence", le nombre des échelons est toujours impair. Par ailleurs, la précision et la certitude de la mesure ne paraissent pas pouvoir être assurées avec un nombre d'échelons supérieur à 9.

Quatre types d'échelles sont alors prévisibles :

Ternaire					1	2	3		
Quinaire				1	2	3	4	5	
Heptaire			1	2	3	4	5	6	7
Nonaire	1	2	3	4	5	6	7	8	9

Les symboles de niveaux ont été ici figurés par des chiffres, et nous verrons plus loin comment les utiliser lors du traitement des résultats. Ce choix a été fait pour faciliter la démonstration ; mais en fait, il est le plus souvent préférable d'adopter des formes de représentation des niveaux compatibles avec la signification réelle de la mesure. Dans cet ordre d'idées, les échelles précédentes peuvent être écrites de la manière suivante :

Ternaire	Quinaire	Heptaire	Nonaire
		très fort	*très fort*
	très fort		
		fort	*fort*
fort			
			assez fort
	assez fort	assez fort	
			un peu fort
limite	*limite*	limite	*limite*
		un peu faible	*insuffisant*
	un peu faible		
			un peu faible
faible		faible	*faible*
	très faible		
		très faible	*très faible*

Dans ces exemples, les termes ont été choisis de manière à créer une certaine correspondance entre les différentes échelles. Mais d'autres qualificatifs peuvent être employés pour tel caractère ou groupe de caractères, s'ils paraissent plus précis, certains ou convenables.

Malgré la préférence que l'esprit accorde généralement aux qualificatifs, l'utilisation de ceux-ci doit être organisée. Nous savons, en effet, que le dégustateur est facilement distrait par les travaux d'écriture. Il convient donc de réduire ceux-ci le plus possible. On aura donc intérêt, afin d'éviter toute contrainte de transcription, à avoir recours à un tableau dont chaque colonne correspond à un qualificatif de l'échelle choisie. Le travail d'écriture est alors limité à l'inscription d'une croix dans la colonne correspondant à l'intensité constatée.

Dans les opérations courantes, le qualificatif est souvent remplacé par un chiffre de rang correspondant, selon la convention qui aura été retenue. Par exemple :

Très fort	Assez fort	Limite	Assez faible	Très faible
5	4	3	2	1

Le dégustateur inscrit rapidement son appréciation chiffrée dans la colonne propre au caractère ou au groupe de caractères étudié, en face de la référence de l'échantillon. La notation d'une série importante de vins peut ainsi être effectuée sur une seule feuille de résultats. Le travail de secrétariat est plus simple, et naturellement plus rapide. Mais dans ce cas, il paraît nécessaire, pour que les dégustateurs soient bien avertis, de rappeler sur la fiche de notation la correspondance établie conventionnellement entre les qualificatifs et les chiffres.

Cette constance dans la vue de l'échelle permet au dégustateur de fixer son attention sur l'analyse des caractères du vin et d'utiliser au mieux la forme d'appréciation prévue. Exemple :

Catégorie du produit	Echelle de notation
Date de l'examen :	*5 - Très fort*
Lieu :	*4 - Assez fort*
Identité de la commission :	*3 - limite*
Nom du dégustateur :	*2 - Assez faible*
	1 - Très faible

N° échantillon	Sensations visuelles	Sensations olfactives	Sensations buccales	Arrière-bouche
102				
103				
104				

Notation hédonique et échelle de notation

Selon Larousse, *"l'hédonisme qualifie une morale qui fait du plaisir un principe ou le but de la vie"*. En conséquence, le qualificatif "hédonique" est couramment utilisé lors des dégustations pour exprimer ce qui se rapporte au plaisir ou au déplaisir. Cette notion, purement subjective et affective, s'applique directement ou indirectement à la quasi-totalité des analyses sensorielles. Comme les qualités gastronomiques d'un produit relèvent essentiellement du plaisir ou du déplaisir que provoque tel caractère ou telle intensité de caractère à celui qui le consomme, c'est à partir du consommateur que doivent être déterminés les caractéristiques et les critères de la qualité.

Acceptabilité, appétence et préférence

Les consommateurs, pris dans leur ensemble, présentent une très grande variété de comportement et de jugement vis-à-vis des aliments et des boissons, et en particulier du vin. La variété des types de vin accentue encore ce phénomène. Le choix d'un échantillonnage de population comme base de référence qualitative pour un vin ne peut donc être fait au hasard, mais doit au contraire correspondre à des conditions bien définies.

La première et la plus importante de ces conditions réside dans le fait que les individus choisis doivent considérer la catégorie de produits comme acceptable et être d'accord sur son appartenance à la catégorie considérée. Il faut ensuite qu'ils aient une certaine appétence pour le type présenté. C'est-à-dire que non seulement ils doivent être consommateurs de vin, mais qu'également ils aiment ce type ; la finalité de l'opération de dégustation étant de juger du niveau de satisfaction qui sera donné par le vin à ceux qui le consommeront et qui donc pour différentes raisons en auront fait le choix.

Les habitudes de consommation dues au milieu et à l'éducation jouent en général un très grand rôle dans ce choix, ce qui facilite la recherche des sujets devant participer à l'épreuve.

C'est surtout sur les lieux de production et dans leurs proches environs que les habitudes de consommation d'un produit sont les plus grandes et c'est là que se trouvent les populations qui, empiriquement, ont établi les références qualitatives. L'appartenance à un type, base de la reconnaissance d'un produit d'appellation d'origine contrôlée, ce que l'on nomme la typicité, est définie et ne peut être définie que par ces populations.

Toutefois, la mondialisation des courants commerciaux conduit aussi à une grande dispersion des consommateurs et ainsi certaines populations peuvent donc avoir des préférences différentes de celles du lieu de production. Elles peuvent ainsi influencer l'orientation de la recherche qualitative lors de l'élaboration du produit. Elles présentent un danger vis-à-vis de sa typicité. Ce phénomène, en marche, aboutit à la banalisation de produits a priori originaux.

Les influences réciproques de ces deux types de population ont établi une *"orthodoxie de jugement qualitatif pour un type de vin déterminé"*. Pour les individus qui acceptent cette orthodoxie, c'est-à-dire qui aiment le vin appartenant à cette catégorie ainsi définie, et qui souhaitent conserver son originalité, il se manifeste des préférences entre les différents vins existant dans le type. Si celui-ci est assez étroitement défini, il y a une concordance quasi unanime de préférence et c'est là que se trouvent les références de jugement qualitatif empiriquement établies, définies et utilisées.

Il ne semble pas qu'il puisse exister d'autre méthode d'établissement de la définition du type et des critères que cette approche collective, malgré le caractère apparemment imprécis et aléatoire de ce processus. En fait, par cette manière élective se sont dégagées des options nettes connues des professionnels, plus ou moins codifiées, retenues par les dégustateurs habitués à travailler sur le type ainsi déterminé. Pour chacun de ces types, on peut dire qu'il s'est créé une "école" reconnaissant des critères qualitatifs bien définis.

Lorsque l'on appartient à cette école, il n'y a pas de difficulté à établir des hiérarchies d'intensité et de qualité des caractères.

Hédonisme transposé

A partir des règles fixées par une *"orthodoxie de jugement qualitatif pour un type de vin déterminé"*, le dégustateur peut s'adapter et donner une appréciation objective, même si ses préférences personnelles vont vers un autre type de vin. On peut dire que par action d'imitation, il y a transposition des critères hédoniques d'un individu à un autre. Cette "imitation" correspond en fait à l'apprentissage que doit faire tout dégustateur, s'il prétend s'intituler ainsi et entrer dans les jurys professionnels de dégustation. Cette opération à l'origine de nature empirique, est extrêmement courante dans l'apprentissage de la dégustation. Pour illustrer ces propos, on pourra prendre comme exemple simple le fait qu'un dégustateur puisse apprécier de façon objective un vin liquoreux, alors qu'il préfère personnellement les vins secs.

Il arrive souvent que ce nouvel hédonisme appris soit adopté et intégré dans le comportement de l'individu en dehors de la dégustation professionnelle.

En conséquence, le jugement hédonique, habituellement dominant dans l'épreuve de dégustation des vins, ne relève pas, malgré les apparences, d'une appréciation purement subjective de l'examinateur lorsque celui-ci a reçu un apprentissage convenable. Il dépend en fait de critères définis empiriquement par une majorité dont le choix a résulté de confrontations multiples. Ces "objets intermédiaires" de choix relatif que sont les jugements de cette majorité permettent de penser qu'une méthodologie rationnelle peut être établie à partir de conventions. Ces conventions, même si elles ne peuvent pas être toujours parfaitement définies et exprimées, sont transmissibles par l'apprentissage et la confrontation des individus des différentes "écoles" de dégustation.

En conclusion, un jugement hédonique objectif est très concevable. Il peut être obtenu grâce à la formation du dégustateur. Il importe cependant que les différentes "écoles" de dégustation se concertent, pour qu'il en résulte une unification des références qualitatives.

Echelles hédoniques

Les échelles ordinales paraissent nettement préférables pour la notation d'intensité. Elles s'imposent d'autant plus en notation d'ordre hédonique qu'il est impossible de définir des grandeurs exactes et certaines. Ainsi, si l'on reprend le tableau précédent des échelles, il convient de remplacer les termes utilisés pour une appréciation objective par des termes d'appréciation hédonique subjective. "Fort" est remplacé par "bon" et "faible" par "mauvais".

Bien entendu, les qualificatifs peuvent varier suivant les caractères et le produit examiné. Ils peuvent aussi, pour des raisons d'ordre matériel, être remplacés par des chiffres, dans les conditions précédemment indiquées (cf. échelles ordinales).

Analyse complexe et appréciative

Dans la plupart des cas, la dégustation a pour objet de noter l'ensemble des caractères du vin, et non pas un seul d'entre eux. Pour réaliser cette notation, il est indispensable de ranger ces caractères dans des groupes qui font l'objet d'une appréciation globale, et qui ont parfois des rapports entre eux. Par ailleurs, la notation doit tenir compte du fait que ces caractères doivent éventuellement correspondre au type et à l'originalité du produit.

Regroupement des caractères notés

Les difficultés de séparation des différents caractères au sein d'une même modalité sensorielle et, parfois, la confusion possible entre les différentes modalités sensorielles conduisent à créer des regroupements au niveau de la notation. C'est là une question de logique, car la notation serait trop longue, et difficilement interprétable dans la pratique courante si l'on devait noter chaque caractère identifiable.

Les travaux de Vedel et al., en 1972, prévoyaient, se basant sur les usages, une classification selon les groupes ou rapports suivants :

1° Apparence : divisée souvent en deux groupes :

   a) couleur ;

   b) limpidité ; auxquels s'ajoute s'il y a lieu :

   c) effervescence.

2° Odeur.

3° Sensations perçues lorsque le vin est dans la bouche : goût, sensations tactiles, équilibre.

4° Persistance aromatique intense.

5° Harmonie.

Puis s'y ajoutait une question sur la notation des caractères en fin de bouche, citant : *"Les caractères de fin de bouche, qui ont une importance hédonique certaine, n'ont jamais fait l'objet d'une notation séparée. Consciemment ou non, le dégustateur en tient compte dans sa notation des sensations buccales et de l'harmonie. Une question reste posée : ne serait-il pas plus heureux de les considérer comme un groupe séparé ?"*

L'expérience acquise depuis cette époque permet de dire aujourd'hui qu'il faut effectivement oser une notation spécifique des caractères de fin de bouche. Nous proposons donc maintenant la classification suivante :

1° *Apparence. Dans ce groupe, on peut noter selon une échelle définie :*

- *la couleur, avec sa qualité, sa nuance, son intensité,*

- *la limpidité,*

- *l'effervescence ou le dégagement gazeux, pour les types concernés.*

2° *Odeur.*

3° *Goût, pour toutes les sensations perçues lorsque le vin est dans la bouche, en utilisant les termes d'équilibre.*

4° *Sensations de fin de bouche. Dans ce groupe, on peut noter selon une échelle définie :*

- *la persistance aromatique intense,*

- *l'harmonie.*

Typicité et originalité

Si, à travers la grande variété de vins, on examine un groupe rendu étroit et uniforme par ses conditions de production, d'élaboration et d'élevage, on constate l'existence d'un certain nombre de caractères originaux communs à tous les vins du groupe, caractères qui les rendent différents des vins d'autres groupes. Ceci est particulièrement vrai pour les vignobles à monocépage, par exemple la Bourgogne avec le *pinot noir* ou le *chardonnay* chino, bourgueil ou saumur champigny avec le *cabernet franc*.

Dans le langage habituel, ce fait a donné naissance à la notion de "cru", ce terme étant appliqué à l'ensemble des productions de ce groupe homogène. A l'origine, le terme "cru" orthographié "crû", était employé pour désigner tout ce qui était issu d'une zone de production ou d'un lieu déterminé. Avec le temps, l'acception de ce terme est devenue de plus en plus restreinte lorsqu'il s'est agi de vin. Par usage ou par voie réglementaire, aux seules références de provenance se sont ajoutées des conditions de matériel végétal (cépages), de règles de production (mode de conduite, rendement, etc.), de technique d'élaboration et de vieillissement, etc.

L'origine et bien d'autres conditions ont donc fait du cru un ensemble homogène dont les éléments sont, par leurs caractères, étroitement groupés autour d'un modèle idéal. Et l'on peut dire que d'original, le cru est devenu typique, étant entendu que ces qualificatifs sont pris dans leur sens le plus étroit et non dans le sens usuel ou commercial.

De ce fait, les seules références hédoniques et d'intensité des caractères sont insuffisantes pour juger un vin présenté comme issu d'un cru déterminé. La référence au type doit être recherchée, puisque le cru, de par son nom symbole d'un type, justifie la raison du choix du consommateur. Aussi, pour chaque groupe de caractères, le dégustateur jugera simultanément de la qualité hédonique et de la typicité. Un vin sera considéré comme typique lorsqu'il aura une ressemblance étroite avec le type empiriquement défini.

Ajoutons que le degré de ressemblance entre les vins examinés et le modèle est directement fonction de la définition physique du cru, en l'occurrence de la surface de l'aire de production. Le dégustateur sera par exemple très exigeant pour un grand cru ou un premier cru de Bourgogne limité à quelques dizaines d'hectares, car il doit exister une grande homogénéité de caractères dans des vins produits à partir de conditions de production quasi identiques. Il le sera moins pour une appellation communale qui occupe plusieurs centaines d'hectares et, à plus forte raison, pour une appellation régionale qui en comporte plusieurs milliers.

Cependant, même dans ce dernier cas, il doit connaître par expérience les limites de qualité et d'intensité des caractères, en deçà ou au-delà desquelles il ne peut aller. Ici encore, les références-modèles ou références-limites qui paraissent subjectives sont bien connues des dégustateurs. Elles sont suffisamment assimilables par apprentissage pour permettre des mesures objectives comparatives.

Appréciations annexes

Lorsque la notation est faite par référence à une échelle, il est bien rare qu'elle soit limitée à la seule désignation d'un niveau de la qualité du vin. Dans la plupart des cas, des appréciations annexes complémentaires sont demandées aux dégustateurs. Ces appréciations varient suivant les buts recherchés. Mais le plus souvent, c'est la justification des notes défavorables qui est exigée. Elle est traduite par l'indication de la carence ou du défaut constaté dans le caractère ou le groupe de caractères examiné. Inversement, et dans les mêmes conditions, il peut être demandé au dégustateur de noter la qualité ou les qualités dominantes.

Aussi, la plupart des fiches de notation doivent-elles comporter, en plus du tableau indicatif des échelons, un emplacement destiné à recevoir, sous forme d'observations, les noms des qualités ou défauts révélés.

La fiche de dégustation

La notation est inscrite par le dégustateur sur une fiche établie spécialement à cet effet, et appelée "fiche de dégustation". La composition de celle-ci et la mise en ordre de ses éléments dépend :

- de la nature du vin et de la valeur usuelle ;

- du but à atteindre.

La fiche de dégustation doit être simple. Cependant, selon l'objectif poursuivi, le nombre de renseignements consigné peut nécessiter une certaine complexification.

Il conviendra toujours de veiller à ce que les dégustateurs puissent exprimer au moins la notation relative aux quatre types précédemment définis : l'apparence, l'odeur, le goût, et les sensations de fin de bouche.

Par ailleurs, l'évaluation nécessaire lors des opérations d'agrément et celle mise en œuvre pour un concours requièrent des fiches différentes. En effet, la recherche des éléments supérieurs à un niveau qualificatif préalablement défini, en vue de l'agrément, n'exige pas de longues explications. Inversement, le concours qui correspond à la mise en ordre qualitative des éléments d'une série nécessite une analyse plus approfondie et plus fine. La fiche de dégustation dans ce dernier cas doit être forcément plus complexe.

Nous ne pensons pas indispensable de développer les différents modèles en usage. Nous recommandons seulement de tenir compte des règles de notation envisagées ci-dessus pour composer la fiche adéquate pour toute évaluation envisagée. Il convient que les dégustateurs se mettent d'accord entre eux avant chaque utilisation.

Nous présentons toutefois deux modèles qui nous paraissent intéressants :

▶ la fiche pour concours internationaux, que nous avions établie en 1972 et qui nous paraît "incontournable".

FEUILLET DE DEGUSTATION TYPE A : vins tranquilles, perlants, pétillants   FEUILLE N° 1, à conserver par le dégustateur

N° d'ordre de l'échantillon :

N° de référence au rangement :

Classe :   × | ×× | ×××

S'il y a lieu, nombre de caudalies :

S'il y a lieu, millésime :

	Excellent extrêmement fort	Très bien, très bon, très fort	Bien, bon, fort	Convenable, acceptable	Éliminé	Observations Communiquées au Secrétariat (éventuellement)	Personnelles
Œil : limpidité							
Nez { intensité							
Nez { qualité							
Bouche { intensité							
Bouche { qualité							
Harmonie							

N° du Jury :   Signature du dégustateur :

N° du dégustateur :

FEUILLET DE DEGUSTATION TYPE A : vins tranquilles, perlants, pétillants   FEUILLE N° 2, à remettre au Secrétariat.

N° d'ordre de l'échantillon :

N° de référence au rangement :

Classe :   × | ×× | ×××   Calculs à effectuer par le secrétariat

S'il y a lieu, nombre de caudalies :

S'il y a lieu, millésime :

	0	1	4	9	∞	Observations du dégustateur	Chiffre de la colonne marquée d'une croix	Coefficient de multiplication	Résultats de la multiplication
Œil : limpidité									
Nez { intensité									
Nez { qualité									
Bouche { intensité									
Bouche { qualité									
Harmonie									
								TOTAL :	

N° du Jury   Signature du dégustateur :

N° du dégustateur :

Fiche 1972, pour les concours internationaux. La page 1 est destinée au dégustateur, la page 2 au secrétariat.

❱ la fiche A. Castel, intéressante pour sa richesse de vocabulaire :

Fiche de dégustation de A. Castell, 1967 (I.N.A.O.)	Vin (¹)	**Blanc** **Rosé** **Rouge**	Appellation : .... Type : ....

| Analyse
effectuée
Le : / /

Par : ....
....
.... | Densité : .... Acidité totale : ....
Alcool : .... Acidité fixe : ....
Sucres résiduels : .... Acidité volatile corrigée : ....
Alcool en puissance : .... pH : ....
SO₂ total : .... P/α : ....
SO₂ libre : .... Indice de permanganate : ....
Éventuellement, observations du laboratoire : .... |

Mode de vinification : ....

1° **Examen** **Visuel**		**Surface du liquide**	*brillante — terne — propre — irisée — traces huileuses*
	Couleur	**Vin blanc** (¹)	*clair avec reflets verts ou jaunes — jaune pâle — doré* *jaune paille — jaune serin — jaune ambré*
		Vin rosé (¹)	*pâle – blanc tâché avec reflets roses ou violets — gris* *rosé clair — rosé foncé — œil de perdrix — pelure d'oignon*
		Vin rouge (¹)	*rouge clair avec reflets vermillons ou violacés* *rouge cerise — rubis — grenat — foncé — fauve*
		Teinte	*franche — oxydée — cassée*
	Aspect		*cristallin — brillant — limpide — voilé — louche — terne* *plombé — trouble avec dépôt ou sans dépôt*
	Perles		*rapides ou lentes à se former — inexistantes — lourdes — légères*

Température du vin au moment de la dégustation : ....

Éventuellement, facteur empêchant la dégustation : ....

2° **Examen** **olfactif**		**Première impression**	*agréable — ordinaire — désagréable*
	Arôme	**Intensité**	*puissant — suffisant — faible — inexistant*
		Qualité	*très fin — racé — distingué — fin — ordinaire* *peu plaisant — grossier — désagréable*
		Caractère	*primaire — secondaire — évolué — madérisé* *rancio — fruité — floral — végétal — animal*
		Durée	*longue — moyenne — courte*
	Odeurs anormales		$CO^2 — SO^2 — SH^2$ *— mercaptans — évent — bois — malolactique* *acescence — phéniqué — bouchon* *défaut : passager — durable — léger — grave*
	Particularités		

Éventuellement, facteur empêchant ou gênant
la suite de la dégustation ....

(¹) Rayer les mentions inutiles

Fiche A. Castel, 1967

Le traitement des résultats

L'organisateur de la dégustation peut se contenter d'une consultation des notes telles qu'elles sont rapportées par le ou les dégustateurs. Mais, le plus souvent, pour avoir une décision ou une conclusion qui ait le sens voulu, il doit faire subir à ces notes un traitement par assemblage, de manière à obtenir un résultat global unique qu'il compare à des références conventionnelles.

Ce traitement est réalisé d'une part au niveau des résultats donnés par chaque dégustateur, d'autre part à celui du jury. Il peut être différent selon qu'il s'agit de retenir les produits correspondant au moins à un minimum de qualité (examen ou agrément) ou de ranger les éléments d'une série selon certains critères (concours).

Enfin, la persistance aromatique intense doit recevoir un traitement spécial, parce qu'elle fait l'objet d'une mesure absolue de caractère.

Traitement des résultats au niveau du dégustateur

Importance relative de chaque groupe de caractères. Dans l'appréciation générale globale d'un produit, chacun des groupes de caractères examinés peut logiquement avoir une importance plus ou moins grande dans le résultat final. Ceci est traduit par l'affectation d'un coefficient spécifique à chacun de ces groupes.

Exemple :	*apparence*	*a x 1*
	odeur	*b x 2*
	goût	*c x 3*
	sensations de fin de bouche	*d x 4*

Le choix de ces coefficients est une convention. Il est fait selon un jugement préalable des organisateurs, et il est important qu'il y ait sinon unification de coefficients utilisés au niveau de chaque grande catégorie de vins, au moins une certaine homogénéisation.

Traitement des résultats au niveau du produit

Traitement de l'agrément de produits. Le terme "agrément" est préféré au terme "examen" pour désigner l'opération d'évaluation sensorielle dont les résultats ont pour objet de conclure si oui ou non un produit correspond à des critères préalablement définis. C'est ce que l'on désigne dans l'enseignement sous le nom d'examen, par opposition au concours qui est une opération de classement ou de rangement hiérarchique des éléments ou des sujets d'une série.

Lors des opérations d'agrément d'un produit, le traitement des résultats est en général effectué par application du principe de la moyenne arithmétique des notes, celles-ci étant implicitement considérées comme les éléments d'une échelle cardinale.

L'illusion de certitude et de précision que donnent les échelles cardinales et la forme d'application qu'est la moyenne sont incompatibles avec le caractère subjectif de l'appréciation. C'est la raison pour laquelle il semble préférable d'appliquer une autre forme de traitement, mieux adaptée au caractère ordinal des échelles choisies.

La médiane des notations paraît s'inscrire dans la logique de ce système parce qu'elle reflète globalement l'appréciation générale. Elle a par ailleurs l'avantage de ne pas nécessiter, comme la moyenne arithmétique, l'utilisation de chiffres ; elle peut être déterminée à partir de termes ou de symboles quelconques.

L'Afnor a défini la médiane de la façon suivante : *"On appelle médiane d'une suite de valeurs classées par ordre non décroissant, la valeur de cette suite, ou une valeur interpolée, telle que le nombre des valeurs qui la précèdent soit égal au nombre des valeurs qui la suivent."*

Ainsi, par exemple dans une suite de notes : 3, 3, 4, 4, 5, 6, 7, la médiane est le terme du milieu, soit 4 (3, 3, 4, 4, 5, 6, 7). Avec le même raisonnement, dans la série : médiocre, médiocre, limite, assez bon, assez bon, bon, bon, la médiane serait : assez bon.

Le traitement est facile lorsque dans la série le nombre de termes est, comme ci-dessus, impair. En revanche, si le nombre est pair, la médiane risque d'être recherchée par interpolation. Dans ce cas, et par convention préalable, c'est le terme immédiatement supérieur ou inférieur à la médiane qui est choisi. Il est donc préférable de faire en sorte que le nombre de termes soit impair, ce que l'on obtient par le jeu des coefficients. Quand le nombre de ceux-ci est impair, la médiane apparaît dans sa position souhaitable car, en effet, les coefficients dont la fonction est multiplicatrice dans le système cardinal avec moyenne arithmétique ont une fonction de répétition dans le système ordinal. Par l'organisation de leur jeu, il est donc possible d'établir une série impaire.

Critères d'agrément. L'agrément des produits a deux objectifs principaux : tout d'abord éliminer les produits défectueux, ensuite ne pas retenir ceux dont les caractéristiques paraissent trop éloignées du type retenu par le collectif.

Les conditions de l'agrément doivent donc être déterminées par deux caractéristiques définies conventionnellement, de manière à correspondre au but de l'évaluation, et à définir le degré de sévérité qu'on veut lui donner : il s'agit d'appliquer une limite éliminatoire et une médiane d'acceptabilité.

a) Limite éliminatoire. Dans un produit comme le vin, il ne doit pas exister de défaut grave. L'existence d'un seul d'entre eux dans un caractère ou groupe de caractères est un motif suffisant pour refuser l'agrément, quel que soit le niveau des autres caractères ou groupes de caractères.

La "limite éliminatoire" est donc constituée par le niveau de l'échelle au-dessous duquel se situent conventionnellement les notations éliminatoires.

Si, par exemple, dans une échelle quinaire, il a été convenu que la limite éliminatoire est 2, la notation d'un caractère ou d'un groupe de caractères à 1 amène le refus de l'agrément, même si la médiane est élevée.

b) Médiane d'acceptabilité. Des défauts ou des carences graves constituent une cause d'élimination, mais lorsque leur importance est faible, l'élimination est moins évidente, car les qualités supérieures d'autres caractères ou groupes de caractères peuvent être considérées comme susceptibles de compenser certaines déficiences.

Ainsi peut-on fixer un terme de comparaison du résultat en rapport étroit avec le niveau qualitatif recherché. C'est ce que nous proposons de dénommer : "médiane d'acceptabilité".

Par exemple, dans une échelle quinaire, où nous aurons choisi 3 comme médiane d'acceptabilité, tous les vins dont la médiane sera égale ou supérieure à 3 seront acceptés, étant entendu qu'il faut toujours tenir compte de la limite éliminatoire. Les autres vins seront refusés.

Pour imager ces propos, on peut présenter ci-dessous quelques exemples résumant les principes de "limite éliminatoire" et de "médiane d'acceptabilité".

Les exemples sont pris en mettant en œuvre une échelle quinaire, avec médiane d'acceptabilité égale à 3 et limite éliminatoire inférieure à 2.

Les notes suivantes sont attribuées :

1 - 2 - 4 - 4 - 4 - 5 - 5   le vin est refusé car une note est inférieure à la limite éliminatoire.

2 - 2 - 3 - 3 - 4 - 4 - 4   le vin est accepté.

2 - 2 - 2 - 3 - 3 - 3 - 4   le vin est accepté.

2 - 2 - 2 - 2 - 3 - 4 - 4   le vin est refusé car la médiane est inférieure à la médiane d'acceptabilité.

Traitement des résultats lors des concours

Le concours consiste à réaliser un rangement hiérarchique qualitatif de vins qui sont en général déjà sélectionnés préalablement sur des critères de qualité ; il y a eu une classification préalable. Il en découle logiquement l'idée de traiter les résultats non par comparaison à la base, mais par comparaison au sommet.

Jusqu'alors, les termes de notation étaient traduits en chiffres de caractère positif, qui donnaient une indication théorique par rapport à un point zéro de qualité. Il paraît plus juste de proposer la solution inverse qui consiste à comparer les résultats à l'idéal théorique ; c'est, en effet, de lui que doivent se rapprocher le plus les produits présentés.

Aux termes de l'échelle choisie sont alors affectés des chiffres qui ont un sens et une valeur de pénalisation, c'est-à-dire un caractère négatif. Par ailleurs, l'écart entre les termes de l'échelle n'ayant aucune valeur absolue certaine, il paraît plus pertinent d'aggraver les pénalisations relatives pour chaque échelon, en les augmentant au fur et à mesure qu'on s'éloigne de l'idéal. On substituera donc une progression d'allure géométrique correspondant au carré des écarts ordinaux au sommet, soit : 0, 1, 4, 9, etc. , à la progression ordinale classique des termes, établie à partir du sommet, soit : 0, 1, 2, 3, etc.

Si l'on retient l'échelle nonaire, souhaitable lors de la notation dans les concours, ainsi définie :

Excellent	*note 0*
Très bon	*note 1*
Bon	*note 2*
Acceptable	*note 3*

Limite	
Médiocre	
Assez mauvais	} *vins éliminés d'entrée dans un concours*
Mauvais	
Très mauvais	

La traduction en note de pénalisation sera la suivante :

Excellent	*note 0*
Très bon	*note 1*
Bon	*note 4*
Acceptable	*note 9*

L'assemblage des notes est fait sous forme d'addition des chiffres proposés, étant entendu qu'il est tenu compte des coefficients affectés à chaque caractère ou groupe de caractères.

Une fois tous les résultats obtenus, le rangement des échantillons dans un ordre hiérarchique croissant est fait d'après l'ordre décroissant des points de pénalisation ; le premier de la série sera le vin dont le total de points sera le plus près de 0, le dernier étant celui qui a reçu le plus grand nombre de points.

Cas spécial de la persistance aromatique intense (PAI)

"La persistance aromatique intense donne lieu à une mesure de caractère absolu, par opposition aux autres notations dont les termes ont un caractère relatif. Elle nécessite par conséquent un traitement spécial d'autant plus que ses limites varient avec les différents groupes ou types de vins.

L'insuffisance d'expériences généralisées en cette matière ne permet pas de donner des conclusions définitives, mais deux solutions peuvent être proposées parce qu'elles paraissent convenables".

Ce sont les termes que nous utilisions avec A.Vedel et G. Charle en 1972, dans *Essai sur la dégustation des vins*. Plus de 30 ans après, nous pouvons les reprendre, car nous avons la certitude que cette notion est pertinente.

Nous ne pouvons nier que son utilisation reste limitée, parce que complexe et peut-être aussi parce que nous ne l'avons pas suffisamment vulgarisée. Nous voyons certains auteurs la reprendre avec parfois des interprétations un peu fantaisistes. D'autres se sont attachés à l'appliquer avec beaucoup de méthode, suivant en cela les initiateurs de ce terme et de cette méthode d'appréciation.

Pour la petite histoire, nous rappellerons que cette persistance eut pour origine la réflexion d'un dégustateur de Beaune : Monsieur Pierre Forgeot. Reprise par l'un de nous, André Vedel, elle fut présentée aux experts étrangers de l'Office international du vin en 1970 à Avignon, sous l'égide de son directeur Monsieur Protin. Après les études et expérimentations faites par ces experts d'Europe et d'Afrique du Sud, la persistance aromatique intense fut considérée comme une mesure objective liée au temps. Nous lui associâmes le nom de "caudalie", mesure unitaire correspondant à une seconde de persistance, en référence à l'adjectif "caudal".

Elle reste par conséquent pour nous une méthode sûre de mesure de la classe des vins. Donc il convient de l'utiliser des deux manières suivantes :

a) Rangement préalable en classes

Lorsque des vins sont anonymes, qu'on n'en connaît ni l'origine ni le type, il paraît juste d'effectuer un examen préalable, dont le but est de présenter au dégustateur des vins d'une même classe. Par ailleurs, les résultats sont d'autant plus certains et précis que la classe est plus étroitement définie ; ce qui se traduit par un nombre faible de caudalies comprises entre les limites inférieure et supérieure de chaque classe définie.

C'est là le système de rangement qu'il convient d'adopter dans les concours internationaux. Bien entendu, l'indication de la classe doit figurer dans tous les résultats des concours.

b) Table de concordance

Il en est tout autrement si le vin est présenté sous une indication qui implique un certain rang hiérarchique. Un vin qui porte une appellation d'origine ne peut être que de qualité ; il doit présenter une certaine PAI dont la limite inférieure varie avec sa situation dans la hiérarchie des appellations.

Si un grand cru a généralement une PAI comprise entre 8 et 10 caudalies, un vin présenté sous son nom, avec une PAI de 5 ou 6, sera éliminé pour déficience grave. Pour ce cru, la PAI 8 correspond à la limite éliminatoire.

Mais il n'est pas possible de faire intervenir dans le jugement global des chiffres indiquant des secondes (caudalies) et des chiffres représentant des échelons qualitatifs de l'échelle choisie. Il est nécessaire qu'il y ait une correspondance précise entre eux.

Un exemple fera mieux comprendre ce qui paraît compliqué dans le texte.

Supposons que nous ayons adopté une échelle nonaire (9 échelons), avec une limite éliminatoire égale à 4, et une médiane d'acceptabilité égale à 5, soit le milieu de l'échelle, et que nous nous disposons à juger des vins du niveau d'un grand cru, dont la valeur connue correspond à une PAI de 9 caudalies. Nous devrons avoir la correspondance suivante :

PAI (nombre de caudalies)	échelle nonaire (rangs)	sort du vin
7	3	éliminé
8	4	éliminé
9	5	accepté limite
10	6	accepté

Il résulte de ce raisonnement que pour établir une correspondance logique propre à chaque catégorie de vins, un inventaire de PAI s'impose pour tous ceux qui ont une prétention hiérarchique supérieure à celle des vins de table, appelés vins ordinaires.

Traitement des résultats au niveau d'un jury

La dégustation est en général réalisée par un groupe de dégustateurs appelé "jury de dégustation". Il est nécessaire, à partir du résultat global de chaque dégustateur, d'associer les notes individuelles pour obtenir la conclusion d'ensemble du jury.

Ici aussi, le traitement en usage consiste à rechercher la moyenne arithmétique des notes individuelles. Or, nous avons déjà vu les inconvénients que cela représente. Il paraît donc logique de reprendre le système proposé au niveau du dégustateur, qui consiste à adopter le système de la recherche de la médiane. Celle-ci est, en effet, moins influencée que la moyenne arithmétique par les accidents ou anomalies de notation, représentés la plupart du temps par les niveaux extrêmes de l'échelle. Au niveau du jury, il paraît donc également opportun d'utiliser cette méthode.

Comme pour le traitement des résultats d'un dégustateur, la médiane sera facilement obtenue si le nombre de membres du jury est impair. Cependant, on peut admettre ici aussi que dans le cas d'un nombre pair et par convention préalable, la médiane sera le terme immédiatement inférieur ou immédiatement supérieur à la médiane théorique fractionnaire.

Pour le traitement des notations non chiffrées, les symboles correspondant aux chiffres de l'échelle choisie seront mis à leur place normale dans la série non décroissante.

Le vocabulaire

L'expression en dégustation est probablement la phase la plus difficile à réaliser. Elle nécessite une maîtrise parfaite du sujet, qui ne peut s'acquérir qu'après un long et studieux apprentissage au cours duquel la méthodologie appliquée permet d'acquérir des mécanismes réflexes. Les termes sont ensuite empruntés au vocabulaire courant et au vocabulaire spécialisé. Tout au cours de notre exposé, nous avons, dans le cadre de chaque paragraphe, utilisé des termes spécialisés qu'il serait fastidieux de répertorier ici. Mais pour certains chapitres, comme celui de l'olfaction par exemple, il ne paraît pas inutile de rappeler la classification par séries que nous avions établie en 1972 ; elle a été reprise par plusieurs auteurs, et elle a été quelquefois simplifiée et quelquefois enrichie.

La chimie des arômes a évolué en plus de trente années et plusieurs propositions commerciales sont venues permettre aux apprentis dégustateurs de se familiariser avec les mots, à partir d'échantillons odorants, quelquefois associant à l'ouvrage un caractère ludique. Ils facilitent l'expression, même si, quelquefois, ils frôlent un lyrisme quelque peu exubérant. Mais, après tout, à chacun son style et l'approche du vin doit se faire dans la joie.

Classification des différentes odeurs, arômes et expressions par séries-types

Série aromatique	Type d'odeur ou arôme, et termes usités
Série florale	fleur d'acacia, d'amandier, d'aubépine, de chèvrefeuille, d'églantine, de vigne, de réséda, d'œillet, citronnelle, jacinthe, narcisse, fleur de genêt, d'iris, de jasmin, d'oranger, de pivoine, de rose, de sureau, de tilleul, de violette, etc.
Série fruitée	abricot, amande grillée, ananas, banane, bergamote, cassis, cerise, citron (jaune, vert), coing, confituré, fraise, framboise, petits fruits rouges, goyave, groseille, lychee, mandarine, maracuja, miel, muscat ou muscaté, noisette, noix, olive (noire, verte), orange, pêche, pomme (verte ou blette), prune (reine-claude, quetsche, mirabelle), pruneau, raisin frais, sec, de Corinthe, vanille, etc.
Série végétale	ail, champignon, chou, colza, cresson, feuilles et bourgeons de cassis, feuilles de noyer, de géranium, de pélargonium, feuilles sèches, foin coupé, fougère, genièvre, herbe (écrasée, verte), herbacé, humus, lichen, lierre, mousse, paille humide, poivron vert, rafle, sous-bois, tabac, thé, tisane, etc.
Série boisée	bois (d'acacia, de cèdre, de chêne, de santal, vert, vieux), bouchon, bouchonné, crayon, écorce, ligneux, liégeux, vanillé, etc.
Série balsamique (ou terpénique)	camphre, encens, génévrier, pin, résine, résiné, résineux, térébenthine, etc.
Série épicée	ail, aneth, anis (badiane), basilic, cannelle, clou de girofle, fenouil, gingembre, laurier (sauce), lavande, menthe, menthe poivrée, marjolaine, moutarde, muscade, oignon, origan, poivre, poivre vert, réglisse, sétchuan, thym, truffe, etc.
Série animale	ambre, charcuterie, chien mouillé, civette, civet, cuir, entrailles de gibier, écurie, étable, faisandé, fourrure, fraichin, gibier, marée, musc, musqué, poil (de lièvre, de renard), pipi de chat, scatol, scatologique, souris, sueur, suin, venaison, etc.
Série empyreumatique (ou de torréfaction)	amande grillée, bois brûlé, brûlé, cacao, café, caoutchouc, caramel, chocolat, créosote, encens, fumé, fumée, grillé, goudron, hydrocarbures, pain grillé, pierre à fusil, poudre, silex, toasté, torréfaction, torréfié, etc.
Série chimique	acétate (d'amyle, d'isoamyle), acescence, acétique, acétone, amylique, benzaldéhyde, bonbon anglais, cire, chlore (chloré), éthéré, iode, iodée, médicinale, mercaptan, mine de crayon, œuf (pourri, punais), pharmaceutique, phénolique, phéniqué, soufre, sulfuré, vernis à ongles, etc.
Série fermentaire et divers	alcool, beurre, bière, boulangerie, brioche, brioché, choucroute, cidre, croissant, croupi, croûte de gruyère, diacétyle, eau-de-vie, ferment, fromage, fromagerie, froment, kirsch, lactique, lait, laitage, laiterie, levure, moisi, moisissure, savon, serpillière, vieux marc, yaourt, etc.

Proposition de **glossaire**

En 1972, à la suite d'un extraordinaire travail de recherche de vocabulaire, nous écrivions sous ce chapitre "Vocabulaire" : "s'adressant à tous ceux qui pratiquent la dégustation des vins, la présente publication doit être facilement compréhensible de chaque lecteur, quelles que soient sa formation et sa profession. Or, les données scientifiques et techniques sont glanées dans de très nombreuses disciplines qui ne peuvent en totalité être connues des dégustateurs. Instruits des difficultés que nous avons rencontrées, nous voulons éviter de les imposer aux autres et il a été ainsi réuni dans le vocabulaire un certain nombre de termes de physique, chimie, anatomie, physiologie, psychologie, etc., qui ont été utilisés dans le texte précédent ou que l'on peut rencontrer dans d'autres publications intéressantes pour le dégustateur.

La méthodologie de l'analyse sensorielle est une acquisition très récente qui a impliqué, comme toute technique, un vocabulaire spécial ou une acception spéciale de certains termes pour permettre un langage précis. Ces termes figurent également dans le vocabulaire. Leur définition est, pour beaucoup d'entre eux, celle qui a été admise ou qui découle des travaux de l'AFNOR et de l'I.S.O.

Le vin est un liquide très complexe et il nous a paru intéressant de faire figurer ses composants connus dans le présent vocabulaire. Pour nombre d'entre eux, nos connaissances sont très limitées quant à leurs qualités et à celles qu'ils peuvent apporter au vin. Leur citation doit être considérée par le lecteur comme une invitation à nous faire part de ses connaissances éventuelles sur tel ou tel corps. Les difficultés que nous avons rencontrées du fait de synonymies nous ont amenés à faire figurer tous les synonymes de façon à éviter ce même travail à certains lecteurs qui pourraient rencontrer les mêmes obstacles.

Enfin, le principal objectif de ce chapitre est de confronter le lecteur avec le vocabulaire des caractères organoleptiques du vin, pour qu'il nous donne son avis. Nous avons consulté de nombreux ouvrages anciens et récents pour établir la définition des termes. Nous avons également pour cela tenu compte d'une enquête réalisée en 1968, auprès de très nombreux dégustateurs. Nous avons pu constater que, sauf exceptions, la plupart des termes ont des acceptions imprécises ou différentes d'une région à l'autre. Il nous a paru nécessaire qu'une unification soit réalisée sous forme d'un compromis conventionnel qui pourrait être accepté par tous. En ce qui concerne plus spécialement le vocabulaire des odeurs et arômes, à la suite des décisions prises, en 1968 par le Groupe de Travail de vocabulaire du vin (1), nous orientons les travaux vers la recherche de "témoins olfactifs" qui devront être les définitions matérialisées de chaque nuance odorante exprimée. C'est là un travail de recherche très long et nous demandons à nos lecteurs de nous signaler les corps chimiques qui leur paraissent pouvoir être convenables pour remplir ce rôle. Nous en avons cité quelques-uns qui nous ont paru acceptables.

Comme l'ensemble de la présente publication, le vocabulaire, au moins pour une partie de ses termes, n'a pas été conçu comme un document définitif mais comme une proposition, quelquefois même un simple canevas. De ce fait, il est apparu nécessaire d'indiquer au lecteur ce que nous pouvons appeler, selon les cas, notre niveau de certitude dans la définition ou notre niveau de connaissance de la chose qu'il symbolise.

Les termes qui nous paraissent bien définis et bien connus n'ont reçu aucun signe particulier. Nous avons assorti d'un astérisque ceux pour lesquels nos connaissances sont insuffisantes ou nos définitions incomplètes.

Enfin, deux astérisques indiquent le doute dans lequel nous sommes sur l'opportunité d'emploi du terme du fait de son impropriété ou de son caractère imprécis ou équivoque. C'est pour ces deux dernières catégories que nous sollicitons spécialement l'avis des lecteurs".

Plusieurs observations nous viennent aujourd'hui à l'esprit :

▎ Ce que nous avions appelé "vocabulaire" nous paraît inadapté. Il aurait fallu l'appeler "glossaire". Il est vrai que l'énumération des termes qui y est faite tient des deux ; certains termes expliqués font partie du vocabulaire et parmi eux il en est qui restent des néologismes, mais beaucoup d'entre eux sont des mots expliqués qui relèvent davantage du glossaire, et d'ailleurs souvent à côté de la définition technique qui est nouvelle, figure la définition générale que l'on trouve dans les dictionnaires.

▎ De nombreux termes proposés ont été acceptés et font partie de l'usage courant du dégustateur, nous en tirons une certaine fierté.

▎ Certains mots faisaient l'objet d'une proposition. Il s'agissait d'un vœu pieux et nous n'avons eu que très peu de "retours". Cela est bien normal car nous n'avions pas de correspondant, ou de "boîte aux lettres". Les groupes de travail de l'Afnor ont toutefois continué le travail et dans certains cas établi des définitions.

▎ Compte tenu de la richesse de ce "vocabulaire", nous nous proposons de le reproduire ci-après, sous forme de "glossaire", enrichi de ce que nous avons appris depuis.

Abréviations et signes conventionnels utilisés dans le glossaire

Adj.	Adjectif
Analys. Sens.	Analyse sensorielle
Colrim.	Colorimétrie
Dég. Vins	Dégustation des vins
Oenol.	Œnologie
P. vins	Corps dont la présence a été révélée dans certains vins
Part. passé	Participe passé
Part.prés.	Participe présent
Plur.	Pluriel
Psychophysiol. Sens. sorielle	Psychologie ou Physiologie ou Psychophysiologie sensorielle
s. f.	Substantif féminin
s. m.	Substantif masculin
Stat.	Statistique
Syn.	Synonyme
v.a.	Verbe actif
v.n.	Verbe neutre
=	Synonyme de

Dans les noms des corps chimiques :

Act.	Actif
m-	méta
-n ou n-	Normal
o-	Ortho
p-	Para

A

ABRICOT, s.m. *Dég. vins :* Odeur et arôme spécifiques que l'on retrouve dans les nuances olfactives de certains vins.

ACACIA, s.m. *Dég. vins :* (goût d') Caractère spécial que prennent les vins mis dans des fûts neufs de bois de robinier (*Robinia pseudoacacia*). (odeur d') Odeur de fleur de robinier perçue dans certains vins blancs

ACCEPTABILITE, s.f. *Anal. sens. :* Appliqué à un aliment ou à une boisson, désigne l'état d'un produit reçu favorablement par un individu déterminé ou une population déterminée en fonction de ses propriétés organoleptiques.

MEDIANE D'ACCEPTABILITE. *Dég. vins :* Niveau conventionnel d'une échelle de notation auquel on compare la médiane des notes obtenues. Le produit examiné n'est accepté que si cette dernière est égale ou supérieure à la médiane d'acceptabilité.

ACCEPTABLE, adj. *Anal. sens. :* Qui peut être accepté en tant qu'aliment ou boisson. Dans la plupart des échelles de notation qui le comportent, ce terme est le raccourci de "simplement acceptable", c'est-à-dire au niveau inférieur de qualité permettant de l'accepter ou au-dessus, très proche de ce niveau.

ACCEPTANCE, s.f. *Anal. sens. :* Acte consistant, pour un individu déterminé ou une population déterminée, à estimer qu'un produit répond favorablement à son attente.

ACCEPTEUR, adj., s.m. *Psychophysiol. sens. :* Désigne ou qualifie, dans un récepteur organique, une substance connue ou hypothétique qui, par son affinité avec le stimulus vrai adéquat, est le siège de la première modification de l'élément récepteur, dite réception (d'après Durup et Fessard).

ACCROCHER, v.a. *Dég. vins :* Désigne l'action physique d'astringence d'un vin très tannique qui laisse une bouche "râpeuse".

ACERBE, adj. *Dég. vins :* Qualificatif du caractère en même temps très acide et très astringent d'un vin.

ACERBITE, s.f. Qualité de ce qui est acerbe.

ACESCENCE, s.f. oenol. Maladie du vin due à l'acétobacter. Elle provoque en particulier la formation d'acide acétique et d'acétate d'éthyle, son terme ultime étant le vinaigre.

ACESCENT, s.m. oetzol. : Qui est atteint d'acescence.

ACETAL, s.m., P *Dég. vins :* Nom vulgaire de l'acétal diéthylique qui joue dans certains cas un rôle important dans le bouquet de certains vins.

ACETATE D'AMYLE-n, P. Ester très odorant de la plupart des vins, surtout perceptible dans les vins jeunes ou, dans certains cas, vinifiés à basse température. Témoin olfactif proposé de l'odeur "amylique", qualifiée en langage courant de "bonbon anglais".

ACETATE D'ETHYLE, P. Ester présent à faible dose dans le vin. A concentration élevée (200 mg/l.), il donne les caractéristiques odorantes du vinaigre de vin. Témoin olfactif de certains caractères d'acescence. Syn. : ETHER ACETIQUE.

ACETATE D'ISOAMYLE, P. Ester à odeur amylique plus faible que celle de l'acétate d'amyle-n. Terme très fréquemment utilisé. Syn. : ACETATE DISOVALERYLE.

ACETE, adj. *Dég. vins :* Terme employé par certains auteurs anciens pour qualifier un caractère important de piqûre.

ACETEUX, adj. *Dég. vins :* Employé dans le même sens qu'acété.

ACETIFICATION, s.f. oenol. : Transformation de l'alcool en acide acétique.

ACETIQUE, adj. *Dég. vins :* Terme de chimie employé parfois dans la même acception que "acété" et "acéteux".

ACETIQUE (Acide -). Acide présent en petites quantités dans tous les vins (0,15 à 0,50 g/l). Le principal des acides volatils du vin qui, lorsqu'il est présent en proportions élevées (plus de 0,90 - 1 g/l.), amène le caractère dit de piqûre, d'aigreur ou d'acescence, auquel est en général également associée la présence importante d'acétate d'éthyle.

ACETOINE, s.f. Composant pratiquement inodore de certains vins. *Syn. :* ACETYL-METHYLCARBINOL - HYDROXY-3, BUTANONE-2.

ACETONE, s.f. Cétone à odeur spécifique faible dont la présence a été signalée dans certains vins. Syn. : PROPANONE.

ACIDE, (saveur) adj. *Anal. sens. :* a) Qualifie la saveur élémentaire provoquée par des solutions aqueuses diluées de la plupart des corps acides, tels que l'acide citrique et l'acide tartrique (AFNOR). b) qualifie la propriété des corps purs ou mélanges dont la dégustation provoque cette saveur. Ce terme ne désigne l'odeur de certains acides que par référence à leur activité gustative ou irritative.

ACIDITE, s.f. *Anal. sens. :* a) Propriété organoleptique des corps purs ou des mélanges dont la dégustation provoque la saveur acide (AFNOR). b) Intensité d'une saveur acide. Il est préférable dans ce cas de préciser degré ou niveau d'acidité, déterminable par comparaison avec des étalons d'intensité de l'acidité. *œnol. :* ACIDITE TOTALE ou ACIDITE DE TITRATION : Quantité d'acide correspondant au pouvoir neutralisant du vin vis-à-vis d'un alcali. L'acide pris pour exprimer cette valeur est en général en France l'acide sulfurique, en grammes par litre de vin. Dans d'autres pays, c'est l'acide tartrique (correspondance : 1 g d'acide sulfurique = 1,53 g d'acide tartrique). ACIDITE VOLATILE :

Quantité d'acide correspondant au pouvoir neutralisant vis-à-vis d'un alcali, de la partie extraite du vin par ébullition ou barbottage de vapeurs dans des conditions déterminées. Cette mesure s'exprime également en acide sulfurique en France, en acide acétique dans d'autres pays (1 g d'acide sulfurique = 1,22 g d'acide acétique) ou en milliéquivalents (meq). ACIDITE FIXE : Différence entre l'acidité totale et l'acidité volatile. ACIDITE REELLE ou pH : Cologarythme de la concentration en ions H du liquide examiné. Le milieu est neutre à pH = 7 (correspondant à l'eau), basique au-dessus, acide au-dessous. *Dég. vins :* L'acidité est l'un des caractères organoleptiques de base des vins. Elle concourt par son intensité à un plus ou moins bon équilibre, en opposition avec le moelleux et en parallèle ou en addition avec l'astringence.

ACIDULE, part. pas. devenu adj. par usage. *Anal. sens. :* qualifie un produit dont la saveur est légèrement acide, (AFNOR). *Dég. vins :* Qualifie un vin d'une acidité assez élevée.

ACIDE AMINE, P. cf. AMINE.

ACRE, adj. *Dég. vins :* Qualifie un caractère en général superposé à de l'acerbité ou de l'astringence conduisant à une sensation désagréable subalgique ou algique dans l'arrière-gorge.

ACRETE, s.f. Qualité de ce qui est âcre.

ACUITE, s.f. subst. *Anal. sens. :* Aptitude des organes sensoriels à percevoir, identifier et/ou différencier qualitativement et/ou quantitativement un ou plusieurs stimulis. NOTE : Ce terme doit être distingué du terme "sensibilité", ce dernier ne faisant pas référence au niveau d'aptitude.

ADAPTATION, s.f. ADAPTATION SENSORIELLE *Anal. sens. :* Modification temporaire de l'acuité d'un organe sensoriel à la suite d'une stimulation continue et/ou répétée (AFNOR). Elle se traduit par un déplacement des seuils. L'adaptation est, pour la plupart des modalités sensorielles, limitée spécifiquement à la qualité de la stimulation concernée.

ADEQUAT, adj. *Psychophysiol. sens. :* STIMULUS ADEQUAT : Stimulus normal et spécifique de l'organe ou de la fonction considérée.

AERER, v.n. Exposer à l'air. *Dég. vins :* Pour exalter les parfums, le dégustateur aère activement tout d'abord le vin dans le verre en imprimant à celui-ci un mouvement giratoire avant examen olfactif, puis dans la bouche par aspiration et barbottage d'air dans le liquide.

AFFAIBLI, adj. *Dég. vins :* Qualificatif d'un vin dont les qualités ont été fortement diminuées par un vieillissement trop long ou défectueux.

AFFECT, sm. *Psychophysiol. sens. :* Etat affectif. Situé entre les deux extrêmes : plaisir ou

agréable et déplaisir ou désagréable.

AFFECTIF, adj. *Anal. sens. :* Qualifie ce qui est dû à des réactions émotives.

AFFECTIVITE, s.f. *Anal. sens. :* Réaction émotive. Elle doit être surveillée car elle peut apporter un trouble grave dans la réponse du dégustateur.

AGNOSIE, adj. *Psychophysiol. sens. :* Perte pathologique de la capacité de reconnaissance perceptive.

AGRESSIF, adj. *Dég. vins :* Qualifie tout caractère organoleptique d'intensité élevée pouvant donner une sensation désagréable, subalgique ou algique. L'astringence, l'acidité ou l'acerbité, lorsqu'elles sont présentes à un degré élevé, peuvent donner au vin un caractère agressif.

AGUEUSIE, s.f. (subst.) *Psychophysiol. sens. :* Défaut de senibilité aux stimulis gustatifs (AFNOR). L'agueusie peut être totale ou partielle et permanente ou temporaire. L'agueusie spécifique à la Thiophénylurée de saveur amère est appelée "cécité gustative".

AIGRE, adj. *Anal. sens. :* Qualifie la sensation complexe olfacto-gustative généralement due à la présence de composés acides (AFNOR). Les facteurs qui la provoquent sont issus de la fermentation acétique ou lactique d'un produit alimentaire. Le terme "aigre" ne doit pas être utilisé comme *Syn. :* la saveur élémentaire acide. Ce terme a quelquefois un sens hédonique négatif. *Dég. vins :* le caractère aigre est dans le vin en général proportionnel au taux d'"acidité volatile". Il est fortement aggravé par la présence d'acétate d'éthyle, souvent formé proportionnellement aux quantites d'acide acétique.

AIGRE-DOUX, adj. *Dég. vins :* Qualificatif du caractère complexe d'odeur et goût aigre et de saveur sucrée que l'on rencontre dans les vins atteints de la maladie de la mannite.

AIGRELET, adj. *Dég. vins :* Qualifie un produit légèrement aigre ayant subi un début de fermentation acide (AFNOR).

AIGREUR, s.f. Propriété organoleptique des corps purs ou des mélanges qui produisent la sensation aigre (AFNOR).

AIGU, adj. Qualificatif utilisé par certains auteurs pour caractériser des vins très acides (verts).

AIL, s.m. *Dég. vins :* L'odeur ou le goût d'ail (témoin olfactif possible : disulfure de diallyle) paraissent dus dans les vins à la présence de sulfure d'éthyle ou de corps voisins.

AIRAIN, s.m. *Dég. eaux-de-vie :* Goût de cuivre qui se rencontre dans les eaux-de-vie jeunes issues d'appareils à distiller mal entretenus.

ALCALINE (saveur), adj. Qualifie la saveur élémentaire produite par des solutions aqueuses de substances basiques (AFNOR).

ALCALINITE (subst.) Propriété organoleptique des corps purs ou des mélanges dont la dégustation provoque la saveur alcaline (AFNOR).

ALGESIE, s.f. *Psychophysiol. sens.* : Sensibilité douloureuse ou algique.

ALGIE, s.f. *Syn.* : Douleur.

ALGUES MARINES *Anal. sens.* : Odeur spécifique dont l'un des témoins proposés est le formiate d'anisyle.

ALICAMENT, s. m. : Substance nutritive à qui l'on attribue à tort ou à raison des vertus de médicament.

ALLIACE, adj. *Dég. vins* : Voir ail.

AMAIGRI, part. pas. *Dég. vins* : Employé pour qualifier des vins ayant perdu leur moelleux, leur onctuosité ainsi qu'une partie de leurs autres caractères. Les collages, les filtrations, les soutirages, lorsqu'ils sont exagérés en action ou en nombre, amaigrissent les vins.

AMANDE, s.f. *Dég. vins* : Odeur spécifique que l'on trouve en particulier dans certains vins de "solera". L'un des témoins olfactifs proposés est l'aldéhyde salicylique.

AMANDE AMERE *Anal. sens.* : Odeur spécifique dont le témoin approché est le benzaldéhyde.

AMAROGENE, adj. *Anal. sens.* : Qualifie les groupements chimiques qui entraînent une saveur amère.

AMBRE, s.m. 1-AMBRE GRIS : Concrétion interne du cachalot à odeur suave utilisée en parfumerie. 2 - AMBRE JAUNE ou succin : résine fossile que l'on recueille en particulier sur les côtes de la mer Baltique. *Dég. vins* : 1) l'odeur d'ambre (ambre gris) est une nuance qui se trouve dans certains vins. 2) la couleur ambrée (succin) courante dans certains vins spéciaux et dans beaucoup de vins blancs classiques vieux est d'un jaune tendant très légèrement vers l'orange et le marron.

AMER, s.m. Vins : a) Apéritif à base de vin présentant une saveur amère issue de macération de certaines plantes. b) période d'évolution de certains vins blancs en fin de fermentation alcoolique, pendant laquelle se révèle provisoirement une saveur amère désagréable. *Anal. sens.* : employé parfois à la place d'amertume.

AMERE (saveur), adj. *Anal. sens.* : a) Qualifie la saveur élémentaire provoquée par des solutions aqueuses diluées de diverses substances, telles que la quinine et la caféine (AFNOR)

AMERTUME, s.f. *Anal. sens.* : a) Propriété organoleptique des corps purs ou des mélanges dont la dégustation provoque la saveur amère (AFNOR). b) intensité d'une saveur amère. Il est préférable dans ce cas de préciser degré ou niveau d'amertume déterminable par comparaison avec des étalons d'intensité d'amertume (AFNOR). *Œnol.* : maladie microbienne (ancienne) des vins, surtout des vins rouges, décomposant la glycérine, avec formation d'acides volatils, et amenant un goût amer.

AMINE, s.f. - AMIDE, s.m. - AMINO-ACIDEs.m. Noms génériques de composés organiques comportant de l'azote. Parmi les acides aminés ou amino-acides, les suivants ont été cités comme présents dans certains vins :

Alanine
Ornithine
y-Aminobutyrique (acide -)
Phénylalanine
Arginine..*Proline*
Aspartique (acide -).....................................*Sérine*
Glutamique (acide -)..........................*Thréonine*
Glutamine.......................................*Tryptophane*
Glycocolle ....*Tyrosine*
Histidine ....*Valine*
Isoleucine ....*Cystine*
Leucine..*Méthionine*
Lysine

Sauf les deux derniers qui, comportant du soufre, présentent une odeur peu agréable, ils sont pratiquement inodores et ne doivent participer que pour une infime part aux caractères organoleptiques des vins. Ils jouent un rôle indirect important comme bases d'élaboration d'alcools supérieurs. On connaît par ailleurs l'importance d'un autre acide amine : l'acide anthranilique qui, par l'intermédiaire de l'anthranilate de méthyle, participe au caractère foxé des vins de Labrusca. On peut également citer :

n-Amylamine.................................*Isoamylamine*
n-Butylamine.................................*Isobutylamine*
Diméthylamine ....*Isopropylamine*
Ethanolamine ....*Méthylamine*
Ethylamine .... *N-(phényléthyl-2)-acétamide*
Hexylamine ....*Phényl-2 éthylamine*
Histamine ....*Putrescine*
N-isoamyl-acétamide..........................*Tyramine*

AMORTI, part. pas. *Dég. vins* :Terme employé par certains dégustateurs pour qualifier un vin qui ne développe pas intensément ses caractères.

AMOUR, s.m. *Dég. vins* : Terme bourguignon pour désigner un grand vin qui a beaucoup de souplesse, et de velouté, en même temps qu'un bouquet très agréable.

AMPELOGRAPHIE, n.f. Science de la vigne.

AMPLE, adj. *Dég. vins* : le qualificatif ample est appliqué à des vins dont les caractères agréables d'odeur et de goût sont particulièrement intenses et diversifiés et dont la persistance aromatique intense est élevée.

AMYLIQUE, adj. *Dég. vins* : Terme proposé pour qualifier une nuance odorante caractéristique de beaucoup de vins très jeunes et dont le témoin olfactif est l'acétate d'amyle-n.

ANAEROBIE, adj. Sens général : Se dit de microorganismes ou de tissus vivant en l'absence d'air, donc d'oxygène, et tirant l'énergie nécessaire à leur vie de la décomposition de substances organiques.

ANALYSE, s.f. Sens général : Résolution d'un tout en ses parties. Séparation ou identification des différents composants d'un ensemble. ANALYSE SENSORIELLE : Examen des propriétés organoleptiques d'un produit par les organes des sens. *Dég. vins :* la dégustation est une analyse sensorielle. ANALYSE DESCRIPTIVE QUANTITATIVE PROFIL : Utilisation de termes descriptifs pour évaluer les propriétés sensorielles d'un échantillon et l'intensité de chaque propriété (AFNOR).

ANGULEUX, adj. *Dég. vins :* Qualifie des vins où l'astringence domine les autres caractères de l'équilibre. *Syn. :* rude.

ANIMAL, adj. *Dég. vins :* Qualificatif d'une famille d'odeurs dont les nuances se trouvent plutôt dans des vins rouges vieux : musc, ambre, venaison, etc.

ANOPSIE, s.f. *Psychophysiol. sens :* Abolition de la vision (Pieron).

ANOSMIE, s.f. *Psychophysiol. sens. :* Défaut de sensibilité aux stimulis olfactifs. L'anosmie peut être totale ou partielle et permanente ou temporaire (AFNOR). *Syn. :* anosphrésie.

ANTAGONISME (subst.) Action conjuguée de deux ou plusieurs stimulis dont l'association provoque un niveau de sensation inférieur à celui attendu de la superposition des effets de chacun des stimulis pris séparément (AFNOR).

ANTHRANILATE DE METHYLE, P *Dég. vins :* Composant odorant du vin surtout abondant dans certaines espèces américaines, en particulier V. Labrusca, dans les produits desquelles il participe à l'odeur et au goût dits "foxés". A une forte concentration (plus de 1 % dans de l'alcool éthylique), il est un bon témoin olfactif de l'odeur foxée.

APLATI ~, adj. *Dég. vins : Syn. :* Amorti.

APPARENCE, s.f. *Dég. vins :* Ensemble des caractères organoleptiques perçus par la vue.

APPAREIL, s.m. *Anatomie :* Ensemble d'organes participant à une fonction ou un groupe de fonctions. APPAREIL SENSORIEL : ensemble des organes participant à une ou plusieurs modalités sensorielles.

APPARIEMENT n.m. (subst.) Action d'apparier. *Anal. sens. :* Procédé permettant de relier des stimulis, paire par paire, généralement pour déterminer le degré de similarité entre un témoin et un inconnu, ou entre des inconnus (AFNOR).

APPETENCE, s.f. *Anal. sens. :* Etat physiologique correspondant à un désir d'absorber un aliment ou une boisson, en réponse à la perception des caractères organoleptiques de ce produit.

APPETIBILITE, s.f. *Anal. sens. :* Qualité d'un aliment ou d'une boisson qui fait qu'il (ou elle) est plus ou moins consommé ou considéré comme consommable (en rapport bien entendu avec l'appétence du sujet pour ce produit).

APPETISSANT (adj.) Qualifie un produit capable d'exciter l'appétit de l'individu (AFNOR).

APPETIT (subst.) Etat physiologique se manifestant par le désir de nourriture (AFNOR).

APPETITIF, adj. *Anal. sens :* Qui a de l'appétibilité, qui provoque de l'appétence.

APPRECIATEUR, s.m. Celui qui apprécie. *Dég. vins :* Dans l'examen des vins soumis à la dégustation réglementaire, terme proposé pour désigner les dégustateurs qui sont membres d'une commission compétente pour décider du refus définitif ou provisoire de "certificat d'agrément". Les dégustateurs qui font un tri préalable pour le soumettre à la commission que les vins de qualité "limite" ou inférieure seraient dénommés "sélectionneurs".

APPRECIATION, s.f. *Anal. sens. :* a) Détermination avec plus ou moins de précisions du niveau qualitatif d'un produit. b) Décision après examen par dégustation de ranger le vin dans telle ou telle division d'une échelle conventionnelle.

APRE, adj. *Dég. vins :* Qualifie les vins qui présentent un niveau assez élevé d'astringence.

APRETE, s.f. *Dég. vins :* Qualité de ce qui est âpre.

AQUEUX, adj. *Dég. vins :* Qui paraît dilué.

ARDENT, adj. *Dég. vins :* Sensation importante de chaleur due à un excès d'alcool,. Certains vins de grenache de fort degré prennent en vieillissant un caractère ardent. *Syn. :* "brûlant". Terme utilisé surtout pour qualifier certaines eaux-de-vie jeunes qui présentent un caractère désagréable subalgique ou algique de brûlure. Terme utilisé fréquemment dans la dégustation des huiles d'olive pour qualifier une sensation de brûlure âcre

ARISTOLOCHE, s.f. *Dég. vins :* Plante de région méridionale que l'on trouve à l'état spontané dans certains vignobles et dont les feuilles et les fructifications présentent une odeur désagréable. Mélangée accidentellement à la vendange, elle communique au vin ce caractère. *Syn. :* Languedoc = Fauterna.

AROMATE, s.m. a) Substance d'origine végétale dégageant une odeur agréable. b) Toute substance à odeur agréable ajoutée à un aliment ou une boisson.

AROMATIQUE, adj. a) Qui dégage une odeur agréable. b) *Anal. sens. :* désignation générique très imprécise d'odeurs très différentes du type des esters et des aldéhydes. c) *Dég. vins :* s'applique parfois à des vins présentant une odeur agréable intense. Spécialement utilisé pour les vins et cépages présentant un caractère odorant très spécifique et puissant (muscat, gewurztraminer). A ne pas confondre avec le qualificatif aromatisé, qui s'applique à des vins ayant reçu une adjonction d'aromates.

AROMATISE, part. pas. *Technologie :* Qui a reçu une addition d'aromates. *Dég. vins :* qualifie une catégorie de vins parfumés par des aromates.

AROME (ou ARÔME), s.m. *Sens commun :* Odeur agréable de substances végétales. Etendu par l'usage à toutes odeurs agréables, surtout se rapportant à des aliments et boissons. *Anal. sens. :* 1) Sens français : Propriété organoleptique perceptible par l'organe olfactif par voie rétronasale lors de la dégustation (AFNOR). 2) Sens anglais et langage courant en français : odeur ayant un caractère plaisant (AFNOR). *Technologie :* extrait de diverses substances ou composition de corps chimiques, destinés à être ajoutés à un aliment ou une boisson pour lui donner un caractère aromatique ou augmenter ce caractère déjà existant.

ARRANGE, part. pas. *Dég. vins : Syn. :* "Trafiqué".

ARRIERE-GOUT, (subst.) *Anal. sens. :* Sensation olfacto-gustative, olfactive qui apparaît après l'élimination du produit, et qui diffère des sensations perçues lorsque le produit était dans la bouche (AFNOR). (A ne pas confondre avec la persistance.)

ASPECT, (subst.) Ensemble des propriétés visibles d'une substance ou d'un objet.

ASPERITES, s.f. plur. *Dég. vins :* On dit parfois d'un vin âpre qu'il présente des aspérités.

ASSOCIATION FRANÇAISE DE NORMALISATION (AFNOR) Association privée créée en 1926, déclarée d'utilité publique par décret du 5 mars 1943, elle centralise, coordonne tous les travaux et études concernant la normalisation et l'ensemble des activités qui tendent au développement de celle-ci. Le principal but de l'AFNOR est l'établissement des normes. Le second est son rôle international. Sur ce plan, elle est surtout le membre français au sein de l'Organisation internationale de normalisation (ISO.) et représente donc la France dans toutes les réunions de cette organisation. En 1967, a été créée, au sein de l'AFNOR, la Commission des méthodes d'analyse sensorielle, comportant plusieurs groupes de travail, dont ceux de vocabulaire et de méthodologie ont réalisé un certain nombre de mises au point qui ont fait l'objet de normes.

ASSOMME, part. pas. *Dég. vins : Syn. :* "Amorti".

ASTRINGENT (adj.) Qualifie la sensation complexe résultant de la contraction de la surface des muqueuses de la bouche, produite par des substances telles que les tannins du kaki et de la prunelle (AFNOR). *Syn. :* âpre.

ASTRINGENCE, s.f. *Dég. vins :* Propriété organoleptique des corps purs ou des mélanges qui produisent la sensation astringente (AFNOR). Le terme a été élargi à la totalité des propriétés correspondant à des actions des polyphénols qui se traduisent par des sensations de caractère physique depuis la suppression de l'onctuosité jusqu'à l'astringence au sens médical du terme.

ATRAMENTAIRE, adj. Qui a les caractères organoleptiques de l'encre. *Dég. vins :* Qui est à la fois très maigre et très astringent.

ATTENTION, s.f. *Psychologie :* Orientation mentale élective vers un certain mode d'activité, amenant une plus grande efficience dans cette activité et inhibant les autres d'une façon plus ou moins importante.

ATTITUDE, s.f. *Anal. sens. :* Structuration préparatoire orientée au point de vue perceptif ou réactionnel (Pieron).

AUBEPINE, s.f. *Dég. vins :* Nuance olfactive spécifique à caractère rosacé, miellé, comportant une légère touche anisée.

AUSTERE, adj. *Dég. vins :* Qui présente peu de bouquet et une âpreté assez élevée. *Syn.* "sévère".

AUTOLYSE, n.f. Destruction des tissus animaux ou végétaux par les enzymes qu'ils contiennent. Terme utilisé pour la dégradation des levures.

AUTOSUGGESTION, s.f. *Psychologie :* Influence exercée sur notre conduite et sur notre vie mentale par une idée que nous cultivons dans notre esprit (P. Sivadon). Les préjugés des dégustateurs, par leur effet d'autosuggestion (le plus souvent inconsciente), modifient leur attitude et leur comportement et apportent des troubles dans l'objectivité de leurs réponses.

AVERSION, (subst.) Sentiment de répulsion provoqué par un stimulus (AFNOR).

AXONE, s.m. *Anatomie :* Fibre nerveuse à fonctionnement centrifuge prolongeant certaines cellules nerveuses. *Syn. :* cylindraxe.

B

BAISSIERE, s.f. *Dég. vins :* Ancien terme désignant des vins de lies ou de qualité voisine.

BALSAMIQUE, adj. *Parfumerie :* (AFNOR) L'une des huit séries d'odeurs. Elle comporte entre autres les notes : vanillée, olibanée (encens), résineuse, de benjoin, d'opopanax. *Dég. vins* Il semblerait heureux que ce qualificatif soit utilisé dans un sens très étroit et précis, peut-être en l'appliquant aux odeurs semblables ou proches de celles de l'acide cinnamique et de ses esters.

BANAL, adj. *Dég. vins :* Vin sans originalité.

BANANE, s.f. *Dég. vins :* Nuance odorante spécifique.

BATARD, adj. *Dég. vins :* Ancien terme pour qualifier le vin mouillé (additionné d'eau).

BATONNET, BATONNET RETINIEN : Cellule visuelle rétinienne assurant la vision scotopi que (ou crépusculaire, non chromatique).

BATTRE, va. *Dég. vins :* Agiter violemment avec un fouet.

BATTU, part. pas. *Dég. vins :* Dont les qualités sont momentanément amoindries à la suite de manipulations mal conduites (C.N.E.R.N.A.).

BENZALDEHYDE, s.m. P *Anal. sens. :* Témoin olfactif approché de l'amande amère.

BENZOATE DÕETHYLE, P *Dég. vins :* Corps à odeur d'herbe, d'ombellifère légèrement anisée.

BEURRE, s.m. *Dég. vins :* Nuance olfactive spécifique qui se rencontre parfois dans des vins en cours ou en fin de dégradation malolactique.

BIAIS adj. (subst.) Erreurs systématiques pouvant être positives ou négatives (AFNOR). BIAIS PREVISIBLE : ERREUR D'ATTENTE, Biais dû à des idées préconçues du sujet (AFNOR).

BISAIGRE, adj. *Dég. vins :* Terme ancien *Syn. :* piqué ou aigre. Qui paraît être tombé en désuétude.

BITUME, s.m. *Dég. vins :* Odeur spécifique que l'on trouve dans les produits de certaines variétés de vitis lincecumii et de ses hybrides.

BLANC, adj. *Colorim. :* Qualifie une lumière semblable ou voisine de celle du jour (soleil et ciel bleu). Artificiellement, elle est produite par des corps portés à 6 000~6.5oOoK. *œnol. :* qualifie une vinification dans laquelle le jus de raisin fermente seul hors de tout contact avec les parties solides de la grappe. *Dég. vins :* on dénomme vins blancs, tous les vins dont la couleur ne comporte pas de composante rouge. Leur couleur se situe en général entre l'extrême vert-jaune léger et jaune ambré. Certains sont presque incolores (en particulier dans les régions septentrionales). Ils ne sont pas tous élaborés selon le type de vinification dit "en blanc". Ils peuvent être issus de raisins blancs (blanc de blanc) ou de raisins rouges à jus incolore (blanc de rouge).

BOCK, s.m. *Dég. vins :* Terme alsacien pour désigner le goût et l'odeur sulfhydriques.

BOCKE, adj. *Dég. vins :* Qui a le goût de bock (terme local : Alsace).

BOIS, s.m. *Dég. vins :* Terme aux acceptions variées qualifiant odeurs ou goûts rapportés, selon les auteurs, soit aux fûts neufs (goût de chêne, de châtaignier, d'acacia), soit aux fûts défectueux (goûts de bois sec, bois moisi, etc.).

BOISE, part. pas. *Dég. vins :* Surtout appliqué aux eaux-de-vie, qualifie le caractère de goût de chêne lorsqu'il est très intense.

BOIS BRULE *Dég. vins :* Goût que contractent les vins mis dans des fûts neufs dont l'intérieur des douelles a subi un début de carbonisation important au cours du montage du tonneau.

BOIS SEC *Dég. vins :* Goût caractéristique pris par des vins mis dans des fûts déjà usagés et qui sont restés longtemps vides.

BOIS MOISI *Dég. vins :* Goût contracté par des vins mis dans des fûts à l'intérieur desquels des moisissures s'étaient préalablement développées.

BOUCHE, s.f. *Dég. vins :* a) Ensemble des caractères perçus lorsque le vin est dans la bouche et/ou de leur prolongement dans le temps ; on dit qu'un vin a une bonne bouche, qu'il laisse une bonne bouche. b) terme utilisé dans les fiches de dégustation pour désigner ce même ensemble de caractères. SE FAIRE LA BOUCHE : *Dég. vins :* Voir mise en train. LAISSER UNE BONNE BOUCHE : Se dit d'un vin qui, après dégustation, ne laisse que des sensations post-opératoires agréables. BIEN en BOUCHE ou AVOIR de la BOUCHE : De goût assez intense et agréable.

BOUCHON, s.m. *Dég. vins :* L'odeur et le goût de bouchon, très caractéristiques, sont dus à des altérations fongiques du liège qui correspondent en général à des défauts d'apparence du bouchon et sont souvent consécutifs aux traitement du liège. Ce caractère ne doit pas être confondu avec le goût de liège qui correspond à celui du liège non altéré et qui se trouve naturellement dans certains vins (par ex. : certains bourgognes blancs de 1963).

BOUCHONNE, adj. *Dég. vins :* Qui a l'odeur ou le goût de bouchon.

BOUILLON DE CHATAIGNE, *Dég. vins :* Qualificatif de vins rouges atteints d'une casse oxydasique intcnse.

BOUQUET, n. m. (subst.) Ensemble de notes olfactives spécifiques permettant de caractériser un produit (vin, alcool, etc.) (AFNOR).

BOURGEON, s.m. BOURGEON DU GOUT : *Anatomie :* Les bourgeons du goût sont des corpuscules situés chez l'homme dans les papilles caliciformes et fungiformes de la langue et comportant les récepteurs sensoriels de la gustation.

BOURRU, adj. *Dég. vins :* Vin blanc en cours de fermentation alcoolique et comportant un trouble important. Consommé à l'époque des vendanges dans beaucoup de régions.

BREF, adj. *Dég. vins :* Dont la persistance est faible.

BRILLANT, adj. Qualifie une surface faisant apparaître des reflets lumineux. *Dég. vins :* Qualificatif de limpidité qui se situe entre clair et cristallin. Qui est d'une transparence parfaite et présente des reflets brillants.

BRIQUE, s.f. *Dég. vins :* Qualificatif de couleur rougeâtre.

BRULANT, adj. Qualifie un produit qui provoque une sensation de réchauffement dans la cavité buccale (comme celle provoquée par le piment et le poivre). *Syn. :* Echauffant. *Dég. vins : Syn. :* "Ardent".

BRULE, adj. et s.m. *Dég. vins :* odeur perçue dans les eaux-de-vie qui ont eu un "coup de chauffe", c'est-à-dire dont les matières solides ont carbonisé dans le fond du récipient chauffé à feu nu.

BRULON, s.m. *Dég. vins :* Terme local exprimant la flaveur particulière de certains crus du Dezaley (BENVEGNIN et Coll.).

BRUT, adj. *Dég. vins :* Vin mousseux qui n'a reçu qu'une faible addition de sucre par la liqueur d'expédition.

BUTANOL-1, s.m. P *Dég. vins :* Alcool à odeur désagréable (type serpillière sale). *Syn. :* Alcool butylique normal primaire, á-oxybutane propyl-carbinol.

BUTANOL-2, s.m. P *Dég. vins :* Alcool à odeur éthérée.

BUTYRATE D'ETHYLE, P *Dég. vins :* Ester à odeur rappelant un peu celle de l'ananas (moins agréable).

BUTYRATE D'ISOAMYLE, P *Dég. vins :* Ester à odeur amylique à nuance d'ananas.

BUTYRIQUE, adj. *Dég. vins :* Qualificatif d'une odeur désagréable dont on peut trouver un témoin dans l'acide butyrique. (Acide -) P Acide à odeur désagréable (vinasses). *Syn. :* Ac. Butanoïque, Ac. Ethacéthique. (Aldéhyde -) = BUTYRALDEHYDE.

C

CACAO, s.m. *Dég. vins :* Odeur spécifique. Nuance odorante que l'on rencontre dans certains vms.

CACHET, s.m. *Dég. vins :* On dit d'un vin qu'il a du cachet lorsqu'il présente des caractères bien accusés (du "caractère"), de l'originalité.

CACOSMIE, s.f. *Psychophysiol. sens. :* Perception délirante de mauvaises odeurs (hallucinations olfactives). (P. Sivadon).

CAFE, s.m. VIN DE CAFE : Type de vin rouge fait en macération courte, présentant de la souplesse et une robe légère.

CAFEINE, s.f. *Anal. sens. :* Alcaloïde du café, du cacao, du thé. C'est la triméthyl-l,3,7 xanthine. L'un des témoins possibles de la saveur amère.

CAFEIQUE, adj. (Acide -) P *Syn. :* Acide dihydroxy-3,4 cinnamique.

CALABRE ~, s.m. Terme tombé en désuétude qui désignait certaines mistelles.

CALME, adj. *Dég. vins :* Terme utilisé par certains auteurs pour qualifier les vins non effervescents. L'adjectif "tranquille" est plus souvent utilisé.

CAMERA INODORATA Voir Olfactorium.

CAMPHRE, adj. *Anal. sens. :* Qualifie une famille d'odeurs dont le témoin est le camphre.

CANNELLE, s.f. *Dég. vins :* Nuance odorante spécifique que l'on rencontre dans certains vins.

CAPITEUX, adj. *Dég. vins :* D'un degré alcoolique élevé.

CAPRIQUE, adj. (Acide -) P Acide à odeur verte composite. *Syn. :* Décanoïque, Acide decylique-n, Acide décoïque, Acide rutylique. (Aldéhyde)= DECANAL.

CAPROATE D'ETHYLE, P Ester à odeur fruitée rappelant la pomme et l'ananas trop mûr.

CAPROIQUE, adj. (Acide -) P Acide à odeur de pomme acide à tendance valerianée. *Syn. :* Hexanoïque-n, Acide hexylique-n, Acide pentane carboxylique. (Alcool-) = HEXANOL-1 (Aldéhyde -) = HEXANAL-n.

CAPRYLATE D'ETHYLE, P Ester à odeur composite fruitée, amylique, valerianée, savonneuse

CAPRYLATE D'HEXYLE-n, P Ester qui, en dilution à 1 % dans l'alcool éthylique, est un bon témoin olfactif du caractère "savonneux" des eaux-de-vie viniques d'alambics discontinus.

CAPRYLATE D'ISOAMYLE, P Ester à odeur herbeuse savonneuse.

CAPRYLIQUE, adj. (Acide -) P *Syn. :* Octanoïque, Acide heptane-carboxylique-1 (Alcool -) P= OCTANOL-2. Aldéhyde -)= P OCTANAL-1.

CARACTERE, s.m. *Statist. :* Propriété ou qualité en fonction de laquelle on peut classer des individus en catégories tranchées ou les situer sur une échelle de valeur continue ou discontinue (Bernyer et Rennes). *Anal. sens. :* dans les "termes généraux dans l'estimation et le con trôle de la qualité", l'AFNOR donne la définition suivante : "propriété qui fait l'objet du con trôle". Le caractère peut être étendu à l'analyse sensorielle en précisant que les propriétés en cause sont nombreuses et presque toujours examinées des deux points de vue quantitatif et qualitatif. *Dég. vins :* a) même sens qu'en analyse sensorielle générale. b) *Syn. :* type caractère Bordeaux, caractère Bourgogne. c) absolument : niveau élevé de certaines qualités impliquant une différenciation très nette avec d'autres vins. On dit d'un vin très typé par son originalité qu'il a du caractère.

CARAFE, s.f. VIN DE CARAFE : Vin que l'on consomme habituellement jeune, après la récolte et que jadis on ne mettait pas en bouteilles mais qui était tiré directement du tonneau dans une carafe au moment de la consommation. Le beaujolais et le muscadet sont des vins de carafe.

CARBONATE, n.m. Sel ou ester de l'acide carbonique.

CARAMEL, s.m. *Dég. vins :* Odeur et goût spécifiques provoqués par le chauffage de la vendange ou du moût à des températures trop élevées.

CASSANT, adj. *Dég. vins :* Qui est atteint d'une

casse ou qui est susceptible de casser s'il est mis dans certaines conditions favorables à la casse en cause.

CASSE, s.f. *œnol. et Dég. vins :* Accident issu d'une action chimique (oxydation enzymatique), qui provoque un trouble et un changement de couleur du vin. La casse oxydasique, ou casse brune, est produite par l'oenoxydase qui transforme la matière colorante et donne au vin une teinte brune en même temps qu'elle provoque d'autres oxydations qui modifient profondément le goût du vin jusqu'à le rendre imbuvable. Les casses métalliques dues à la présence excessive de métaux (fer en oxydation ou cuivre en réduction) amènent un trouble et un dépôt dans le vin.

CASSE, adj. *œnol. et Dég. vins :* Qui a subi une casse.

CATECHINE, P Elément des tanins du vin.

CATEGORIE, s.f. *Dég. vins :* Division systématique dans aquelle on range les vins qui présentent certains caractères semblables entre eux et différents de ceux des autres catégories. Les principaux caractères de catégorisation sont : la couleur, la proportion de sucres, les caractères liés aux cépages, au mode de vinification et d'élevage, etc. La répartition en catégories est faite sans qu'il soit tenu compte du niveau qualitatif qui relève de la répartition en "classes" différentes.

CAUDALIE, s.f. *Dég. vins :* Etalon de mesure de la persistance aromatique intense. *Symbole :* cdl. 1 cdl = 1 seconde de persistance.

CECITE, s.f. *Psychophysiol. sens :* Privation de la vue.

CENTRATION, s.f. *Psychophysiol. sens. :* Application précise et restreinte de l'attention à un objet ou un acte déterminé.

CENTRE, s.m. CENTRE NERVEUX : *Anatomie :* Partie du système nerveux, siège d'une fonction nerveuse déterminée : centres de relais et centres réflexes dans la moelle et le bulbe, centres régulateurs dans le diencéphale, centres de réception sensorielle visuelle dans la région calcarine du lobe occipital, tactile dans la circonvolution pariétale ascendante, etc.

CEPAGE, n.m. Variété de vigne.

CERISE, s.f *Dég. vins :* Odeur spécifique. Nuance olfactive que l'on trouve dans certains vins rouges.

y-CETOGLUTARIQUE (Acide -) P *Syn. :* Pentanone-2 dioïque.

CHAIR, s.f. *Dég. vins :* On dit d'un vin rouge qu'il a de la chair lorsqu'il donne l'impression de bien remplir la bouche, d'une certaine plénitude. Ce caractère doit vraisemblablement être lié à la proportion d'extrait sec et de glycérine.

CHALEUR, s.f. *Dég. vins :* Caractère pseudothermique lié à la présence d'un certain pourcentage d'alcool. Contrairement au caractère ardent ou brûlant, le caractère chaleureux ou chaud ne correspond pas à un déséquilibre, mais à une sensation simplement plus élevée de "chaleur".

CHAMPAGNISATION, s.f. CHAMPAGNISER, v.a. - METHODE CHAMPENOISE *œnol.* termes se rapportant à une technologie d'élaboration des vins mousseux, semblable à celle qui est utilisée traditionnellement en Champagne. *Ces mentions utilisables seulement en Champagne sont interdites sur tous documents accompagnant un vin mousseux depuis 1994.*

CHAMPIGNON, s.m. *Dég. vins :* Odeur spécifique. Nuance olfactive que l'on rencontre dans certains vins vieux.

CHARGE, adj. *Dég. vins :* Qualificatif d'un vin trop riche en extrait sec.

CHARNU, adj. *Dég. vins :* Qui a de la chair.

CHARPENTE, part. pas. *Dég. vins :* Terme utilisé dans les vins rouges pour qualifier un caractère de bonne constitution : chair, astringence en équilibre avec l'alcool à une intensité élevée.

CHAT, s.m. *Dég. vins :* Terme bourguignon qualificatif d'un caractère à la fois souple et fin.

CHATAIGNIER, s.m. *Dég. vins :* Caractère spécial que prennent les vins mis dans des fûts neufs de bois de châtaignier (goût de).

CHAUD, adj. *Dég. vins :* Qualificatif d'un vin qui présente un caractère de chaleur.

CHEMISE, s.f. *Dég. vins :* Terme désignant un dépôt adhérant sur une grande surface dans une bouteille de vin rouge vieux.

CHENE, s.m. *Dég. vins :* Odeur et goût spécifiques communiqués au vin élaboré dans des tonneaux neufs de bois de chêne. Pour les eaux-de-vie, le terme "boisé" est plus couramment utilisé.

CHIASMA, sm. (prononc. ki-a-sma) *Anatomie :* Entrecroisement des nerfs optiques sur l'ethnoïde.

CHIMIOCEPTEUR, s.m. *Psychophysiol. sens. :* Récepteur sensoriel sensible à des stimuli chimiques.

CHIMIOSENSIBILITE, s.f. *Psychophysiol. sens. :* Sensibilité à des stimuli chimiques. Terme utilisé en médecine où sont distingués : chimiosensibilité olfactive, chimio-sensibilité gustative, etc.

CHLORE, adj. *Anal. sens. :* Odeur caractéristique de certains composés du chlore. Témoin : hypochlorite de calcium.

CHROMATIQUE, adj. Qualifie ce qui concerne la couleur ou la sensation de couleur sous l'angle qualitatif.

CHROMIE, s.f. Ce qui constitue la partie chromatique de la sensation globale de couleur et qui se décompose en tonalité et saturation.

Le 1er bouchon qui efface VRAIMENT le goût de bouchon[*].

La révolution dans le bouchon

Pour la première fois, un bouchon est capable d'offrir au vin tous les bienfaits du liège (élasticité, étanchéité au liquide et perméabilité au gaz) sans risque de lui communiquer le "goût de bouchon". Fruit de longues recherches, DIAM bénéficie du procédé exclusif DIAMANT qui permet d'extraire du liège la molécule 2,4,6-TCA. Trophée d'Or International de l'Innovation au Salon Vinitech 2004, DIAM représente aujourd'hui LA solution de bouchage que tous les œnologues et amateurs de vin attendaient.

Toutes les solutions de bouchage technologiques à base de liège, signées Oeneo Bouchage, sont brevetées.
Nos produits sont souvent imités mais jamais égalés, méfiez-vous des contrefaçons.

*Niveau de TCA relargable inférieur à la limite de quantification (LDQ) selon méthode interne disponible sur demande.

Oeneo Bouchage - Espace Tech Ulrich - 66400 Céret - France
Tél. +33 (0) 4 68 87 20 20 - Fax. +33 (0) 4 68 87 35 36
diam@oeneo-bouchage.fr

CHROMOLEUCIE, s.f. *Psychophysiol. sens :* Sensation de "couleur d'objet", c'est-à-dire lorsque la couleur est due à l'objet qui réfléchit ou transmet une lumière achromatique à sa source.

CHROMOPHANIE, s.f. *Psychophysiol. sens.:* Sensation de couleur, lorsque la couleur est liée à la source lumineuse et non à la couleur d'un objet.

CHRONAXIE, s.f. *Psychophysiol. sens.:* Paramètre chronologique de l'impulsion nerveuse spécifique des différents neurones.

CIMENT, s.m. *Dég. vins :* Goût spécifique trouvé dans le vin et issu de cuves en ciment mal affranchies.

CINNAMALDEHYDE, s.m. P Aldéhyde à odeur rappelant celle de la cannelle. *Syn. :* Aldéhyde cinnamique Phényl-â-acroléine.

CINNAMATE DIETHYLE, P Ester à odeur très agréable.

CITRONNE, adj. Qualificatif d'odeurs rappelant le citron.

CITRIQUE, adj. (Acide -) P Acide naturellement présent en petite quantité dans les vins. Cet acide peut légalement être ajouté. *Syn. :* Hydroxy-3 carboxy-3 pentanedioïque.

CIVETTE, s.f. *Parfumerie :* Parfum d'origine animale qui provient de l'état pur ou concentré une odeur désagréable et répugnante de type scatologique. En revanche, en extrême dilution, cette odeur est agréable. Elle est employée comme fixateur de parfums. *Dég. vins :* Odeur spécifique correspondant à l'extrême dilution de la civette. Nuance olfactive rencontrée dans certains vins rouges vieux.

CLAIR, adj. *Physique :* Qualificatif appliqué aux objets ou couleurs d'objets d'une grande transparence. *Dég. vins :* Qualificatif de limpidité (le contraire de trouble). N'est employé dans le premier sens que pour qualifier le mot couleur ou un nom de couleur. Dans la pratique de la vinification et de l'élevage des vins, qualifie le vin débarrassé de sa lie.

CLAIRET, adj. *Dég. vins :* Qualificatif d'une couleur rouge très légère. Peut être considéré comme synonyme de rosé.

CLAQUE, part. pas. *Dég. vins :* Terme péjoratif utilisé par certains auteurs pour qualifier un vin usé, décrépit, qui a perdu ses principales qualités.

CLASSE, s.f. Chacune des subdivisions de l'échelle des valeurs d'une variable (Bernyer et Rennes). *Dég. vins :* Division d'une échelle conventionnelle basée sur la persistance aromatique intense. A DE LA CLASSE : se dit d'un vin complet et distingué. Souvent utilisé en langage courant dans le sens de "classe élevée" (dans l'échelle des valeurs) : ce vin a de la classe.

CLASSEMENT, (subst.) Terme général désignant les méthodes décrites ci-dessous : (AFNOR), CLASSEMENT PAR RANGS Méthode selon laquelle une série d'échantillons est classée par ordre d'intensité ou de degré dans une propriété précisée. Cette méthode est ordinale, et n'essaie pas d'estimer l'importance des différences. CATEGORISATION Méthode de répartition dans des catégories prédéterminées nominales. COTATION Méthode de classement en catégories, chacune d'elles étant placée sur une échelle ordinale. NOTATION Méthode d'évaluation d'un produit ou des propriétés d'un produit, au moyen de notes (ayant une signification mathématique).

CLASSIQUE, adj. *Dég. vins :* Qualificatif des vins obtenus par la technologie courante, par opposition aux vins spéciaux qui relèvent d'une technologie particulière.

CLONE, n.m. Individu ou population provenant de la reproduction végétative ou asexuelle d'un même individu. SELECTION CLONALE : Sélection d'une variété à partir d'un clone.

COING, s.m. *Dég. vins :* Odeur spécifique. Nuance olfactive que l'on trouve dans certains vins rouges.

COLORIMETRE, s.m. *Physique :* Appareil permettant la spécification d'une couleur. Son sens est parfois étendu aux "comparateurs de couleurs" (voir ce mot).

COLORIMETRIE, s.f. *Physique :* Science appliquée qui a pour but la spécification de la couleur au moyen des trois variables qui la constituent. (G. Durup).

COMMUN, adj. *Dég. vins :* Qualificatif péjoratif pour un vin sans caractère marqué, sans originalité.

COMPARATEUR, s.m. COMPARATEUR DE COULEURS : série d'étalons colorés auxquels peut être comparé un échantillon pour qualifier sa couleur.

COMPLET *Dég. vins :* Equilibré et harmonieux.

COMPLEXE, adj. Qualifie ce qui embrasse ou contient plusieurs idées, plusieurs éléments. SENSATION COMPLEXE - *Anal. sens. :* sensation qui relève de plusieurs modalités sensorielles.

CONE, s.m. CONE RETINIEN *Anatomie :* Cellule visuelle de la rétine assurant la vision photopique (ou diurne).

CONFUS, adj. *Dég. vins :* Qualificatif d'un vin fin dont les caractères originaux n'apparaissent pas avec netteté. Le caractère confus est souvent lié à des assemblages peu heureux de différentes cuvées.

CONSISTANCE (subst.) Ensemble des propriétés d'écoulement détectées par la stimulation des mécano-récepteurs et des récepteurs tactiles, en particulier de la région buccale, et variant avec la texture du produit (AFNOR).

CONSOMMATEUR, s.m. (subst.) Toute personne qui utilise un produit. *Anal. sens.* : désigne des sujets qui n'ont pas suivi d'apprentissage de l'analyse sensorielle, et que l'on consulte pour avoir, à partir d'un échantillonnage, une réponse qui représente (avec une probabilité plus ou moins grande selon le volume et le choix de l'échantillon), celle d'une population déterminée.

CONTRASTE, s.m. *Anal. sens.* : Opposition quantitative ou qualitative de deux stimulations dont l'une renforce la sensation engendrée par l'autre, tout au moins dans son interprétation subjective.

COORDONNEES, s.f. plur. *Dég. vins* : Pour imaginer et préciser les acceptions de certains termes du vocabulaire de la dégustation, il peut être procédé à leur inscription dans des cordonnées permettant de mesurer relativement des caractères de base. Leurs positions respectives donnent ainsi une idée de leur signification relative. COORDONNEES TRICHROMATIQUES *Colorimétrie* : rapport à leur somme de chacune des trois composantes trichromatiques d'une couleur.

CORPS, s.m. (subst.) Richesse de la flaveur ou impression de consistance donnée par un produit (AFNOR). *Dég. vins* : on dit d'un vin qu'il a du corps lorsqu'il est en même temps charpenté et charnu et chaud.

CORPUSCULE, s.m. CORPUSCULE DU TACT : Organe récepteur des sensations tactiles. Il en existe plusieurs types : C. de Vater-Pacini, C. de Meissner-Wagner, C. de Golgi-Mazzoni (ou de Krause), C. de Ruffini, C. de Dogiel.

CORSE, adj. *Dég. vins* : Qualificatif des vins ayant beaucoup de corps.

COULANT, adj. *Dég. vins* : Souple, peu corsé, moelleux et agréable.

COULEUR, s.f. 1) Sensation produite par la stimulation de la rétine par des ondes lumineuses de longueurs d'ondes variables. 2) Propriété des produits provoquant la sensation de couleur (AFNOR). COULEUR FONDAMENTALE : Chacune des trois "primaires" qui reconstituent une couleur déterminée pour l'observateur standard. *Dég. vins* : on distingue en général les vins blancs (de vert léger à jaune ambré), rosés (rouge ou rose faibles), et rouges (de rouge-violet à marron). La limite entre les deux dernières catégories est très imprécise.

COUMARINE, s.f. *Dég. vins* : Odeur spécifique, nuance olfactive végétale que l'on rencontre dans certains vins blancs.

COURT, adj. *Dég. vins* : Qui a une persistance aromatique faible, quantitativement disharmonique par rapport aux caractères perçus initialement.

COUVERT, adj. *Dég. vins* : Qui est chargé en couleur. Acception utilisée dans certaines régions

pour qualifier un vin fin édulcoré d'un vin plus coloré. Cette action modifie sensiblement l'ensemble de ses caractères organoleptiques.

CREOSOTE, s.f. *Dég. vins* : Odeur spécifique, parfois présente dans le vin à la suite de piquets traitements (bois) à la créosote dont les émanations peuvent être fixées sur la pruine des raisins. Témoin olfactif : créosote.

m-CRESOL, s.m. P Phénol à odeur animale et camphrée.

p-CRESOL, s.m. P Phénol à odeur voisine de celle du m-crésol.

CREUX, adj. *Dég. vins* : Disharmonie donnant une impression d'absence partielle de certaines sensations attendues au cours de l'examen à la bouche.

CRISTALLIN, adj. *Dég. vins* : Très brillant.

CRISTAUX, s.m. plur. *Dég. vins* : A la suite d'un refroidissement intense des cristaux (souvent nés de la combinaison d'acides et de bases du vin) sont visibles au fond de la bouteille ou des autres récipients qui contiennent le vin.

CROUPI, adj. *Dég. vins* : Odeur et goût spécifiques que l'on peut trouver dans certains vins élaborés ou conservés dans des récipients où on a accidentellement laissé croupir de l'eau après lavage.

CRU, adj. Terroir spécialisé dans la production d'un vin et dont le vin porte lui-même le nom. *Dég. vins* : qualificatif d'un vin jeune qui ne développe pas encore son bouquet et en général qui n'a pas encore subi de fermentation malolactique.

CUIR DE RUSSIE, *Dég. vins* : Odeur spécifique. Nuance olfactive de certains vins rouges.

CUIT, adj. *Dég. vins* : 1) Vin cuit. Vin doux obtenu à partir de jus de raisin concentré par évaporation à chaud. 2) Goût de cuit. Qualificatif d'acception équivoque qui, selon les auteurs, peut recouvrir seulement des résultats d'oxydation à chaud ou également des caramélisations.

CUIVRE, s.m. *Dég. vins* : Goût spécifique. Il peut être observé à un niveau intense dans les premiers centilitres de vin que l'on tire d'un récipient en cuivre dont on n'a pas usé depuis un certain temps. Il est alors accompagné d'une astringence désagréable.

CUVE, s.f. *Dég. vins* : Qualificatif correspondant à de mauvais goûts donnés par des défectuosités des cuves. CUVE CLOSE *œnol.* : désigne les vins efferverscents dont la deuxième fermentation, destinée à la production du gaz carbonique dont ils sont chargés, a été réalisée dans une cuve close.

CUVER, v.a. *œnol.* : En parlant du vin, séjourner dans la cuve en présence des matières solides de la vendange (avec ou sans la rafle), pendant une partie ou la totalité du temps de fermentation alcoolique, quelquefois au-delà. *Dég.*

vins : on dit qu'un vin est trop peu ou trop cuvé lorsqu'il présente un niveau d'astringence anormal correspondant habituellement à ces carences ou excès.

CUVEE, s.f. 1) Quantité de vin qui se fait à la fois dans une cuve et ensemble de ce vin qui peut ensuite être élevé dans plusieurs tonneaux différents. Pour les vins blancs élaborés en petits récipients : ensemble des vins contenus dans différents tonneaux qui proviennent d'une seule pressée ou de plusieurs pressées d'une seule vigne homogène. 2) *Syn.* cru. Le Comité d'agriculture de l'arrondissement de Beaune procéda, en 1861, au classement des grands vins de Bourgogne et le vignoble fut ainsi classé en plusieurs catégories et découpé en "premières cuvées", "deuxièmes" et "troisièmes" cuvées, selon la classe du vin que l'on y récoltait. 3) Assemblage de différents vins.

CYANIDOL, s.m. P Elément des matières colorantes des vins rouges.

CYLINDRAXE, s.m. *Syn. :* Axone.

D

DALTONISME, sm. *Psychophysiol. sens. :* Anomalie de la vision des couleurs (confusion du rouge et du vert), incluant la protanopie et la deuteranopie.

DEBOIRE, s.m. *Dég. vins :* Terme désuet pour désigner un arrière-goût désagréable.

DEBOURREMENT, s.m. : "explosion" du bourgeon au printemps, chassant la bourre (coton protecteur)

DECANOL-1, s.m. P Alcool supérieur à odeur désagréable : savon, herbe, punaise. *Syn. :* alcool décylique.

DECHARNE - adj. *Dég. vins :* Qui a perdu sa chair, amaigri, dépouillé de ses principales qualités originelles.

DECOLORE, adj. *Dég. vins :* Qui a perdu une partie de sa couleur

DECOMPOSE, part. pas. *Dég. vins :* Qui est très altéré et n'a plus les caractères du vin.

DECREPIT, adj. *Dég. vins :* Dont les caractères ont été fortement amenuisés par l'âge.

DEGOUT, s.m. *Dég. vins :* Terme utilisé anciennement dans l'acception "mauvais goût" et qui ne paraît plus être employé que dans le sens d'aversion, de répugnance pour quelque chose.

DEGUSTATEUR, s.m. (subst.) *Anal. sens. :* Sujet, sujet qualifié ou expert qui évalue les propriétés organoleptiques d'un produit alimentaire, principalement avec la bouche (AFNOR).

DEGUSTATION, s.f. (subst.) *Anal. sens. :* Evaluation sensorielle d'un produit alimentaire dans la bouche (AFNOR). La dégustation est une analyse sensorielle.

DELICAT, adj. *œnol. :* Vin de constitution mal équilibrée sujet à des maladies ou accidents. *Dég. vins :* Qui présente une grande souplesse, du moelleux, des parfums agréables, fins, suaves.

DELPHINIDOL, s.m. P Elément des matières colorantes des vins rouges.

DENATURE, adj. *Dég. vins :* Dont les caractères ont été gravement modifiés ou masqués par l'addition d'un autre vin ou de toute autre substance étrangère.

DENDRITE, s.f. *Anatomie :* Prolongement court et ramifié de la cellule nerveuse, à fonctionnement généralement centripète.

DENTELLE, s.f. *Dég. vins :* Terme employé pour qualifier des vins très délicats ayant une grande richesse aromatique s'exprimant tant à l'olfaction qu'à la gustation.

DEPOT, s.m. *œnol. :* Toutes matières solides qui précipitent. *Dég. vins :* Les dépôts en bouteilles peuvent être "secs", ils peuvent être présents sous forme de matière colorante plus ou moins fixée sur les parois de la bouteille. Ils peuvent être légers et se remettre facilement en suspension. Ils se traduisent alors par un trouble (caractère diffus) ou sous forme de "voltigeurs" ; éléments plus gros visibles à l'oeil nu.

DEPOUILLE, adj. et part. pas. *œnol. :* En matière de vin jeune : qui s'est séparé de ses matières en suspension, qui est parfaitement clair. *Dég. vins :* En matière de vin vieux : qui a perdu une partie de sa couleur en vieillissant.

DESCRIPTIF, adj. *Anal. sens. :* Qualifie une description des caractères organoleptiques, par opposition à notation qui implique plutôt une appréciation chiffrée.

DESEQUILIBRE, adj. *Dég. vins :* Qui ne présente pas un heureux équilibre entre ses principaux constituants.

DESSECHE, part. pas. *Dég. vins :* Qui a perdu son moelleux, sa rondeur ou sa chair.

DESSIN s.m. *Dég. vins :* Le langage des dégustateurs transposant en images les sensations complexes ressenties, exprime souvent le "dessin" des vins blancs et la "forme" des vins rouges.

DESSINE part. pas. *Dég. vins :* On dit d'un vin blanc qu'il est bien dessiné lorsqu'il présente à la bouche des caractères agréables nettement accusés.

DIACETYLE, sm. *Dég. vins :* Cétone typiquement aromatique du beurre que l'on trouve, semble-t-il d'une façon constante, dans les vins. Rankine, Fornachon et Bridson (1969) ont montré qu'elle jouait un rôle important dans les vins rouges, en améliorant la qualité par accentuation de la complexité du parfum. Sa proportion paraît être augmentée par la fermentation malolactique. Elle diminue au cours du vieillissement. *Syn. :* Butanedione, Diméthylglyoxal.

DOMAINE DES LAMBRAYS

PROPRIÉTAIRE A MOREY-St-DENIS

31, RUE BASSE
21220 MOREY-St-DENIS
CÔTE-D'OR, FRANCE

Tél.: 03 80 51 84 33
Fax: 03 80 51 81 97

DICHORHINIQUE, adj. ANALYSE DICHORHINIQUE : Olfaction comparative par l'une et l'autre narine.

DIFFERENCIATION, s.f. *Anal. sens.* : Perception de la différence. Synonyme pratique de discrimination, quoique certains psychophysiologistes fassent une différence quant aux niveaux des différences respectives auxquels s'appliqueraient ces deux termes, le second étant attaché à la des différences plus subtiles.

DILUTION, s.f. a) Action de diluer, c'est-à-dire de diminuer la concentration par adjonction d'un liquide appelé diluant. b) Résultat de cette opération. *Anal. sens.* : Méthode par dilution. La dilution (par l'eau en général) est une technique utilisée en analyse sensorielle. Elle peut servir à déterminer l'intensité d'un caractère par la recherche de la dilution correspondant au seuil de perception. Elle peut également, dans d'autres cas, révéler des caractères non perceptibles ou difficilement perceptibles dans le produit pur.

DISCRIMINATION, s.f. *Psychophysiol. sens.* : Différenciation qualitative et/ou quantitative entre deux ou plusieurs stimulus (AFNOR).

DYSCHROMATOPSIE n.f. (subst.) Anomalie de la vision des couleurs caractérisée par un écart sensible par rapport à la perception d'un observateur normalisé (AFNOR).

DISTINGUE adj. *Dég. vins* : Qui possède une odeur et un goût présentant des caractères agréables se distinguant nettement d'autres vins.

DORE, adj. *Dég. vins* : Qualificatif de couleur.

DORMANCE, s.f. : Période de repos végétatif de la vigne.

DOUCEATRE, adj. *Dég. vins* : Qui présente une saveur sucrée non équilibrée par les autres composants du goût.

DOUCEREUX, adj. *Dég. vins* : Légèrement douceâtre.

DOUCEUR, s.f. *Anal. sens.* : Qualité de ce qui est doux. *Dég. vins* : Qualité ou intensité de la saveur sucrée.

DOUCINE, s.f. *Dég. vins* : Terme bourguignon pour qualifier le goût peu agréable proche de l'amertume.

DOULEUR, s.f. *Psychophysiol. sens.* : Sensation affectivement pénible. Au niveau de la peau, on en distingue trois types : centralgie (piqûres), crousalgie (pincement), thermalgie ou causalgie (brûlure ou irritation chimique).

DOUX, adj. *Anal. sens.* : a) Qui donne des sensations agréables non exagérées, ni rude, ni astringent, ni amer, ni piquant, sans trop d'acidité, sans trop d'assaisonnement, etc. Par extension, agréable et sans violence. b) *syn.* : Sucré. Vins : réglementairement : c) le "vin doux" est un jus de raisin plus ou moins fermenté dont la totalité du sucre n'a pas encore été transformée en alcool. d) le "vin doux naturel" est un type de vin de degré alcoolique élevé, contenant une assez grande proportion de sucres naturels, produit et élaboré selon des conditions bien précises. Les vins semblables quant au type d'équilibre alcool-sucre mais ne répondant pas à ces conditions réglementaires sont dénommés "vins de liqueur". e) qualificatif des vins mousseux qui comportent une assez forte proportion de sucre (échelle croissante : brut, extra-sec, sec, demi-sec, demi-doux, doux). *Dég. vins* : acception généralement conforme à b) ci-dessus ; employé en général à la place de "sucré", qui est plutôt utilisé dans l'acception : additionné de sucre.

DRIMYOSMIQUE, adj. SENSIBILITE DRIMYOSMIQUE : Sensibilité algique ou subalgique de la région naso-pharyngée à des vapeurs ou gaz irritants. L'âcreté relève de la sensibilité drimyosmique.

DROIT, adj. *Dég. vins* : Qui présente des caractères nets, sans odeur ou goût étrangers ou anormaux. *Syn.* : net, franc de goût.

DULCIGENE, adj. *Anal. sens.* : Qualifie une combinaison chimique dont la présence dans un corps complexe confère à ce dernier une saveur sucrée.

DUR, adj. *Dég. vins* : Qui, sans être déséquilibré, présente une dominance d'acidité et d'astringence.

DYSCHROMATOPSIE, s.f. *Psychophysiol. sens.* : Ensemble des anomalies de la vision des couleurs, englobant le dichromatisme et les trichromatismes anormaux.

E

ECART, s.m. *Statist.* : L'écart entre deux valeurs est la valeur absolue de la différence entre ces deux valeurs (AFNOR). ECART MOYEN : L'écart moyen par rapport à une origine est la moyenne arithmétique des écarts entre les valeurs et cette origine (AFNOR). ECART TYPE : Racine carrée de la variance (AFNOR). Racine carrée de la somme des carrés des écarts individuels à la moyenne.

ECHANTILLON, s.m. *Statist.* : Groupe d'individus prélevé dans une population pouvant être appelée population-mère et qui sert à fournir l'information nécessaire pour estimer un caractère de la population (AFNOR). *Anal. sens.* : dans les matières continues telles que les boissons, l'échantillon est la totalité de la quantité prélevée. Si ce prélèvement est réalisé en plusieurs récipients, la partie de l'échantillon contenue dans chaque récipient est un individu qui prend alors le nom d'unité élémentaire d'échantillonnage". ECHANTILLON POUR ESSAI : échantillon d'un produit soumis à l'essai (AFNOR).

ECHAUD, s.m. *Dég. vins :* Le "goût d'échaud", selon certains auteurs, se traduirait par un caractère "légèrement piqué" trouvé sur des vins rouges qui, au cours de la cuvaison, auraient subi un début d'acescence développé sur le chapeau de marc.

ECHAUFFE, part. pas. *Dég. vins :* Terme qui correspondrait au goût d'échaud.

ECHELLE, s.f. (subst.) Continuum divisé en valeurs successives pouvant être graphiques, descriptives ou numériques, utilisé pour reporter le degré d'un caractère (AFNOR). ECHELLE ORDINALE - *Anal. sens. :* Echelle où les points de repère forment une progression continue ou établie à l'avance. ECHELLE CARDINALE - *Anal. sens. :* Echelle dans laquelle les symboles-chiffres représentent les grandeurs attribuées à chaque niveau à partir d'un étalon ou d'un terme moyen. ECHELLE HEDONIQUE - *Anal. sens. :* Echelle exprimant le degré dans le caractère plaisant ou déplaisant (AFNOR). ECHELLE BIPOLAIRE - *Anal. sens. :* Echelle ayant des descriptions opposées aux deux extrémités (par exemple, une échelle de texture allant du dur au mou). (AFNOR). ECHELLE UNIPOLAIRE - *Anal. sens. :* Echelle ayant un seul descripteur à l'une des extrémités (AFNOR). ECHELLE D'INTERVALLES - *Anal. sens. :* Echelle où les nombres sont choisis de manière que des intervalles numériques égaux soient considérés correspondre à des différences de perception sensorielle égales (AFNOR). ECHELLE DE RAPPORT- *Anal. sens. :* Echelle où les nombres sont choisis de manière que des rapports numériques égaux soient considérés correspondre à des rapports de perception sensorielle égaux (AFNOR).

EDULCORANT, s.m. Corps chimique autre que des sucres et présentant une saveur sucrée : saccharine, cyclamates, etc.

EDULCORE, part. pas. *œnol. :* Auquel on a ajouté du sucre ou un liquide sucré (par ex. moût) et qui a été conservé dans des conditions telles que ce sucre ne fermente pas.

EFFERVESCENT, adj. *Dég. vins :* Qui présente un dégagement gazeux.

EFFET DE CONTRASTE, Augmentation de la réponse aux différences entre deux stimulis simultanés ou consécutifs (AFNOR).

EFFET DE CONVERGENCE, Diminution de la réponse aux différences entre deux stimulis simultanés ou consécutifs (AFNOR).

EGLANTINE, s.f. *Dég. vins :* Odeur spécifique. Nuance olfactive rencontrée dans certains vins.

ELEGANT, adj. *Dég. vins :* Qualificatif peu précis de vins harmonieux, distingués, fins.

ELEMENT DE REFERENCE, Valeur choisie (d'une ou plusieurs propriétés ou d'un produit) par rapport à laquelle on évalue des échantillons.

EMPYREUMATIQUE, adj. *Anal. sens. :* Dans le voc. tech. C.N.E.R.N.A. il y a la même acception pour "brûlé" et "empyreumatique". *Dég. vins :* dans le langage habituel des dégustateurs de vins et alcools, le terme empyreumatique correspond bien à la définition donnée par Littré de l'empyreume : "Goût et odeur particulière et désagréable que contractent les substances animales et végétales soumises à la distillation", alors que "brûlé" correspond à l'"odeur d'une matière végétale partiellement carbonisée" (définition du C.N.E.R.N.A.).

ENTRAINEMENT, s.m. *Psychophysiol. sens. :* Action favorable de l'exercice, se manifestant dans la répétition d'une activité par une facilité plus grande et un rendement accru - en dehors des progrès relevant de l'apprentissage pour les activités complexes -, l'action favorable dans une activité continue, se trouvant combattue par l'effet de la fatigue. Distinct de la mise en train (Pieron).

ENVELOPPE, part. pas. *Dég. vins :* Qualificatif de vins riches en alcool et en glycérine dans l'équilibre desquels le moelleux est dominant.

EPAIS, adj. *Dég. vins :* Qualificatif péjoratif de vins riches en couleur et en extrait sec qui donnent aussi bien à l'oeil qu'à la bouche une sensation figurée d'épaisseur.

EPANOUI, adj. *Dég. vins :* Qui a atteint sa plénitude.

EPICE, adj. *Anal. sens. : Syn. :* Piquant, poivré : le caractère olfactif est associé ou non suivant le cas (C.N.E.R.N.A.).

EPREUVE, s.f. *Anal. sens. :* Action d'éprouver, opération par laquelle on juge de la qualité d'une chose. L'un des termes possibles (avec "analyse" et "essai" pour traduire le mot anglais "test" que beaucoup d'auteurs continuent à utiliser en français).

EQUILIBRE, adj. *Anal. sens. :* Qualifie un aliment ou une boisson dont les composantes du goût sont jugées comme étant dans d'heureuses proportions. *Dég. vins :* Le terme équilibré s'applique, en général, en relation avec les éléments de base du goût : acidité, moelleux, astringence, alcool, acidité volatile. Pour désigner un ensemble plus grand des nuances, c'est le terme "harmonieux" qui est utilisé.

ERREUR, s.f. *Anal. sens. :* Faute ou méprise dans un examen ou une appréciation. ERREUR (D'EVALUATION) : Différence entre la valeur observée (ou l'évaluation) et la valeur vraie (AFNOR). ERREUR FORTUITE ou ERREUR ALEATOIRE : Erreurs imprévisibles dont la moyenne est zéro (AFNOR). ERREUR-TYPE - *Statist. :* Ecart-type d'une population composée d'erreurs accidentelles.

ESSAI, s.m. *Anal. sens. :* Opération faite en vue de connaître un caractère (AFNOR). ESSAI PAR DIFFERENCE : Toute méthode d'essai impliquant la comparaison d'échantillons (AFNOR).

ESSAI DE PREFERENCE : Essai permettant d'évaluer la préférence entre deux ou plusieurs échantillons (AFNOR). ESSAI DE COMPARAISON PAR PAIRES : Méthode dans laquelle des stimuli sont présentés par paires afin de les comparer sur la base de quelques propriétés bien définies (AFNOR). ESSAI TRIANGULAIRE : Méthode de différenciation comprenant trois échantillons codés présentés simultanément, deux d'entre eux étant identiques. Le sujet est prié d'indiquer l'échantillon qu'il perçoit différent (AFNOR). ESSAI DUO-TRIO : Méthode de différenciation dans laquelle l'échantillon témoin est présenté en premier. Il est suivi de deux échantillons dont l'un est différent de l'échantillon témoin et que le sujet est prié d'identifier (AFNOR). ESSAI "2 sur 5" : Méthode d'essai de différenciation comprenant cinq échantillons codés, dont deux sont d'une sorte et trois d'une autre. Le sujet est prié de les grouper les en deux jeux de deux et trois échantillons de perception identique (AFNOR) ESSAI "A" OU NON "A" : Essai dans lequel une série d'échantillons pouvant être des échantillons "A" ou non, est présentée au sujet, après que celui-ci a appris à reconnaître l'échantillon "A". Le sujet est ensuite prié d'indiquer si les échantillons sont "A" ou non "A" (AFNOR).

ESTER, n.m. Corps résultant de l'action d'un acide sur un alcool avec élimination d'eau.

ESTHESIONE (ou ESTHESIONEURONE), s.m. *Anatomie* : Neurone récepteur primaire de l'écorce cérébrale.

ESTIMATION, s.f. *Anal. sens.* : Jugement quantitatif. ESTIMATION DE LA GRANDEUR : Méthode consistant à attribuer des valeurs d'intensité à une propriété, de sorte que le rapport entre la valeur attribuée et la perception du sujet soit le même (AFNOR).

ETALON, s.m. *Anal. sens.* : Unité de mesure quantitative. Modèle ou série de modèles servant par comparaison à l'appréciation quantitative d'un ou plusieurs caractères.

ETENDUE, s.f. *Statist.* : Ecart entre la plus grande et la plus petite des valeurs observées.

ETHANAL, s.m. Aldéhyde du vin qui, quand il est en proportion élevée, est, sinon l'unique, au moins l'un des principaux facteurs du caractère d'évent. *Syn.* : Acétaldéhyde, aldéhyde éthylique.

ETHANOL, s.m. Alcool principal du vin, issu de la fermentation des sucres des raisins. Il peut être présent naturellement dans des proportions de l'ordre de 8 à 17 % en volume. *Dég. vins* : L'éthanol présente une odeur spécifique qui participe au caractère vineux habituel, une saveur très légèrement sucrée et il a une action pseudo-thermique de chaleur sur les muqueuses. *Syn.* : Alcool éthylique.

ETHERE, adj. *Anal. sens.* : Qualifie une famille d'odeurs dont le type est l'oxyde diéthylique.

ETHYL-4 GAIACOL, s.m. P Phénol à odeur de clou de girofle.

ETHYL-4 PHENOL, s.m. P Phénol à odeur désagréable, légèrement iodée. *Syn.* : p-Ethylphénol.

ETOFFE, adj. *Dég. vins* : Equilibré avec un niveau intense de ses différents caractères.

ETRANGER, adj. *Dég. vins* : Odeur étrangère, goût étranger. Caractère inhabituel du vin, provoqué par la pollution par des substances ou des produits étrangers au vin (voir "anormal").

EVALUATION, s.f. *Anal. sens.* : Jugement quantitatif. *Syn.* : Estimation. EVALUATION SENSORIELLE : Mise en œuvre de techniques qui utilisent les sens humains (audition, goût, olfaction, somesthésie, vision) pour mesurer la qualité sensorielle ou la qualité hédonique d'un produit (AFNOR). EVALUATION SEPAREE : Evaluation d'un ou plusieurs stimuli sans comparaison directe (AFNOR). EVALUATION COMPARATIVE : Comparaison de stimuli présentés en même temps (AFNOR).

EVANOUI, adj. *Dég. vins* : Certains auteurs utilisent ce terme pour qualifier l'état des vins qui ont subi la maladie de la fleur et qui ont ainsi perdu leurs principales qualités olfactives.

EVAPORE, adj. *Dég. vins* : Utilisé par certains auteurs dans la même acception que le terme "évanoui".

EVENT, s.m. *Dég. vins* : Le goût d'évent est celui qui caractérise des vins ayant subi une assez forte oxydation (avec ou sans développement de la fleur selon les auteurs). Il correspond à une diminution très sensible des caractères olfactifs originels et à la présence de composants odorants nouveaux, en particulier de l'éthanal.

EVENTE, adj. *Dég. vins* : Qui présente le goût d'évent.

EXAMEN, s.m. *Anal. sens.* : Synonyme d'analyse, anciennement utilisé en particulier avec le qualificatif organoleptique pour désigner l'analyse sensorielle. Par un accord fait à Londres, en 1968, au sein de l'I.S.o., il est conseillé de remplacer la dénomination "examen organoleptique" par "analyse sensorielle". Employé seul, ce terme conserve son sens général : action d'examiner. *Dég. vins* : en technique : sens général. En formalisme de comparaison : a le même sens que lorsqu'il est employé dans l'enseignement par opposition à concours. C'est une comparaison à un témoin, alors que le concours est une comparaison réciproque et multiple de différents vins entre eux.

EXCITABILITE, s.f. *Psychophysiol. sens.* : Propriété que possèdent certains organes, tissus ou parties de tissus, de réagir de façon transitoire caractéristique à certains stimuli externes ou internes.

Découvrez

Le magazine de l'art de vivre gourmand

SAVEURS

Dans chaque numéro : 140 pages de plaisirs gourmands, plus de 60 recettes inédites et faciles, des découvertes de vignobles, des voyages...

EXCITABLE, adj. SYSTEME EXCITABLE : *Psychophysiol. sens :* Système organique capable de répondre à un stimulus.

EXCITATION, s.f. *Psychophysiol. sens. :* Déclenchement de l'activité fonctionnelle d'un système excitable. Ensemble des modifications locales qui suivent la réception d'un stimulus extérieur.

EXHALER, v.a. Dégager des odeurs.

EXPERT, adj. Au sens large du terme, personne qui, par ses connaissances et son expérience, a la compétence requise pour fournir un avis dans les domaines sur lesquels elle est consultée. En analyse sensorielle, il y a deux types d'experts, le "sujet expert" et le "sujet expert spécialisé" (AFNOR). SUJET EXPERT : Sujet qualifié qui a une excellente acuité sensorielle, qui est entraîné à l'utilisation des méthodes d'analyse sensorielle et qui est capable d'effectuer de façon fiable l'analyse sensorielle de divers produits (AFNOR). SUJET EXPERT SPECIALISE : Sujet expert qui a une expérience complémentaire de spécialiste du et/ou des procédés de fabrication et/ou de la commercialisation, et qui est capable de réaliser l'analyse sensorielle du produit et d'évaluer ou de prévoir les effets inhérents aux variations dues aux matières premières, recettes, conditions de fabrication, de stockage, vieillissement, etc. (AFNOR).

EXTEROCEPTEUR, s.m. *Psychophysiol. sens. :* Récepteur sensoriel excitable par des stimuli externes.

EXTEROCEPTIF, adj. *Psychophysiol. sens. :* Relatif aux extérocepteurs, aux stimuli externes.

EXTRA-SEC (ou EXTRA-DRY), Vins mousseux : type dans lequel la liqueur d'expédition ne comporte que très peu de sucre et ne communique pas une saveur sucrée au vin.

F

FACTEUR DE QUALITE ; CRITERE DE QUALITE : Elément choisi parmi d'autres pour évaluer la qualité globale d'un produit (AFNOR).

FADE, adj. Qualifie un produit ayant peu de flaveur (AFNOR).

FAIBLE, adj. *Dég. vins :* Qualificatif d'un vin de degré alcoolique peu élevé, de goût et de richesse aromatique peu intenses.

FAIT, part. pas. et adj. *Dég. vins :* Parvenu à sa plénitude, au maximum de ses qualités. *Syn :* Epanoui.

FARNESOL, s.m. P Alcool terpénique d'odeur agréable. *Syn. :* Triméthyl-3,7,1 1 decatriène-2,6,lo ol-l.

FATIGUE, s.f. FATIGUE SENSORIELLE : Forme de l'adaptation sensorielle correspondant à une diminution d'acuité (AFNOR)

FATIGUE, adj. *Dég. vins :* Des actions mécaniques, physiques ou physicochimiques peuvent diminuer provisoirement les caractères organoleptiques du vin. On dit alors qu'il est "fatigué". Après la mise en bouteilles, le vin est souvent fatigué pendant un certain temps ; Il fait sa "maladie de bouteille".

FAUVE, s.m. *Dég. vins :* Terme peu précis employé parfois pour désigner certaines odeurs de type animal.

FECALOIDE, adj. *Anal. sens. :* Rappelant l'odeur des matières fécales. *Syn :* puant.

FEMININ, adj. *Dég. vins :* Qualificatif de vins souples où le moelleux domine l'astringence, équilibre accompagné de notes "douces" non violentes d'odeur et d'arômes.

FERME, adj. *Dég. vins :* Vin équilibré dans lequel on perçoit une légère dominante d'astringence et d'acidité, moins accusée que dans le vin dur.

FERMENT, s.m. *Dég. vins :* Certains auteurs appellent goût de ferment le caractère lié à la saturation en gaz carbonique. *Syn. :* Goût de fermentation.

FERMETE, s.f. *Dég. vins :* Qualité du vin ferme.

FERMENTATION GLYCERO-PYRUVIQUE, Phase de la fermentation alcoolique.

FETIDE, adj. *Anal. sens. :* Qualifie différentes odeurs dont le caractère commun est d'être très désagréables.

FEU, s.m. *Dég. vins :* 1) Terme utilisé dans certaines régions en rapport avec l'intensité de la sensation pseudo-thermique provoquée par l'alcool. Un vin ardent est celui qui a du feu. 2) *Syn. :* "goût de chaudière" pour certains auteurs. 3) *Syn. :* "légèrement piqué" pour d'autres auteurs.

FEUILLE, s.f. Unité de temps correspondant à un an et utilisée couramment pour parler de l'âge des vignes. La feuille correspond au cycle de végétation et de repos et ses limites ne coïncident pas avec l'année du calendrier.

FEUILLES DE VIOLETTE, *Dég. vins :* Odeur spécifique dont le terme pris dans le vocabulaire des parfumeurs est utilisé par certains dégustateurs : son témoin olfactif possible serait le nonadiénal.

FIABILITE, s.m. Aptitude d'un dispositif à accomplir une fonction requise dans des conditions données et pendant une durée déterminée.

FICHE, s.f. FICHE DE DEGUSTATION *Dég. vins :* Fiche comportant certaines caractéristiques du produit présenté : identification symbolique, composition chimique, etc. ainsi qu'une grille spécialement ordonnée pour que le dégustateur y inscrive ses notes ou appréciations.

FIDELITE, s.f. *Statist.*: Etroitesse de l'accord entre les valeurs expérimentales obtenues au cours d'un ensemble d'expériences faites dans des conditions déterminées. L'erreur-type est un critère de fidélité (AFNOR). *Anal. sens.*: Qualité d'une méthode ou d'un sujet dont les résultats présentent une erreur-type faible.

FIEVREUX, adj. *Dég. vins*: Qualificatif d'un vin légèrement piqué (ordre de grandeur : 0,70 g par 1. d'acidité volatile exprimée en SO4 H2).

FIGUE, adj. En matière de raisin, *Syn.*: Passerillé. *Dég. vins*: Utilisé parfois pour qualifier des vins issus de raisins passerillés.

FIGUE SECHE, *Dég. vins*: Odeur spécifique. Nuance olfactive fréquente dans certains vins doux des régions méditerranéennes.

FILANT, adj. *Dég. vins*: Se dit du vin qui, atteint de la maladie de la graisse, a une apparence onctueuse, coule comme de l'huile.

FILM, s.m. *Dég. vins*: Mince dépôt sur la paroi d'une bouteille.

FILTRE s.m. *Dég. vins*: Goût communiqué au vin par un filtre dont la préparation a été défectueuse. Peut être très varié : papier, toile, etc.

FIN, adj. 1) Génériquement le qualificatif fin s'applique à tous les vins dépassant un certain niveau de qualité. Dans le langage courant, on distingue les vins fins des vins ordinaires, la limite entre ces deux classes étant très imprécise. 2) Au cours de la dégustation, le qualificatif fin est en général appliqué pour traduire des qualités de classe élevée, de bouquet très agréable, sans qu'il y ait nécessairement le corps, la tenue, la charpente du même niveau.

FIN, s.f. FIN DE BOUCHE *Dég. vins*: Ensemble des sensations perçues après la période de persistance aromatique intense qui suit l'expulsion du vin de la bouche. Un vin qui a une bonne fin est celui qui ne laisse que des sensations agréables dans la bouche après la dégustation.

FINIR, v.a. *Dég. vins*: FINIR BIEN, FINIR MAL : Provoquer en fin de bouche des sensations agréables, désagréables. FINIR COURT : Présenter une persistance aromatique très faible, en disharmonie avec la qualité et l'intensité des sensations perçues pendant la dégustation.

FLAIR, s.m. 1) Vulgairement : odorat avec implication d'une grande acuité olfactive.

FLAIRER, v.a. *Anal. sens.*: Appliquer le sens de l'odorat à des stimuli apportés par voie nasale directe. Alors que dans le sens commun, ce verbe ne s'applique qu'aux actions intentionnelles faites avec attention, son sens en analyse sensorielle est beaucoup plus large et recouvre toutes les actions volontaires ou non de perception olfactive par voie nasale directe. Il faut bien le distinguer de "fleurer", qui cor-

respond à l'exhalaison de l'odeur. L'usage de ces deux verbes doit faire disparaître le terme "sentir", qui manque de précision.

FLAVEUR, s.f. Ensemble complexe des sensations olfactives, gustatives et trigéminales perçues au cours de la dégustation. La flaveur peut être influencée par des impressions tactiles, thermiques, algiques et/ou kinesthésiques (AFNOR).

FLAVEUR ATYPIQUE, Flaveur non caractéristique associée généralement à une détérioration ou transformation du produit (AFNOR). FLAVEUR OU ODEUR PARASITE : Flaveur ou odeur étrangère au produit (AFNOR).

FLEURER, v.n. *Anal. sens.*: Exhaler une odeur.

FLEURI, adj. *œnol.*: Qui présente un développement de la maladie de la fleur. *Dég. vins*: En parlant du bouquet : qui a un caractère floral.

FLEUR, s.f. *œnol.*: Maladie due à des micro-organismes aérobies qui forment un voile à la surface du vin. La fleur modifie considérablement les caractères du vin. *Dég. vins*: Parfum de fleurs, bouquet de fleurs, tout en fleurs : expressions pour indiquer le caractère floral du parfum du vin. FLEUR DE VIGNE : Odeur spécifique, nuance olfactive que l'on peut trouver dans certains vins.

FLOCONNEUX, adj. *Dég. vins*: Qualificatif d'un trouble qui a l'apparence de flocons.

FLORAL, adj. *Parfumerie*: Série d'odeurs comportant de nombreuses notes : rose, jasminée, jacinthée, liliacée, fleur d'oranger, tubéreusée, résédacée, violette, oeillet (AFNOR). *Anal. sens.*: Famille d'odeurs très variées. Par ex.: Alcool phényléthylique, Linalol, á-ionone, etc. *Dég. vins*: Terme souvent employé pour indiquer une composante olfactive rappelant des fleurs que l'on ne peut préciser. Les puligny-montrachet jeunes ont en général une odeur florale fort agréable.

FLOU, adj. *Dég. vins*: Qui n'est pas parfaitement limpide. En matière de turbidité, il a été proposé l'échelle croissante : limpide, flou, louche, trouble, opalescent (C.N.E.R.N.A.).

FLUX, s.m. FLUX LUMINEUX - *Physiologie*: Grandeur photométrique exprimant le débit de la lumière. Unité : le lumen (lm).

FOIN COUPE, s.m. Odeur spécifique. Terme repris du vocabulaire des parfumeurs. Nuance olfactive que l'on trouve dans certains vins. Un témoin olfactif approché en serait la dihydrocoumarine. Serait à distinguer de la note odorante "herbe fraîche", dont le témoin olfactif se trouverait dans la propylacroléine (Guillot).

FONDU, adj. *Dég. vins*: Qui est très harmonieux et souple.

FORCE, s.f. *Dég. vins*: Qualité et intensité de caractères dus à la présence d'alcool.

FORCE DE CUVE, *Dég. vins*: Parlant de vin

rouges : qui ont cuvé trop longtemps et présentent les caractéristiques correspondant à cet excès : beaucoup d'astringence, goût de grappe, etc.

FORMIATE D'ETHYLE, P Ester à faible odeur amylique, fruitée.

FORT , adj. *Dég. vins :* Qui présente beaucoup de force, dont le caractère alcoolique est fortement apparent au goût. Couleur forte : couleur intense, foncée.

FOUGERE, s.f. *Dég. vins :* Odeur spécifique. Terme repris du vocabulaire des parfumeurs, nuance olfactive de certains vins blancs dont l'un des témoins olfactifs proposés serait le phénylacétonitrile.

FOVEA, s.f. *Anatomie :* Petite fossette située à la partie centrale de la rétine et comportant en son centre de très nombreux cônes.

FOXE, adj. *Dég. vins :* Odeur et arôme spécifiques très particuliers que l'on trouve dans les produits de la plupart des variétés de *Vitis labrusca* et dans certains de ses hybrides. Caractère considéré comme désagréable par la plupart des consommateurs, il est apprécié par certaines populations (est des U.S.A. et anciennement certaines régions de France où ces cépages étaient cultivés). Témoin olfactif : anthranilate de méthyle en solution à plus de 1 % dans l'alcool éthylique à 100°.

FRAGRANGE, s.f. Odeur agréable.

FRAGRANT, adj. *Anal. sens. :* Caractère d'une odeur douce et agréable du type des odeurs florales (C.N.E.R.N.A.).

FRAÎCHEUR, s.f. *Dég. vins :* Qualité d'un vin frais. La fraîcheur d'un vin est directement proportionnelle à l'intensité de la saveur acide et inversement proportionnelle à l'intensité du caractère alcoolique d'une part, à celle de la sucrosité d'autre part. Lorsque la saveur acide est très dominante, c'est le terme de "verdeur" qui remplace celui de fraîcheur.

FRAIS, adj. *Dég. vins :* Vin bien équilibré mais à légère dominante acide et dont le caractère alcoolique est peu accusé (sensation pseudothermique faible).

FRAISE s.f. *Dég. vins :* Odeur spécifique. Nuance olfactive que l'on rencontre dans certains vins rouges jeunes.

FRAMBOISE, s.f. *Dég. vins :* Odeur spécifique. Nuance olfactive que l'on rencontre dans certains vins rouges jeunes.

FRANC, adj. *Dég. vins :* Franc ou franc de goût : qui ne présente aucune odeur ni aucun goût anormal ou étranger. Couleur franche : couleur nette, d'une assez grande pureté.

FRAPPER, v.a. Mettre dans un seau de glace pour refroidir. On frappe souvent trop les champagnes ; ils ne devraient jamais être refroidis au-dessous de 6-8°C.

FRELATE, adj. Altéré, dénaturé, modifié volontairement par addition de substances non autorisées par la loi.

FRIAND, adj. *Dég. vins :* Qualificatif imprécis qui paraît correspondre à des caractères de fraîcheur, d'agrément, de délicatesse, d'une certaine jeunesse.

FROID, adj. *Dég. vins :* Par opposition à chaud, ce terme qualifie le caractère de vins de degré alcoolique faible, ne donnant pas de sensation pseudo-thermique nette, ceci sans qu'interviennent les notions d'équilibre avec l'intensité de la saveur acide, auquel cas il est employé les qualificatifs de frais, vert, etc.

FRUIT, s.m. (FRUITE, adj.) *Dég. vins :* On dit qu'un vin est fruité ou qu'il a du fruit lorsqu'il présente à l'odeur et au goût des caractères rappelant ceux des fruits. Certains vins gardent leur fruit très longtemps. Les Beaujolais de l'année sont parmi les vins les plus fruités.

FUME, adj. *Anal. sens. :* Qualificatif de types d'odeurs appliqué à des produits alimentaires fumés.

FUMEE, s.f. *Dég. vins :* L'odeur et le goût de fumée peuvent être communiqués aux raisins ou aux vins à partir de sources utilisant des combustibles très variés. Aussi ce terme recouvre-t-il dans la littérature des caractères très divers qui ne paraissent avoir en commun que l'origine de la pollution, provenant d'une combustion incomplète.

FUMET, s.m. *Anal. sens. :* Exhalaison agréable d'un aliment ou d'une boisson. *Dég. vins :* Le terme fumet qui s'appliquait autrefois au vin paraît être tombé en désuétude pour cette boisson. Il est remplacé par le mot bouquet qui a un sens plus général : odeur et arôme, alors que fumet ne paraît correspondre qu'à l'odeur seule.

FUMEUX, adj. *Dég. vins :* Terme désuet qui qualifiait semble-t-il des vins capiteux, qui montent à la tête.

FUT, s.m. (ou FUTAILLE, s.f.) *Dég. vins :* Le goût de fût est un terme équivoque qui, selon les auteurs, recouvre tantôt le goût de bois sain (boisé, goût de chêne), tantôt des goûts de bois défectueux (bois moisi, bois sec, etc.).

G

GARDE, s.f. VIN DE GARDE : Vin qui n'acquiert toutes ses qualités qu'après un certain temps de vieillissement, débutant en général par un élevage en tonneau pendant 1 à 2 ans et se poursuivant en bouteilles plus ou moins longtemps selon le type et la classe du vin. On dit aussi vin de bouteille par opposition à vin de carafe. Les grands crus de Bordeaux et de Bourgogne sont des vins de garde.

GAZEIFIE, part. pas. *œnol.:* Vin rendu effervescent par addition directe de gaz carbonique.

GELE, part. pas. *Dég. vins :* Terme utilisé par certains auteurs pour qualifier le caractère spécial (goût de "rôti" et de raisin figué) contracté par des vins soumis au gel. L'exposition au froid était autrefois une pratique assez courante dans certaines régions septentrionales où, par séparation à un moment convenable des deux phases liquide et solide, on réalisait ainsi une concentration partielle du vin et une diminution de l'acidité par précipitation de l'acide tartrique.

GENEREUX, adj. *Dég. vins :* Qualificatif d'un vin riche en alcool.

GERANIUM, s.m. *Dég. vins :* Odeur spécifique des géraniums d'ornement (pélargonium sp.) dont on retrouve la nuance olfactive dans certains vins ayant subi une addition d'acide sorbique.

GIROFLE, s.m. *Anal. sens. :* L'odeur de girofle est bien caractérisée par celle du clou de girofle, et à un degré moindre de l'oeillet ; témoin : Eugénol ou Vynil-4 gaïacol.

GLOU, adj. *Dég. vins :* Terme local utilisé en Belgique pour qualifier un vin souple, moelleux, fin et agréable.

GLUTAMATE DE SODIUM, s.m. P : Exhausteur de goût, utilisé dans l'industrie agroalimentaire. Témoin de l'umami.

GLYCEROL, s.m. P Trialcool présent en assez forte proportion (plusieurs grammes par litre) dans les vins. Il a une saveur sucrée et agit surtout par son caractère onctueux.

GOUDRON, s.m. *Dég. vins :* Odeur spécifique. Nuance olfactive que l'on rencontre (à un niveau faible et avec un caractère agréable) dans certains vins rouges.

GOULEYANT, adj. *Dég. vins :* Qui se boit facilement.

GOÛT, s.m. *Psychophysiol. sens. :* 1) Sensibilité chimique extéroceptive dont les organes récepteurs ont leur siège dans les papilles de la langue. 2) syn. : Saveur (AFNOR). 3) S'appliquant à une chose : état affectif, recherche hédonique ou esthétique. *Anal. sens. :* 1) Sensations perçues par l'organe gustatif lorsqu'il est stimulé par certaines substances solubles (AFNOR). 2) Sens du goût (AFNOR). 3) Propriétés des produits qui provoquent les sensations gustatives (AFNOR). NOTE : a) Le terme "goût" ne doit pad être utilisé pour désigner l'ensemble des sensations gustatives, olfactives et trigéminales qui sont désignées sous le terme "flaveur". b) Si dans le langage courant, ce terme est utilisé dans ce sens, il doit toujours être accompagné d'un qualificatif, par exemple, goût de moisi, goût de framboise, goût de buchon.

GOÛTER, v.a. *Anal. sens. :* Syn. : "Déguster".

GOUTTE, s.f. VIN DE GOUTTE : *œnol. :* Dans la vinification en rouge, vin qui s'écoule directement de la cuve au moment de la décuvason. Le marc imprégné de vin que l'on retire ensuite est passé sur un pressoir et donne le vin de presse. Le vin de goutte est plus souple que le vin de presse.

GRAILLON, s.m. *Dég. vins :* Odeur et goût specifiques (matières grasses plus ou moins brûlées) signalés par certains auteurs dans des eaux-de-vie obtenues avec des alambics mal nettoyés.

GRAIN, s.m. *Dég. vins :* GOUT DE GRAIN, AVOIR DU GRAIN : Qualificatifs imprécis et équivoques qui, selon les régions et les auteurs, recouvrent des caractères soit agréables (avodu grain = haute qualité), soit désagréables (goût de grain = résultant d'un excès de presurage).

GRAISSE, s.f. *œnol. :* Maladie qui rend le vin plat, fade et de consistance huileuse.

GRAND, adj. *Dég. vins :* GRAND VIN : Vin d'une classe élevée, qui présente une importante persistance aromatique intense.

GRAPPE s.f. GOUT DE GRAPPE : *Dég. vins :* Caractère ligneux, herbeux, âpre, provenant en général d'une trop longue cuvaison. On dit aussi "goût de rafle" ou "goût de râpe".

GRAS, adj. *Dég. vins :* Souple, agréable, moelleux, presque onctueux.

GRAVELLE, s.f. *Dég. vins :* Dépôt de cristaux de tartre ou d'acide tartrique.

GRÊLE, s.f. GOUT DE GRÊLE : Odeur et goût caractéristiques que l'on trouve dans certains vins de vendanges grêlées.

GRIOTTE, s.f. *Dég. vins :* Odeur spécifique. Nuance olfactive que l'on rencontre dans certains vins rouges.

GRIS, adj. VIN GRIS : *œnol. :* Vin rosé obtenu de raisins rouges par pressurage avant fermentation.

GROS, adj. *Dég. vins :* Qualificatif imprécis d'un vin lourd, épais, commun.

GROSSIER, adj. *Dég. vins :* Qui manque de finesse, qui est de faible qualité et sans agrément.

GRUMER, terme bourguignon qui qualifie l'action de déguster (la GRUME est aussi le grain de raisin).

GUEUSI-ESTHESIMETRE, s.m. *Psychophysiol. sens. :* Collection de solutions sapides destinées à la mesure de la sensibilité gustative.

GUST, s.m. Unité subjective d'intensité sapide dans une échelle générale unifiée, valable pour les quatre saveurs (BeebeCenter et Waddell, 1948). La correspondance objective de l'unité est celle d'une solution de saccharose de 1 %.

GUSTATIF, adj. *Anatomie :* Qui se rapporte au sens du goût (AFNOR). *Anal. sens. :* Qualifie la propriété d'un produit d'éveiller une ou plusieurs des quatre saveurs : sucrée, salée, acide, amère (AFNOR). Qualifie d'une façon générale tout ce qui se rapporte aux saveurs et à leur perception.

GUSTATION, s.f. *Anal. sens.:* a) *syn.* : Goût a) sensibilité aux saveurs. b) Fonction de l'appareil gustatif (AFNOR). c) Action de recherche et de perception d'un stimulus gustatif.

GUSTOMETRE, s.m. *Psychophysiol. sens.:* Appareil pour la mesure de la sensibilité gustative, dû à Sternberg (1905) et fondé sur un jet de liquide vaporisé atteignant une petite surface de la langue (Pieron).

H

HAPTIQUE, s.f. *Psychophysiol. sens.:* Ce terme a été employé par Révèsz (1949) pour désigner une science du toucher par analogie avec l'acoustique et l'optique (Pieron).

HARMONIE, s.f. *Dég. vins :* Jugement hédonique, affectif ou esthétique de l'association qualitative et des rapports d'intensité des caractères organoleptiques perçus pendant et après la dégustation. L'harmonie n'est pas un caractère purement subjectif au niveau du dégustateur qui, s'il est expérimenté, se réfère en général à des rapports connus correspondant à une certaine population de consommateurs ou à un type traditionnel de production.

HARMONIEUX, adj. *Dég. vins :* Qui présente une bonne harmonie.

HEDONIQUE, adj. Se rapportant au caractère plaisant ou déplaisant (AFNOR). *Anal. sens.:* Qualifie une qualité des produits qui relève d'une tonalité affective, d'une préférence personnelle du sujet et dont les deux termes principaux sont agréable et désagréable.

HEPTANOL -l, s.m. P Alcool à odeur de punaise. *Syn.:* Alcool heptylique.

HERBAGE, adj. ou HERBAGE, s.m. *Dég. vins :* Les goûts herbacé, herbagé ou d'herbage, sont cités par certains auteurs comme qualificatifs du caractère anormal donné à certains vins par la présence dans les vignes de certaines plantes adventices qui communiquent leur odeur aux raisins.

HERBACE, adj. ou HERBE, s.f. *Dég. vins :* Le goût herbacé ou goût d'herbe est utilisé par certains auteurs pour qualifier une nuance olfactive spécifique des produits de certaines espèces américaines et de leurs hybrides.

HETEROZYGOTE, adj. Terme désignant un noyau cellulaire ou un individu qui, à l'intérieur d'une même paire de chromosomes, présente deux gènes différents (par opposition à homozygote, où les deux gènes sont identiques).

HEXANOL-1, sm. P Alcool à odeur composite, punaise, herbe, amande amère. *Syn.:* Alcool hexylique, alcool caproïque, amylcarbinol, butyléthanol.

HISTOGRAMME, s.m. *Statist.:* Pour une population déterminée, représentation graphique de sa répartition en classes d'intervalles par des rectangles dont la base est égale à l'intervalle et la surface proportionnelle au nombre d'individus situés dans la classe.

HONNETE, adj. *Dég. vins :* Qualificatif employé en général quand le vin présente les qualités minimales qu'on en attendait, mais qui sousentend le plus souvent qu'il ne dépasse pas ce minimum.

HOUBLON s.m. Odeur spécifique des cônes de houblon séchés. Nuance olfactive que présentent certains vins blancs très oxydés.

HUILES DE FUSEL, Ensemble des alcools supérieurs du vin.

HUILEUX, adj. *Dég. vins :* Qui, atteint de la maladie de la graisse, coule comme de l'huile. *Syn.:* Acide Phényl-3 lactique, acide atrolactique.

HYBRIDE PRODUCTEUR DIRECT, Variété de vigne issue de croisement inter ou intra spécifiques.

HYPERESTHESIE, s.f. *Psychophysiol. sens.:* Augmentation anormale des réactions aux perceptions de l'une, de plusieurs ou de l'ensemble des modalités sensorielles (sauf l'lhyperalgésie = anomalie semblable pour la douleur).

HYPEROSMIE, s.f. Sensibilité accrue à un ou plusieurs stimuli olfactifs (AFNOR).

HYPOSMIE, s.f. Sensibilité amoindrie à un ou plusieurs stimuli olfactifs (AFNOR).

I

IDENTIFICATION, s.f. *Psychophysiol. sens.:* Assimilation de stimuli à des connaissances perceptives antérieures mémorisées et permettant de reconnaître la catégorie, l'espèce ou l'individu. *Syn.:* Reconnaissance perceptive.

IDENTITE, s.f. Qualité qui fait qu'une chose est la même qu'une autre, que deux ou plusieurs choses ne sont qu'une (Littré).

IDENTITE ET DIFFERENCIATION. *Anal. sens.:* Le terme "identité" dans le sens défini ci-dessus ne doit pas être utilisé dans les questions ou les réponses émises au cours de l'analyse sensorielle. En effet, s'il est facile et objectif de rechercher et d'exprimer les différences de caractères organoleptiques, il est en revanche évident que l'on ne peut jamais conclure à des identités mais seulement à des impossibilités de différenciation. On emploie alors le terme "non-différenciable" ou quelquefois "non-différent".

ILLUMINANTS NORMALISES, Illuminants colorimétriques correspondant à une gamme de lumières artificielles ou naturelles et définis par la Commission internationale de l'éclairage (AFNOR).

WWW.WINETOURISMINFRANCE.COM
Pour découvrir toutes les richesses du tourisme du vin en France…
… il suffit de pousser le portail !
Magazine
Agenda
Carnet d'adresses
Guide de voyage
WineTourismInFrance.com
Le portail de l'oenotourisme en France

IMBUVABLE, adj. *Anal. sens.* : Se dit d'une boisson non acceptable.

IMPULSION, s.f. IMPULSION NERVEUSE : *Psychophysiol. sens.* : a) Chacun des processus physico-chimiques extrêmement brefs et le plus souvent répétés qui caractérisent l'activité fonctionnelle des cellules nerveuses. b) Composante électrique de ce processus. *Syn.* : Onde de négativité.

INDICE, s.m. *Anal. sens.* : Moyen par lequel on donne une indication chiffrée en rapport plus ou moins complexe avec la mesure quantitative d'un stimulus.

INDIVIDU, s.m. Echantillonnage pour *Anal. sens.* : Quantité définie d'un produit. Dans le cas des matières continues, la quantité considérée prend le nom d'unité élémentaire d'échantillonnage (ou unité d'échantillonnage, s'il ne peut en résulter de confusion).

INFRA-LIMINAIRE, adj. Qualifie un stimulus se situant au-dessous du type de seuil considéré (AFNOR).

INHIBITION, s.f. *Anal. sens.* : Suppression ou diminution de l'activité en parlant d'une fonction.

INODORE, adj. *Anal. sens.* : Dépourvu d'odeur.

INSAPIDE, adj. *Syn.* : Insipide qui ne paraît plus être utilisé.

INSIPIDE, adj. *Anal. sens.* : Qualifie un produit qui n'a pas de flaveur (AFNOR).

INTENSITE, s.f. 1) Degré (magnitude) de la sensation perçue (AFNOR). 2) Degré (magnitude) du stimulus qui provoque la sensation perçue (AFNOR). *Anal. sens.* : L'intensité d'un stimulus ou d'une sensation est sa situation dans l'échelle quantitative supraliminaire (AFNOR). Il s'agit d'un terme qui qualifie la stimulation et non c'une caractéristique d'un corps déterminé pour lequel on utilise des termes tels que pouvoir... Ex. : pouvoir odorant d'un ester.

INTERNATIONAL ORGANIZATION FOR STANDARDIZATION (I.S.O.) (Organisation internationale de normalisation), L'Organisation internationale de normalisation fut créée en 1926 et était alors dénommée "Fédération internationale des associations nationales de normalisation (ISA.)". Cessant ses travaux en 1942, ceux-ci furent repris, en 1944, par le "Comité de coordination de normalisation des Nations Unies", et c'est en 1946 que l'organisation fut reconstituée sous la dénomination actuelle. Elle jouit du statut consultatif auprès des Nations Unies. L'objet de l'I.S.O. est de favoriser le développement de la normalisation dans le monde entier en vue de faciliter entre les nations les échanges de marchandises et de prestations de service, et de réaliser une entente mutuelle dans les domaines intellectuels, scientifiques, techniques et économiques. L'I.S.O. est une fédération des organismes nationaux de normalisation. Les travaux de normalisation sont étudiés au sein des Comités techniques. L'analyse sensorielle est étudiée par le Groupe : I.S.O./T.C. 34/W.G. 2 (Technical Committee 34 - Agricultural Food Products - Working Group 2 – "Sensory Analysis").

INTEROCEPTEUR, s.m. *Psychophysiol. sens.* : Récepteurs de stimuli internes (réflexes végétatifs).

INTEROCEPTIF, adj. *Psychophysiol. sens.* : Qualifie ce qui est relatif aux interocepteurs.

INTERPRETATION, s.f. *Statist. et Anal. sens.* : Traduction, explication, pour les rendre exploitables ou pour un objectif déterminé, de réponses, notations, appréciations, et recherche de leur valeur réelle de différenciation ou spécification.

INTERVALLE, s.m. *Anal. sens.* : Etendue d'une classe.

α - IONONE, s.f. P Cétone à odeur agréable (iris, violette). L'α-ionone préalablement mélangée à de l'éthanol est proposée comme témoin olfactif de l'odeur de violette.

β-IONONE, s.f. P Cétone à odeur voisine de l'α-ionone.

IRRITANT, adj. Qualifie une sensation d'irritation des muqueuses buccale et nasale (ex : vinaigre, moutarde). *Syn.* : Piquant au nez, âcre (AFNOR).

ISOBUTYRIQUE, adj. (Acide -) P Acide à odeur désagréable. *Syn.* : Acide méthylpropanoïque.

ISOEUGENOL 5 s.m. P Phénol odorant. *Syn.* : Hydroxy-4 méthoxy-3 isoalylbenzène.

ISOSMOMERE, s.m. ou adj. *Psychophysiol. sens.* : Désigne ou qualifie des corps dont l'odeur est sensiblement la même, malgré une constitution chimique entièrement différente (Le Magnen).

J

JAMBE, sf. LARME

JAUNE, adj. 1) Qualificatif de couleur. 2) *œnol. et Dég. vins* : On appelle vins jaunes des vins qui par une technologie spéciale d'élevage (tonneaux en vidange et développement d'un voile de levures en surface) prennent un caractère très particulier que l'on appelle "goût de jaune". Ex. : jerez, moriles, château-chalon.

JEUNE, adj. *œnol.* : Qualificatif très relatif pour indiquer soit le délai relativement court écoulé depuis l'élaboration du vin, soit le caractère d'un vin qui a conservé ses caractères de jeunesse (en général des types floral, fruité).

JUGE s.m. *Anal. sens.* : Désigne une fonction ou un type de dégustateur. Terme qui actuellement est très discuté et sur l'acception duquel n'a pu se faire un accord.

JURY, s.m. *Anal. sens.* : Groupe de sujets choisis pour participer à un essai sensoriel (AFNOR).

JUSTESSE, s.f. *Statist.* : Etroitesse de l'accord entre la valeur vraie et la moyenne des résultats qui serait obtenue en appliquant le procédé expérimental un très grand nombre de fois. Le défaut de justesse provient des erreurs systématiques (AFNOR).

K

KINESTHESIE, s.f. Ensemble de sensations résultant de l'application d'une pression à l'échantillon par un mouvement musculaire (par exemple, essai avec la pression des doigts dans le cas d'un fromage, ou morsure dans une pomme) (AFNOR). *Psychophysiol. sens.* : Modalité de la sensibilité proprioceptive qui renseigne sur les mouvements des différents segments corporels (Pieron).

KIRSCH, s.m. *Dég. vins* : Odeur spécifique. Nuance olfactive que l'on rencontre dans certains vins.

L

LACTIQUE, adj. *Dég. vins* : Odeur et arôme particuliers, rappelant des produits laitiers, que l'on trouve dans certains vins pendant ou immédiatement après la dégradation malolactique.

ACIDE LACTIQUE, L'un des principaux acides organiques de la plupart des vins. Résulte de la fermentation malolactique.

LARME, s.f. *Dég. vins* : Les larmes sont les lents écoulements transparents et de très faible épaisseur, qui se manifestent sur une paroi (du verre par exemple) après l'écoulement principal du vin.

LAURATE D'ETHYLE 5 P Ester à odeur légèrement savonneuse.

LAURYLALDEHYDE, s.m. Aldéhyde dont la présence a été signalée dans certains vins. *Syn.* : Aldéhyde laurique, aldéhyde dodécylique.

LEGER, adj. *Dég. vins* : Qui n'a pas un degré alcoolique très élevé, ni un corps trop important.

LEUCIE, s.f. *Colorim.* : L'une des trois variables - celle d'intensité - de la sensation de couleur, lorsque la couleur est perçue comme propriété de l'objet. Elle dépend essentiellement de la clarté de l'objet (G. Durup).

LIE, s.f. *œnol.* : Les lies sont les dépôts qui, dans les vins jeunes, se rassemblent au fond des récipients d'élevage. VIN DE LIE ou de dépôt : Liquide recueilli soit par décantation, soit par pressurage des lies. Les vins de lies sont en général utilisés pour l'élaboration d'eaux-de-vie. *Dég. vins* : GOUT DE LIE : Goût caractéristique d'un vin qui a séjourné depuis longtemps sur ses lies. Ce goût disparaît rapidement après soutirage.

LIMINAIRE, adj. *Anal. sens.* : Qualifie les grandeurs égales au seuil absolu.

LIMPIDE, adj. *Dég. vins* : Qui ne présente pas de trouble.

LIMPIDITE, s.f. *Anal. sens* : Dans les milieux liquides transparents, qualité liée à la propagation des rayons lumineux, en relation inverse avec la présence de corps en suspension.

LINALOL, s.m. P Alcool à odeur florale de rose et de muguet.

LIQUEUR s.f. Réglementation : VIN DE LIQUEUR Vin doux qui ne correspond pas aux règles légales d'élaboration des vins doux naturels.

LIQUOREUX, adj. *œnol.* : *Dég. vins* : Qualificatif des vins riches en sucre.

LONG, adj. *Dég. vins* : Qui a une grande persistance aromatique intense

LOUCHE, adj. *Dég. vins* : Qui présente un trouble.

LOURD, adj. *Dég. vins* : Qui comporte un déséquilibre : sensations aromatiques faibles par rapport à une intensité élevée des autres sensations buccales, et donne ainsi une sensation de lourdeur, de pesanteur dans la bouche.

LUMEN, (in) s.m. *Physique* : Unité de flux lumineux.

LUMIERE, s.f. *Dég. vins* : GOUT DE LUMIERE : Terme utilisé en Champagne pour qualifier le caractère spécial que prennent les vins en bouteilles après une exposition prolongée à la lumière du jour.

LUMINANCE, s.f. Degré de clarté ou d'assombrissement d'une couleur par rapport à un gris neutre dans une échelle s'étendant du noir absolu au blanc absolu (AFNOR). *Colorim.* : Variable d'intensité du stimulus lumineux, à laquelle répond la phanie (G. Durup).

LUX, (lx) s.m. *Physique* : Unité d'éclairement et d'émittance.

M

MACHE, s.f. VIN QUI A DE LA MACHE, *Dég. vins* : Qui a du corps, de la chair, qui donne à la bouche une sensation de plénitude telle qu'on croirait pouvoir le mâcher.

MACHE, part. pas. *Dég. vins* : Terme employé pour qualifier des vins dont les qualités (limpidité ou goût) ont été amoindries par une oxydation.

MADERISE, part. pas. ou MADERE, part. pas. *Dég. vins* : Appliqué aux vins blancs, qualifie le caractère donné au vin par une assez forte oxydation qui amène une odeur et un goût rappelant un peu ceux du madère. Ce qualificatif est le plus souvent péjoratif et s'applique à des vins qui ont jauni et se sont enrichis en aldéhyde éthylique.

MADERISATION, s.f. *Dég. vins* : Modification apportée au vin par oxydation (voir madérisé).

MAIGRE, adj. *Dég. vins :* Qui manque de moelleux et de corps.

MALIQUE, adj. (Acide -) P *Dég. vins :* Composant normal du raisin, l'acide malique se retrouve en quantités importantes dans les vins de vendanges peu mûres ou récoltées sous des climats septentrionaux. Dans la plupart des vins, il disparaît au cours de la fermentation malolactique. Son intensité acide sensorielle est très élevée et il amène des caractères de verdeur et de mordant lorsqu'il est présent en proportion importante.

MALOLACTIQUE, Terme simplifié souvent utilisé pour désigner la dégradation malo -lactique.

MANNE, s.f. - MANNITE, s.f. – MANNITE, adj. *œnol. :* Maladie des vins provoquée par des bacilles qui produisent des acides acétique et lactique et de la mannite à partir des sucres. *Dég. vins :* Caractère aigre-doux correspondant à la présence des acides (surtout acétique) et de la saveur sucrée.

MARC, s.m. *Dég. vins :* Odeur spécifique de l'eau-de-vie de marc.

MARCHAND, adj. Qualifie un vin qui correspond aux normes réglementaires et ne présente pas de vice organoleptique (dit : "loyal et MARCHAND").

MARRE, adj. *Dég. vins :* Terme employé par certains auteurs pour qualifier le caractère de vins rouges ayant cuvé trop longtemps. *Syn. :* Goûts de grappe, de rafle.

MASQUAGE, s.m. Diminution de l'intensité ou modification de la qualité de la perception d'un stimulus par l'action simultanée d'un autre (AFNOR).

MECHE, s.f. *Dég. vins :* Odeur de mèche, goût de mèche. *Syn. :* Sulfureux.

MEDECIN, s.m. Vin riche en alcool, en couleur, en extrait sec, utilisé en assemblage pour corriger la pauvreté de ces mêmes caractères dans un autre vin.

MEDIANE, s.f. *Statist. :* On appelle médiane d'une suite de valeurs classées par ordre non décroissant, la valeur de cette suite, ou une valeur interpolée (), telle que le nombre des valeurs qui la précèdent soit égal au nombre des valeurs qui la suivent.() Lorsque le nombre des valeurs de la suite est pair (2S), on prend pour médiane, sauf indication contraire, la moyenne des places S et S+1 (AFNOR).

MEDIANE D'ACCEPTABILITE *Anal. sens. :* v. Acceptabilité.

MEFRANC, adj. *Dég. vins :* Terme ancien, utilisé par certains auteurs pour qualifier le caractère d'absence de franchise (goût étranger, goût anormal, etc.).

MEMORISATION, s.f. *Psychophysiol. sens. :* action de fixer dans la mémoire.

MEMORISE, adj. Psychophysiol. sens. : Conservé en mémoire.

MENTHE s.f. *Dég. vins :* Odeur spécifique. Nuance olfactive (à un niveau très faible) que l'on trouve dans certains vins rouges.

MERCAPTAN, s.m. *œnol. :* Composé sulfuré de l'alcool éthylique qui se forme accidentellement dans certains vins, le plus souvent en fin de fermentation alcoolique. *Dég. vins :* L'odeur de mercaptan est très désagréable et perceptible à des concentrations extrêmement faibles : (1/1 000 000 à 1/1 000 000 000 de milligramme par mètre cube d'air).

MESSAGE, s.m. MESSAGE SENSORIEL, *Psychophysiol. sens. :* Ensemble des impulsions nerveuses engendrées dans un récepteur au cours d'une stimulation déterminée, et capables d'être transmises dans les voies afférentes jusqu'aux aires de projection centrales (A. Fessard).

METAL, s.m. - METALLIQUE, adj. *Dég. vins :* Qui présente un caractère anormal dû à la pollution par des métaux ou des sels métalliques. Il paraît plus heureux d'essayer de spécifier le métal : fer, cuivre, etc., chacun de ceux-ci amenant un caractère particulier.

METHYL -2 BUTANOL -1, s.m. P Alcool à odeur très faible. *Syn. :* Alcool amylique actif.

METHYL-2 PROPANOL -1, s.m. P Alcool à odeur légèrement éthérée. *Syn. :* Alcool isobutylique, isopropylca•binol, isobutanol, Alcool butylique de fermentation.

MICROSMATE, adj. *isychophysiol. sens. :* Qualifie une espèce animale dont l'odorat est relativement peu développé. *Ant. :* Macrosmate.

MIEL, s.m. *Dég. vins :* Odeur spécifique. Nuance olfactive que l'on rencontre dans certains vins.

MINCE adj. *Dég. vins :* Vin léger et dont les différents caractères ont peu d'intensité.

MOELLEUX, adj. (égalem. utilisé comme substantif) *Dég. vins :* 1) Caractère d'onctuosité et/ou de sucrosité qui est l'un des éléments principaux de l'équilibre des vins. 2) Qualificatif d'un vin qui présente ce caractère à un degré élevé. 3) Qualificatif dans certaines régions des types de vins qui contiennent une petite proportion de sucre.

MOISI, adj. *Anal. sens. :* Type d'odeur dont le témoin proposé est l'hexachlorocyclohexane (HCH). *Dég. vins :* On distingue l'odeur de moisi due à diverses moisissures (se développant en particulier à l'intérieur des récipients en bois) de l'odeur de pourri qui est due au seul botrytis cinerea se développant sur les raisins.

MODALITE s.f. MODALITE SENSORIELLE, *Psychophysiol. sens. :* Manière dont les sensations sont perçues en relation avec le mode d'action des stimuli et liées à un appareil sensoriel spécifique déterminé : modalité olfactive, gustative, etc.

MODE, s.m. *Statist.* : Valeur de la grandeur pour laquelle on observe la fréquence maximale (AFNOR).

MONTANT s.m. *Dég. vins* : On dit qu'un vin a du montant lorsque ses caractères alcoolique et aromatique présentent une intensité élevée.

MORDANT, s.m. ou adj. *Dég. vins* : On dit d'un vin qu'il est mordant ou qu'il a du mordant lorsqu'il présente une acerbité élevée à la limite de l'acceptabilité.

MOU, adj. *Dég. vins* : Qui manque nettement d'intensité acide.

MOUSSE s.f. *Dég. vins* : Ensemble des bulles qui se dégagent dans les vins effervescents et écume qui se forme à leur surface.

MOUSSE DE CHENE *Parfumerie* : Odeur spécifique d'extrait de différents lichens (*Evernia prunastri. E. purpuracea*, etc.) et dont le principal élément odorant serait l'éverninate déthyle. *Dég. vins* : Nuance olfactive que l'on rencontre dans certains vins.

MOUSSEUX s.m. *œnol.* : Vin effervescent présentant en bouteilles une pression de gaz carbonique supérieue à 3,5 kg/cm2 à 20C.

MOUSTILLANT adj. *Dég. vins* : Légèrement effervescent en fin de fermentation alcoolique alors qu'il comporte encore un peu de sucre.

MOUT, s.m. *œnol.* : Jus de raisin, partie liquide de la vendange avant toute fermentation.

MOYENNE, s.f. *Statist.* : Sauf indication contraire, le terme "moyenne" est employé dans l'échantillonnage pour désigner la moyenne arithmétique (AFNOR). La moyenne arithmétique est la somme de plusieurs quantités divisée par leur nombre.

MUET, adj. *Dég. vins* : a) Qui n'est pas effervescent. b) Qui présente des caractères organoleptiques très faibles. c) *Syn.* : Muté.

MUNSELL, SYSTEME MUNSELL (1905, 1915 puis 1929 : Munsell Book) : Système de spécification pratique des "couleurs de surface" matérialisé par un atlas de papiers colorés.

MUR, adj. *Dég. vins* : Terme très imprécis ayant plusieurs acceptions : utilisé tantôt pour définir le caractère lié à l'élaboration à partir de raisins très mûrs, ou l'état du vin arrivé à la plénitude de ses qualités, ou un état d'évolution d'un vin propice à la mise en bouteilles.

MUSC, s.m. *Parfumerie* : Matière très odorante qui est la sécrétion du chevrotin porte-musc et dont l'élément odorant le plus important est la muscone. *Dég. vins* : Nuance olfactive que l'on rencontre dans certains vins.

MUSCAT, s.m. *Dég. vins* : Nuance olfactive commune aux raisins et aux vins des cépages "muscats".

MUSCATE, adj. *Dég. vins* : Qui a le caractère spécial du muscat.

MUSQUE (EE), adj. *Anal. sens.* : Famille d'odeurs dont le témoin est la muscone. *Dég. vins* : Il est essentiel de distinguer l'"'odeur de musc" de l'"'odeur de muscat" qui est très différente. Il est donc conseillé d'éviter le terme "musqué" que la plupart des linguistes ont confondu avec "muscaté" en leur donnant par erreur la même étymologie. Il est recommandé d'utiliser seulement "odeur du musc" d'une part et indifféremment "odeur de muscat" ou "muscat" d'autre part pour désigner chacun de ces deux types d'odeurs.

MUTE, adj. *Œnol.* : Moût ou vin : dont la fermentation a été empêchée ou arrêtée par l'addition d'anhydride sulfureux ou d'alcool.

MYRTE, s.m. *Dég. vins* : Odeur spécifique. Nuance olfactive que l'on rencontre dans certains vins.

N

NATURE, s.f. *Œnol.* : terme employé en Champagne pour qualifier autrefois les vins tranquilles non champagnisés.

NAUSEABOND, adj. *Anal. sens.* : Qualifie des odeurs qui causent des nausées, qui donnent envie de vomir.

NERVEUX, adj. *Dég. vins* : Dans l'équilibre duquel la saveur acide est légèrement dominante. Echelle croissante proposée : frais, vif, nerveux, acidulé, vert, très vert.

NET, adj. *Dég. vins* : Dont les caractères sont bien accusés, sans anomalie, qui n'est pas confus (AFNOR).

NEUTRE, adj. Produit ne présentant pas de caractéristique nettement marquée. *Dég. vins* : Sans caractère original, sans caractère accuse, sauf celui qui est commun à tous les vins de la même catégorie.

NEZ, s.m. *Dég. vins* : 1) *Syn.* : "Odeur" en parlant des caractères du vin et des sensations engendrées. Ce vin a du nez - ce vin a un bon nez - Il est très agréable au nez. On dit aussi un "coup de nez". 2) *Syn.* : "odorat" en sous-entendant souvent une notion d'acuité olfactive en parlant des dégustateurs. Ce dégustateur a un nez remarquable.

NIT, (nt) s.m. *Physique* : Unité de luminance.

NOISETTE, s.f. *Dég. vins* : Odeur spécifique. Nuance olfactive de certains vins jaunes.

NOIX, s.f. *Dég. vins* : Odeur spécifique. Nuance olfactive de certains vins jaunes.

NOIX DE COCO, adj. *Dég. vins* : Odeur spécifique. Nuance olfactive que l'on rencontre dans certains vins.

NOMINAL, adj. Qui est relatif au nom. ECHELLE NOMINALE, *Anal. sens.* : Echelle purement qualitative ne comportant aucune indication d'intensité relative ou absolue ni de hiérarchie.

NONANOL -1, s.m. P Alcool supérieur à odeur composite (fruitée, savonneuse, d'amande amère). *Syn.* : Alcool nonylique.

NORMAL, adj. *Anal. sens.* : a) Qui correspond à une norme définie. b) Qui est conforme à la règle, qui ne présente pas de caractères s'éloignant qualitativement ou quantitativement beaucoup de ceux de la moyenne des individus de la même population.

NORMALISATION, s.f. Activité d'établissement des normes. Etablissement et application de normes à un produit, une méthode, etc.

NORMATIF, adj. Qui a trait ou qui découle des normes.

NORME, s.f. Donnée de référence résultant d'un choix collectif raisonné en vue de servir de base d'entente pour la solution de problèmes répétitifs. Les normes précisent des définitions, caractéristiques, dimensions, qualités, méthodes d'essais, règles d'emploi, etc. (AFNOR).

NOTATION, s.f. *Anal. sens.* : Attribution d'une note, rangement d'un caractère ou d'un groupe de caractères examinés, dans l'une des classes d'une échelle préalablement établie.

NOTE, s.f. Trait distinctif et identifiable d'une odeur ou d'une flaveur (AFNOR). NOTE ATYPIQUE : Note non caractéristique, généralement associée à une détérioration ou transformation du produit (AFNOR).

NOUVEAU, adj. *œnol. et Dég. vins* : Qui est de la dernière récolte, qui a moins d'un an d'âge. En nouveau : pendant la première année. Les vins de carafe sont surtout bus en nouveau.

NUANCE, s.f. *Dég. vins* : Pour les sensations olfactives et les caractères correspondants, le terme "nuance" est utilisé pour désigner chacune des perceptions qualitativement distinguables et dont l'ensemble forme le bouquet. Les parfumeurs emploient également quelquefois le terme "note" dans la même acception. Certains crus de Meursault sont caractérisés par des nuances olfactives de fougère et d'amande grillée. Pour la couleur, la nuance indique la tonalité.

O

OBJECTIF, adj. *Anal. sens.* : Qualifie ce qui donne une représentation réelle et vérifiable de l'objet en réduisant au minimum les facteurs humains (par ex. : préférence, habitude, affectivité). Qualifie la technique utilisant des méthodes instrumentales ou sensorielles, dans laquelle les erreurs sont réduites au minimum (Travaux ISO.). NOTE : terme déconseillé s'il est employé en tant que *Syn.* : "instrumental".

OCTANOL - I, s.m. P Alcool supérieur à odeur désagréable (punaise). *Syn.* : Alcool octyliquen.

OCTANOL - 2, s.m. P Alcool supérieur à odeur désagréable. *Syn.* : Méthylhexylcarbinol.

ODEUR, s.f. Propriété organoleptique perceptible par l'organe olfactif en "flairant" certaines substances volatiles (AFNOR). *Anal. sens.* : a) Sensations perçues par l'organe olfactif en flairant certaines substances volatiles. b) Qualité de cette sensation particulière provoquée par chacune de ces substances (AFNOR) Dans le sens a) il s'agit bien uniquement des perceptions olfactives perçues en flairant c'est-à-dire par voie nasale directe, qui sont à distinguer des perceptions par voie rétronasale auxquelles s'applique le terme "arôme" ODEUR ATYPIQUE : Odeur ayant une note non caractéristique associée généralement à une détérioration ou transformation du produit.

ODORANT, adj. *Anal. sens.* : Capable de mettre en liberté des molécules possédant un stimulus olfactif. *Syn.* : Odoriférant. POUVOIR ODORANT : Intensité du stimulus olfactif d'une substance.

ODORAT, s.m. *Psychophysiol. sens.* : Fonction de l'appareil olfactif assurant la perception et la discrimination des molécules parvenant à l'organe depuis le milieu externe en phase gazeuse par voie nasale ou buccale (AFNOR) *Syn.* : Olfaction, qui a également un deuxième sens correspondant à l'action de percevoir un stimulus odorant particulier.

ODORER, v. Vieux français : était employé aussi bien dans le sens de flairer que dans le sens de rendre odorant.

ODORIMETRIE, s.f. Mesure des propriétés odorantes des substances (AFNOR).

ODORIPHORE, adj. *Psychophysiol. sens.* : v Osmophore.

ODORITE, s.f. *Psychophysiol. sens* : Propriété de provoquer une sensation olfactive.

ODORIVECTEUR, sm. ou adj. *Psychophysiol sens.* : Espèce chimique définie, qui agit comme stimulus adéquat de l'olfaction (G. Durup).

ODOROSITE, s.f. *Psychophysiol. sens.* : Beck Kruger et Calabresi (1954) ont employé ce mot pour désigner l'intensité subjective de l'odeur avec possibilités d'égalisations intensives (isodorosité) (Pieron).

ŒIL, s.m. *Dég. vins* : *Syn.* : "Vision" et d'"apparence", comme "nez" l'est de "odorat" et "odeur". ŒIL DE PERDRIX, *Dég. vins* : Terme utilisé par certains auteurs anciens pour qualifier une couleur qui devait semble-t-il se situer vers la limite entre celles du vin rosé et du vin rouge. ŒIL DE GARDON : Terme utilisé par les vignerons du cru pour qualifier les vins rosés de l'appellation "coteaux du vendômois".

OENANTHATE D'ETHYLE 5, P Ester à odeur composite rappelant l'ananas trop mûr.

OPAQUE, adj. Qualité d'un objet qui ne laisse pas passer les rayons lumineux (AFNOR).
ŒUF POURRI, ŒUF GATE, *Dég. vins : Syn. :* Sulfhydrique ; on dit aussi "punais" dans certaines régions.

OIGNON, s.m. PELURE D'OIGNON, *Dég. vins :* Qualificatif de la couleur de certains vins rosés vieux dont le rose tend vers l'ambre foncé.

OLFACTENE, s.m. *Psychophysiol. sens. :* Unité d'intensité de la sensation olfactive pour une substance étalon, déterminée en échelons différentiels à partir du seuil, mesuré en dilution gazeuse (Le Magnen, 1948).

OLFACTIE, s.f. Unité physiologique de seuil olfactif (Zwaardemaker).

OLFACTIF, adj. Relatif à l'odorat (AFNOR). *Anal. sens. :* Qualifie ce qui se rapporte aux odeurs, aux arômes et à leur perception.

OLFACTION, s.f. *Psychophysiol. sens. :* a) Fonction de l'appareil olfactif (*Syn. :* "odorat" dans ce cas). b) Action de sentir un stimulus odorant particulier (AFNOR).

OLFACTOMETRE, s.m. *Psychophysiol. sens. :* Appareil pour présenter des stimuli olfactifs aux sujets dans des conditions reproductibles (AFNOR).

OLFACTOMETRIE, s.f. Mesure de la réponse des sujets à des stimuli olfactifs (AFNOR).

OLFACTORIUM, s.m. Salle "inodorisée" à air conditionné pour les expériences d'olfaction.

ONCTUEUX, adj. - ONCTUOSITE, s.f. *Anal. sens. :* Sensation provoquée sur la langue et le palais par un semi-liquide et analogue à celle d'une crème sur la peau (C.N.E.R.N.A.). *Dég. vins :* Qualificatif d'un vin qui a beaucoup de moelleux.

OR, s.m. *Dég. vins :* Terme utilisé pour qualifier la couleur de certains vins blancs.

ORDINAIRE, adj. *Dég. vins :* 1) Anciennement, vin dont on faisait son ordinaire, que l'on buvait tous les jours. En Bourgogne, au bas de la côte des vins fins, on produisait autrefois avec le gamay les "ordinaires" ou "grands ordinaires". De là est venue l'Appellation d'origine contrôlée "Bourgogne grand ordinaire". 2) Actuellement, ce terme a tendance à prendre un caractère péjoratif. *Syn. :* "faible qualité".

ORGANE, s.m. *Anatomie :* Partie du corps individualisée anatomiquement et fonctionnellement. ORGANES DES SENS, *Anal. sens. :* Organes récepteurs et transmetteurs des réactions aux stimuli externes. Identifiés dans la tradition populaire avec la partie du corps qui leur sert de support : oeil, oreille, nez, langue, peau.

ORGANOLEPTIQUE, adj. *Anal. sens. :* Qualifie une propriété d'un produit perceptible par les sens (AFNOR).

OSMOCEPTEUR, s.m. *Psychophysiol. sens. :* Accepteur des récepteurs olfactifs.

OSMOPHORE, adj. *Psychophysiol. sens. :* Qualifie un groupement dont la présence dans une molécule se traduit par une odeur. *Syn. :* Odoriphore.

P

PAILLE, s.f. *œnol. et Dég. vins :* 1) Jaune paille : qualificatif de couleur. 2) Vin de paille : vin doux fait avec des raisins passerillés (autrefois mis à passeriller sur de la paille). La Franche-Comté produit d'excellents vins de paille.

PAILLETTES, s.f. pl. *Dég. vins :* Petits cristaux d'acide tartrique ou de bitartrate de potassium, que l'on peut rencontrer dans des bouteilles de vins exposées à un froid intense.

PALAIS, s.m. *Dég. vins :* Employé comme *Syn. :* "bouche".

PALATABILITE, s.f. Combinaison des propriétés d'un produit le rendant plaisant à consommer (AFNOR). *Anal. sens. : Syn. :* "Appétibilité", proposé par souci de correspondance avec le terme anglais "palatability" par Le Magnen et Coll.

PANEL, sm. *Anal. sens. :* Mot de la langue anglaise dont l'équivalent est "jury", seul terme acceptable en langue française.

PAPILLE, s.f. PAPILLES LINGUALES, *Anatomie :* Saillies de la muqueuse dorsale de la langue dont certains types portent les bourgeons du goût.

PARAGUEUSIE, sf. *Psychophysiol. sens. :* Trouble de perception gustative comportant des erreurs d'appréciation et de reconnaissance.

PARFUM, s.m. *Anal. sens. :* Odeur ou arôme agréable. *Parfumerie :* Composition qui exhale une odeur agréable. "Un parfum est un système odorant en équilibre et de perception agréable" (T. Bassin).

PARFUME, adj. *Anal. sens. :* a) Appliqué à des odeurs ou arômes agréables ou à leurs supports. b) Se dit également des corps ou substances qui ont reçu une addition de parfum.

PAROSMIE, s.f. *Psychophysiol. sens. :* Perversion des sensations olfactives, ou hallucination olfactive (odeur généralement désagréable, d'où le nom fréquemment employé de cacosmie). Anosmie incomplète (naturelle ou expérimentale) (Pieron).

PASSABLE, adj. *Dég. vins :* Dans l'appréciation d'un caractère, d'un groupe de caractères ou d'un vin, indication d'un niveau d'intensité ou de qualité juste acceptable, au niveau de la médiane d'acceptabilité ou au-dessus et très près.

PASSE, part. pas. *Dég. vins : Syn. :* Décrépit, trop vieux, qui a perdu la plupart de ses qualités.

PATEUX, adj. *Dég. vins :* Lourd et extrêmement sucré.

PECHE, s.f. *Dég. vins :* Odeur spécifique. Nuance olfactive que l'on rencontre dans certains vins.

PECTINE, s.f. Substance organique contenue dans les membranes cellulaires végétales. Précurseur d'arôme et agent de turbidité des moûts.

PELARGONATE D'ETHYLE, P Ester à odeur florale, fruitée, un peu herbeuse.

PENTANOL -1, s.m. P Alcool supérieur à odeur de "noyau de cerise".

PENTANOL -2, s.m. P Alcool supérieur à odeur fruitée, éthérée et d'amande amère.

PENTANOL -3, s.m. P Alcool supérieur à odeur éthérée avec une trace d'amande amère.

PENTOSE, P Sucres à 5 atomes de carbone.

PERCEPT, s.m. *Anal. sens. :* Réponse phénoménale par réaction à une stimulation physiquement définissable (AFNOR).

PERCEPTIF, adj. *Anal. sens. :* Relatif à la perception.

PERCEPTION, s.f. *Anal. sens. :* Prise de connaissance des effets des stimuli sensoriels simples et complexes (AFNOR). Quoique donné comme synonyme de sensation, il est le plus souvent utilisé dans une acception un peu différente, sensation étant appliqué plus en rapport étroit avec l'organe récepteur, et perception se rapportant à un niveau plus global incluant le centre nerveux auquel la sensation est transmise. De ce fait, on peut expliquer l'expression parfaitement orthodoxe de "perception d'une sensation". Utilisé parfois comme *Syn. :* percept.

PERLANT, part. prés. *œnol. et Dég. vins :* Terme employé pour qualifier un vin très légèrement effervescent.

PERSISTANCE, s.f. *Anal. sens. :* Sensation rémanente olfacto-gustative semblable à celle qui était perçue lorsque le produit était dans la bouche et dont la durée peut être mesurée (AFNOR). *Dég. vins :* PERSISTANCE AROMATIQUE INTENSE : Dans l'ensemble des sensations qui constituent la persistance, on peut distinguer en particulier assez aisément : des saveurs (sucrée et acide surtout), des sensations chimiques communes (pseudo-chaleur et astringente), des sensations olfactives (ou aromatiques). Une observation attentive de ces dernières montre qu'après une période présentant une certaine uniformité d'intensité, celle-ci décroît brutalement. On a convenu d'appeler "persistance aromatique intense" cette première période et le dégustateur peut en mesurer la durée en secondes. L'expérience a montré que cette mesure permet le rangement objectif des vins d'une même catégorie dans une échelle de classes correspondant ordinalement à leur classification qualitative empirique traditionnelle et de valeur commerciale.

PETILLANT, adj. *œnol. et Dég. vins :* 1) Qui présente de l'effervescence. 2) Réglementairement : vin effervescent dont la pression du gaz carbonique dans la bouteille ne dépasse pas 2 kg/cm2 à 20°C.

PETROLE, s.m. *Anal. sens. :* L'odeur de pétrole est un type d'odeur dont le témoin proposé est le décane.

pH, Concentration en ions hydrogène. S'exprime par une échelle de valeur dont la neutralité est égale à 7. Au-dessus, on est en milieu alcalin, en dessous, en milieu acide. Le pH du vin se situe entre 3 et 3,8.

PHANIE, s.f. *Colorim. :* La variable d'intensité de la sensation de couleur, lorsque la couleur est perçue selon un mode différent de la "couleur d'objet".

PHENIQUE, adj. *Anal. sens. :* Qui rappelle l'odeur du phénol.

PHENOL(S), P Famille de corps derivés du benzène.

PHENYLETHANOL, s.m. P Le phényléthanol primaire dont la présence dans les vins paraît assez générale a été étudié dans les vins de Bordeaux (Sapis et Ribereau-Gayon), où il est probable que son parfum intervient dans les caractères odorants. Les deux phényléthanols primaire et secondaire présentent en dilution dans l'alcool éthylique une odeur rosacée miellée qui, en dilution extrême, tend, pour le premier vers la pivoine, pour le second vers la rose. En dilution dans l'eau, l'odeur est beaucoup moins agréable.

PHOT, s.m. *Physique :* Unité accessoire d'éclairement = 1 lumen par cm2 = 1/10.000 lux.

PHYLLOXERA, n.m. Insecte piqueur qui ravagea le vignoble français à la fin du XIXe siècle.

PICOTER, v.a. = PICOTANT, adj. *Dég. vins :* Termes utilisés pour désigner l'action du gaz carbonique qui, saturant certains vins, se dégage dans la bouche en provoquant une sensation de picotement sur les muqueuses.

PIERRE A FUSIL *Dég. vins :* Qualificatif très utilisé d'un caractère très mal défini.

PIN, FORET DE PINS *Dég. vins :* Certains vins présentent une nuance olfactive qui rappelle l'odeur que l'on perçoit dans les forêts de pins.

PINÇANT, part. prés. *Dég. vins :* D'une acerbité élevée et irritante où domine l'acidité.

PIQUANT, adj. *Dég. vins :* Terme équivoque ayant selon les auteurs le sens de aigre, de picotant ou de vert.

PIQUE, adj. *Dég. vins :* Présentant le caractère d'aigreur.

PIQUETTE, s.f. *Œnol. :* 1) Boisson obtenue en réalisant une deuxième fermentation à partir du marc additionné d'eau, de sucre et d'acide tartrique. 2) *Fig. :* Vin de très faible qualité.

PIQURE, s.f. *œnol. et Dég. vins :* Maladie de l'acescence ou autres maladies provoquant la formation d'acides volatils et du caractère aigre.

PIVOINE, s.f. *Dég. vins :* Odeur spécifique. Nuance olfactive que l'on rencontre dans certains vins.

PLAT, adj. Qualifie un produit dont la perception se situe en dessous du niveau organoleptique attendu (AFNOR). *Dég. vins :* Qui manque de caractère et surtout d'acidité.

PLEIN, adj. *Dég. vins :* Bien équilibré, charnu, dont les caractères sont intenses.

PLOMBE, adj. *Dég. vins :* Qualificatif de couleurs tendant vers le grisâtre.

POINTU, adj. *Dég. vins :* Terme très mal défini et qu'il est proposé d'utiliser pour qualifier le caractère spécial de léger déséquilibre provoqué par la présence dans le vin d'acide acétique à dose élevée mais non identifiable (de l'ordre de 0,50-0,60 gr/l. exprimés en SO4 H2).

POIRE, s.f. *Dég. vins :* Odeur spécifique. Nuance olfactive que l'on rencontre dans certains vins.

POIRE SAUVAGE, *Dég. vins :* Odeur spécifique. Nuance olfactive que l'on rencontre dans certains vins. Les vins du cru des Porêts à Nuits-Saint-Georges sont reconnus pour leur goût original de poire sauvage.

POMME, s.f. *Dég. vins :* Odeur spécifique. Nuance olfactive que l'on rencontre dans certains vins. Le cépage mauzac donne souvent des vins qui sentent la pomme. Il existe d'autres nuances relevant de la pomme : pomme blette, vieille pomme, etc., qui, elles, proviennent en général d'un début d'oxydation et sont peu agréables.

On rencontre également des odeurs agréables de pomme verte à certains stades d'évolution de la fermentation des vins blancs.

PORTE-GREFFE, s. m. Terme botanique qualifiant en langage viticole un bois (le sujet), sur lequel on greffe la variété de vigne productrice (le greffon).

POST-SENSATION, s.f. Terme proposé pour désigner une perception postérieure à l'action du stimulus.

POURPRE, s.m. *Colorim. :* Toute teinte qui ne correspond à aucune région spectrale : les pourpres résultent de divers mélanges de radiations prises dans les deux régions extrêmes du spectre lumineux (G. Durup). POURPRE RETINIEN. - *Psychophysiol. sens. :* Substance photosensible des bâtonnets rétiniens.

POURRI, adj. et sm. *Dég. vins :* Odeur et goût spécifiques communiqués au vin (d'une façon très irrégulière) par des raisins atteints de pourriture grise (Botrytis cinerea).

POUSSE, s.f. *Œnol. :* 1) *Syn. :* Tourne. 2) Pour certains auteurs, recouvre également d'autres fermentations ou maladies se produisant avec un assez fort dégagement de gaz carbonique.

POUX, s.m. *Dég. vins :* Caractère de début de putréfaction consécutif à un état très avancé de la maladie de la fleur.

PRECISION, s.f. S'appliquant à une mesure, un instrument de mesure (qui peut être un organe sensoriel), une méthode, une technique : rigueur ou degré d'exactitude.

PREFERENCE, s.f. Exprime l'état ou la réaction affective d'un sujet qui l'amène à trouver un produit meilleur qu'un ou plusieurs autres (AFNOR). *Anal. sens. :* Choix entre plusieurs aliments ou boissons par réaction ou état affectif et en relation étroite avec l'appétence relative pour ces produits.

PRESSE, s.f. VIN DE PRESSE - *Œnol. :* Dans la vinification en rouge, vin extrait par pressurage du marc que l'on a retiré de la cuve après avoir recueilli le vin de goutte (voir ce mot).

PRISE DE MOUSSE, Vins mousseux : phase de fermentation en bouteilles.

PRISE D'ESSAI, Partie de l'échantillon pour essai qui est évaluée directement par le sujet (AFNOR).

PRIMEUR, s.f. *Dég. vins et réglementation :* VIN DE PRIMEUR : Vin à consommer dans les premiers mois après la récolte.

PRODUIT, s.m. Substance consommable ou non pouvant faire l'objet d'une analyse sensorielle (AFNOR).

PROFIL, s.f. METHODE DU PROFIL, *Anal. sens. :* Expression graphique soit dans des systèmes de coordonnées rectangulaires, soit par des systèmes de rayons d'un demi-cercle, de l'intensité des sensations perçues en respectant l'ordre de perception des différents caractères exprimés.

PROJECTION, s.f. *Psychophysiol. sens.:* a) Localisation perceptive. b) Image pour parler de la réception des messages sensoriels dans les centres nerveux.

PROLES, Terme latin d'identification des phénotypes de la vigne.

PROPANOL -1 s.m. P Alcool à odeur agréable et légère de fleur de troëne. *Syn.:* Alcool propylique.

PROPIONATE D'ETHYLE, P Ester à odeur peu agréable (type vinasses piquées).

PROPIONATE DE PROPYLE - n, P Ester à odeur amylique, herbacée et propionique (type acide propionique).

PROPIONIQUE, adj. (Acide -) P Acide à odeur désagréable (vieilles vinasses piquées). *Syn.:* Propanoïque, acide méthylacétique.

PROPIOCEPTEUR, s.m. ou adj. *Psychophysiol. sens.:* Désigne ou qualifie une catégorie de récepteurs qui sont habituellement stimulés du fait de l'activité propre des organes qui les contiennent (sauf ceux de la vie végétative) (A. Fessard).

PROPRIETE,s.f. Caractéristique perceptible (AFNOR).

PROPRIOCEPTIF, adj. *Psychophysiol. sens.:* Qualifie ce qui est relatif au fonctionnement des propriocepteurs (A. Fessard).

PROPRIOCEPTIQUE, adj. *Anal. sens.:* Qualifie les caractères ou les sensations perçues par les propriocepteurs pendant la consommation, la mastication, etc., et qui relèvent de la texture de l'aliment. *Syn.:* Kinesthétique.

PROTANOPIE, s.f. Forme de daltonisme.

PRUNE, s.f. *Dég. vins:* Odeur spécifique. Nuance olfactive que l'on rencontre dans certains vins.

PSEUDOTHERMIQUE, adj. *Anal. sens.:* Qualifie les sensations de chaleur ou de froid produites par des propriétés non thermiques de l'échantillon et causant des impressions analogues aux sensations thermiques (AFNOR). *Dég. vins:* L'alcool du vin provoque souvent une sensation pseudothermique de chaleur, surtout au niveau de l'arrière-bouche et de l'oesophage.

PSYCHOPHYSIQUE, s.m. Etude des relations entre les stimuli et les réponses sensorielles correspondantes (AFNOR).

PUISSANT, adj. *Dég. vins:* Terme assez imprécis qui peut être le superlatif de corsé, étoffé, généreux (C.N.E.R.N.A.).

PULSATION, s.f. PULSATION NERVEUSE - *Psychophysiol. sens.:* Suite (train) d'impulsions nerveuses identiques (s'emploie alors plutôt au pluriel), décharge nerveuse. Au singulier est souvent synonyme d'impulsion nerveuse (A. Fessard).

PUNAIS, adj. *Dég. vins: Syn.:* Sulfhydrique.

PUNAISE sf. *Dég. vins:* Odeur spécifique. Nuance olfactive très désagréable.

PURETE, s.f. Qualité liée à l'absence de mélange, d'altération, de corruption, etc. *Colorim.:* L'une des deux variables de la chromaticité (avec la longueur d'onde spécifiante).

PUTRIDE, adj. *Anal. sens.:* Qualifie les odeurs de matières organiques en putréfaction. *Dég. vins:* Ce terme a été parfois donné avec la même acception que pourri, ce qui est semble-t-il regrettable. Il paraît heureux de réserver pourri aux odeurs consécutives aux attaques de Botrytis cinerea sur les raisins et de réserver putride aux odeurs dues à des lies en putréfaction.

Q

QUALITATIF, adj. Qui se rapporte à la qualité. Par opposition à quantitatif, qualifie ce qui se rapporte à la séparation, l'identification ou la description des caractères, sans qu'interviennent des notions de grandeur. Par contre, classement qualitatif a souvent le sens de classement par niveaux de qualité, c'est-à-dire en rapport avec la grandeur de certains caractères.

QUALITE, s.f. Ensemble des propriétés et caractéristiques d'un produit qui lui confère l'aptitude à satisfaire des besoins exprimés ou implicites (AFNOR). *Anal. sens.:* Absolument: caractéristique d'un aliment ou d'une boisson qui, par ses propriétés (ou sa conformité à des normes) d'ordres organoleptique, nutritionnel, sanitaire, de préférence d'une population, etc., permet de les classer dans une échelle de valeurs. *Syn.:* caractère dans la mesure où la propriété en cause est considérée comme bonne ou positive en tant que facteur de classement dans l'échelle des valeurs,

QUALITE ORGANOLEPTIQUE, *Anal. sens.: Syn :* Caractère organoleptique.

QUEUE, s.f. *Œnol.:* Dernières fractions de distillat recueillies au cours de l'élaboration des eaux-de-vie. Les queues présentent des caractères désagréables. Elles sont ainsi séparées du "cœur" (principales fractions recueillies auparavant) puis remises en distillation pour ne recueillir que leurs éléments agréables.

QUINONES, P Composés benzéniques à fonction cétone .

R

RACE, *Dég. vins.:* Qui présente des caractères qualitatifs d'originalité bien accusés.

Le petit matériel de cave par CDA

**Cadence : 800 bts/h
Poste d'étiquette et de contre
étiquette**

**Possibilité de rajouter une contre
étiquette ou une médaille sur une
bouteille déjà étiquetée**

**Sertisseuse sur colonne réglable
Pour un sertissage de capsule
aluminium ou étain**

Nombreux modèles
neufs et occasions

**Tireuse 4 becs
Filtre à plaques
Pompe**

Boucheuse liège

Pour vos mises en bouteilles et
habillages particuliers consultez
nous.

*C'est le conseil d'un
fabricant proche de chez
vous.*

RAFLE s.f. Charpente de la grappe de raisins qui porte les grains. GOUT DE RAFLE, *Dég. vins : Syn. :* Goût de grappe.

RAIDE, adj. *Dég. vins :* Qui possède une acerbité élevée.

RAISIN, s.m. *Dég. vins :* Odeur spécifique. Nuance olfactive que l'on rencontre dans beaucoup de vins jeunes. RAISIN SEC : Goût spécifique que l'on rencontre dans certains vins doux. RAISIN DE CUVE : Raisin destiné à la production de vin. RAISIN DE TABLE : Raisin destiné à la consommation en fruit.

RAISINE s.m, Confiture que l'on élaborait couramment jadis en concentrant les grains de raisins par chauffage dans un chaudron. *Dég. vins :* Odeur spécifique. Nuance olfactive de certains vins.

RANCE, adj. *Anal. sens. :* Odeur et goût désagréables que contractent les matières grasses en s'oxydant.

RANCIO, adj. *Dég. vins :* Caractère spécial de certains vins méridionaux (surtout des vins doux) après un vieillissement prolongé.

RANDOMISATION, s.f. *Statist. :* Distribution aléatoire.

RAPE, s.f. *Dég. vins :* Goût de râpe. *Syn. :* Goût de grappe.

RAPE, s.m. *Œnol. :* Dans certaines régions, sert à désigner les dernières fractions du vin obtenues en fin de pressurage.

RAPEUX, adj. ou RAPU, adj. *Dég. vins :* Très astringent, qui a le goût de grappe.

REBECHE, s.f. *Œnol. :* Jus et vins issus des jus obtenus dans la dernière pressée dans la vinification en blanc. Pour l'élaboration du champagne, on élimine les rebêches. *Dég. vins :* Caractère des vins de rebêche.

RECEPTEUR, s.m. ou adj. *Psychophysiol. sens. :* Partie spécialisée d'un organe sensoriel répondant à un certain type de stimulus (AFNOR).

RECEPTION, s.f. *Psychophysiol. sens. :* Première modification transitoire ayant lieu dans un système excitable - en particulier dans un récepteur – lorsqu'il est soumis à une stimulation convenable (Durup et Fessard).

RECHE, adj. *Dég. vins :* Très astringent.

REDUCTION, s.f. REDUIT, part. pas. Réaction chimique qui enlève de l'oxygène à un corps qui en contient. *Dég. vins :* Ces termes s'appliquent à l'ensemble des caractères qui se trouvent dans des vins chimiquement très réduits (le contraire d'oxydé) en bouteilles et qui, correspondant en général à des odeurs de type animal, deviennent plus agréables après un certain temps d'aération.

REFERENCE, s.f. Substance différente du produit soumis à l'essai, utilisée pour définir une propriété ou un niveau spécifié d'une propriété donnée (AFNOR).

REGLISSE, s.f. *Dég. vins :* Odeur spécifique. Nuance olfactive de certains vins. Les crus de Gevrey-Chambertin sont caractérisés par une nuance olfactive de réglisse qui les distingue des autres vins de la Côte de Nuits.

RENARD, s.m. *Dég. vins :* Goût de renard, queue de renard, renarder : termes imprécis pour désigner certains caractères désagréables, souvent confondus avec le goût "foxé".

RENFORCATEUR DE FLAVEUR (OU DE GOUT), Substance intensifiant la flaveur de certains produits sans posséder cette flaveur (AFNOR).

REPETABILITE, s.f. Fidélité dans le cas d'un même opérateur travaillant dans un laboratoire donné et obtenant des résultats successifs avec le même appareil et la même méthode sur un produit identique soumis à l'essai. *Anal. sens. :* Fidélité lorsque la seule variable est le moment des différentes opérations semblables d'examen ou d'épreuve.

REPLETION, s.f. Etat dans lequel les organes sont remplis. Son utilisation en analyse sensorielle ne vise que la présence d'aliments ou de boissons dans la partie antérieure du tube digestif, en particulier l'estomac.

REPRODUCTIBILITE, s.f. Fidélité dans le cas d'opérateurs travaillant dans des laboratoires différents ou dans le même laboratoire mais à des époques différentes, chacun d'eux obtenant avec la même méthode des résultats individuels sur un produit identique soumis à l'essai. *Anal. sens. :* Fidélité dans le cas d'une méthode unique.

REPUGNANT, adj. *Anal. sens. :* Qualificatif très fort dans l'ordre de la non-acceptabilité (C.N.E.R.N.A.).

REPULSION, s.f. *Anal. sens. :* Etat subjectif ou sentiment qui entraîne le rejet, la non-acceptabilité d'un aliment ou d'une boisson. *Syn. :* Dégoût violent, forte aversion.

RESEDA, s.m. *Dég. vins :* Odeur spécifique. Nuance olfactive que l'on rencontre dans certains vins blancs.

RESINE, s.f. RESINEUX, adj. *Dég. vins :* Odeur et goût spécifiques de vins élaborés ou conservés dans des tonneaux en bois de conifères.

RETRONASAL, adj. *Anal. sens. :* Qualifie les sensations olfactives (et leurs voies d'accès) dont les stimuli sont amenés sur la muqueuse olfactive par expiration et en particulier à partir des produits mis dans la bouche. Elles sont alors qualifiées d'"arômes", alors que les sensations apportées par voie nasale directe sont appelées "odeurs".

RICHE, adj. *Dég. vins :* Qui est très alcoolisé, et conserve malgré tout un bon équilibre et une heureuse harmonie.

RIME, part. pas. *Anal. sens.* : Odeur et goût caractéristiques acquis par des matières végétales qui ont été partiellement décomposées par la chaleur en s'attachant au fond du récipient dans lequel on les a chauffées. *Dég. eaux-de-vie* : Goût désagréable des eaux-de-vie qui ont subi un "coup de feu" en cours d'élaboration. Synonyme du terme bourguignon "goût de brûlé".

ROBE, s.f. *Dég. vins* : *Syn.* : Couleur (vins).

ROND, adj. - RONDEUR, s.f. *Dég. vins* : Qualificatifs de souplesse.

ROSE, s.f. *Dég. vins* : odeur spécifique. Nuance olfactive que l'on rencontre dans certains vins.

ROSE, adj. *Œnol.* : Qualificatif des vins qui présentent une teinte rouge très légère. La limite entre les vins rosés et les vins rouges est très mal définie et varie avec les régions. VINIFICATION EN ROSE : Vinification semblable à la vinification en rouge, mais avec un temps de macération très réduit.

ROUGE, adj. *Œnol.* : Qualificatif des vins présentant une teinte rouge assez intense. En vieillissant, les vins rouges tendent vers une couleur marron. VINIFICATION EN ROUGE : Vinification au cours de laquelle on laisse macérer les parties solides des raisins (avec ou sans la rafle) pendant la totalité ou une grande partie du temps de la fermentation alcoolique.

RUDE, adj. *Dég. vins* : Qui possède une astringence élevée.

S

SAC, s.m. *Dég. vins* : GOUT DE SAC, GOUT DE TOILE : Goûts anormaux en général produits par des toiles de bonde mal entretenues.

SALEE (saveur), adj. *Anal. sens.* : Qualifie la saveur élémentaire provoquée par des solutions aqueuses de diverses substances telles que le chlorure de sodium (AFNOR).

SALE, s.m. *Anal. sens.* : Employé parfois à la place de "salinité".

SALINITE, s.f. *Anal. sens.* : Propriété organoleptique des corps purs ou des mélanges dont la dégustation provoque la saveur salée (AFNOR). L'adoption de ce terme pour exprimer la qualité sensorielle "salée" peut amener des confusions avec l'acception habituelle, par laquelle il désigne la concentration en sels (et pas seulement en NaCl). Il semble donc heureux de l'utiliser associé à un qualificatif. Par ex. : salinité gustative.

SANG DE BŒUF, SANG DE TAUREAU *Dég. vins* : Qualificatifs de couleur. Noms donnés à certains vins : Sangre de Toro (Espagne), Bikaver (Hongrie).

SANTAL s.m. Odeur spécifique de l'essence de bois de santal (Santalum album) utilisée en parfumerie. *Dég. vins* : Nuance olfactive que l'on rencontre dans certains vins.

SAPIDE, adj. *Anal. sens.* : Qualifie un produit ayant de la saveur (AFNOR).

SAPIDITE, s.f. *Anal. sens.* : Qualité de ce qui est sapide.

SAPIGENE, adj. *Psychophysiol. sens.* : Se dit d'une combinaison chimique dont la présence dans un corps plus ou moins complexe entraîne la propriété pour ce corps d'être sapide (Pieron). *Syn.* : Saprogène.

SAPROGENE, adj. *Anal. sens.* : Qualifie l'activité d'une molécule sur les récepteurs gustatifs. *Syn.* : Sapide (C.N.E.R.N.A.). *Syn.* : Sapigène.

SAPROPHORE, s.m. *Anal. sens.* : Désigne les radicaux et fonctions, groupements de fonctions et autres configurations moléculaires apparaissant responsables, dans une molécule, de son activité saprogène ou sapide (C.N.E.R.N.A.).

SATURATION, s.f. SATURATION D'UNE COULEUR : Degré de pureté d'une couleur (AFNOR).

SAUTE, part. pas. *Dég. vins* : Terme utilisé par certains auteurs pour qualifier des vins présentant un caractère d'aigreur très accusé qui les rend imbuvables.

SAUVAGE, adj. *Dég. vins* : Terme utilisé par certains auteurs pour qualifier soit un goût de terroir très accusé, soit un goût étranger dû à des plantes adventices.

SAUVIGNONER, v.a. - SAUVIGNONE, part. pas. *Dég. vins* : Termes utilisés pour qualifier des vins qui présentent l'odeur et l'arôme spécifiques du cépage sauvignon.

SAVEUR, s.f. *Anal. sens.* : 1) Sensation perçue par l'organe gustatif lorsqu'il est stimulé par certaines substances solubles. 2) Propriété des produits qui provoquent les sensations gustatives (AFNOR). SAVEUR ELEMENTAIRE : Chacune des saveurs reconnues : acide, amère, salée, sucrée, alcaline, UMAMI, métallique.

SAVON, s.m. - SAVONNER, v.a. - SAVONNEUX, adj. *Dég. eaux-de-vie* : Caractère fréquent dans les eaux-de-vie de vin jeunes. Témoin olfactif caprylate d'hexyle en solution à 1 % dans de l'éthanol.

SCATOLOGIQUE, adj. *Anal. sens.* : Odeur spécifique très désagréable dont le type est le scatol (à concentration assez élevée).

SCOTOPIQUE, adj. *Psychophysiol. sens.* : Qualifie le mode de vision à faible niveau de luminance assuré par les bâtonnets. *Syn.* : Crépusculaire.

SEC, adj. *œnol. et Dég. vins* : a) D'une manière générale, qualificatif des vins qui ne contiennent pas de sucre, ou tout au moins dans lesquels on ne perçoit aucune saveur sucrée. b) En appréciation qualitative, le qualificatif sec est parfois employé pour qualifier un vin qui manque de moelleux. Dans ce cas, il est préférable d'utiliser le terme "séché", qui ne prête pas à confusion. c) Qualifie les vins mousseux qui contiennent très peu de sucre. Echelle croissante de l'utilisation du terme : extra-sec, demi-sec, sec.

SECHE, part. pas. - SECHERESSE, s.f. *Dég. vins :* Qualificatifs de vin qui manque de moelleux.

SELECTION, s.f. - SELECTIONNER, v.n. SELECTIONNEUR, s.m. Formalisme de la dégustation : pour les examens ou concours comportant de très nombreux échantillons de vins, on réduit souvent préalablement ce nombre en faisant dans un premier temps réaliser un choix des meilleurs ou des moins bons vins (selon l'objet du jugement) par un expert unique ou une commission locale de dégustateurs. Cette opération est appelée présélection ou sélection, l'expert qui la réalise, sélectionneur.

SENS, s.m. *Psychophysiol. sens. :* Système récepteur unitaire correspondant à une modalité sensorielle définie, à laquelle la tradition populaire liait un organe déterminé (l'oeil pour la vue, l'oreille pour l'ouïe, le nez pour l'odorat, la langue pour le goût, et la peau pour le tact). Les cinq sens traditionnels ont dû faire place à une pluralité de modalités sensorielles indépendantes, mais il reste que l'unité de certaines activités exploratrices (regarder, écouter, flairer, goûter, palper) maintient une signification générale à cette division en cinq sens (Pieron). SENS CHIMIQUE COMMUN ou CHIMIOSENSIBILITE GENERALE : Sensibilité chimique dont les récepteurs ont leur siège dans toutes les muqueuses. L'astringence des tanins et la pseudochaleur de l'alcool sont des "sensations chimiques communes".

SENSATION, s.f. *Anal. sens. :* Réaction subjective résultant de la stimulation sensorielle (AFNOR). Ce phénomène est subjectivement discriminable et objectivement définissable par la modalité sensorielle intéressée, la nature ou qualité de la stimulation et son intensité.

SENSIBILITE, s.f. *Anal. sens. :* a) Synonyme d'excitabilité: propriété de réaction transitoire à certains stimuli. b) Grandeur de cette propriété exprimée en général par l'inverse du seuil absolu.

SENSIBLE, adj. *Anal. sens. :* a) Doué de sensibilité : un organe sensible à un stimulus déterminé. b) Qui peut être perçu : une différence sensible entre deux stimuli.

SENSORIEL, adj. Relatif à l'usage des organes des sens (AFNOR). ANALYSE SENSORIELLE : Examen des caractères (ou qualités) organoleptiques d'un produit par les organes des sens. En matière de vins : *Syn. :* Dégustation. NERF SENSORIEL : Nerf afférent transmetteur de messages d'un organe des sens.

SUJET SENSORIEL, (voir à SUJET)

SENTEUR, s.f. *Anal. sens. :* Synonyme d'odeur dans un sens objectif. Se dit plutôt d'une odeur

agréable (C.N.E.R.N.A.).

SENTIR, v.a. Percevoir ou chercher à percevoir une odeur (AFNOR).

SERPILLIERE, s.f. *Dég. vins :* Odeur spécifique. Les serpillières qui servent à des nettoyages prennent rapidement, lorsqu'elles sont abandonnées humides, une odeur désagréable caractéristique. Une nuance olfactive semblable (issue de combinaisons soufrées) se trouve, parfois, dans certains vins mal soignés.

SEUIL, s.m. *Psychophysiol. sens. :* Le seuil d'un phénomène susceptible de varier en grandeur est la plus petite manifestation de ce phénomène, observé ou enregistré dans des conditions définies. *Anal. sens. :* Intensité absolue ou différentielle d'un stimulus correspondant à la limite inférieure de perception, de reconnaissance, de différenciation ou de préférence (exception : seuil final). Le terme "seuil" est toujours utilisé avec un qualificatif : SEUIL D'APPARITION ; SEUIL DE DETECTION ; SEUIL DE PERCEPTION : Valeur minimale du stimulus sensoriel nécessaire à l'éveil d'une sensation (AFNOR). SEUIL D'IDENTIFICATION ou SEUIL DE RECONNAISSANCE : Valeur minimale du stimulus sensoriel permettant d'identifier la sensation perçue (AFNOR). SEUIL DIFFERENTIEL : Valeur de la plus petite différence perceptible dans l'intensité physique d'un stimulus (AFNOR). SEUIL FINAL ; SATURATION : Valeur minimale d'un stimulus sensoriel intense au-dessus de laquelle il n'y a plus de différence perceptible d'intensité (AFNOR).

SEVE, s.f. *Dég. vins :* Terme de la région de Bordeaux à l'acception imprécise et qui paraît recouvrir les caractères correspondant aux sensations composant le goût, à l'exception de l'acidité et de l'astringence.

SIDEROLITHIQUE, adj. Se dit de formations dues à l'ère tertiaire riches en minerai de fer.

SIGLES et SYMBOLES. AFNOR : Association française de normalisation. CIE : Commission internationale de l'éclairage. M = X : Moyenne arithmétique. Md : Médiane. Mo : Mode. C.N.E.R.N.A. : Centre national de coordination des études et recherches sur la nutrition et l'alimentation (a publié, en 1962, le *Vocabulaire technique des caractères organoleptiques de la dégustation des produits alimentaires,* par J. Le Magnen et Coll.). ISO. : International Organization for Standardization : Organisation internationale de normalisation.

SIRUPEUX, adj. *Dég. vins :* Très sucré, déséquilibré par un excès de sucre.

SOLIDE, adj. *Dég. vins :* Bien équilibré, avec une dominante des caractères de corps, de charpente.

SORBE, s.f. *Dég. vins :* Goût spécifique (fruit du Sorbus domestica). Nuance olfactive que l'on rencontre dans certains vins rouges.

SOUFRE, s.m. *Dég. vins :* GOUT DE SOUFRE : Employé en général dans l'acception de sulfureux.

SOUPLE, adj. *Dég. vins :* Terme utilisé pour qualifier un vin bien équilibré mais avec une astringence et une acidité relativement faibles.

SOUTIRAGE, s.m. : Action de transférer le vin d'un récipient à un autre pour éliminer les lies déposées par gravité.

SOYEUX, adj. *Dég. vins :* Très souple et moelleux (par analogie avec la douceur du frottement de la soie sur la peau).

SPECIFICITE, s.f. Qualité de ce qui est propre à une espèce. Cette acception a été étendue à ce qui est propre, exclusif à un objet, un organe, une fonction ou à une des catégories qui les comportent.

SPIRITUEUX, adj. et s.m. *Œnol. :* 1) adj. Qui contient de l'alcool. 2) *sm. :* Boisson qui comporte beaucoup d'alcool : eau-de-vie, liqueur alcoolique, etc. *Dég. vins :* Parfois utilisé pour qualifier le caractère très alcoolique d'un vin.

STIMULATION, s.f. Action de stimuler. *Psychophysiol. sens. :* Application d'un stimulus sur un système excitable.

STIMULUS (plur. stimuli), s.m. Ce qui peut exciter un récepteur (AFNOR). *Anal. sens. :* Agent physique ou chimique provoquant spécifiquement la réponse de récepteurs sensoriels externes ou internes (AFNOR).

STYPTIQUE, adj. *Dég. vins :* Caractère d'astringence élevée, désagréable et subalgique, en général causée par la présence d'oxydes ou de sels métalliques.

SUAVE, adj. *Dég. vins :* Qui présente avec de la souplesse et du moelleux une très bonne harmonie avec un arôme doux et très agréable.

SUBJECTIF, adj. *Anal. sens. :* Terme qualifiant la connaissance mentale d'une réalité extérieure et de son élaboration, et qui peut être relatée par celui qui l'expérimente (AFNOR). Se dit, par opposition à objectif, de ce qui se passe dans l'intérieur de l'esprit : qualifie alors une réponse dont les facteurs ne sont pas seulement les connaissances sensorielles mais également des composantes affectives de préférence, d'habitude, etc.

SUCCINIQUE, adj. (Acide -) P Acide issu de la fermentation alcoolique et qui participe à l'odeur et au goût spécifiques du vin. *Syn. :* Butane dioïque.

SUCRANT, adj. POUVOIR SUCRANT - *Anal. sens. :* Activité comparée des divers corps sucrés par référence à un témoin (saccharose).

SUCREE (saveur), adj. *Anal. sens. :* Qualifie la saveur élémentaire provoquée par des solutions aqueuses de diverses substances telles que le saccharose (AFNOR).

SUCRE, s.m. *Anal. sens. :* Employé parfois à la place de sucrosité.

SUCROSITE, s.f. Propriété organoleptique des corps purs ou des mélanges dont la dégustation provoque la saveur sucrée (AFNOR).

SUITE, s.f. - SUIVRE, v.a. *Dég. vins :* Qui a de la suite, qui se suit : qui présente une grande persistance.

SUJET EXPERT, (voir EXPERT)

SUJET QUALIFIE, s.m. Sujet choisi pour sa capacité à effectuer un essai sensoriel (AFNOR).

SUJET SENSORIEL, s.m. Toute personne prenant part à un essai sensoriel. NOTE : Le sujet naïf est une personne ne répondant à aucun critère particulier. Le sujet initié a déjà participé à un essai sensoriel (AFNOR).

SULFITE, part. pas. *Œnol. :* Qui a été additionné d'anhydride sulfureux.

SULFURE ou SULFHYDRIQUE, adj. *Anal. sens. :* Qualifie l'odeur dite également d'oeufs pourris et dont le corps responsable est l'acide sulfhydrique (SH2) : témoin proposé : sulfure de sodium.

SULFUREUX, adj. *Anal. sens. :* Qualifie l'odeur dont est responsable l'anhydride sulfureux (So2) ou l'acide sulfureux (So3 H2). Témoin : solution de So2 dans l'eau. Employé à tort pour qualifier les eaux à odeur sulfhydrique

SUPRALIMINAIRE, adj. Qualifie un stimulus se situant au-dessus du type de seuil considéré (AFNOR).

SURCOLLE, adj. *Œnol. :* Additionné d'une quantité exagérée de colle qui n'a pas entièrement précipité et provoque un certain trouble.

SUREAU, s.m. *Dég. vins :* Odeur spécifique (fleurs du *Sambucus nigra*). Nuance olfactive que l'on rencontre dans certains vins.

SURETE, s.f. *Anal. sens. :* Certitude, fermeté de la réponse.

SYNERGISME, s.m. Action conjuguée de deux ou plusieurs stimuli dont l'association provoque un niveau de sensation supérieur à celui qui est attendu de la simple addition des effets de chacun de ces stimuli pris séparément.

T

TABAC, s.m. *Dég. vins :* Odeur spécifique. Nuance olfactive que l'on rencontre dans certains vins.

The Original
WINE
TOUR

CHATEAU AUZIAS
Paretlongue

Mis en bouteille au château.

www.auzias.fr

Visite du vignoble et dégustation gratuite
Vente au caveau tous les jours

**Sur rendez-vous le week-end.
Téléphone au : + 33 (0)6 08 09 03 55
Demander Alain BERNARD.**

Visite commentée
du vignoble et du matériel :
Présentation des terroirs et des cépages,
Méthodes de culture des sols,
Travail des cordons, enherbement des rangs,
Type de tailles, de palissage et d'écimage,
Lutte raisonnée contre les maladies...

Visite commentée
de la cave et des chais :
Présentation des processus de vinification,
Fermentation, macération,
Contrôle des températures, Pressurage...
Assemblage et élevage des vins,
Mise en bouteilles...

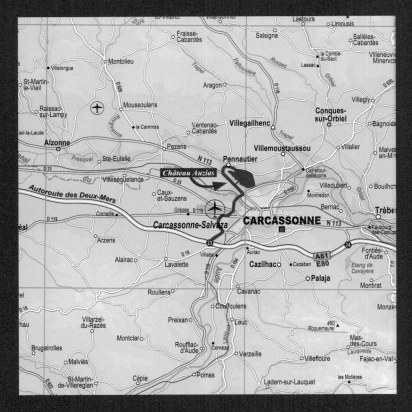

Accès au Château Auzias-Paretlongue

Quitter l'autoroute Toulouse-Montpellier à la sortie Carcassonne-Ouest et prendre la direction de Toulouse par la Nationale 113, (suivre les panneaux de signalisation «verts» indiquant Toulouse).

Prendre la rocade jusqu'au sens giratoire (Entrée de Carcassonne).

Laisser le magasin «Hypermarché Ed. Leclerc» sur votre gauche et prendre la direction de Toulouse. Après 500 mètres, (avant de «croiser» le magasin «BUT», situé sur la gauche), prendre le chemin communal à droite, en angle droit au panneau indicatif : «Château Auzias». Poursuivre pendant 200 mètres.

Franchir le pont sur la rivière Fresquel : à la grille, vous êtes à l'entrée du Château Auzias.

Pour les poids lourds et les autobus, poursuivre sur la RN 113, environ 1,5 km et prendre la direction «Pennautier» sur la droite. Dans le village, suivre les panneaux : «Château Auzias-Paretlongue» (deux fois sur la droite).

If problems please phone at the : +33 (0)6 08 09 03 55

TACHE, adj. *Œnol.:* Dans la vinification en blanc de raisins rouges, se dit d'une légère couleur rouge que l'on retrouve dans le vin.

TACT, s.m. *Anal. sens.:* Sensibilité mécanique au contact et à la pression dont les organes sont répartis sur toute la surface du corps.

TACTILE, adj. *Anal. sens.:* Qui relève du tact ou qui le concerne.

TANIN ou TANNIN, P Substance chimique contenue dans le raisin (entre autres).

TANIQUE, adj. *Dég. vins:* Qui présente un équilibre avec légère dominante d'astringence.

TARTRATE ACIDE DE POTASSIUM P *Œnol.:* Présent dans la vendange et dans le vin en assez forte proportion, ce sel est partiellement insolubilisé par l'enrichissement alcoolique du milieu au cours de la fermentation d'une part, par le refroidissement du vin d'autre part. Il constitue la majeure partie du tartre qui se dépose sur les parois des récipients de vinification et se retrouve également dans les lies ou sous forme de cristaux incolores dans les bouteilles de vin qui ont subi des températures très basses. *Syn.:* Bitartrate de potassium.

TARTRE, s.m. Dépôt plus ou moins cristallisé formé en majeure partie de tartrate acide de potassium.

TARTRIQUE, adj. (Acide -) P L'un des principaux acides du vin dans lequel il se trouve partiellement combiné, en particulier au potassium sous forme de tartrate acide. Son seul caractère de goût est la saveur acide et il peut servir de témoin de cette saveur.

TATER, v.a. *Syn.:* Toucher avec la main. Synonyme ancien de "déguster". *Dég. vins:* Synonyme ancien de "déguster" utilisé encore dans certaines régions (la forme taster est encore plus ancienne).

TEINTE, s.f. Propriété de couleur qui correspond à des variations de longueurs d'ondes (AFNOR).

TEMOIN, s.m. Echantillon du produit soumis à l'essai, choisi comme élément de référence, auquel les autres échantillons sont comparés (AFNOR). TEMOIN OLFACTIF : corps pur présentant une odeur semblable ou très voisine de celle qui est habituellement désignée par un terme du vocabulaire des caractères organoleptiques. C'est un échantillonnage qualitatif de référence.

TENDRE, adj. Dég vins : Souple et léger.

TENUE, s.f. *Dég. vins:* Qui a de la tenue : bien équilibré et charpenté.

TERNE, adj. *Dég. vins:* Appliqué à l'apparence : clair mais non brillant. Appliqué au goût : qui manque de caractère. *Syn.:* Neutre

TERRE, s.f. - TERREUX, adj. - LIMON, s.m. *Dég. vins:* goût terreux, de terre, de limon : caractère des vins produits avec des raisins souillés de terre.

TERROIR, s.m. 1) Lieu de production du vin. 2) *Dég. vins:* Goût de terroir : caractère bien accusé lié au lieu de production et qui permet de différencier des vins produits dans des conditions semblables mais sur des terroirs différents.

TEST, s.m. (anglais) Equivalent du terme français "épreuve", qui, en analyse sensorielle, est traduit également parfois par essai ou analyse.

TETE, s.f. Distillation des eaux-de-vie : premières fractions du distillat. *Œnol.:* Vin de tête : dans les régions où on laisse développer la pourriture noble, vin issu de la première "trie" des grains sur les souches. TETE DE CUVEE - CUVEE DE TETE : Dans certains classements anciens des différents crus, les meilleurs vins étaient classés dans une catégorie dite "cuvée de tête" ou "tête de cuvée", puis venaient les 1re, 2e, etc.

THERMALGIQUE, adj. *Anal. sens.:* Qualifie les sensations de douleur cutanée provoquées par la chaleur ou le froid. Les sensations thermalgiques de chaleur relaient les sensations thermiques au-delà d'environ 45°C.

THERMIQUE, adj. Qui a rapport à la température. SENSATION THERMIQUE : Sensation de chaleur ou de froid produite par la température de l'échantillon.

TOILE, s.f. *Dég. vins:* GOUT DE TOILE : *Syn.:* Goût de sac.

TONALITE, s.f. TONALITE CHROMATIQUE - *Colorim.:* Variable qualitative spécifique de la sensation visuelle qui dépend essentiellement de la longueur d'onde spécifiante.

TOUCHER, s.m. 1) Sens tactile (AFNOR). 2) Reconnaissance par le contact direct de la peau de la forme et de l'état des corps (AFNOR).

TOURNE, s.f. - TOURNE, part. pas. *Œnol.:* La tourne est une maladie bactérienne ancienne qui modifiait considérablement l'aspect et le goût du vin : dégagement de CO_2, trouble avec ondes soyeuses, production d'acides acétique et propionique, caractère général désagréable.

TOURNURE, n.f. Tournure de cuivre ; déchet de cuivre obtenu lors du tournage et de l'usinage de pièces en cuivre.

TRANQUILLE, adj. *œnol. et Dég. vins:* Qui ne présente pas d'effervescence.

TRANSLUCIDE, adj. Qualifie un objet qui laisse passer les rayons lumineux, mais qui ne permet pas de distinguer les images (AFNOR).

TRANSPARENT, adj. Qualifie un objet qui laisse passer les rayons lumineux et paraître avec netteté les images (AFNOR).

TRAVAIL, s.m. - TRAVAILLER, v.a. *œnol.* et *Dég. vins :* On dit que le vin travaille lorsqu'il se produit dans le liquide un dégagement gazeux, quelle que soit la cause de ce dégagement.

TRI, s.m. Sélection préliminaire (AFNOR).

TRIALCOOL, P Corps chimique possédant trois fonctions alcool.

TRIES, n.f. TRIES SUCCESSIVES : Action de récolter les raisins grain à grain.

TRIPOU,s..m. : Spécialité culinaire auvergnate.

TROUBLE, adj. *Dég. vins et œnol. :* Qui n'est pas clair, pas limpide.

TROUBLE, s.m. *Dég. vins et œnol. : Syn. :* Turbidité.

TRUFFE, s.f. *Dég. vins :* Odeur spécifique (*Tuber mélanosporum*). Nuance olfactive courante dans de très vieux vins.

TRYPTOPHOL, s.m. P Alcool dont la présence à l'état de traces (<1 mg/l.) et de façon irrégulière a été signalée dans le vin. *Syn. :* Alcool indoléthylique.

TUILE, adj. *Dég. vins :* Qualificatif de la couleur d'un vin rouge vieux qui est devenue voisine de celle de la brique.

TURBIDITE, s.f. *Anal. sens. :* Concerne les liquides : état ou qualité de ce qui est trouble. Le contraire de limpidité.

TYPE, s.m. *Dég. vins :* 1) Type - modèle original - qui possède parfaitement les caractères originaux habituels. 2) Par extension : qui possède les caractères d'un autre modèle ou des caractères très voisins. Les Sud-Africains produisent des vins du type Jerez. 3) Dans le rangement des vins en catégories, subdivision qui groupe des vins de caractères très voisins.

TYPE, adj. *Dég. vins :* Qui présente bien les caractères distinctifs soit de sa catégorie, soit de son origine, soit de sa classe, etc.

TYROSOL, s.m. P Alcool supérieur, composant odorant du vin, étudié en 1969 par Sapis et P. Ribereau-Gayon.

U

URINOIDE ou URINEUX, adj. *Anal. sens. :* Type d'odeur rappelant l'urine.

USE, part. pas. *Dég. vins, Syn. :* Décrépi : qui a perdu la plupart de ses qualités par un vieillissement trop long ou mal adapté.

USER, v.a. - USURE, s.f. *œnol. :* Le vin et les alcools conservés en récipients en bois subissent une certaine évaporation qui diminue leur volume. Cette diminution est appelée usure dans certaines régions ; la "part des anges" à COGNAC. Le vin s'use beaucoup plus en fût qu'en bouteilles.

V

VALERIANATE D'ETHYLE, P Ester à odeur fruitée.

VALERIANE, s.f. - VALERIANE, adj. Odeur spécifique du type de celle de l'acide valérianique.

VALERIANIQUE, adj. (Acide -) P Acide à odeur spécifique désagréable. *Syn. :* Acide valérianen, Pentanoïque.

VALEUR VRAIE, Valeur particulière que les estimations visent à estimer (AFNOR).

VANILLE, adj. - VANILLE, s.f. *Dég. vins :* Odeur spécifique. Nuance olfactive de certains vins.

VANILLINE, s.f. P Aldéhyde phénol de parfum caractéristique et de pouvoir odorant très élevé. *Syn. :* Vanillal, hydroxy-4 méthoxy-3 benzaldéhyhde.

VANILLINE, adj. *Anal. sens. :* Qualifie l'odeur de la vanilline, à ne pas confondre avec vanillé qui qualifie l'odeur de vanille qui comporte plus de nuances olfactives.

VANILLIQUE, adj. (Acide -) P *Syn. :* Acide hydroxy-4 méthoxy-3 benzoïque.

VARECH, s.m. *Dég. vins :* GOUT DE VARECH : Caractère particulier de certains vins produits en bordure de littoral.

VARIANCE, s.f. *Statist. :* Moyenne des carrés des écarts par rapport à la moyenne arithmétique.

VEGETAL, adj. *Dég. vins :* Qualificatif très général des odeurs et arômes que l'on rencontre habituellement dans le règne végétal : caractères floral, fruité, d'aromates, etc. Exprime surtout par opposition au qualificatif "animal", qui correspond à des notes odorantes différentes : musc, venaison, ambre, etc. Les vins rouges présentent souvent un caractère olfactif végétal quand ils sont jeunes et prennent ensuite en vieillissant une odeur et un arôme de caractère animal.

VELOUTE, adj. *Dég. vins :* D'un moelleux agréable et flatteur.

VENAISON, s.f. *Dég. vins :* Nuance olfactive rappelant celle de la chair de gibier et que l'on rencontre dans certains vins vieux.

VERDELET, adj. *Dég. vins :* Qui présente une dominante acide. Dans la série des qualificatifs d'intensité acide, paraît pouvoir se situer vers acidulé, entre nerveux et vert.

VERDEUR, s.f. *Dég. vins :* Caractère d'acidité nettement dominante.

VERT, adj. *Dég. vins :* Présentant une acidité trop élevée, assez désagréable. *Œnol. :*Souvent utilisé au Portugal pour la catégorie des vins (Vinhos verdes).

VIEUX, adj. Légalement en France : tout vin qui a plus d'un an. *Usage courant et dég. :* Vin de plusieurs années d'âge présentant souvent une dominante odorante animale.

VIF, adj. *Colorim. :* Qualifie une "couleur d'objet" relativement claire, de pureté élevée. *Dég. vins :* Qualifie des vins dont l'acidité est relativement élevée (échelle croissante proposée à partir de l'équilibre idéal : frais, vif, nerveux, acidulé, vert).

VIGILANCE, s.f. *Anal. sens. :* Syn. d'attention, mais souvent dans un sens plus général, impliquant moins de concentration et seulement un niveau élevé d'éveil, d'alerte, de réceptivité et d'enregistrement des messages sensoriels.

VINE, part. pas. *Œnol. :* Additionné d'alcool.

VINEUX, adj. *Dég. vins :* Qui a intensément les caractères communs à tous les vins : caractère alcoolique, odeur, arôme, etc.

VINOSITE, s.f. *Dég. vins :* Qualité de ce qui est vineux.

VINYL -4 GAIACOL, s.m. P Phénol à odeur fine et puissante de clou de girofle.

VINYL -4 PHENOL, s.m. P Phénol à odeur repoussante de corne en putréfaction.

VIOLETTE, s.f. *Dég. vins :* Odeur spécifique. Nuance olfactive que l'on rencontre dans certains vins.

VIRIL, adj. *Dég. vins :* Qualificatif correspondant à un ensemble de caractères : équilibre avec dominante de corps et de charpente, odeur et arôme puissants, mis en opposition avec le caractère général "féminin" (voir ce mot).

VISCOSITE, s.f. Propriété mécanique de texture liée à la résistance à l'écoulement. Elle correspond à la résistance à la force nécessaire pour aspirer un produit placé dans une cuillère, ou pour l'appliquer sur un substrat. Les principaux adjectifs correspondant à différents niveaux de viscosité sont : liquide, fluide, faible niveau (ex. : eau) ; lié : niveau moyen (ex. : sauce) ; onctueux :niveau moyen (ex. : crème fraîche, crème battue) ; visqueux : niveau élevé (ex. : lait concentré sucré, miel (AFNOR).

VISION, s.f. *Psychophysiol. sens. :* 1) Modalité sensorielle dont les récepteurs situés dans l'oeil sont sensibles à la lumière. 2) Sens de la vue (AFNOR) 3) Discrimination de différences dans le monde extérieur par les impressions sensorielles dues aux rayonnements visibles (AFNOR).

VOILE, s.m. *Œnol. :* Certains micro-organismes peuvent se développer à la surface du vin et, en se réunissant, former une espèce de pellicule blanchâtre, jaunâtre ou rosée que l'on appelle voile. On connaît en particulier les voiles des maladies de la fleur et de la piqûre et celui des vins jaunes (ce dernier est formé de levures).

VOILE, adj. *Dég. vins :* Qualificatif correspondant à un léger trouble.

VOLTIGEURS, s.m. *Dég. vins :* Terme utilisé pour qualifier des particules fines, visibles à l'oeil nu, en suspension dans les vins en bouteilles.

VUE, s.f. *Syn. :* Vision.

Château AUZIAS en Carbadès et la Montagne Noire.

Bibliographie

AFNOR. Normes françaises.

ANDRE P., AUBERT S., 1970, *Contribution aux essais de définition légale des vins rosés*. C.R. Acad. Agric.

ANDRE P., CHARNAY P. et VIOT R., 1963, *Recherche d'une méthode de dégustation rationnelle applicable aux vins à appellation d'origine*. Bull. I.N.A.O.

BRILLAT-SAVARIN. *Physiologie du goût*.

BROCHET F., 1996, *Le langage de la dégustation au crible de l'informatique*. Les Cahiers de l'amateur de bordeaux.

BROCHET F. *La dégustation : étude des représentations des objets chimiques dans le champ de la conscience*. Revue des œnologues n° 102, 2002.

BUFFIN J.C., 2000, 3e éd. *Educvin, votre talent de la dégustation*, Oenoplurimédia.

CAMILLE GOY, J. Jules CHAUVET, 2002, *L'homme du vin perdu*. Coll. "Magenta", J.P. ROCHER.

CASAMAYOR P., 2000, *L'école de la dégustation*. Hachette Pratique.

CHARNAY P. *La dégustation et ses disciplines. La fiche de dégustation*. Conférences faites le 24-9-1966 au C.E.R.I.A. (Bruxelles), Bull. I.N.A.O.

CHARNAY P. *Observations sur les caractères organoleptiques des vins de macération carbonique dans les appellations d'origine contrôlées du Sud-Est*. "Journées macération carbonique". Publi. I.N.R.A., 1971.

CHAUVET J. *L'arôme des vins fins*. Conférence Mâcon 22-5-1950, Bull. I.N.A.O. 34, juin 1950.

CHAUVET J. *La dégustation des vins, son mécanisme et ses lois*. Bull. I.N.A.O. 38, juil. 1951.

CHAUVET J. *La physico-chimie des surfaces et l'arôme des vins fins*. Cahiers techniques I.N.A.O., 1956.

CHAUVET J. *La fermentation aromatique des levures de vinification*. Bull. I.N.A.O. 68, janv. 1959.

CHAUVET J. *Conférence sur la dégustation*, Beaune 20-12-1965, inédit.

CHAUVET J. *La dégustation des vins*. Colloque ITV, Dijon, 1966, Vignes et Vins, n° spécial, févr. 1967.

CHAUVET J. *Observations sur l'arôme des vins obtenus en Beaujolais par macération carbonique de la vendange*. "Journées macération carbonique". Publi. I.N.R.A., 1971.

CHAUVET J. *L'esthétique du vin*.

CHAUVET J., KESSELRING H. ULRICH , 1998, *Le vin en question*, J.P. ROCHER

COSTE P. *Les caractères aromatiques des vins de macération carbonique*. "Journées macération carbonique". Publi. I.N.R.A., 1971, 145-146.

DEFRANOUX Cl., 1988, *Apprendre à déguster les vins*. Solar.

DEPLEDT F. *Principes généraux des méthodes d'analyse subjective des flaveurs*. Ann. Nut. Al., 1965, 19 (3).

DEPLEDT F. *Utilisation des techniques d'appréciation organoleptique des aliments*. Colloque ITV, Dijon, 1966, Vignes et Vins, n° spéc. févr. 1967.

DERIBERE M., 1964, *La couleur*. Coll. "Que sais-je" PUF.

FERRE L., 1956, *Traité d'Oenologie bourguignonne*.

FLANZY M. et QUITTANSON C. *Comment définir et mesurer les caractéristiques organoleptiques des boissons*. Conférence C.N.E.R.N.A., nov. 1964, in Bull. Ass. Oenologues Université Dijon, 1966.

FRANCES R., 1963, *La perception*. Coll. "Que sais-je", PUF.

GIRARD J., 1954, *Simple méditation sur l'art de déguster les grands vins de France. Le vin de France dans l'histoire*. I.N.A.O., Paris.

GOT N. *La dégustation des vins*.

GOT N., 1967, *Le livre de l'amateur de vins*. 2e édition.

HACHETTE-INAO, 2005. *Le goût de l'origine*, ouvrage collectif.

HOLLEY André, 1999, *Eloge de l'odorat*. O. Jacob.

I.N.A.O. Diverses publications et comptes-rendus.

LEGLISE M., 1976, *Une initiation à la dégustation des grands vins*. DIVO.

LE MAGNEN J., 1949, *Odeurs et parfums*. Coll. "Que sais-je", PUF.

LE MAGNEN J., 1951, *Le goût et les saveurs*. Coll. "Que sais-je", PUF.

LE MAGNEN J. *Aperçu sur la physiologie appliquée des odeurs*. Conférence faite à la S.F.C. le 26-2-1953. La Parfumerie Moderne, 1953.

LE MAGNEN J. et al. *Vocabulaire technique des caractères organoleptiques et de la dégustation des produits alimentaires*, 1962. C.N.E.R.N.A.-C.N.R.S.

LE MAGNEN J. *Les bases sensorielles de l'analyse des qualités organoleptiques*, Ann. Nut. Al. XIX (2) C.N.R.S., 1965.

LE MAGNEN J. *Les bases physiologiques de l'analyse et de l'appréciation des qualités organoleptiques*. Colloque ITV, Dijon, 1966. Vignes et Vins, n° spéc. févr. 1967.

LE MAGNEN J. *Les mécanismes de l'odorat*. Atomes n° 254, mai 1968.

La Haute Tonnellerie

SEGUIN MOREAU
Z.I. Merpins – B.P. 94
16103 COGNAC - FRANCE
Tél. : +33 (0)5 45 82 62 22 - Fax. : +33 (0)5 45 82 14 28
info@seguin-moreau.fr

LE MAGNEN J. *Physiologie de l'olfaction et régulation alimentaire* (5e Symposium méditerranéen sur l'odorat 1957). Olfactologia, 1968, 11.

MAC LEOD P. *Interactions quantitatives dans un mélange d'odeurs, étude électrophysiologique* (Symposium méditerranéen sur l'odorat, 1967). Olfactologia, 1968, I (1).

MAC LEOD P. *Acquisitions récentes de la physiologie de l'olfaction.* Parf. Cosm. Sav., 1969, 12 (11).

MAC LEOD P, SAUVAGEOT F., 1986, *Bases neurophysiologiques de l'évaluation sensorielle des produits alimentaires.* Les cahiers de l'E.N.S.B.A.N.A.

PEYNAUD E., 1980, *Le goût du vin.* Dunod.

PIERON H., 1964, *La sensation.* Coll. "Que sais-je", PUF.

PIERON H. 1968. *Vocabulaire de la psychologie*, 4e édit. 1968, PUF.

PIERON H. 1969. *Examens et docimologie*, 2e édit. P.U.F.

POUPON P. *Le vocabulaire de la dégustation professionnelle (essai de rationalisation)*, Revue Vin. Intern. N°22, mars-avr. 1965.

POUPON P. 1973. *Plaisirs de la dégustation.* P.U.F. 1973.

POUPON P. 1975. *Nouvelles pensées d'un dégustateur*, Bibliothèque de la Confrérie des Chevaliers du Tastevin.

PUISAIS J., CHABANON R.L., GUILLER A., LACOSTE J. 1969. *Précis d'initiation à la dégustation*, I.T.V.

PUISAIS J. CUINIER C. *Dégustations comparées des vins élaborés par macération carbonique : vinification beaujolaise, vinification tourangelle.* "Journées macération carbonique" Publ. I.N.R.A.

PUISAIS J. 1985. *Le goût juste des vins et des plats.* Flammarion

RIBEREAU-GAYON P. *La couleur des vins*, Bull. Soc. Hyg. Al., 1965, 53 (10-11-12).

RIBEREAU-GAYON P. *Etude scientifique et technique des composés phénoliques en oenologie.* Revista de horticulturà si viticulturà, 1968 (7-8).

SARFATI Cl., FRIBOURG G. 1989. *La dégustation, connaître et comprendre le vin.* Méthode pédagogique et exercices pratiques. Université du vin. Suze la Rousse.

SAUVAGEOT F., DACREMONT C., *L'évaluation sensorielle à la portée de tous.* E.N.S.B.A.N.A. 4e éd. 2001

VEDEL A., CHARLE G., CHARNAY P., TOURMEAU J., 1972. *Essai sur la dégustation des vins* SEIV.

Sites Internet

▶ www.vitis.org.

▶ www.vinetsante.com

PAUL JABOULET AINE

GRANDS VINS DES CÔTES DU RHÔNE

Paul Jaboulet Ainé une histoire

La maison créée en 1834 possède un domaine unique de 90 hectares situés dans les plus belles parcelles des prestigieuses appellations des Côtes du Rhône septentrionales, tel que l'HERMITAGE « La Chapelle », l'HERMITAGE « Le Chevalier de Stérinberg », le CROZES HERMITAGE « Domaine de Thalabert », le SAINT JOSEPH « Le Grand Pompée »

Paul Jaboulet Ainé une Emotion

En 2006, le VINEUM est devenu le nouveau chai d'élevage de nos grands vins en fûts. Au cœur des carrières de molasse lieu magique devenu l'une des plus belles caves des Côtes du Rhone, Paul Jaboulet Ainé propose l'organisation de dégustations privées sur thèmes

RN7 « Les Jalets » - 26600 LA ROCHE DE GLUN
Tél. 04 75 84 68 93 – Fax. 04 75 84 56 14
Email :info@jaboulet.com – www.jaboulet.com

Guide pratique de la dégustation du vin

Dépôt légal : 3ᵉ trimestre 2006
Le Petit Futé a été fondé par Dominique Auzias.
Il est édité par les Nouvelles Editions de l'Université,
18, rue des Volontaires 75015 Paris
Tél. 01 53 69 70 00 Fax 01 42 73 15 24
SARL au capital de 600 000 €
RC Paris B 309769966

EDITION
Auteurs :
Pierre Charnay et Jules Tourmeau,
Dominique Auzias, Jean-Paul Labourdette,
Marie-Hélène Martin

ADMINISTRATION
Gérant : Jean-Paul Labourdette
Directeur administratif et financier :
Gérard Brodin
Directrice des ressources humaines :
Dina Bourdeau
assistée de Sandrine Delée
Responsable comptabilité :
Isabelle Bafourd, assistée de Bérénice
Baumont et Angélique Helmlinger
Recouvrement :
Fabien Bonnan, Sandra Brijlall
Secrétariat :
Sandra Morais et Karine Rivière

PUBLICITE / COMMUNICATION
Directeur commercial :
Luc Régnard, assisté d'Alain Ruiz
et Michel Granseigne
Assistante :
Sylvie Frey
Régie publicitaire nationale
Direction :
Serge Touka
Chefs de publicité :
Perrine de Carné Marcein,
Caroline de Yrigoyen, Stéphane Bouby,
Caroline Gentelet,
Yamina Sahraoui et Cécile Engelen
Régie publicitaire internationale :
Karine Virot, Katja Romisch
assistées d'Audrey Levrier

Diffusion et promotion
Assistantes :
Carla de Sousa et Maud Ghisolfi
Délégué ventes hors réseaux :
Jean-Pierre Ghez
Responsable commerciale :
Bénédicte Moulet
**Responsable relations presse-
partenariats :** Jean-Mary Marchal
Magasinier : Youri Egret
Gestion clientèle :
Nathalie Thénaud assistée
d'Isabelle Rebière
Responsable informatique :
Pascal Le Goff

FABRICATION/MAQUETTE
Studio : Jacky Lagrave
Production maquettes :
Nathalie Thénaud
Maquette et mise en page :
Marie-Hélène Martin
Responsable rédaction France :
Virginie Pierson de Galzain
Responsables collection :
Romain David, Vanessa Besnard
Photothèque : Henri Berlemont

SITE INTERNET
Stéphan Szeremeta et Alexandre Heyman

Impression : CORLET, France
Couverture : Dominique Auzias
Photos : Jules Tourmeau,
Stéphan Szeremeta, photothèque
Petit Futé, Iconotec.com
Illustrations : Etienne Bonnet-Cande